산업인력공단 시행
최신 출제경향 반영

독학으로 합격이
가능한 필수교재

관광통역안내사
한권으로 끝내기

필기
1차

- 독학으로 합격이 가능한 필수교재
- 합격에 필요한 핵심이론 완벽정리
- 단원별 실전 예상문제 수록

1교시 　국사 / 관광자원해설
2교시 　관광법규 / 관광학개론

최신정책
최신법령
출제기준
반영

동영상 강의 mainedu.co.kr

지난 2년간 코로나 팬데믹은 우리 인간의 삶을 뿌리채 흔들었고 여행관광분야도 예외가 아니었습니다. 여행은 낯선 지역에서 새로운 사람들을 만나면서 나의 참모습을 찾아가는 여정이라고 할 수 있는데 코로나는 그러한 기회를 원천적으로 봉쇄해버렸습니다.

인류는 고난과 도전이 닥칠 때마다 돌파구를 찾아 헤쳐나왔습니다. 코로나도 단기간내에 퇴치할 수는 없을지라도 좀 더 효과적으로 대응하는 방법은 곧 찾을 것 같습니다. 그러한 분위기는 외국방문객과 해외여행객이 점차 증가하는 추세에서 감지되고 있습니다.

그 동안 억눌러왔던 관광의 욕구가 폭발적으로 살아나 관광객이 급증하면 관광인프라도 이와 보조를 맞출 수 있어야 합니다. 그런데 지난 2년간 호텔,음식점, 공연장, 교통수단 등 관광산업 전반적으로 극심한 불황에 업종전환을 하거나 폐업한 사례가 많았고 전문인력도 타업종으로 전업을 하는 등 관광인프라는 적지 않게 훼손된 것이 사실입니다.

우리나라는 관광여행분야에서 두 종류의 관광종사원으로 분류하여 국가시험을 거쳐 자격을 부여하고 있는데 관광통역안내사와 국내여행안내사가 이에 해당합니다.

특히 관광통역안내사는 외래관광객을 안내하며 우리의 전통과 문화를 소개하는 최고의 전문가로서 첨병역할을 담당하고 있습니다. 우리의 멋을 어떤 거울로 비춰주느냐에 따라 관광객이 느끼는 감동은 천양지차로 달라질 것입니다.

이처럼 중차대한 역할을 담당하고 있는 관광종사원을 양성하는 시험교재를 집필한다는 데에 저자 일동은 무한한 책임과 부담을 느끼지 않을 수 없습니다만 전문인력의 양성에 미약하나마 기여할 수 있겠다는 사명감으로 집필하게 되었습니다.

관광통역안내사로서 다년간의 실무경험, 학계에서의 연구 및 양성학원 및 공공기관에서 강의한 경험을 살려 본서를 꾸몄습니다. 부족한 면이 많지만 관광업계에서 주축이 될 여러분이 관광법규와 관광산업의 현실을 유기적으로 이해하고 아울러 관광자원과 그 배경이 되는 역사를 좀 더 쉽고 효과적으로 학습하는데 미약하나마 도움이 된다면 더 바랄 나위 없겠습니다.

저자진 드림

가. 개요

관광도 하나의 산업으로서 국가경제에 미치는 영향이 크다고 판단되어 문화체육관광부에서 실시하는 통역분야의 유일한 국가공인자격증으로서 외국인 관광객의 국내여행 안내와 한국의 문화를 소개함

나. 변천과정

○ 관광통역안내원에서 관광통역안내사로 명칭 변경(2004년)
○ 외국어시험이 공인어학 성적증명서로 대체 (2007년)
○ 한국관광공사에서 한국산업인력공단으로 자격시험 시행기관 변경(2009년)

다. 수행직무

관광통역안내사는 국내를 여행하는 외국인에게 외국어를 사용하여 관광지 및 관광대상물을 설명하거나 여행을 안내하는 등 여행의 편의를 제공

라. 진로 및 전망

○ 여행사, 호텔, 항공사, 해외여행업계, 프리랜서, 무역회사, 통역사 등 경제, 사회적 발전과 더불어 교통수단의 발전문화교류의 증대, 여가시간의 증가에 따라 관광산업은 인류 전체에 공통적으로 해당되는 유망직종 임.
○ 외국인 관광객을 대상으로 하는 여행업자는 관광통역안내사 자격을 가진 사람을 관광안내에 종사하도록 관광진흥법이 개정 되었습니다.(동법 제38조제1항 단서 신설, 2009. 3. 2 일부개정)

마. 소속부처명

: 문화체육관광부(관광기반과)

바. 시행기관

: 한국산업인력공단 (http://www.Q-Net.or.kr/site/interpreter)

가. 응시자격

: 제한 없음

※ 단, 관광통역안내사 자격시험에서 부정한 방법으로 시험에 응시하거나 시험에서 부정한 행위를 한 사람에 대하여는 그 시험을 정지 또는 무효로 하거나 합격결정을 취소하고, 그 시험을 정지하거나 무효로 한 날 또는 합격결정을 취소한 날부터 3년간 시험 응시자격을 정지함(「관광진흥법」제38조제9항)

나. 결격사유

(「관광진흥법」 제38조제5항, 「관광진흥법」 시행규칙 제53조제2항)

○ 아래의 「관광진흥법」제7조제1항에 따른 결격사유가 없는 자에 한하여 관광종사원 자격 취득 및 관광종사원 자격증 발급 가능

1) 피성년후견인·피한정후견인

2) 파산선고를 받고 복권되지 아니한 자

3) 「관광진흥법」에 따라 등록증 또는 사업계획의 승인이 취소되거나 「관광진흥법」제36조제1항에 따라 영업소가 폐쇄된 후 2년이 지나지 아니한 자

4) 「관광진흥법」을 위반하여 징역 이상의 실형을 선고받고 그 집행이 끝나거나 집행을 받지 아니하기로 확정된 후 2년이 지나지 아니한 자 또는 형의 집행유예 기간 중에 있는 자

다. 원서접수방법

○ Q-Net 관광통역안내사 홈페이지에서 원서접수 하여야 하며, 수수료 결제 및 수험표를 출력하여 접수완료 여부 확인

- 홈페이지 주소 : http://www.Q-Net.or.kr/site/interpreter

라. 원서접수 기간

○ 제1 · 2차 시험(동시접수) : 매년 공고되는 관광통역안내사 자격시험 시행계획 공고 참조

※ 원서접수 기간 중에는 24시간 접수 가능(단, 원서접수 마감일은 18:00까지 접수 가능)하며, 접수 기간 종료 후에는 응시원서 접수 불가

※ 제1 · 2차 시험 동시접수에 따라 제2차 시험에만 응시하는 경우에도 해당 기간에 접수하여야 함

※ 시험의 일부면제자는 제출된 서류가 승인된(Q-Net 관광통역안내사 홈페이지 - 마이페이지에서 확인가능) 후 원서접수 진행(승인 전 원서접수 시 일반응시자로 접수 됨)

○ 시험의 일부면제 : 매년 공고되는 **관광통역안내사 자격시험 시행계획 공고** 참조

○ 시험의 일부면제자는 제출된 서류가 승인되어야 면제자로 원서접수 가능

 - 제출 서류 승인 여부는 "Q-Net 관광통역안내사 홈페이지 마이페이지"에서 확인가능하며, 승인되기 전일 경우에는 일반응시자로 원서접수됨

○ 제2차(면접) 시험만 응시하는 수험자(필기시험 면제자)도 반드시 위의 원서접수 기간 내에 접수를 완료해야 시험 응시 가능

○ 원서접수 기간 중에는 24시간 접수 가능하며, 원서접수 마감일에는 18:00까지 접수 가능(접수 기간 종료 후에는 응시원서 접수 불가)

○ 외국어시험(공인어학) 성적 인정 기준 : 매년 공고되는 **관광통역안내사 자격시험 시행계획 공고 참조**

○ 기타 시험 관련 상세정보는 Q-Net 관광통역안내사 홈페이지 참조(매년 공고되는 **관광통역안내사 자격시험 시행계획 공고 참조**)

마. 시험과목 및 방법

구 분		시 험 과 목	시험방법	배 점
외국어 시 험		영어, 일본어, 중국어, 프랑스어, 독일어, 스페인어, 러시아어, 이탈리아어, 태국어, 베트남어, 말레이·인도네시아어, 아랍어 중 1과목	다른 외국어시험 성적으로 대체	
제1차 (필기) 시 험	1교시	① 국사	객관식 (4지택일형)	40%
		② 관광자원해설		20%
	2교시	③ 관광법규(「관광기본법」·「관광진흥법」·「관광진흥개발기금법」·「국제회의산업 육성에 관한 법률」 등의 관광 관련 법규)	과목별 25분항	20%
		④ 관광학개론		20%
제2차 (면접) 시 험		① 국가관·사명감 등 정신자세 ② 전문지식과 응용능력 ③ 예의·품행 및 성실성 ④ 의사발표의 정확성과 논리성	면접시험 (1인당 10분 내외)	–

- 시험과 관련하여 법률 등을 적용하여 정답을 구하여야 하는 문제는 <u>시험 시행일 현재 시행 중인 법률 등</u>을 적용하여 그 정답을 구하여야 함

※ 기 활용된 문제, 기출문제 등도 변형·활용되어 출제될 수 있음
※ 입실시간 및 시험시간 등은 매년 공고되는 관광통역안내사 자격시험 시행계획 공고 참조

바. 합격자 결정

(「관광진흥법」시행규칙 제45조 및 제46조)

구 분	합 격 결 정 기 준
제1차(필기) 시험	매 과목 4할 이상, 전 과목의 점수가 배점비율로 환산하여 6할 이상 득점한 자를 합격자로 결정
제2차(면접) 시험	총점의 6할 이상 득점한 자를 합격자로 결정

목차

목차

제1과목

국사(근현대사 포함)

Chapter 01
한국사의 바른 이해

01. 역사의 의미

(1) 사실로서의 역사와 기록으로서의 역사

　역사라는 말은 사람에 따라 다양한 뜻으로 사용되지만, 일반적으로 '과거에 있었던 사실'과 '조사되어 기록된 과거'라는 두 가지 의미를 갖고 있다. 즉, 역사는 '사실로서의 역사'와 '기록으로서의 역사'라는 두 가지 측면이 있다.

(2) 사실로서의 역사(객관적 의미의 역사)

내용	① 역사란 있었던 사실을 완벽하게 그대로 재현하는 일종의 과학이다. ② 역사는 정치적이고 실용적인 의도로 쓰여서는 안 되고, 오직 역사적 사실만을 서술해야 한다. ③ 역사는 실제로 있었던 본래의 사실을 그대로 보여줄 뿐이다. ④ 역사가는 자기 자신을 숨기고 사실로 하여금 말하게 하여야 한다.
방법	① 발해의 중앙 정치제도는 중국의 제도와 어떻게 다른지 살펴보았다. ② 고대 무역항인 당항성에 가서 토성의 길이를 측정하였다. ③ 고려 시대 관료 중에서 과거 합격자와 음으로 등용된 사람의 명단을 정리하였다. ④ 돌무지 무덤인 서울 석촌동 고분과 만주의 장군총을 비교하였다.

(3) 기록으로서의 역사(주관적 의미의 역사)

내용	① 역사는 과거와 현재 사이의 끊임없는 대화이며, 역사가는 자신의 생각으로 자신의 사실을 만든다. ② 역사의 사실 등은 역사가가 그것들을 창조하기 전까진 존재하지 않는다. ③ 역사적 판단의 기초를 이루는 것은 실천적 요구이기 때문에 모든 역사에는 현재의 역사라는 성격이 부여된다.
방법	① 고려를 중세 사회로 보는 근거를 찾기 위해 통일 신라 시대와 고려 시대를 비교하였다. ② 대한제국의 몰락 과정에서 우리가 얻을 수 있는 교훈은 무엇인지 알아보았다. ③ 일제의 식민 지배에 대항할 수 있었던 우리의 민족정신은 무엇인지 연구하였다. ④ 조선 사회를 근세 사회로 규정할 수 있는 근거가 무엇인지 살펴보았다.

02. 역사의 서술방법

기전체	편년체	강목체 (편년체의 일종)	기사본말체
본기, 세가, 열전, 지, 연표로 구분	시간 순서에 따라 연, 월, 일로 구분	강과 목으로 나누어 서술	원인과 결과를 중심으로 사건을 서술
삼국사기, 고려사, 동사찬요, 동사, 해동역사	고려국사, 고려사절요, 동국통감, 동국사략, 열조통기, 조선왕조실록	본조편년강목, 동국통감제강, 여사제강, 동사회강, 동사강목	연려실기술, 조야기문

제 2 절   한국사와 세계사

01. 한국사의 보편성과 특수성

한국사의 보편성	① 선사 시대는 구석기, 신석기, 청동기, 철기 순으로 발전해왔다. ② 우리 역사를 고대, 중세, 근내, 현대로 각각 분류할 수 있다. ③ 전근대 사회가 들어서면서 평등한 신분제 사회가 형성되기 시작하였다.
한국사의 특수성	① 한국의 불교는 현세구복적이고 호국적인 성향을 갖고 있었다. ② 농촌사회에서는 두레, 향도, 계와 같은 공동체 조직이 발달하였다. ③ 훈민정음이나 시무28조에서는 주체(민족성)와 개방의 조화를 발견할 수 있다. ④ 중국의 유교는 인(仁)을 중시한 반면, 한국의 유교는 충(忠), 효(孝)와 함께 의(義)를 강조하였다.

02. 한국의 세계유산

(1)유네스코가 지정

유엔의 전문기관 중 하나인 유네스코(국제 교육·과학·문화기구)는 전 세계적으로 보편적 가치를 가지고 있는 유산을 세계유산(문화유산 + 자연유산 + 복합유산), 기록유산, 인류무형문화유산 등으로 지정해 보호하고 있다.

(2)지정 현황

①세계유산

우리나라는 현재 세계유산 중 문화유산 13개, 자연유산 2개를 등재하고 있다.

②기록유산, 무형유산

우리나라는 현재 기록유산 16개, 인류무형유산 21개를 등재하고 있다.

문화유산	석굴암과 불국사, 해인사 장경판전, 종묘, 창덕궁, 수원 화성, 경주 역사유적 지구, 고인돌 유적, 조선 왕릉, 안동 하회마을과 경주 양동마을, 남한산성, 백제 역사유적 지구, 산사, 서원
기록유산	훈민정음해례본, 조선왕조실록, 직지심체요절, 승정원 일기, 조선왕조의궤, 해인사 대장경판 및 제경판, 동의보감, 5·18 민주화운동 기록물, 일성록, 난중일기, 새마을운동 기록물, 유교 책판, KBS 이산가족 찾기 기록물, 조선왕실 어보와 어책, 국채보상운동 기록물, 조선통신사 기록물
무형유산	종묘제례와 종묘제례악, 판소리, 강릉 단오제, 남사당 놀이, 강강술래, 영산재, 제주 칠머리당 영등굿, 처용무, 가곡, 대목장, 매사냥, 줄타기, 택견, 한산 모시짜기, 아리랑, 김장문화, 농악, 줄다리기, 제주 해녀 문화, 씨름, 연등회

Chapter 02
선사시대의 문화와 국가의 형성

선사시대의 전개

01. 구석기 시대와 신석기 시대

(1)우리 민족의 기원과 형성

①한민족의 분포

㉠만주 지역과 한반도를 중심

우리 조상들은 대체로 중국 요령(랴오닝)성, 길림(지린)성을 포함하는 만주 지역과 한반도를 중심으로 한 동북아시아에 넓게 분포하여 살고 있었다.

㉡신석기 시대에서 청동기 시대를 거치면서 민족의 기틀 마련

한민족의 근간이 된 것은 신석기인들이고, 오늘날 한민족의 주류가 된 것은 청동기인들이다.

②한민족과 우리나라

㉠동이족

중국의 고전에는 우리 민족을 동이족(東夷族)을 중심으로 하여 맥족(貊族), 예맥족, 한족(韓族) 등으로 기록하였다.

㉡우리나라의 명칭

우리나라를 부르는 명칭으로는 동호(東胡), 동국(東國), 근역(槿域), 대동(大東), 삼한(三韓), 해동(海東), 진단(震檀) 등이 있었다.

(2)구석기 시대

①구석기 시대의 문화 발전

> ㉠ 직립보행의 시작, 손·발의 분화(도구의 제작)
>
> ㉡ 불의 사용(자연의 지배), 언어의 사용(무리사회 유지)
>
> ㉢ 예술품의 제작(선각화)

②구석기 시대 구분

㉠석기의 발전 단계

구석기 시대는 석기를 다듬는 수법에 따라 전기, 중기, 후기로 나누어진다.

전기 (약 70만~ 10만년 전)	특징	• 큰 석기 한 개를 가지고 사냥·해체·조리 등 여러 가지 용도로 사용하였다.
	도구	주먹도끼, 찍개(외날찍개와 양날찍개)
중기 (약 10만~ 4만년 전)	특징	• 크기가 작아지면서 한 개의 석기가 하나의 용도를 갖게 되었다. • 몸돌에서 떼어 낸 격지(박편·조각)들을 가지고 잔손질을 하여 사용하였다.
	도구	긁개, 밀개, 찌르개, 새기개, 자르개
후기 (약 4만~ 1만년 전)	특징	• 쐐기 같은 것을 대고 형태가 같은 여러 개의 돌날격지를 만들었다.
	도구	돌날, 좀돌날, 슴베찌르개

ⓒ도구의 제작

사냥도구	주먹도끼, 찍개, 찌르개, 팔매돌 등
조리도구	긁개, 밀개
도구나 예술품 제작	뚜르개(송곳)와 새기개(조각칼)

ⓒ거주생활
  ⓐ동굴, 바위그늘, 막집에 거주
  ⓑ집터의 모습 : 공주 석장리 유적지에서 기둥자리, 담자리, 불 땐 자리 등 다양한 형태의
  집터가 발견되었다.
②사회생활과 식생활
  ⓐ평등한 공동체적 생활
  ⓑ무리생활과 이동생활
  구석기 때에는 아직 농사와 가축사육이 시작되지 않았기 때문에 먹이를 찾아 이동하며
  무리생활을 하였다. 이러한 무리를 다양한 경험과 지혜를 가진 연장자가 이끌었지만, 권
  력을 가진 것은 아니었다.
  ⓒ사냥과 채집·어로생활에 의존
  구석기 시대는 아직 채집경제의 단계였으므로, 구석기인들은 사냥과 채집·어로 등에 의
  존하며 식량을 구하였다.
⑩예술 활동
  ⓐ선각화의 제작
  구석기 후기에 이르러 석회암이나 동물의 뼈, 뿔 등을 이용한 선각화를 만들었다.
  ⓑ사냥감의 번성 기원
  공주 석장리(개모양의 석상, 고래와 멧돼지의 조각)와 단양 수양개(물고기의 조각)에서
  여러 조각품이 발견되었는데, 이는 사냥감의 번성과 풍요를 비는 주술적 의미가 깃든 것
  으로 보인다.

③구석기 시대의 유물과 유적

㉠구석기 유적지

시 대	유적지
전 기	충북 단양 금굴, 경기 연천 전곡리, 상원 검은모루 동굴, 공주 석장리
중 기	웅기 굴포리, 덕천 승리산 동굴, 단양 상시리 바위그늘
후 기	단양 수양개, 청원 두루봉 동굴, 제천 창내, 종성 동관진

㉡한반도의 인류화석

덕천 승리산 동굴	우리나라 최초로 인류화석이 발견, 중기의 덕천인(어금니와 어깨뼈)와 후기의 승리산인(아래턱뼈)
단양 상시리 바위그늘	남한에서 최초로 인류화석이 발견, 후기의 구석기인(윗머리뼈)
평양 역포 대현동	7~8세 소녀의 인골화석이 발견(역포인)
청원 두루봉 동굴	5~7세로 추정되는 두 어린이의 인골화석이 발견(흥수아이)
평양 만달리 동굴	성인 남자의 인골화석이 발견

(3)신석기 시대

①신석기 시대와 신석기 혁명

㉠신석기 시대의 시작

ⓐ1만 년 전 : 제주

우리나라의 신석기 시대는 기원전 8000년경부터 시작되었으며 최근 발견된 제주 한경 면 고산리 유적이 가장 오래된 신석기 유적지로 인정되고 있다.

ⓑ신석기 혁명

• 농경 : 신석기 시대 후기부터 농경이 시작되었다.

• 잡곡 : 황해도 봉산 지탑리와 평양 남경의 유적에서는 탄화된 좁쌀이 발견되는 것으로 보아, 잡곡류를 경작하는 농사가 시작되었음을 알 수 있다.

• 사냥, 고기잡이 : 신석기 시대에는 사냥과 고기잡이의 비중이 점차 줄어들었지만, 여전 히 식량을 얻는 중요한 수단이었다. 특히, 많은 조개류를 먹었는데 장식으로 이용하기도 하였다.

㉡신석기 시대의 유적

ⓐ바닷가, 강가 : 부산, 서울

유적은 주로 큰 강이나 해안 유역에서 발견되고 있는데, 신석기 시대의 대표적인 유적지 로는 제주 한경 고산리 유적, 강원도 양양 오산리 유적, 부산 동삼동 유적, 서울 암사동 유적 등이 있다.

ⓑ원형 움집 : 중앙 화덕

신석기 시대 사람들은 땅을 파고 그 위에 지붕을 씌운 움집에서 살았는데, 움집은 원형 또는 모서리가 둥근 사각형으로 만들어졌으며, 움집의 중앙에는 불씨를 보관하거나 취사와 난방을 위한 화덕이 위치하였다.

ⓒ간석기 : 돌괭이, 돌삽, 돌보습, 돌낫

ⓓ토기

- 이른 민무늬 토기, 덧무늬 토기
- 빗살무늬 토기

  우리나라 전국 각지에서 발견되는 대표적인 신석기의 토기로, 해안이나 강가에서 주로 출토되며, 도토리나 달걀모양의 뾰족한 밑 모양(V자형) 또는 둥근 밑 모양(U자형)을 하고 있다

ⓔ수공업 : 옷, 그물, 가락바퀴, 뼈바늘

  원시적인 수공업 생산도 이루어졌는데, 가락바퀴나 뼈바늘이 출토되는 것으로 보아 옷이나 그물을 만들었음을 알 수 있다.

ⓒ신석기 시대의 생활

ⓐ씨족 사회

- 족외혼 : 부족 사회 형성

  신석기 시대는 혈연을 바탕으로 한 씨족을 기본구성단위로 하는 부족사회였다.

- 평등 : 구석기와 마찬가지로 지배·계급관계가 발생하지 않은 평등사회로, 경험이 많은 연장자가 씨족을 이끌거나 씨족장이 모여 부족회의에서 중요 의사를 결정하였다.

ⓑ신앙

애니미즘(정령숭배) (Animism)	농사에 큰 영향을 끼치는 자연현상이나 자연물에 영혼이 있다고 믿는 사상으로, 이 중에서 농사에 가장 큰 영향을 미치는 태양과 물에 대한 숭배가 으뜸이었다.
샤머니즘(무격신앙) (Shamanism)	영혼이나 하늘을 인간과 연결시켜 주는 무당과 그 주술을 믿는 신앙이다.
토테미즘 (Totemism)	자기 부족의 기원을 특정 동식물과 연결시켜 그것을 숭배하는 신앙이다.
영혼불멸사상과 조상숭배사상	영혼불멸사상은 사람이 죽어도 영혼은 없어지지 않는다고 믿는 신앙이고, 조상숭배사상은 자신들의 조상에 제사하여 복을 비는 신앙을 말한다.

②구석기 시대와 신석기 시대의 비교

구분	구석기 시대	신석기 시대
시기	약 70만 년 전부터	기원전 8000년경부터
유물	뼈도구(골각기)와 뗀석기, 주먹도끼·찍개·팔매돌(사냥용), 긁개·밀개(조리용)	간석기와 토기, 돌로 만든 농기구, 가락바퀴와 뼈바늘, 뼈낚시
경제	사냥, 채집, 어로	농경과 목축의 시작, 원시적 수공업(옷과 그물 제작)
주거	동굴, 바위그늘, 강가의 막집	원형이나 방형의 움집(화덕과 저장구덩이를 설치)
사회	무리(群)사회, 이동생활, 평등사회(계급발생 ×)	씨족·부족사회(족외혼), 정착생활, 평등사회(계급발생 ×)
신앙	사냥감의 번성을 비는 주술적 의미의 조각품 제작	애니미즘, 영혼불멸사상, 조상숭배, 샤머니즘, 토테미즘
예술	석회암이나 뼈로 만든 선각화	흙으로 빚은 얼굴 조각품, 조개껍데기 가면, 치레걸이(장신구)

02. 청동기 시대와 철기 시대

(1)청동기 시대

①연대와 특징

㉠청동기 시대의 시작

ⓐ4천 년 전 : 한반도의 청동기 시대는 기원전 2000~1500년경(4,000년~3,500년 전)부터 본격화되었다고 볼 수 있다. 고인돌도 이 무렵에 나타났다.

ⓑ국가 : 고조선 성장

북방 계통의 청동기 문화를 받아들였고, 최초의 국가인 고조선이 청동기 문화를 바탕으로 성장하였다.

㉡특징

북방 계통의 영향	• 비파형동검과 거친무늬거울은 만주와 한반도에서만 발견
	• 구리에 아연이 합금된 청동기
	• 스키토 시베리언 계통의 동물문양이 출토됨.
독자적인 특성	• 세형동검, 잔무늬 거울, 거푸집

②청동기 시대의 유적지

| 남한 | 경기 여주 흔암리, 충남 부여 송국리, 충북 제천 황석리, 전남 순천 대곡리 |
| 북한 | 함북 회령 오동리, 함북 나진 초도, 평북 강계 공귀리, 평북 의주 미송리 |

③청동기 시대의 유물

토기	• 민무늬토기(청동기의 대표적인 토기), 덧띠 새김무늬토기(가장 이른 시기에 출현), 미송리식 토기, 붉은간토기
무덤	• 고인돌(지석묘), 돌널무덤(석관묘), 돌무지 무덤 ※ 선돌(立石)은 고인돌과 함께 거석문화를 상징하나, 무덤은 아님
농기구	• 반달돌칼(반월형석도), 홈자귀, 바퀴날도끼 ※ 청동으로 된 농기구는 발견되지 않음
청동제품	• 청동무기(청동검·화살촉), 청동방울, 청동거울 ※ 청동은 당시 귀하여 주로 무기와 의식용으로 사용
예술품	• 청동으로 만든 의식용 도구, 흙으로 빚은 토우, 바위그림

④신석기 시대와 청동기 시대의 움집 비교

신석기 시대	청동기 시대
• 원형이나 방형(둥근 모양의 사각형)	• 장방형(직사각형)
• 하천이나 바닷가에 위치	• 내륙의 구릉이나 산간 지대에 위치
• 화덕이 중앙에 위치	• 화덕이 한쪽 벽에 위치 (저장구덩 따로)
• 깊게 팖.	• 얕게 팖(지상가옥에 근접).

⑤신석기 시대와 청동기 시대의 농경 비교

신석기 시대	구분	청동기 시대
• 조·피·수수 등 잡곡 재배	농경 종류	• 벼농사의 시작과 보리·콩 등 잡곡 재배
• 탄화된 조의 발견	증거 유물	• 탄화된 쌀의 발견
• 봉산 지탑리와 평양 남경	유적지	• 여주 흔암리, 부여 송국리
• 개와 돼지의 사육	사육	• 개와 돼지 외에 소와 말도 사육
• 돌괭이, 돌삽, 돌보습	농기구	• 반달돌칼, 홈자귀, 바퀴날도끼

⑥신석기 시대와 청동기 시대의 경제·사회 생활 비교

신석기 시대	구분	청동기 시대
• 부족·씨족사회, 평등한 공동체, 족외혼	사회생활	• 군장의 출현, 계급사회, • 금속제 무기의 출현(정복활동) • 선민사상, 전문장인의 출현
• 공동생산과 공동분배 • 배타적인 경제공동체(자급자족)	경제생활	• 사유재산제(빈부의 격차) • 계급의 발생
• 모계사회	가족생활	• 부계사회
• 토묘(동침신전앙와장)	무덤	• 고인돌(지석묘), 돌널무덤 (석관묘), 돌무지무덤(적석총)
• 이른 민무늬 토기, 덧무늬 토기, 빗살무늬 토기	토기	• 덧띠새김무늬 토기, 민무늬 토기, 미송리식 토기, 붉은간토기

(2)철기 시대
①철기 시대의 발전
　㉠철기 시대의 시작
　　ⓐ기원전 5세기 : 중국 전국 시대의 혼란기 전래
　　ⓑ연맹왕국 등장 : 부여, 초기 고구려 형성

　㉡철기 시대의 유물
　　ⓐ중국 문화 영향
　　• 철제 농기구, 철제 무기 도입
　　• 중국 화폐 : 명도전, 반량전, 오수전
　　　철기와 함께 중국 화폐인 명도전(明刀錢), 오수전(五銖錢), 반량전(半兩錢) 등이 출토되어 당시의 활발한 교역 관계를 보여주고 있다.
　　• 한자 사용 : 경남 창원 다호리, 붓

경남 창원 다호리 유적에서 나온 붓은 당시에 이미 한반도에서 한자를 쓰고 있었음을 말해 준다.

ⓑ독자적 청동기 제작

• 세형 동검, 잔무늬 거울

청동기 문화도 더욱 발달하여 한반도 안에서 독자적 발전을 이룩하였는데, 기존의 비파형동검은 한국식 동검인 세형 동검으로, 거친무늬 거울은 잔무늬 거울로 그 형태가 변하여 갔다.

• 거푸집

청동제품을 제작하던 틀인 거푸집도 전국의 여러 유적에서 발견되고 있는데, 이 시기에 청동제품을 우리가 자체적으로 생산하였음을 알 수 있다.

ⓒ토기 : 덧띠토기, 검은 간토기

청동기 시대에 사용되었던 민무늬 토기 이외에 덧띠토기, 검은 간토기 등이 제작되었다.

ⓓ지상 가옥 : 귀틀집, 온돌, 부뚜막

지상 가옥 형태의 주거지에서 생활하였으며, 초가집의 전신이라 할 수 있는 귀틀집이 나타나기도 하였다. 또한 온돌 장치, 부뚜막과 구들 시설이 나타났다.

ⓔ널무덤, 독무덤

철기 시대에는 널무덤(토광묘)과 독무덤(옹관묘)이 사용되었다.

ⓒ비파형 동검과 세형 동검 비교

비파형 동검	세형 동검
• 청동기 시대	• 청동기 후기~철기 초기 시대
• 북방계통(시베리아와 몽고)의 영향	• 독자적인 발전
• 요하 일대, 만주, 한반도 서북지역	• 청천강 이남에서 주로 발견
• 부여식 동검, 만주식 동검이라고 함.	• 한국식 동검이라고 함.
• 고조선 초기 문화와 관련(고조선)	• 고조선 후기 문화와 관련(위만조선)

②선사 시대 비교

㉠토기

신석기 시대	이른 민무늬 토기, 덧무늬 토기, 눌러찍기 무늬 토기
	빗살무늬 토기
청동기 시대	덧띠새김무늬 토기, 민무늬 토기, 미송리식토기, 붉은 간토기
철기 시대	검은 간토기, 덧띠토기, 가지무늬 토기

ⓒ주거

구석기 시대	• 동굴, 강가의 막집, 바위그늘, 노천에 거주하며, 이동생활을 하였다. • 주거지에는 3~4명에서 많게는 8~10명이 거주하였다.
신석기 시대	• 농경과 목축의 시작으로 정착하게 되었으며, 움집에서 거주하였다. • 주로 강가나 해안의 평지에 원형의 움집을 지었고, 취사와 난방을 위한 화덕이 중앙에 위치하고 있었다. • 화덕이나 출입문 옆에는 저장구덩이가 있었다.
청동기 시대	• 내륙의 산간이나 구릉지대에 위치한 장방형 움집에서 거주하였다. • 움집의 깊이가 점차 얕아져 지상가옥에 가까워졌으며, 화덕이 중앙에서 한쪽 벽으로 옮겨졌다.
철기 시대	• 지상가옥 형태의 집에서 생활하였으며, 온돌장치와 부뚜막이 나타났다. • 주거지가 보다 밀집화·광역화되었다.

ⓒ농기구

시대	농기구 종류	특징
신석기	• 돌괭이, 돌보습, 돌낫, 갈판	• 우리나라에서 아직 발견되지 않았지만 나무 농기구도 사용하였을 것으로 추정
청동기	• 홈자귀(땅을 개간), 반달돌칼(벼이삭의 추수), 바퀴날도끼	• 청동기 농기구는 발견되지 않음.
철기	• 철로 만든 괭이, 낫, 호미, 보습	• 금속으로 만든 농기구를 처음으로 사용

ⓔ무덤

구석기	신석기	청동기	철기
없음	흙을 파서 관 없이 매장(토묘) 또는 머리를 동쪽으로 향하게 하고 매장(동침신전앙와장)	고인돌(지석묘), 돌널무덤(석관묘), 돌무지무덤(적석총)	널무덤(토광묘 또는 목관묘), 독무덤(옹관묘)

제 2 절 고조선 건국과 여러 나라의 성장

01. 고조선의 건국과 발전

(1)고조선

①고조선의 건국과 세력 범위

㉠고조선의 건국

ⓐ청동기 문화

ⓑ최초의 국가

→삼국유사의 기록에 따르면 고조선은 기원전 2333년에 단군에 의해 건국되었다.

㉡고조선의 세력 범위

ⓐ요령을 중심, 한반도까지 발전

ⓑ고인돌, 거친무늬 거울, 미송리식 토기, 비파형 동검 출토 분포와 일치

㉢고조선과 관련된 문헌

단군 이야기의 수록		삼국유사, 제왕운기, 세종실록지리지, 응제시주, 동국여지승람
8조금법의 수록		한서 지리지
고조선의 수록	중국	관자(가장 오래된 기록), 산해경, 사기, 한서 등
	한국	동국통감, 동사강목, 동사, 해동역사

②단군 이야기

사회 모습	단군 이야기의 내용
천손사상(선민사상) 대두	환인과 환웅
민본사상(홍익인간)	널리 인간을 이롭게 함.
농경사회(비·바람·구름)	풍백·우사·운사의 존재
토테미즘	곰과 호랑이의 등장
부족 연합	환웅과 웅녀 결혼
정치 권력자의 등장(청동기 사회)	천부인 3개
제정일치 사회	단군왕검

③고조선의 발전

㉠상, 대부, 장군 등의 관직

㉡기원전 3세기

ⓐ부왕과 준왕

위지에 따르면 고조선은 기원전 4세기 이전부터 왕호를 사용하였으며, 기원전 3세기경에는 부왕(否王), 준왕(準王) 같은 강력한 왕이 등장하여 왕위를 세습하였다.

ⓑ연의 침입

연나라 장수 진개의 침입으로 고조선은 요동 지방을 상실하고 한반도 서북부로 위축되었다.

④8조금법

㉠한서지리지에 수록

㉡내용

사회 모습	8조금법의 내용
생명과 노동력의 중시	살인죄의 처벌
사유재산의 존중	절도죄의 처벌
계급사회의 성립	노비의 존재
농경사회	곡식으로 배상
화폐경제사회	50만 전을 배상
가부장적 가족제도	여성의 정절을 중시

(2)위만조선

①위만조선의 건국

㉠위만의 입국

ⓐ진한 교체기

기원전 3세기 후반 진·한 교체기 위만(衛滿)이 1000여 명의 무리를 이끌고 고조선으로 들어왔다.

ⓑ철기 문화

㉡준왕을 축출

위만은 수도인 왕검성에 쳐들어가 준왕을 몰아내고 스스로 왕이 되었다(기원전 194년).

㉢우리 민족의 주체 정권인 이유

ⓐ복장

위만은 고조선으로 들어올 때에 상투를 틀고, 조선인의 옷을 입고 있었다.

ⓑ국명

왕이 된 뒤에도 나라 이름을 그대로 조선이라 하였다.

ⓒ토착민 출신

위만의 정권에는 토착민 출신으로 높은 지위에 오른 자가 많이 있었다.

②위만 조선의 발전

㉠활발한 정복 사업

우세한 무력을 바탕으로 활발한 정복사업을 전개하여 진번(황해도)과 임둔(함경남도)을 복속시키는 등 광대한 영토를 차지하였다.

ⓒ중계 무역의 이득을 독점

　　동방의 예(濊)나 남방의 진(辰)이 직접 중국의 한(漢)과 교역하는 것을 막고, 한과 대립하였다.

③고조선의 멸망

　㉠한 무제의 침략

　　한의 무제는 고조선의 발전에 불안을 느끼고, 우거왕 때 수륙양면으로 대규모 침략을 감행하였다.

　㉡우거왕의 죽음

　　ⓐ패수의 승리

　　　고조선은 1차 접전(패수)에서 대승을 거두었고, 이후 약 1년에 걸쳐 한의 군대에 맞서 완강히 대항하였다.

　　ⓑ왕검성의 함락

　　　장기간의 전쟁으로 지배층의 내분이 일어나 우거왕이 죽고 왕검성이 함락되면서 멸망하였다(기원전 108년).

④한 군현의 설치와 소멸

　㉠한 군현의 설치

　　고조선이 멸망하자 한은 고조선의 일부 지역에 군현을 설치하였다.

　㉡한 군현의 소멸

　　토착민의 강력한 반발로 세력이 약화되었고, 결국 고구려 미천왕의 공격을 받아 낙랑군과 대방군이 4세기 초반에 소멸되었다.

⑤고조선과 위만 조선의 발전과정

기원전 7세기	중국의 사서인 관자(管子)에는 고조선이 중국 제나라와 교역하였다는 기록이 있다.
기원전 5세기	중국이 전국 시대 이후로 혼란에 휩싸이면서 유이민들이 대거 고조선으로 넘어왔다. 이들은 철기문화를 기반으로 하는 유이민 세력으로, 이로 인해 우리나라의 철기문화가 시작되었다.
기원전 4~3세기	부왕(否王)과 준왕(準王)과 같은 강력한 왕이 등장하였고, 요서 지방을 경계로 하여 중국의 연(燕)과 대립할 만큼 강성하였다.
기원전 283년	연나라 장수 진개의 침입으로, 고조선은 요동 지방을 포함한 서방 2000여 리의 영토를 상실하였다.
기원전 3세기 말	위만은 1000여 명의 무리를 이끌고 고조선으로 들어와 준왕의 신임을 얻었다.
기원전 194년 (기원전 2세기 초)	위만은 수도인 왕검성에 쳐들어가 고조선의 준왕을 몰아내고 스스로 왕이 되었다.
기원전 108년 (기원전 2세기 말)	약 1년에 걸쳐 한의 군대에 맞서 완강히 대항하였으나, 왕검성이 함락되면서 결국 멸망하고 말았다.

02. 여러 나라의 성장

(1)부여

①부여의 특징과 풍습

발전	• 만주 길림에 있는 송화강 유역에서 성장 • 중국과 친선관계, 선비족 및 고구려와 적대관계 • 선비족의 침입으로 쇠약해진 후 고구려의 문자왕에 복속(494년)
정치와 경제	• 대가(大加)들이 다스리는 사출도가 존재(5부족 연맹체) • 부족장에 의하여 왕이 선출(왕권이 미약) • 농경과 목축이 주요 산업(반농반목), 특산물로 말·주옥·모피가 유명
풍습	• 절도를 하면 12배 배상(1책12법), 살인자, 간음한 자, 투기가 심한 부인은 사형 • 12월 영고(제천행사, 수렵사회의 전통), 순장, 은력, 우제점법

②고조선과 부여의 법률 비교

고조선	부 여
• 사람을 죽인 자는 사형에 처한다. • 사람을 상해한 자는 곡물로써 배상한다. • 남의 물건을 훔친 자는 노비로 삼되 자속하려는 자는 돈 50만 전을 내야 한다. • 부인들은 정숙하여 음란하지 않았다.	• 살인자는 사형에 처하고 그 가족은 노비로 삼는다. • 절도자는 물건 값의 12배를 배상한다. • 간음자는 사형에 처한다. • 투기가 심한 부인은 사형에 처하되, 그 시체를 산 위에 버려 썩게 한다. 단, 그 여자의 집에서 시체를 가져가려면 소와 말을 바쳐야 한다.

③초기 국가의 발전 단계

발전 단계	국가
군장국가 단계에서 멸망	옥저, 동예
연맹왕국 단계에서 멸망	부여
고대국가로 발전	고구려, 백제, 신라

(2)초기 고구려

①고구려 사회의 특징

발전	• 기원전 37년 졸본 지방에서 주몽이 건국, 후에 국내성(통구)으로 천도 • 5부족 연맹체로 구성, 한군현과의 대결을 통해 성장
정치와 경제	• 중대 범죄자가 있으면 제가회의를 통해 사형시킴 • 국왕 아래에 상가·고추가·대로 등 대가가 존재(각자 사자·조의라는 관리를 거느림)
풍습	• 추수감사제인 10월 동맹이 존재, 왕과 신하들이 국동대혈에서 제사 • 건국 시조인 주몽과 어머니 유화부인을 조상신으로 섬겨 제사를 지냄. • 데릴사위제(서옥제)와 형사취수제, 우제점법과 1책12법 • 부경(약탈경제를 상징하는 창고)

②부여와 고구려의 공통점

　㉠5부족 연맹체가 중심

　㉡형사취수

　㉢1책12법

　㉣우제점법

　㉤부족장과 관리의 명칭에 가(加), 사자(使者)가 존재

(3)옥저와 동예

①옥저와 동예의 비교

구분	옥저	동예
위치와 한계	함흥 평야에 위치	강원도 북부에 위치
	변방에 치우쳐 있어 선진문화의 수용이 늦어짐. 고구려와 중국 한 군현의 압력을 받았으며, 훗날 고구려에 모두 복속됨.	
정치제도	• 읍군(邑君)과 삼로(三老)라는 군장이 존재 • 군장국가 단계에서 멸망(연맹왕국이나 고대국가로 발전하지 못함)	
경제	• 토지가 비옥하고 해산물이 풍부(농경과 어로의 발달)	
	• 고구려에 공납을 바침.	• 방직기술이 발달 • 특산물(단궁, 과하마, 반어피)
풍속	• 민며느리제 • 가족공동무덤(뼈, 골장제)	• 10월 무천(제천행사) • 족외혼과 책화(씨족사회의 유풍) • 철(凸)자형과 여(呂)자형 집터

②옥저의 민며느리제

　고구려 개마대산(백두산) 동쪽에 있는데 개마대산은 큰 바닷가에 맞닿아 있다. … 그 나라 풍속에 여자 나이 10살이 되기 전에 혼인을 약속한다. 신랑 집에서는 여자를 맞이하여 다 클 때까지 길러 아내로 삼는다. (여자가) 성인이 되면 다시 친정으로 돌아가게 한다. 여자의 친정에서는 돈을 요구하는데, (신랑 집에서) 돈을 지불한 후 다시 신랑 집으로 돌아온다.

③동예의 책화

　산천(山川)을 중시하였으며, 산천마다 각각 읍락(邑落)의 구분이 있어 함부로 서로 건너거나 들어갈 수 없었다. …… (중략) …… 그 나라의 읍락이 서로 침범하면 항상 생구(生口)·우마(牛馬)로 죄를 처벌하도록 하였는데, 이를 이름 하여 '책화(責禍)'라고 하였다.

(4)삼한

①삼한 사회의 특징

발전	• 한강 이남의 진국(辰國)이 마한, 변한, 진한으로 발전 • 고조선 유이민의 남하에 의하여 새로운 문화가 보급
정치와 경제	• 소도에서 천군(제사장)이 종교의식을 주관(제정분리의 사회) • 대족장(신지·견지)과 소족장(읍차·부례)의 존재 • 철제 농기구의 사용과 우경으로 벼농사가 발달(많은 저수지의 축조) • 초가지붕의 반움집이나 귀틀집에서 거주 • 두레의 성행(농촌의 공동작업) • 변한에서 철이 생산되어 낙랑·일본 등에 수출, 철을 화폐로 사용
풍습	• 방직기술의 발달 • 5월(수릿날)과 10월(상달)에 계절제 • 널무덤(토광묘)과 독무덤(옹관묘)

②삼한의 소도

귀신을 섬기기 때문에 국읍(國邑)에 각각 한 사람씩을 세워서 천신(天神)의 제사를 주관토록 했는데, 이를 '천군(天君)'이라 부른다. 또 여러 나라에는 각각 별읍(別邑)이 있었는데 이를 '소도(蘇塗)'라고 한다. 그곳에 큰 나무를 세우고 방울과 북을 매달고 귀신을 섬긴다. 다른 지역에서 그 지역으로 도망 온 자들은 모두 돌려보내지 않았기 때문에 도적질을 좋아하게 되었다.

Chapter 03
고대 사회의 발전

01. 삼국 시대 정치

(1)중앙집권(中央集權)국가

①연맹왕국과 고대 국가의 비교

연맹왕국	고대 국가
• 부여, 초기 고구려	• 고구려, 백제, 신라
• 왕권이 미약하여 귀족회의를 통해 선출	• 왕권이 강하여 부자 세습이 확립
• 왕이 전체 영토를 통치하지 못함. • 대족장이 자기 지역을 독자적으로 다스림.	• 왕이 전체 영토를 통치 • 부족장 세력을 중앙질서에 편입 • 지역에 지방관을 파견
• 부족마다 다양한 전통신앙이 존재(원시신앙과 무격신앙 중심)	• 초부족적·통일적인 종교로 불교를 수용

②중앙 집권국가의 특징

정치·행정면	왕권 강화, 왕위 세습제(부자 상속), 율령 반포(관등제, 공복제)
사회·문화면	엄격한 신분 제도
군사면	군사제도의 마련, 정복사업을 통한 영토 확장
종교·사상면	초부족적인 불교의 수용

③고대 국가의 형성과 완성

구분	고구려	백제	신라
국가기틀	태조왕	고이왕	내물왕
부자상속	고국천왕	근초고왕	눌지왕
불교 공인	소수림왕	침류왕	법흥왕
율령 반포	소수림왕	고이왕	법흥왕
영토확장	광개토왕과 장수왕	근초고왕	진흥왕
* 한강확보	장수왕	고이왕	진흥왕

(2)삼국의 성립과 발전

①삼국의 성립

구분	고구려	백제	신라
건국 인물	주몽(B.C. 37년)	온조(B.C. 18년)	박혁거세(B.C. 57년)
주체 세력	부여계 유이민과 압록강 유역 토착세력	고구려계 유이민과 한강유역의 토착세력	경주 지방의 토착세력과 유이민 집단
주도권	부여계 유이민	고구려계 유이민	경주의 토착세력
고대국가의 기틀 마련	태조왕	고이왕	내물왕

②고구려의 발전

태조왕 (53~146)	• 계루부 고씨의 왕위 세습(형제상속) • 옥저 정복
고국천왕 (179~197)	• 기존 5부 체제를 행정적 5부로 개편 • 형제 상속에서 부자 상속으로 전환 • 빈민 구제책인 진대법을 실시
미천왕 (300~331)	• 서안평 점령 • 낙랑, 대방 축출(한사군 완전 축출)
소수림왕 (371~384)	• 고국원왕 전사 이후 고구려의 위기를 극복 • 불교 수용 • 태학 설립 • 율령을 반포(중앙집권체제의 기틀을 마련)
광개토대왕 (391~413)	• 백제 아신왕을 굴복시키고 한강 이북까지 진출 • 신라에 침입한 왜군을 격퇴(한반도 남부에까지 영향력 확대) • 숙신(여진)과 비려(거란)를 정복 • 후연을 격파하여 요동지역 확보 • 영락이라는 연호를 사용(우리나라 최초의 연호), 호태왕·영락대왕으로 불림.

장수왕
(413~491)
	• 광개토 대왕릉비 건립
	• 중국의 남북조와 외교관계
	• 평양 천도 이후 남하정책 실시
	• 백제의 수도 한성을 점령하고 개로왕을 전사시킴
	  (백제 문주왕의 웅진천도).
	• 죽령 일대에서 남양만을 연결하는 남한강 유역까지 진출
	  (중원 고구려비)

문자왕 (491~519)	• 부여 복속 : 최대 영토 확보

영양왕 (590~618)	• 요서 지방 선제 공격 • 살수대첩(612) – 수 양제 격퇴
보장왕 (642~668)	• 안시성 싸움(645) – 당 태종 격퇴 • 고구려 멸망(668)

③백제의 발전

고이왕 (234~286)	• 한강 유역을 장악 • 율령 반포, 6좌평제의 설치, 16관등제와 3색 관복제 마련
근초고왕 (346~375)	• 마한 지역을 복속 • 중국의 요서·산둥지방과 일본의 규슈지방에 진출(고대 상업세력권 형성) • 평양성을 공격하여 고국원왕을 전사시킴 • 부자상속제 확립 • 일본에 왕인·아직기를 파견(천자문과 논어를 전수), 일본에 칠지도를 하사 • 고흥의 서기 편찬
침류왕 (384~385)	동진의 승려 마라난타가 백제에 불교를 전래
비유왕 (427~455)	신라의 눌지왕과 나제동맹
문주왕 (475~477)	웅진 천도
동성왕 (479~501)	신라의 소지왕과 결혼동맹(나제동맹의 강화)
무령왕 (501~523)	• 22담로를 지방의 주요 거점에 설치(왕족이나 왕자를 파견) • 중국 남조의 양나라와 통교 • 일본에 오경박사인 단양이와 고안무를 파견(유학의 전래)
성왕 (523~554)	• 웅진에서 사비로 천도, 국호를 남부여로 개칭 • 중앙에 22부 관제 마련, 수도와 지방을 각각 5부·5방으로 개편 • 일본에 노리사치계를 보내 불교 전파 • 진흥왕과 함께 고구려를 공격하여 한강유역 회복 • 진흥왕과 관산성(충북 옥천)에서 다투다가 전사함(나제동맹의 결렬).
무왕 (600~641)	익산 미륵사 건립
의자왕 (641~660)	백제 멸망(660)

④신라의 발전 (4~7세기 통일 이전)

내물왕 (356~402)	• 김씨 왕위 계승권이 확립, 왕의 호칭이 마립간(대군장)으로 변경 • 왜·가야의 세력을 물리치는 과정에서 광개토대왕의 도움을 받음(고구려군의 신라 영토 주둔). • 중국의 전진과 수교, 고구려를 통하여 중국의 문물 수용
눌지왕 (417~458)	• 부자상속제 확립 • 백제 비유왕과 나제동맹을 체결(고구려의 남하정책을 견제)
소지왕 (479~500)	• 백제 동성왕과 결혼동맹을 체결 • 우역을 설치, 수도에 시장을 개설 • 부족적 성격의 6부를 행정적 성격으로 개편
지증왕 (500~514)	• 국호를 사라에서 신라로 변경, 칭호도 마립간에서 왕으로 변경 • 중국식 군현제를 실시(군주를 파견) • 우산국(울릉도)을 복속 • 우경을 정책적으로 장려 • 순장을 금지
법흥왕 (514~540)	• 율령을 반포(통치체제를 확립), 17관등제와 공복제를 마련 • 병부와 상대등을 설치 • 이차돈의 순교로 불교를 공인, 불교식 왕명을 처음 사용 • 금관가야를 정복 • 신라 최초의 연호인 건원을 사용
진흥왕 (540~576)	• 한강 하류 지역을 차지(백제 성왕과의 관산성 전투에서 승리) • 대가야를 정복 • 고구려를 공격하고 함흥평야에 진출 • 개국 등 연호를 사용 • 거칠부의 국사편찬 • 화랑도를 국가조직으로 개편 • 불교교단을 정비(국통 제도를 시행), 황룡사의 건립
진평왕 (579~632)	• 화백회의를 통해 진지왕이 폐위되고 옹립됨 • 원광이 세속오계를 정립
선덕여왕 (632~647)	• 백제에게 대야성이 함락됨. • 황룡사 9층목탑, 분황사 석탑, 첨성대 건립
진덕여왕 (647~654)	• 집사부 설치 • 나당 동맹 체결(648)

(3)가야 연맹

①가야연맹의 성격

㉠변한 지역에서 발전

ⓒ6세기 연맹왕국 단계에서 멸망
②전기 가야연맹
　㉠전기 가야연맹의 성장
　　ⓐ김해의 금관가야 중심
　　ⓑ철을 통한 중계 무역 발달
　㉡전기 가야연맹의 해체
　　고구려 광개토대왕의 공격
③후기 가야연맹
　㉠후기 가야연맹의 성장
　　ⓐ고령의 대가야 중심
　　ⓑ신라와 결혼동맹(522) : 6세기 초 신라 법흥왕
　㉡가야연맹의 멸망
　　ⓐ금관가야의 멸망 : 법흥왕(532)
　　ⓑ대가야의 멸망 : 진흥왕(562)
④가야의 문화
　㉠가야 고분 : 김해 대성동 고분, 고령 지산동 고분, 돌덧널 무덤
　㉡가야 토기 : 일본의 스에키 토기에 직접적인 영향
　㉢가야 음악 : 우륵의 가야금

(4)삼국의 항쟁
①삼국의 대외관계의 시기 구분

시기	대립구도	내용
4세기	백제 vs 고구려	중국 남조(동진), 왜와 연합한 백제와 고구려의 대결
5세기	고구려 vs 나제동맹	광개토대왕·장수왕·문자왕까지 고구려가 주도권을 장악
6세기	신라의 팽창	신라가 법흥왕·진흥왕대를 거치면서 대외팽창
7세기	고구려, 백제, 돌궐, 왜 vs 신라, 중국세력(수, 당)	중국을 통일한 수(589)가 신라와 제휴한 이후 백제와 고구려가 멸망

②시대별 삼국의 대외관계사

구분	고구려	백제	신라
2세기	태조왕(옥저 점령)	–	–
3세기	• 동천왕(오와 연결하여 위에 대항)	• 고이왕(한강유역 점령)	–
4세기	• 미천왕(낙랑 축출) • 소수림왕(중국 전진과	• 근초고왕(마한 점령, 중국·일본에 진출하여 고대	• 내물왕(고구려의 도움으로 왜구 격퇴, 중국 전진과 교섭)

구분	고구려	백제	신라
	교섭)	상업세력 형성)	
5세기	• 광개토대왕(요동 점령, 신라에 영향력 행사) • 장수왕(남하정책, 평양천도)	• 비유왕(나제동맹 체결) • 문주왕(웅진 천도) • 동성왕(결혼동맹)	• 눌지왕(나제동맹 체결) • 소지왕(결혼동맹)
6세기	• 신라에 한강 유역을 빼앗기고 국력 약화	• 무령왕(남조 양과 통교) • 성왕(관산성 전투 패배로 신라에 한강유역 상실)	• 법흥왕(금관가야 멸망) • 진흥왕(한강 유역 점령, 함흥평야 진출, 대가야 멸망)
7세기	• 영양왕(수의 요서를 선제 공격, 수 양제에 맞선 을지문덕의 살수대첩 승리) • 보장왕(연개소문의 천리장성 축조, 당 태종에 맞선 양만춘의 안시성 싸움 승리, 나당 연합군에 멸망)	• 의자왕 (나당 연합군에 멸망)	• 무열왕(백제 멸망) • 문무왕(고구려 멸망, 당 축출, 신라의 삼국통일)

③고구려와 수·당의 전쟁
　㉠여수 전쟁
　　ⓐ고구려의 요서 선제공격 : 수 문제와 양제의 침략
　　ⓑ살수대첩(612) : 을지문덕
　　ⓒ수 멸망과 당 건국(618)
　㉡여당전쟁
　　ⓐ고구려의 천리장성 건립 : 연개소문, 대당 강경책
　　ⓑ안시성) 싸움(645) : 당 태종 침략, 3개월 만에 당을 물리침
　㉢민족의 방파제

(5)신라의 삼국통일
　①백제 멸망
　　㉠백제의 신라 공격 : 고구려와 함께 당항성(경기 화성) 공격
　　㉡나당 동맹 체결(648) : 김춘추, 당 태종
　　㉢사비성 함락(660)
　　㉣당의 웅진 도독부 설치(660)
　②고구려 멸망
　　㉠연개소문 사후 내분

ⓒ평양성 함락(668)

ⓒ당의 안동 도호부 설치(668)

③백제 부흥운동(660~663)과 고구려 부흥운동(669~673)

구분	백제	고구려
지역과 인물	주류성(복신, 도침), 임존성(흑치상치)	한성(재령, 검모잠), 오골성(고연무)
경과	일본에 있는 왕자 풍을 왕으로 추대, 사비성과 웅진성의 당군을 공격하면서 4년간 저항, 왜의 수군이 지원했으나 실패	검모잠이 보장왕의 서자 안승을 왕으로 추대하여 한때 평양성을 탈환
결과	내분으로 인하여 실패	내분으로 인하여 실패

④나당 전쟁(670~676) 과정

시기	사건	내용
660년	웅진도독부 설치	당이 백제의 옛 땅을 차지하고자 웅진(공주)에 설치
663년	계림도독부 설치	당이 신라 경주에 설치하고 귀족의 분열을 획책
668년	안동도호부 설치	당이 고구려의 옛 땅을 다스리기 위해 평양에 설치
671년	소부리주 설치	문무왕이 사비성을 함락하고 소부리주를 설치하여 백제의 옛 땅에 대한 지배권을 장악
674년	보덕국의 건국	신라가 당나라 세력의 축출을 위해 고구려 출신인 안승을 금마저(익산)에 살게 하고 보덕국왕으로 봉함.
675년	매소성 전투	당의 20만 대군을 매소성에서 격파하여 나당전쟁의 주도권을 잡음.
676년	기벌포 전투	금강 하구의 기벌포에서 당군을 섬멸하여 당의 세력을 한반도에서 축출하고 삼국통일을 완성

⑤삼국 통일의 한계와 의의

　　㉠삼국 통일의 한계

　　　외세(外勢)인 당의 도움, 대동강에서 원산만까지

　　㉡삼국 통일의 의의

　　　나당 전쟁에서 자주적 성격, 민족 문화 발전의 토대

(6)삼국 정치제도

　①귀족 회의와 관등제

　　㉠삼국의 귀족회의

　　　제가회의, 정사암회의, 화백회의

고구려	제가회의에서 국가의 중요업무를 논의·결정하였다.
백제	호암사에 있는 정사암이라는 바위에 앉아 국정을 논의하였다.
신라	화백회의에서 만장일치로 국정을 결정하였다.
공통점	귀족 세력을 대표하는 수상(首相)이 귀족 회의를 주관하면서 왕권을 견제하였다.

ⓒ삼국의 관등제도

구분	성립 시기	내용	특징
고구려	4세기 무렵	10여 관등 → 14관등(형·사자 계열)	신분제의 제약을 받음, 승진의 상한선이 정해짐.
백제	3세기 고이왕	6좌평제와 16관등제(솔·덕 계열)	
신라	6세기 법흥왕	17관등제(찬·지·사 계열)	

②삼국시대의 통치제도(정치, 행정, 군사)

구분	고구려	백제	신라
수상	초기(국상), 6세기 이후(대대로, 막리지)	상좌평(내신좌평)	상대등
수도	5부	5부	6부
지방 행정구역	5부(욕살), 성(처려근지)	5방(방령), 군(군장)	5주(군주), 군(당주)
특수 행정구역	3경(평양성, 국내성, 한성)	담로(무령왕 때 22담로)	2소경(북소경·국원소경)
군사조직 (지방조직과 일원화)	평시(성주), 비상시(대모달, 말객)	방령이 지휘	중앙군(서당)과 지방군(6정) 존재

③신라의 관부 설치 과정

법흥왕	병부, 상대등 설치
진평왕	위화부, 조부 등 설치
진덕여왕	품주를 집사부(군국기밀)와 창부(재정)로 구분
무열왕	사정부 설치
문무왕	외사정 설치
신문왕	예작부, 공장부 설치, 14부의 완비

02. 남북국 시대 정치

(1)신라 중대

①삼국사기에 의한 신라의 시대구분

구분	상대	중대	하대
시기	박혁거세~진덕여왕 (진평왕, 선덕여왕, 진덕여왕은 성골)	무열왕~혜공왕 [진골] (7~8세기 120년, 무열왕계)	선덕왕~경순왕[진골] (8~10세기 150년, 내물왕계 부활)
특징	중앙 집권 국가 확립기	신라의 전성기	신라의 쇠퇴기
왕권	초기에는 박·석·김 3부족이 선출 ⇨ 내물왕 이후부터 김씨가 왕위 세습권 차지	전제왕권 확립	왕위 쟁탈전
정치	• 고대 국가 기틀 마련 • 율령의 반포, 부자 세습제 확립, 관등제와 공복제 마련 • 화백회의를 주관하는 상대등이 수상	• 왕권 강화로 진골 귀족이 상대적으로 약화 • 6두품이 전제 왕권을 뒷받침 • 집사부의 시중이 수상	• 진골 귀족 권한 강화 • 중앙 정부의 지방통제력 상실 • 지방 호족과 해상·군진세력의 대두

②전제왕권

　　㉠왕권 강화 : 무열왕계, 왕권을 전제화

　　㉡시중 강화 : 상대등 세력 억제

　　㉢6두품 부각 : 왕의 정치적 조언자, 왕권과 결탁

③무열왕계

　　㉠태종 무열왕(654~661)

　　　　ⓐ진골 출신 국왕

　　　　ⓑ백제 멸망

　　㉡문무왕(661~681)

　　　　ⓐ고구려 멸망

　　　　ⓑ삼국통일 완성

　　㉢신문왕(681~692; 7세기)

　　　　ⓐ김흠돌(신문왕 장인)의 모역 사건(681)

　　　　ⓑ만파식적 : 전제왕권의 상징

정치제도	집사부 등 14부 완비
지방제도	9주 5소경(수도의 편재성 보완)
군사제도	9서당(중앙)·10정(지방)
경제제도	관료전 지급, 녹읍 폐지(귀족 기반 약화)
교육제도	국학 설치

ㄹ성덕왕(702~737 : 8세기) : 정전(丁田) 지급

ㅁ경덕왕(742~765)

  ⓐ녹읍 부활 : 전제왕권의 동요

  ⓑ불국사석굴암 건립

ㅂ혜공왕(765~780) : 96각간의 난, 왕위 쟁탈전 시작

(2)신라 하대

①왕위 쟁탈전

  ㄱ혜공왕 피살

  무열왕계 왕위 세습 단절

  ㄴ내물왕계

    ⓐ선덕왕 즉위, 150여 년 동안 20명의 왕, 왕권 크게 약화

    ⓑ중앙 정부의 지방에 대한 통제력 약화

②지방의 반란

  ㄱ김헌창의 난(헌덕왕, 822, 9세기)

  ㄴ장보고의 난(문성왕, 846) : 청해진(완도)

③농민 봉기

  ㄱ진성여왕 때 발생

  9세기 말, 강압적인 수취

  ㄴ원종과 애노의 난

④지방 호족과 6두품

  ㄱ지방 호족

    ⓐ반독립적 세력 : 스스로 성주 또는 장군

    ⓑ촌주 출신 대부분 : 해상, 군진 세력 등의 경우도 있음

    ⓒ풍수지리 신봉 : 선종, 도교 사상

중앙 귀족 출신	중앙 정치의 권력투쟁에서 밀려나 낙향하여 그 지역에서 세력을 키운 경우	김주원과 아들 김헌창(최초)
촌주 출신	지방의 토착세력인 촌주가 자기 지역의 촌민을 규합하여 성장한 경우	대부분
해상 세력	해상무역에 종사하면서 무력과 재력을 바탕으로 성장한 경우	왕건 집안
군진 세력	지방관으로 임명되었다가 군사력을 바탕으로 성장한 경우	패강진, 청해진, 견훤
초적 세력	몰락한 농민과 불만 계층들을 모아 반정부 세력으로 성장한 경우	양길, 궁예

ⓛ6두품

　　ⓐ골품제 비판

　　ⓑ반신라 세력으로 성장 : 지방 호족과 결탁

(3)발해

　①발해의 건국

　　㉠고구려 유민의 저항

　　㉡대조영 중심 건국

　　　7세기 말 고구려 장군 출신, 만주 길림성의 동모산(698)

　　㉢남북국의 성립

　　　남쪽의 신라와 북쪽의 발해가 공존, 조선 후기 유득공이 〈발해고〉에서 '남북국 시대론' 처음 제기

　　㉣고구려 계승 의식

　　　ⓐ일본에 보낸 외교문서

　　　　발해를 고려(=고구려)로, 발해 국왕을 고려 국왕으로 칭함.

　　　ⓑ고구려 문화 계승 : 무덤, 온돌, 불교

　　　　정혜공주 무덤과 같은 모줄임 천장의 굴식 돌방무덤, 온돌 양식, 이불병좌상, 연화무늬 와당 등의 불교 유물

　②발해의 발전

　　㉠무왕(719~737, 대무예, 연호 인안)

　　　ⓐ8세기 당과 격돌 : 장문휴의 수군이 산둥 지방 공격, 요서 지역에서 당군과 격돌

　　　ⓑ돌궐, 일본과 연결 : 당, 신라를 견제

　　㉡문왕(737~793, 대흠무, 연호 대흥)

　　　ⓐ8세기 당과 친선

　　　ⓑ신라와 교류 : 신라도

　　　ⓒ상경, 동경으로 천도

　　　ⓓ"고려 국왕" : 일본에 보낸 외교 문서

　　㉢선왕(818~830, 대인수, 연호 건흥)

　　　ⓐ요동 진출 : 9세기 전반, 대부분의 말갈족 복속

　　　ⓑ5경 15부 62주 : 지방 제도 정비

　　　ⓒ"해동성국" : 발해의 영역은 북쪽으로는 흑룡강(헤이룽장), 동쪽으로는 연해주, 서쪽으로는 요동, 남쪽으로는 신라와 국경을 접함.

②발해 역대 왕들의 업적 비교

무왕(인안) (719~737)	• 장문휴를 통해 당의 덩저우(산둥반도)를 공격 • 돌궐·일본 등과 연결하면서 당과 신라를 견제
문왕(대흥) (737~793)	• 당과 친선관계를 맺으면서 당의 문물을 수용 • 신라와도 교통로를 개설하여 대립 관계를 해소 • 산둥반도 덩저우에 발해 사신을 접대하는 발해관 설치 • 중경에서 상경으로 상경에서 동경으로 천도 • 일본에 고려국과 고려국왕을 표방 • 불교의 전륜성왕 이념을 수용하여 불교적 성왕을 자처
선왕(건흥) (818~830)	• 발해의 전성시대(해동성국이라 불림) • 5경 15부 62주의 지방제도 완비 • 남쪽으로 신라와 국경을 접하고, 북으로는 고구려보다 더 넓은 영토를 차지 • 당나라 빈공과에 신라 다음으로 급제자를 많이 배출

③발해의 멸망과 부흥운동
　㉠발해의 멸망
　　ⓐ거란(요)에게 멸망(926)
　　ⓑ고려의 발해 유민 포용 : 왕자 대광현 귀순(934)

(4)남북국의 통치 체제
　①통치 제도
　　㉠통일 신라와 발해 비교

국가	통일 신라(중대)	발해
중앙 행정조직	집사부 등 14부	3성 6부
수상	집사부 시중이 수상	정당성 대내상이 수상
지방 행정조직	9주(도독), 군(태수), 현(현령), 촌, 향, 부곡	15부(도독), 62주(자사), 현(현승)
특수지방 행정조직	5소경(사신)	5경
군사조직	9서당(중앙군), 10정(지방군)	10위(중앙군)
국립대학	국학	주자감
감찰기구	사정부(중앙), 외사정(지방)	중정대

ⓛ9주와 5소경의 위치

구분	문무왕~신문왕	경덕왕	현지명	5소경
고구려	한산주	한주	광주	중원경(충주)
	수악주	삭주	춘천	북원경(원주)
	하서주	명주	강릉	
백제	웅천주	웅주	공주	서원경(청주)
	완산주	전주	전주	남원경(남원)
	무진주	무주	광주	
신라	사벌주	상주	상주	금관경(김해)
	삽량주	양주	양산	
	청주	강주	진주	

ⓒ상수리 제도

지방 세력인 촌주 견제

② 발해의 통치 제도의 특징

㉠중앙 제도

ⓐ 3성 6부 ← 당

ⓑ 정당성 중심 : 대내상이 국정 총괄

ⓒ 명칭과 운영의 독자성 : 충·인·의·지·예·신, 이원적 구조

㉡ 발해의 독자성

ⓐ 연호 사용 : 인안·대흥·건흥 등

ⓑ 빈공과의 급제자 배출 : 외국인을 위한 과거 시험

(5) 후삼국(10세기)

① 후백제(900~936)

㉠견훤이 완산주(전주)에 도읍(900)

㉡중국, 거란과 외교 관계

㉢신라에 적대적

㉣호족 포섭에 실패

② 후고구려(901~918)

㉠궁예가 송악에 도읍(901)

㉡궁예의 국호 및 연호 변천

구 분	국 호	연 호	도읍지
901년	후고구려		송악
904년	마진	무태 → 성책(905)	송악 → 철원(905)
911년	태봉	수덕만세 → 정개(914)	철원

ⓒ새로운 신분 제도 모색

ⓔ전제 정치 도모

　미륵신앙 이용, 결국 축출됨.

③고려(918~1392) 건국과 통일

　　㉠왕건이 건국(918), 송악으로 천도

　　㉡호족 세력과 연합

　　㉢신라에 우호적

　　㉣후백제에 대립

　　㉤발해 유민 포용

제 2 절　고대의 경제

01. 삼국 시대의 경제

(1)삼국의 경제 정책

　①삼국의 수취 제도

　　㉠조세

　　　재산 정도에 따라 호를 나누어 곡물·포·특산물

　　㉡역

　　　노동력, 15세 이상의 남자

　②삼국의 토지(土地) 제도

　　㉠수조권(收租權)

　　　토지에 대한 세금인 조세를 거둘 수 있는 권리

　　㉡녹읍(祿邑)

　　　귀족, 수조권 + 노동력

　　㉢식읍(食邑)

　　　공신, 수조권 + 노동력

　③삼국의 수공업, 상업, 무역

　　㉠수공업과 상업

　　　ⓐ관청 수공업 : 노비

　　　ⓑ시장 : 수도, 신라 동시(東市)

　　㉡공무역

　　　4세기 이후 크게 발달

고구려	고구려는 남북조 및 유목민인 북방 민족과 무역을 하였다.
백제	백제는 남중국 및 왜와 무역을 활발하게 전개하였다.
신라	신라는 한강 유역을 획득하기 이전에는 고구려와 백제를 통하여 중국과 무역을 하였으나, 진흥왕 때 한강으로 진출한 이후에는 당항성을 통하여 직접 중국과 교역하였다.

(2)삼국의 경제 생활
　①귀족의 경제생활
　　㉠토지, 노비, 녹읍, 식읍
　　㉡고리대
　　　농민의 토지를 빼앗거나 농민을 노비로 만듦.
　②농민의 경제생활
　　㉠농업
　　　ⓐ휴경 : 계속 농사짓지 못하고 1년 또는 수년 동안 묵혀 둠.
　　　ⓑ철제 농기구 : 6세기, 우경도 점차 확대
　　㉡농민 몰락
　　　자연 재해나 고리대로 인해 노비, 유랑민, 도적이 됨.

02. 남북국 시대의 경제

(1)통일 신라의 경제 정책
　①통일신라의 수취 제도
　　㉠조세 : 10분의 1
　　㉡역 : 군역 + 요역, 16~60세
　　㉢공물 : 촌락 단위, 특산물
　②통일신라의 토지 제도
　　㉠신문왕, 성덕왕 때 토지 제도의 변화 : 왕권 강화
　　　ⓐ관료전 지급(신문왕, 687) : 관리에게, 수조권만
　　　ⓑ녹읍 폐지(신문왕, 689) : 귀족 경제기반 약화
　　　ⓒ정전 지급(성덕왕, 722) : 백성에게
　　㉡경덕왕 때 녹읍 부활(757) : 왕권 약화

③민정문서

통일신라의 세무 자료

작성목적	노동력과 생산자원의 철저한 편제·관리
작성자	촌주가 3년마다 작성
지역위치	서원경 주변의 4개 촌락
분 류	인구(人口)는 연령별·남녀별로 6등급 호(戶)는 인정(人丁)의 다과(多寡)에 따라 9등급(상상호~하하호)
토지의 종류	연수유답, 촌주위답, 마전, 내시령답, 관모전답
작성대상	인구수, 호구수, 토지면적과 유형, 소와 말, 뽕나무·호두나무·잣나무

④통일신라의 상공업, 무역

㉠서시, 남시 추가 설치

㉡수공업 : 관청, 장인 + 노비

㉢사무역 발달

ⓐ당, 일본, 이슬람 상인의 왕래 : 울산

ⓑ장보고 : 청해진, 9세기 완도, 해상 무역권 장악

ⓒ대당 무역로 : 전남 영암에서 상하이, 경기도 남양만에서 산둥 반도

㉣신라인 관련 기구

신라방	산둥반도에 있던 신라인들의 집단 거주지
신라원	신라인들이 당에 세운 사원(절)으로, 장보고의 법화원이 대표적
신라관	당에 있던 신라인들의 유숙소(여관)
신라소	당에 있던 신라인들의 자치적인 행정기구

(2)통일 신라의 경제생활

①귀족의 경제생활

사치품, 금입택과 사절유택

②농민의 경제생활

㉠궁핍한 생활 : 전세, 공물, 부역

㉡향, 부곡 주민 : 더 많은 공물 부담

㉢노비 : 잡무, 경작

(3)발해의 경제

①발해의 농업과 목축

㉠농업 : 밭농사 중심 + 일부 벼농사

㉡목축 : 말, 주요한 수출품

②발해의 수공업, 상업, 무역
　㉠수공업과 상업 : 도자기 발달, 도시 중심
　㉡무역
　　ⓐ대당 무역로 : 조공도, 산둥 반도(덩저우)에 발해관
　　ⓑ대일 무역로 : 일본도
　　ⓒ발해의 수출품 : 모피, 인삼 등 토산물과 불상, 자기 등 수공업품

제3절　고대의 사회

01. 삼국 시대의 사회생활

(1)신분 제도
　①부여, 초기 고구려의 신분 제도
　　가(加), 호민(豪民), 하호(下戶), 노비
　②삼국의 신분 제도
　　귀족, 평민, 천민

(2)귀족, 평민, 천민
　①신분제의 특성
　　㉠친족의 사회적 위치 중시 : 능력 중시 안함.
　　㉡골품제 : 별도의 신분제
　②구체적인 내용
　　㉠귀족 : 왕족·부족장 세력, 특권
　　㉡ 평민 : 농민, 향·부곡민
　　㉢ 천민 : 노비, 전쟁 포로, 죄, 채무

(3)고구려의 사회 모습
　①사회 기풍과 형벌
　　㉠사회 기풍 :사냥을 좋아하고, 무예를 숭상
　　㉡사형 : 반역자(그 가족은 노비), 항복하거나 패한 자
　　㉢12배 배상 : 절도
　②지배층
　　5부 출신의 귀족, 왕족 고씨
　③생활상

ⓐ진대법 : 고국천왕

ⓑ노비

남의 소나 말을 죽인 자, 빚을 갚지 못한 자가 그 자식들을 노비로 만들어 변상

ⓒ혼인

ⓐ지배층 : 형사취수제, 서옥제

ⓑ평민 : 자유 교제, 남자 집에서 돼지고기와 술만 보냄

(4)백제의 사회 모습

①사회 기풍과 형벌

ⓐ사회 기풍 : 상무적, 형법의 적용이 엄격

ⓑ2배 배상 + 귀양 보냄 : 절도

ⓒ3배 배상 + 금고형 : 뇌물, 횡령

②지배층

8성 귀족, 왕족 부여씨

(5)신라의 사회 모습

①화백회의

ⓐ초기 전통 계승, 상대등 중심, 진골 귀족인 대등들로 구성

ⓑ권력 조절 : 만장일치제, 집단의 부정 을 막고 단결을 강화

②화랑도

ⓐ청소년 집단 : 귀족인 화랑(국선) + 평민까지 망라한 많은 낭도

ⓑ갈등 조절 : 여러 계층이 같은 조직 속에서 일체감

ⓒ원광의 세속오계 : 진평왕 때

ⓓ임신서기석 : 유교 학습

③골품 제도

ⓐ진골과 6두품 중심 : 사회·정치 활동 범위 제한

ⓑ승진 상한선의 존재

ⓐ6두품은 아찬까지 승진 : 5두품은 10등급인 대나마까지, 4두품은 12등급인 대사까지

ⓑ6두품은 차관직까지만 임명 : 득난(得難), 시랑

ⓒ중위제 : 5두품, 6두품은 자체 관등 내에서 승진(= 특진)

ⓒ생활의 규제 : 가옥의 크기, 복색, 마차·마굿간의 크기

ⓓ공복 색과 무관 : 공복의 색깔은 관등에 따라 구분

ⓔ통일 후 1~3두품의 소멸 : 일반 백성과 비슷함.

02. 남북국 시대의 사회생활

(1)통일 후 신라 사회의 변화

①통일신라 사회의 모습

㉠민족 문화의 기틀

ⓐ삼국의 동질성 바탕

ⓑ백제와 고구려 귀족의 포용

ⓒ백제와 고구려 유민을 9서당에 편성

㉡6두품(= 득난)의 동향

ⓐ중대 : 정치적 조언자, 학문(강수·설총), 종교(원효)

ⓑ하대 : 반신라 세력

(2)발해의 사회 구조

①발해의 지배층과 피지배층

㉠지배층 : 고구려계, 왕족인 대씨와 귀족인 고씨

㉡피지배층 : 말갈족, 다수 는 말갈인, 일부는 지배층

②대당 유학(對唐留學)

빈공과(賓貢科)에 응시, 신라인과 수석(首席)을 다툼.

제 4 절	고대의 문화

01. 고대 사상과 종교

(1)고대 문화의 성격

①삼국의 문화

㉠중국 문화의 수용

㉡귀족 문화 : 불교 예술

㉢국가별 특징

ⓐ고구려 : 패기, 정열, 북조 문화의 영향

ⓑ백제 : 우아, 세련, 남조 문화의 영향

ⓒ신라 : 소박, 조화, 고구려와 백제의 영향

②통일신라와 발해의 문화

㉠통일신라의 문화

ⓐ민족 문화의 토대 확립

ⓑ민간 문화의 향상 : 불교의 대중화

ⓒ조형 미술의 발달 : 신라 중대 교종의 영향

ⓒ발해의 문화

　　ⓐ고구려 문화의 계승 : 웅장, 건실

　　ⓑ당 문화의 수용

(2)불교의 수용

　①삼국의 불교 전래 : 4세기 이후

　　㉠불교 수용 과정 : 고구려, 백제, 신라 차례

국가	전래국	시기	전래자
고구려	전진	소수림왕 (372)	순도
백제	동진	침류왕(384)	마라난타
신라	고구려	눌지왕(457), 공인은 법흥왕(527)	묵호자
일본	백제	성왕(552)	노리사치계

　　㉡불교의 역할

　　　ⓐ왕권 강화 : 왕즉불(왕이 곧 부처) 사상

　　　ⓑ고대 문화 발전에 기여

　　　ⓒ불교 예술 발전

　　㉢신라의 불교

　　　ⓐ업설과 미륵불 신앙 유행

　　　ⓑ불교식 왕명 : 삼국유사의 중고기, 법흥왕부터 진덕여왕까지

　②삼국 시대 주요 고승들의 활동

고구려	혜량	신라로 가서 최초의 국통에 임명(교단의 정비)
	혜자	일본 쇼토쿠 태자의 스승
	보덕	백제에서 열반종 개창(연개소문의 도교장려에 반발)
백제	겸익	인도의 불경을 번역, 백제 율종을 확립
	노리사치계	일본에 최초로 불교 전파
	혜총	일본에 계율종 전래
신라	원광	세속오계의 정립, 수나라에 걸사표를 바침.
	자장	계율종의 창시, 황룡사 9층목탑 건립을 건의(대국통)

(3)불교 사상의 발달

　①통일신라 불교의 특징

　　㉠불교의 대중화 : 원효의 아미타 신앙·의상의 관음 신앙

　　㉡불교의 이해 기준 확립

　②신라 중대 의 고승

㉠원효, 의상 비교

구분	원효(617~686)	의상(625~702)
출신	• 6두품 출신(설총의 아버지)	• 진골 출신
문도	• 도당 유학 안함.	• 당에서 수학, 귀국 후 화엄종을 개창하고 많은 문도 양성
추증	• 고려 의천에 의해 화정국사에 추증됨.	• 고려 때 원교국사의 시호를 받음.
저서	• 금강삼매경론, 대승기신론소, 십문화쟁론	• 화엄일승법계도("일즉다다즉일")
교리	• 무애사상(무애가), 일심사상, 화쟁사상 • 아미타 신앙을 보급	• 화엄사상을 주장 • 아미타 신앙과 관음사상을 보급
창시	• 법성종(해동종) 창시	• 화엄종 창시
사찰	• 경주 분황사에 머무름.	• 영주의 부석사, 양양 낙산사 창건
특성	• 중국·일본·거란 등의 불교에 영향	• 국왕의 전제정치를 뒷받침(문무왕의 정치자문).

㉡신라 중대의 기타 고승의 활동

이름	활동
원측	당의 현장에게 유식학 수학, 유식불교의 체제 확립(법상종에 영향)
진표	법상종 개창, 점찰법회(불교의 대중화), 미륵신앙
혜초	입당구법하여 인도를 순례, 왕오천축국전

③교종(5교) : 신라 중대 불교

　㉠교종의 특징

　　ⓐ경전 연구

　　ⓑ5교 : 열반종(보덕), 계율종(자장), 법성종(원효), 화엄종(의상), 법상종(진표)

　㉡불교 신앙의 구별

　　ⓐ아미타 신앙 : 극락 세계에 태어나기를 염원

　　ⓑ관음 신앙 : 현세에서 구원과 복을 받기를 염원

　　ⓒ미륵 신앙 : 미래불인 미륵불이 지상에 오기를 염원

④선종(9산) : 신라 하대의 불교

　㉠9세기 초부터 유행 : 도의, 무염 등

　㉡선종의 특징

　　ⓐ참선 중시 : 실천 수행, 불립문자

　　ⓑ혁신적인 성격 : 지방 호족의 사상적 기반

ⓒ교종과 선종의 비교

구분	교종	선종
종파	5교	9산
지지세력	왕실과 중앙귀족	지방 호족, 6두품 지식인, 도당유학생
융성기	신라 중대	신라 하대
성격	불교 교리과 해석에 치중 (의식과 권위·형식을 중시)	개인의 깨달음과 실천을 강조 (참선과 좌선, 정신수양을 중시)
정치성	신라 체제 옹호, 중앙집권적, 왕권의 강화와 귀족정치	신라 체제의 부정, 지방분권적, 기성의 권위를 부정
예술	조형미술의 발달	조형미술의 쇠퇴, 승탑·탑비는 유행 지방 문화 발전에 자극

⑤발해의 불교
　㉠불교적 성왕 : 문왕
　㉡불교 유물 : 상경, 동경에서 발굴된 절터와 불상

(4)도교와 풍수지리설
　①도교
　　㉠7세기 당에서 전래
　　　연개소문이 장려, 산천 숭배나 신선 사상과 결합
　　㉡삼국 시대 도교 관련 내용

고구려	을지문덕의 오언절구 중 지족(知足), 고구려의 사신도 벽화
백제	산수무늬 벽돌, 무령왕릉의 지석, 금동대향로, 사택지적비
신라	화랑의 명칭(국선·풍류도), 최치원의 사상

　②풍수지리설
　　㉠도선이 전래 : 9세기
　　㉡도참사상과 결부 : 도읍 선정
　　ⓒ신라 정부의 권위 약화 : 국토의 재편성과 지방의 중요성을 강조

02. 고대 학문과 과학 기술

(1)학문과 교육
　①한자의 전래와 보급
　　㉠한자 사용 : 철기 시대부터
　　㉡한자의 토착화 : 이두와 향찰의 사용
　②삼국 시대의 학문

　　　　㉠한학의 이해 : 옥편, 문선, 천자문

　　　　㉡고구려 : 태학, 경당

　　　　㉢백제 : 박사의 존재

　　　　㉣신라 : 임신서기석(유교 경전 학습, 우리말 어순)

　　③통일신라의 학문과 교육 기관

　　　　㉠유학의 발달

　　　　　　ⓐ강수 : 외교 문서

　　　　　　ⓑ설총 : 화왕계, 이두 정리

　　　　　　ⓒ김대문 : 화랑세기, 고승전, 한산기, 계림잡전, 신라의 문화를 주체적으로 인식

　　　　　　ⓓ최치원 : 개혁안 10여조, 『계원필경』, 『제왕연대력』, 『사산비문』

　　　　㉡국학

　　　　　　ⓐ신문왕 때 설치(682)

　　　　　　ⓑ태학으로 개칭 : 경덕왕

　　　　㉢독서삼품과

　　　　　　ⓐ원성왕(785~798) 때 시행(788) : 유교 경전의 이해 수준을 시험, 상·중·하의 3등급으로
　　　　　　　　나누어 관리를 채용

　　　　　　ⓑ학문과 유학 보급

　　④발해의 학문과 교육 기관

　　　　㉠주자감

　　　　　　유학 교육

　　　　㉡학문의 발달

　　　　　　ⓐ유학의 발달 : 6부 명칭, 정혜공주와 정효공주의 비문 내용

　　　　　　ⓑ문적원 : 도서관

　　　　　　ⓒ빈공과에 합격

　　⑤역사서 - 현존하지 않음.

　　　　㉠삼국의 역사서

　　　　　　ⓐ고구려 : 유기 ➔ 신집, 영양왕 때 이문진

　　　　　　ⓑ백제 : 서기, 근초고왕 때 고흥

　　　　　　ⓒ신라 : 국사, 진흥왕 때 거칠부

(2)과학과 기술

　　①천문학과 수학

　　　　㉠천문학

　　　　　　ⓐ고구려 : 천문도

　　　　　　ⓑ신라 : 첨성대, 7세기 선덕여왕 때

　　　　　　ⓒ천문 관측 중시 : 농경, 왕의 권위

  ⓒ수학

    국학에서 산학을 가르침.

  ②목판 인쇄술과 제지술

    ㉠다라니경 : 세계 최고 목판 인쇄물

    ⓒ뛰어난 종이의 품질 : 닥나무

  ③금속 기술

    ㉠고구려 : 고분 벽화, 철을 단련하고 수레바퀴를 제작하는 기술자의 모습

    ⓒ백제 : 칠지도, 금동대향로(부여)

    ⓒ신라 : 금 세공술, 금관

    ㉣통일신라 : 성덕대왕 신종

03. 고대의 예술

(1)고분과 고분 벽화

  ①고분

    ㉠무덤의 유형

돌무지 무덤 (적석총)	내용	돌을 쌓아서 만든 무덤
	유형	고구려(장군총), 백제(서울 석촌동 고분)
굴식 돌방무덤 (횡혈식 석실분)	내용	돌로 무덤 안에 방을 만들고 그 위를 흙으로 덮은 무덤, 벽화 조성
	유형	고구려(무용총, 각저총, 쌍영총, 강서고분 등), 백제(부여 능산리 1호분 등), 신라(어숙묘) 발해(정혜공주 묘)
돌무지 덧널무덤 (수혈식 적석목곽분)	내용	덧널 위에 돌을 쌓은 다음 흙으로 덮은 무덤, 껴묻거리 많음.
	유형	신라(천마총, 황남대총, 호우총, 금관총 등)
벽돌무덤 (전축분)	내용	벽돌을 쌓아 만든 무덤
	유형	백제(무령왕릉, 공주 송산리 6호분) 발해(정효공주 묘)

    ⓒ고구려

초　기	돌무지 무덤(석총)	장군총(피라미드 모양으로 7층으로 쌓아 올림)
후　기	굴식 돌방무덤(토총)	무용총, 각저총, 강서고분, 쌍영총, 수산리 고분

무덤명	위치	특징
무용총	만주 통구	무용도, 수렵도, 행렬도, 거문고를 연주하는 벽화
각저총	만주 통구	씨름도, 별자리 그림
덕흥리 고분	평남 덕흥리	견우직녀도
강서고분 (강서대묘)	평남 강서군	도교의 영향을 받은 사신도
쌍영총	평남 용강군	서역계통의 영향을 받은 팔각쌍주와 두팔천장, 무사·우차·여인 등의 그림
수산리 고분	평남 강서군 수산리	여인도(일본의 다카마쓰 고분에 영향)
안악 3호분	황해 안악	대행렬도, 부엌, 고깃간, 우물가 등 생활 벽화

ⓒ백제

구분	고분 형태	대표적 고분	특징
한성 시대	계단식 돌무지 무덤	서울 석촌동 고분	고구려 초기 무덤 형태로, 고구려 유이민이 백제를 건국한 사실을 확인
웅진 시대	굴식 돌방무덤	공주 송산리 1~5호분	
	벽돌무덤	무령왕릉	중국 남조(양)의 영향 연꽃무늬를 새긴 벽돌을 쌓아 만듦. 왕과 왕비를 확인할 수 있는 지석(매지권)
		송산리 6호분	사신도와 일월도 벽화
사비 시대	굴식 돌방무덤	부여 능산리 고분군	규모는 작지만 건축 기술이 세련됨. 사신도와 연화도 벽화(능산리 1호분)

ⓓ신라

ⓐ초기의 돌무지 덧널무덤

천마총	'천마도'는 벽화가 아니라 말 안장 아래인 다래(장니)에 그려진 그림
황남대총	가장 규모가 큰 무덤
미추왕릉	금제장식보검(서역과의 교역 입증)의 출토
호우총	청동 호우에 광개토왕의 묘호(국강상광개토지호태왕)가 새겨져 당시 신라와 고구려의 교섭 관계를 입증

ⓑ통일 직전의 굴식 돌방무덤

⑤통일신라

　㉠화장 : 문무왕 대왕암

　㉡둘레돌과 12지 신상 : 김유신 묘, 성덕왕릉, 괘릉

⑥발해 정혜공주 묘와 정효공주 묘

구분	정혜공주 묘	정효공주 묘
양식	굴식 돌방무덤	벽돌무덤
위치와 발견시기	중국 길림성 돈화현 육정산	중국 길림성 화룡현 용두산
특징과 영향	모줄임 천장구조(고구려의 영향)	무덤 위가 탑의 모양 (벽돌탑, 당의 영향)
벽화	없음	12인물상
부장품	두 마리의 돌사자	죽은 자의 기록을 담은 묘지

(2)예술

①건축과 탑

　㉠현존 건축물은 없음.

불국사	• 경덕왕 때인 751년 김대성에 의하여 착공되었으며, 불국토의 이상을 조화와 균형 감각으로 표현한 사원이다. • 목조건물은 임진왜란 때 불타버렸으나, 석조물과 기단은 지금까지 남아 있으며, 창건 당시의 것으로 다보탑, 3층 석탑(석가탑), 청운교, 백운교 등이 유명하다. • 간소하고 날씬한 불국사 3층 석탑(석가탑), 복잡하고 화려한 다보탑이 어울려 세련된 균형감을 살리고 있다. • 불국사는 여러 부처(석가, 아미타, 관음, 비로자나불)가 다스리는 세상이 영역별로 구현되어 있다.
석굴암	• 경덕왕 때인 751년 김대성에 의하여 착공되었으며, 인공으로 축조한 석굴 사원이다. • 무덤양식과 사찰양식을 겸하고 있으며, 치밀한 구성과 정제미는 당시의 건축 기술이나 과학 기술의 수준을 입증해 준다. • 석굴암은 지상의 세계를 상징하는 네모난 전실과 하늘의 세계를 상징하는 둥근 주실을 갖추고 있고 이 두 공간을 좁은 통로로 연결하고 있는데, 주실의 천장은 둥근 돔으로 꾸몄다.
안압지 (월지)	• 통일 신라의 뛰어난 조경술을 잘 나타내고 있으며, 귀족들의 화려한 생활을 짐작할 수 있는 많은 유물이 발굴되었다. • 안압지의 연못, 인공섬, 구릉과 건물은 매우 자연스럽게 어울리도록 꾸며졌다.
상경	• 당의 수도 장안을 본떠, 외성 안에 내성을 두고 남북으로 넓은 주작대로 • 궁궐 안에서 온돌 장치가 발견되었다.

ⓒ탑

고구려		현존하는 탑파는 없음, 주로 목탑을 건립한 것으로 추정
백제	익산 미륵사지 9층석탑	7세기 초 무왕 때 건립, 목탑에서 석탑으로 넘어가는 과도기의 작품, 우리나라에서 가장 오래된 탑
	부여 정림사지 5층석탑	목조탑의 건축양식을 모방한 석탑
신라	분황사 석탑	선덕여왕 때 건립(634), 돌을 벽돌모양으로 잘라서 만든 모전탑
	황룡사 9층목탑	선덕여왕 때 건립(645), 자장의 건의로 백제의 장인 '아비지'를 초청하여 건립, 몽고의 침입으로 소실됨.

ⓐ신라 중대의 탑 : 3층 탑, 감은사지 3층 석탑, 화엄사 4사자 3층 석탑, 불국사 3층 석탑 (석가탑), 불국사 다보탑

ⓑ신라 하대의 탑 : 진전사지 3층 석탑, 부조로 불상 새김

ⓒ발해의 탑 : 영광탑

ⓒ승탑

팔각원당형, 쌍봉사 철감선사 탑

②불상과 공예, 석조물

㉠불상

ⓐ미륵보살 반가상 : 삼국 시대, 삼산관을 쓰고 있는 국보 83호 ≒ 일본 고류 사 미륵보살 반가사유상

ⓑ삼국의 불상

연가 7년명 금동 여래 입상	고구려	두꺼운 의상과 긴 얼굴 모습에서 북조 양식을 따르고 있으나, 강인한 인상과 은은한 미소에는 고구려의 독창성이 보인다(높이 16.2cm).
서산 마애 삼존불	백제	부드러운 자태와 온화한 미소로 자비와 포용의 태도를 나타내고 있다.
경주 배리 석불 입상	신라	푸근한 자태와 부드럽고 은은한 미소를 띠고 있으며, 신라 조각의 정수 보여주고 있다.

ⓒ발해의 불상 : 이불병좌상

㉡석조물

ⓐ태종 무열왕릉비

ⓑ법주사 쌍사자 석등

ⓒ발해 석등 : 고구려의 영향

㉢범종 : 상원사 동종(최고)과 성덕대왕 신종(최대)

③글씨, 그림, 음악, 문학

㉠글씨

ⓐ광개토대왕릉 비문 : 예서체

ⓑ김생의 독자적인 서체

ⓒ그림

ⓐ천마총의 천마도 장니

ⓑ솔거의 황룡사 벽화

ⓒ음악

ⓐ왕산악 : 거문고

ⓑ우륵 : 가야금

ⓒ백결 선생의 방아타령

ⓐ문학

ⓐ가야 : 구지가(금관가야의 건국이야기)

ⓑ고구려 : 황조가, 여수장우중문시

ⓒ백제 : 정읍사

ⓓ신라 : 향가

ⓔ통일신라 : 삼대목, 전해지지 않음.

(3)고대 문화의 일본 전파

①삼국 문화의 일본 전파

㉠아스카 문화에 영향

특히 백제의 문화

㉡다카마쓰 고분 벽화에 영향

고구려 수산리 고분 벽화의 여인과 흡사

㉢각 나라별 문화 전파 내용

국명	시기	전파자	전파한 문물
고 구 려	영양왕(595)	혜자	쇼토쿠 태자의 스승이 됨.
	영양왕(610)	담징	호류사 금당벽화, 먹·붓·맷돌 등을 전함.
	영류왕(624)	혜관	삼론종을 전함.
백제	근초고왕	아직기	일본 태자의 스승이 되어 한자를 교육
	근구수왕	왕인	논어·천자문을 전함.
	무령왕	단양이·고안무	오경 박사로서 유학을 전함.
	성왕(552)	노리사치계	불상과 불경을 전함(최초 일본 불교 전파)
	위덕왕	혜총	계율종을 전함.
	위덕왕	아좌태자	쇼토쿠 태자의 초상을 그림.
	무왕	관륵	천문학과 역법을 전함.
신라	조선술·축제술 : 한인의 연못		

②통일신라 문화의 일본 전파
　㉠하쿠호 문화에 영향
　　7세기 후반, 당과 통일신라의 영향
　㉡통일신라의 불교와 유교 문화
　　ⓐ원효, 설총
　　ⓑ심상 : 화엄종

Chapter 04
중세사회의 발전

01. 민족의 재통일

(1)고려의 건국
　①왕건의 등장
　　㉠송악 출신의 호족
　　㉡고려의 건국
　　　ⓐ금성(나주) 점령 : 광평성 시중
　　　ⓑ고려 건국
　　　ⓒ송악 천도
　②왕건의 통일 정책
　　㉠대내적 : 호족 세력과의 연합
　　㉡대외적
　　　ⓐ신라에 대한 우호 정책,
　　　ⓑ후백제에 대한 대립 정책
　　　ⓒ발해 유민의 포용

(2)민족의 재통일
　①후삼국 시대의 국제 정세
　　㉠5대 10국의 분열기
　　㉡거란의 흥기
　②후삼국 통일의 과정
　　㉠신라의 병합 : 경순왕의 항복
　　㉡후백제의 멸망
　　　ⓐ견훤의 경애왕 살해
　　　ⓑ고려의 공산 전투 패배
　　　ⓒ고려의 고창(안동) 전투 승리
　　　ⓓ견훤의 귀순
　　　ⓔ후백제의 멸망

(3)중세 사회의 성격

①고려 사회의 성격

㉠새로운 지배 계층의 형성 : 지방 호족과 6두품들이 문벌귀족으로 성장

㉡유교적 정치 이념의 중시

㉢개방적 사회 : 과거제 도입, 신분 상승 가능

㉣중세 문화의 발달 : 불교를 기반으로 한 귀족 문화, 지방 문화

㉤강력한 민족 의식의 형성 : 북방 민족과의 항쟁에서 자주성으로 나타남.

②고려 건국의 역사적 의의

㉠고대 사회에서 중세 사회로의 전환

㉡외세의 간섭 없는 독자적 변화

㉢실질적인 민족 통일의 완성

③고대 사회와 중세 사회의 비교

구분	고대 사회	중세 사회
주도세력	진골 귀족 중심의 사회	지방 호족과 문벌귀족 중심의 사회
사회	혈연 중심의 폐쇄적 사회 (골품제의 존재)	신분 상승이 가능한 개방적 사회 (과거제의 도입)
사상	불교의 중시	유교 정치 이념의 도입 (유교와 불교 문화의 공존)
문화	수도 중심의 귀족 문화	귀족 문화와 지방 문화가 공존

02. 고려 전기의 정치

(1)국가 기반의 확립

①태조(918~943 : 10세기)

㉠민생 안정

ⓐ취민유도 : 세율 10분의 1

ⓑ흑창 설치 : 성종 때 의창으로 개편

㉡호족 세력 통합

혼인정책	• 여러 호족들에게 사절을 보내 중폐비사(重幣卑辭)의 뜻을 표하고, 유력 호족 가문과는 정략결혼을 통하여 관계를 깊게 다져나갔다. • 그리하여 왕건은 6명의 비(妃)와 23명의 빈(嬪) 등 총 29명의 부인을 맞이하게 되었다.
사성정책	호족과 개국공신 등에게 '왕씨'의 성씨를 하사하여 '의제가족'적인 관계를 맺었다.
역분전의 마련	역분전(940)을 마련하여 후삼국 통일 과정에서 공을 세운 사람들에게 공로와 인품에 따라 토지(공신전)를 주었다.
향촌자치의 허용	지방호족들에게 자신의 근거지에 대한 독자적 지배권을 인정하였고, 이들에게 호장, 부호장이라는 향리 벼슬을 주어 지방자치의 책임을 맡게 하였다.

ⓐ회유책

ⓑ견제책

사심관 제도	• 개국공신이나 중앙 고관들을 연고지의 사심관으로 삼아 부호장 이하의 임명권을 부여하며, 동시에 지방의 치안 유지에 있어 연대책임을 부과하였다. • 최초의 사심관은 경순왕 김부이다.
기인 제도	지방호족의 자제를 인질로 뽑아 서울에 머무르게 하며 출신지 지방행정에 대해 자문에 응하도록 하였다.

ⓒ북진 정책 추진

　ⓐ고구려 계승 의지 : 서경 재건

　ⓑ청천강까지 확보

　ⓒ만부교 사건 : 거란 배척

ⓔ숭불 정책 추진 : 연등회 중시

ⓜ태조의 저서

　ⓐ정계와 계백료서

　ⓑ훈요 10조

②혜종(943~945)

　㉠왕권 불안정 : 혼인 정책의 부작용

　㉡왕규의 난 발생

③정종(945~949)

　㉠서경 천도 계획

　㉡광군 설치 : 거란 침입에 대비, 광군 30만을 청천강에 배치

(2)왕권 강화 추진과 반동 정치

①광종(949~975 : 10세기)

　㉠왕권 강화 정책

　　ⓐ노비안검법 실시 : 호족의 경제적·군사적 기반을 약화, 국가 수입 기반 확대

　　ⓑ과거제 실시 : 쌍기, 신구 세력 교체 도모

　　ⓒ공복제 실시 : 4색 공복, 자색

　　ⓓ자주적인 연호 사용 : 광덕, 준풍 등, 황제 국가, 개경을 황도, 서경을 서도

　　ⓔ공신 숙청

　㉡불교정책 : 승과, 국사 제도 실시

　㉢제위보 설치 : 기금을 조성하여 그 이자로 빈민 구제

②경종(975~981)

㉠반동 정치

㉡시정 전시과 실시

광종 때 정비된 공복제를 바탕으로 관품과 함께 인품을 반영

(3)유교적 중앙 집권체제의 확립

①성종(981~997 : 10세기)

㉠최승로의 시무 28조 (5조 정적평) : 왕권의 전제화 견제

	지향점	• 유교적 정치이념의 구현, 왕권의 전제화에 반대 • 관료귀족의 권위와 특권 옹호, 중앙 집권체제의 실현	
내용	불교의 폐단	• 연등회와 팔관회 폐지 • 승려의 궁정 출입 금지	• 사찰의 고리대 금지
	정치·사회문제	• 지방관의 파견 • 신분질서의 확립	• 복식제도의 정비 • 노비의 신분규제
	외교·국방관계	• 국방의 강화와 방어책	• 중국 문화의 주체적 선택

㉡중앙 정치 제도 정비

ⓐ2성 6부제 마련 : 당의 3성 6부를 모방

ⓑ18품계 도입

ⓒ분사 제도 정비 : 서경, 수서원

㉢지방 제도 정비

ⓐ12목에 지방관 파견

ⓑ향리 격하 : 호족들이 호장과 부호장 등의 향직으로 개편

㉣사회 제도 개혁

ⓐ의창 설치 : 여러 주에 설치

ⓑ상평창 설치 : 물가 조절 기관, 양경(개경·서경)과 12목

ⓒ노비환천법 시행

㉤건원중보 발행 : 우리나라 최초의 화폐

㉥유학 진흥

ⓐ국자감 설치·향교(경학박사 파견)

ⓑ과거 출신자 우대 : 과거제 정비

㉦연등회, 팔관회 폐지

㉧강동 6주 획득 : 거란 1차 침입, 서희, 압록강 하류

②목종(997~1009)

㉠개정 전시과 시행

성종 때 마련된 18품계의 관직 체제를 기초로, 전직과 현직에게 분급

㉡강조의 정변 : 천추태후 제거, 목종 살해, 현종 즉위

③현종(1009~1031 : 11세기)
  ㉠제도 재정비
    ⓐ5도 양계, 4도호부, 8목 설치
    ⓑ주현공거법의 시행 : 향리 자제에게 과거 응시 자격
    ⓒ연등회와 팔관회 부활
  ㉡거란 침입 극복
    ⓐ나성 축조 : 거란의 침입 이후 개경 외곽
    ⓑ7대 실록 편찬 : 부전
    ⓒ초조대장경 간행 착수 : 부전

(4)문벌귀족 사회의 전성기
  ①문종(㊅46~1083, 37년간 재위 : 11세기)
    ㉠문벌귀족 사회의 발전 : 이자연 등 경원 이씨가 외척, 최충 등의 보필
    ㉡경정 전시과 시행 : 현직 관리들에게만 수조권, 공음전 분급
    ㉢기타 제도 정비 : 사형수 삼심제, 남경 설치
    ㉣불교 장려 : 흥왕사 창건, 아들 의천이 주지
  ②숙종(1095~110㊉
    ㉠별무반 조직 : 윤관의 건의, 여진 정벌 준비
    ㉡관학 진흥책 : 서적포 설치
    ㉢화폐 발행 : 동생인 의천 건의, 주전도감, 해동통보 등
  ③예종(1105~1122 : 12세기)
    ㉠동북 9성 축조 : 별무반의 여진 정벌
    ㉡관학 진흥책 : 7재, 양현고
    ㉢구제도감, 혜민국 설치

03. 통치 체제 정비

(1)중앙 정치 조직
  ①중앙 정치 조직의 정비
    ㉠성종과 현종이 정비
    ㉡18품계 마련 : 성종
    ㉢중앙 관제의 계통

당나라 계통	2성 6부 , 어사대
송나라 계통	중추원, 삼사
고려의 독자적 기구	도병마사, 식목도감

②2성 6부 체제

　㉠중서문하성

　　ⓐ고려 최고의 관청

　　ⓑ문하시중이 장관

　　ⓒ재신(2품 이상)과 낭사(3품 이하)로 구성

　　ⓓ재신의 역할 : 도병마사 참여

　　ⓔ낭사의 역할 : 간쟁, 서경(관리 임명 동의)

재신	구분	낭사
2품 이상의 관리	직위	3품 이하의 관리
성재라고 불림.	별칭	간관이라 불림.
국가정책을 심의·결정	역할	국왕의 잘못이나 정책의 과오를 비판 (간쟁과 봉박)
추밀과 함께 국정을 총괄하고 도병마사에 참여	특징	어사대와 함께 서경권을 행사 (관리의 임명이나 법령 개폐에 동의)

　㉡상서성 : 정책 집행, 6부를 거느림.

　㉢6부 : 정 3품의 상서가 장관, 이부, '병부', 호부, 형부, 예부, 공부 순

　㉣중추원

　　ⓐ송의 제도를 모방

　　ⓑ판원사가 장관

　　ⓒ추밀(2품 이상)과 승선(3품 이하)으로 구성

　　ⓓ추밀의 기능 : 군국기무·군사 기밀, 재추회의 참여

　　ⓔ승선의 기능 : 왕명 출납

　　ⓕ추밀(추신)과 승선의 비교

추밀	구분	승선
2품 이상의 관리	직위	3품 이하의 관리
군국기무와 군사기밀	역할	왕명 출납
• 재신과 함께 국정을 총괄 • 주요 관부의 최고직 겸직 • 도병마사의 재추회의에 참여	특징	• 왕명의 품달 여부를 결정 • 국왕의 의사를 전하고 대변

　㉤삼사

　　송의 관제 모방, 회계 업무

　㉥어사대

　　ⓐ감찰 기관 : 대관

　　ⓑ서경권 행사

ⓒ역대 감찰 기관

신라	발해	고려	조선
사정부	중정대	어사대	사헌부

Ⓐ대간 제도

ⓐ어사대 + 낭사

구성	어사대의 관리(대관)와 중서문하성의 낭사(간관)
임무	• 관리의 임명이나 법령의 개폐를 심사·동의하는 서경권 행사 • 낭사의 간쟁, 봉박 기능도 이루어짐.
지위와 기능	왕과 귀족 사이에서 권력을 조절(왕권과 신권의 균형 유지)

ⓑ간쟁, 봉박, 서경의 의미

간쟁	왕의 잘못이나 정치의 과오를 논하는 것
봉박	잘못된 왕명을 시행하지 않고 되돌려 보내는 것
서경	관리의 임명과 법령의 개정이나 폐지 등에 동의하는 것

◎도병마사

ⓐ재추 합좌 : 재신과 추밀, 처음에는 국방 문제

ⓑ고려의 독자적 기구

ⓒ도병마사의 변천

성종	양계 병마사를 통제(판병마사제 判兵馬事制 설치)
현종	임시 회의기구(국방과 군사 문제 논의)
무신정권	무신의 권력 독점으로 유명무실화
고종	재추의 합좌기관으로 발전, 기능의 확대로 국정 전반 관장(도당 都堂)
충렬왕 (원 간섭기)	도평의사사로 개편, 구성원이 70~80명으로 확대, 주로 권문세족으로 구성

Ⓧ식목도감 : 재신과 추밀이 법률 제정

Ⓨ도병마사와 식목도감의 비교

구분	도병마사	식목도감
차이점	대외적인 국방·군사 문제를 관장	대내적인 법제와 격식 문제를 관장
	정책결정기관(합좌기관)	입법기관(합좌기관)
공통점	• 고려의 독자적인 기구 • 재신과 추밀이 함께 모여 의논하는 기구(재추회의) • 초기에 임시 관청으로 운영	

Ⓩ기타 관청

ⓐ한림원 : 왕의 교서, 외교 문서 작성

ⓑ춘추관 : 실록 편찬

ⓒ사천대 : 천문 관측

ⓔ고려의 중앙 관청 비교

구분	장관	역할
중서 문하성	문하시중	중서성과 문하성을 통합한 최고 관서, 그 장관인 문하시중이 국정을 총괄, 2품 이상의 재신과 3품 이하의 낭사로 구성
상서성	상서령	장관인 상서령이 있으나 허직임. 실제 업무는 국왕과 직접 연결된 6부가 담당
6부	상서	이부·병부·호부·형부·예부·공부로 구성, 정책의 집행을 담당
중추원	판원사 (판중추원사)	2품 이상의 추부와 3품 이하의 승선으로 구성, 군사 기밀과 왕명 출납을 담당, 송의 영향으로 설치
삼사	판사 (판삼사사)	화폐와 곡식의 출납을 담당(회계업무), 송의 영향으로 설치
어사대	판사 (판어사대사)	관리의 비리를 감찰·탄핵, 풍속 교정과 시정의 논의
한림원	판원사 (판한림원사)	외교 문서 및 왕명의 교서를 작성
춘추관	감수국사	실록과 국사의 편찬

③고려의 관직 체계

㉠실직과 산직(예비 관료나 퇴직 관료)

㉡참상과 참하

조회에 참여하고 지방관이 될 수 있는 6품 이상은 참상, 그 이하는 참하

㉢고려와 조선의 중앙 행정 기구 비교

구분	고려	조선
간쟁·봉박 등 언론	중서문하성의 낭사	사간원
관리의 감찰과 탄핵	어사대	사헌부
왕명 출납 등 비서기관	중추원(승선)	승정원
국방에 대한 합좌기관	도병마사	비변사
정책 심의·결정기관	중서문하성	의정부
정책 집행기관	6부	6조
교서와 외교문서 작성	한림원	예문관(교서),승문원(외교문서)
서경권의 담당	중서문하성(낭사), 어사대	사헌부와 사간원
역사와 실록편찬	춘추관	춘추관
전곡 출납, 회계	삼사	호조

(2)지방 행정 조직

①지방 조직의 정비

ㄱ성종 : 12목 설치

ㄴ현종 : 5도 양계 체제, 3경, 4도호부, 8목

②5도 양계

ㄱ5도

ⓐ행정 기구 : 경기는 불포함

ⓑ안찰사 파견

파견	현종 때부터 안찰사가 파견되었으며, 임기 6개월의 임시직이었다.
지위	지방 수령보다 낮은 5품과 6품의 하급 관리이나, 대우는 높게 받았다.
특징	지방에 상주한 것이 아니라, 임시직으로 지방을 순시·감찰하였다.
현황	상설된 행정기관이 없었고, 보좌하는 관리도 없었다.

ㄴ양계

ⓐ군사 지역 : 아래에는 진을 설치

ⓑ병마사 파견

ㄷ경기 : 수도 부근을 관할

ㄹ3경제 : 태조 때 개경과 서경, 성종 때 동경, 문종 이후 동경 대신 남경

ㅁ군현

ⓐ주군, 주현 : 수령 파견

ⓑ속군, 속현의 다수 존재

ㅂ향, 부곡, 소

ⓐ특수 행정 구역 : 차별, 더 많은 세금

ⓑ향, 부곡 – 농업, 소 – 수공업

ㅅ향리

ⓐ향리의 유형 : 호족 출신의 상위층인 호장과 부호장, 말단 행정직에 종사하는 하위층의 향리

ⓑ지방의 실질적인 지배자

ⓒ향리의 지위 : 외역전을 지급 받아 세습, 과거 응시 가능

ⓓ고려와 조선의 향리 비교

구분	고려의 향리	조선의 향리
권한	권한이 강함	권한이 약함
특성	지방의 실질적인 지배층	수령을 보좌하는 아전으로 격하
토지 지급	보수로 외역전을 지급 받음.	국초 외에는 토지나 보수를 받지 못함.
과거응시	과거 응시하여 문반 상승 가능	과거 응시가 현실적으로 제한됨으로써 양반으로의 신분 상승 제약(법적 제약은 없음)
공통점	향직의 세습 가능, 중간계층으로서의 역할 담당, 지방의 행정실무 담당	

(3)군사 제도

①중앙군

㉠2군·6위

구분	2군	6위
시기	현종(1014) 때 조직	성종(995) 때 조직
임무	국왕의 친위부대	수도경비와 국경방어
공통점	상장군과 대장군이 지휘, 군인전 지급(직업군인)	

㉡상장군과 중방

ⓐ상장군 : 3품

ⓑ중방 : 무신들로 구성된 최고 합좌기구, 무신정변 이후 최고 권력기구

②지방군

㉠주진군(양계)과 주현군(5도)

구분	주현군	주진군
주둔	• 5도와 경기에 주둔	• 양계에 주둔
임무	• 지방 방위와 노역	• 국경지대의 상비군적인 전투부대
지휘	• 지방관이 지휘	• 병마사가 지휘
공통점	토지의 지급이 없음.	

㉡농민으로 편성 : 의무병

③고려의 특수군

특수군	광군	거란 침략에 대비(정종 때 설치)
	별무반	• 여진 침략에 대비(숙종 때 설치) • 신기군·신보군·항마군으로 구성 • 예종 때 윤관이 동북 9성 건립
	삼별초	• 최우가 처음 설치 • 좌별초·우별초·신의군(몽골에 포로로 잡혔다 돌아옴) • 대몽 항쟁에 기여(배중손은 진도, 김통정은 제주도)

(4)관리 선발 제도

①과거제

㉠광종 때 실시 : 성종 때 정비

㉡문과, 잡과, 승과 : 무과는 없었음, 문과의 제술업(한문학 시험) 중시

㉢양인 이상 응시

㉣식년시(3년마다) : 실제로는 2년마다 시행하는 격년시가 유행

㉤좌주(시험관)와 문생(합격자) : 결속력이 강함.

②음서제

㉠목종 때 시행 : 현종 때 정비

㉡무시험 등용 : 5품 이상 관료의 자손(아들, 손자, 사위, 동생, 조카)

㉢귀족 사회를 강화 : 한품제의 제약이 없음.

04. 문벌귀족 사회의 동요와 무신 집권기

(1)이자겸의 난과 묘청의 난 : 인종 대

①이자겸의 난

㉠경원 이씨 : 외척, 11세기 이래 80여 년간 정권

㉡이자겸 : 인종의 외조부이자 장인, 금에 사대

㉢척준경의 군사력 이용 : '십팔자위왕'설, 반란 실패

㉣문벌귀족 사회의 동요 : 왕의 권위 추락

②묘청의 난

㉠서경 길지설 대두 : 서경파, 서경 천도 주장

㉡개경파와 서경파의 대립

ⓐ김부식 : 개경파, 서경 천도 반대, 유교 이념 강조

ⓑ묘청 : 서경파, 정지상, 풍수지리설 강조

㉢개경파와 서경파의 차이점

구분	개경파	서경파
인물	김부식·김인존(문벌귀족)	묘청·백수한·정지상(신진관료)
성향	보수적·현실적	개혁적·진취적
외교	금에 사대, 금 정벌 반대	칭제건원, 금 정벌 주장
사상	한학파(유교)	국풍파(불교·풍수지리설·낭가사상)
역사의식	신라 계승 의식	고구려 계승 의식

㉣국호 대위, 연호 천개 : 김부식이 진압, 실패

㉤『삼국사기』 편찬 : 김부식, 유교적 합리주의

㉥신채호의 묘청 평가

　조선 역사상 일천년래 제일대사건, 묘청 등 서경파의 자주사상·낭가사상을 높이 평가

(2)무신 정권의 성립

①무신정변(1170)

㉠의종 대 무신 차별이 원인 : 군인전 미지급

㉡정중부의 난 : 의종을 폐하고, 동생인 명종을 세워 정권 장악

㉢중방의 역할 강화 : 무신 정권 초기

　　㉣정중부 → 경대승 → 이의민 → 최씨 정권
　②최씨 정권
　　㉠최충헌(1196~1219, 23년간 집권)
　　　ⓐ명종~고종까지 집권 : 2명의 왕(명종과 희종)을 폐하고 4명의 왕(신종, 희종, 강종, 고
　　　　종)을 세움.
　　　ⓑ봉사 10조 : 명종에게 건의
　　　ⓒ교정도감 설치 : 최고 집정부
　　　ⓓ도방 부활 : 군사적 기반
　　㉡최우(1219~1249)
　　　ⓐ정방 설치 : 인사권 장악
　　　ⓑ서방 설치 : 문인들의 숙위 기구, 이규보 등
　　　ⓒ삼별초 조직
　　　ⓓ강화 천도(1232), 팔만대장경 조판 시작
　　㉢최씨 무신 집권기의 권력기구

기구	설립자	역할
교정도감	최충헌	반대세력 제거에 이용, 최씨 정권의 최고 집정부 역할
도방	경대승	최충헌이 부활, 무인세력의 신변 경호
서방	최우	문학적 소양과 행정 실무 능력을 갖춘 문신 등용(고문 역할)
정방	최우	문무관리에 대한 인사권 장악

　③무신 정권의 몰락
　　㉠김준, 임연 부자의 집권 : 원종 때 제거됨.
　　㉡개경 환도 : 왕정 복고
　④무신 정권의 영향
　　㉠왕권 약화
　　㉡전시과 체제 붕괴 : 농장 확대
　　㉢신분제 동요 : 하층민 중에서 권력층, 하극상 풍조
　　㉣신앙 결사운동 : 조계종 발달

(3)무신 정권에 대한 항쟁
　①다양한 유형의 봉기 발생
　　문신의 반란, 민란, 신분 해방 운동
　②항쟁의 전개
　　㉠김보당의 난(1173, 계사의 난) : 문신의 항거, 의종의 복위 운동
　　㉡조위총의 난 : 서경, 농민 항쟁으로 발전
　　㉢망이의 난 : 공주 명학소 → 충순현으로 승격

ⓔ김사미와 효심의 난 : 경상도 전역으로 확산, 신라 부흥 운동의 성격
ⓜ만적의 난(1198, 신종 원년) : 신분 해방 운동

김보당의 난	1173년 (명종 3년)	최초의 반무신란(문신관료가 주도), 의종의 복위계획
조위총의 난	1174년	최대의 반 무신란, 서경에서 발생
망이·망소이의 난	1176년	명학소에서 봉기, 향·소·부곡의 일부 소멸 계기
전주 관노의 난	1182년	군인과 노비 출신 죽동이 주도, 최초로 노비가 참가
김사미, 효심의 난	1193년 (명종 23년)	경상도 전역으로 확산, 신라 부흥 운동의 성격

〈무신정변 초기의 항쟁〉

만적의 난	1198년 (희종 1년)	최초의 노비 신분 해방, 정권 탈취를 기도
최광수의 난	1217년	고구려 부흥 운동, 서경에서 발생
이연년의 난	1237년	백제 부흥 운동, 전남 담양에서 발생

〈최충헌 집권 이후의 민란〉

05. 고려의 대외 관계
(1)북진 정책과 친송 정책
　①외왕내제
　　안으로는 황제국 체제를 지향
　②대외 정책
　　㉠북진 정책
　　　ⓐ고구려 계승의지
　　　ⓑ서경 중시 : 청천강 확보
　　　ⓒ광군 조직 : 거란의 침입에 대비
　　㉡친송 정책 : 광종 때에 송과 외교 관계, 경제적 목적을 중시

(2)거란과의 전쟁 : 10~11세기, 30년 전쟁
　①거란의 침략 원인
　　㉠10세기 거란과 송의 등장
　　㉡거란에 대한 배격

②거란의 1차 침입(성종 12년, 993 : 10세기)
　　㉠송과의 관계 단절을 요구 : 거란의 소손녕이 침략
　　㉡서희의 담판 : 강동 6주 획득
③거란의 2차 침입(현종 1년, 1010 : 11세기)
　　㉠강조의 정변을 구실
　　㉡강조의 패배 : 개경 함락, 현종이 나주로 피난
　　㉢양규의 분전
④거란의 3차 침입(현종 9년, 1018)
　　㉠강감찬의 귀주대첩 : 거란의 소배압이 다시 침입, 귀주에서 전멸시킴.
　　㉡고려, 송, 거란의 세력 균형

⑤거란과의 3차 항전 비교

구분	1차 침입	2차 침입	3차 침입
시기	993년(성종)	1010년(현종)	1018년(현종)
침입	소손녕의 80만 군대	요 성종의 40만 군대	소배압의 10만 군대
원인	고려의 북진정책, 친송정책	강동 6주 반환 요구, 강조의 정변	현종의 입조 불응, 강동 6주 반환 거부
군공	서희의 안융진 담판	양규의 분전	강감찬의 귀주대첩
결과	강동 6주 획득, 압록강 하류까지 국경선 북상	초조대장경 조판 시작	강동 6주를 고려의 영토로 인정, 단송친요

⑥거란 침입의 영향
　　㉠나성 축조
　　　ⓐ나성의 축조 : 현종 때
　　　ⓑ천리장성의 축조 : 덕종 때 압록강 어귀에서 동해안 도련포, 정종(靖宗, 10대 왕) 때 완성
　　㉡초조대장경 조판
　　㉢7대 실록 편찬

(3)여진 관계사 : 12세기
①여진 정벌
　　㉠여진족의 성장 : 고려군과 자주 충돌
　　㉡별무반 편성 : 숙종 때 윤관, 신기군, 신보군, 항마군
　　㉢여진 정벌과 동북 9성 축조 : 예종
　　㉣동북 9성 반환
②금에 사대

⊙금의 건국
　　　⊙금에 사대 : 인종, 이자겸
　　　⊙북진 정책 좌절 : 묘청의 난이 일어나는 배경

(4)몽골과의 전쟁 : 13세기, 40년 전쟁
　①몽골의 성장
　　　⊙13세기의 동아시아
　　　⊙형제 관계 : 강동성의 역
　②몽골의 1차 침입(고종 18년, 1231 : 13세기)
　　　⊙원인 : 몽골 사신 저고여 피살, 박서가 귀주에서 분전
　　　⊙강화 천도 : 최우
　③2차 침입(고종 19년, 1232)
　　　⊙살리타 사살 : 김윤후, 처인성(處仁城, 용인)
　　　⊙초조대장경 소실
　④3~6차 침입(고종 22년~46년, 1235~59)
　　　⊙전국토 황폐화
　　　⊙황룡사 9층 목탑 소실, 팔만대장경 조판 시작
　⑤삼별초의 항쟁
　　　⊙개경 환도 : 원종
　　　⊙몽골과의 강화에 반대 : 배중손, 승화후 온
　　　⊙강화도 → 진도 → 제주도(김통정)
　　　⊙탐라총관부 설치

06. 고려 후기의 정치변동

(1)원의 내정 간섭
　①고려의 자주성 손상
　　　⊙여·원 연합군의 일본 정벌 : 충렬왕 때 두 차례
　　　⊙내정 간섭기관 : 정동행성, 2차 일본 원정 때 설치
　　　⊙부마국으로 전락 : 충○왕
　　　⊙관제 격하 : 2성을 합쳐 첨의부, 6부는 4사로 통폐합
　　　⊙영토 상실
　　　　@쌍성총관부(1258~1356) : 철령 이북, 공민왕 때 수복
　　　　ⓑ동녕부와 탐라총관부 : 충렬왕 때 모두 회복
　②몽골의 수탈
　　　⊙인적 수탈 : 공녀, 결혼도감, 조혼 성행
　　　⊙물적 수탈 : 매, 응방

③친원파와 몽골풍

　㉠친원파 대두 : 권문세족, 몽골의 영향력, 농장 확대하

　㉡몽골풍 : 몽골식 의복과 변발, 지배층 사이에 유행

(2)원 간섭기의 개혁 정치

　①충선왕의 개혁 정치(1298, 1308~1313)

　　㉠사림원 설치 : 정방 폐지

　　㉡소금 전매 : 의염창, 각염법

　　㉢만권당 설치 ; 연경(북경), 조맹부의 송설체와 성리학이 고려에 전래

　②충숙왕과 충목왕의 개혁 정치

　　㉠충숙왕의 개혁 : 찰리변위도감

　　㉡충목왕의 개혁 : 정치도감

　③공민왕의 개혁 정치

　　(1351~1374, 재위 23년 : 14세기)

　　㉠원·명 교체기(명 건국 1368년)

　　㉡반원 자주 정책

　　　ⓐ친원파 숙청 : 기철 X

　　　ⓑ정동행성 폐지

　　　ⓒ쌍성총관부 수복

　　㉢왕권 강화

　　　ⓐ정방 폐지

　　　ⓑ전민변정도감 설치

　　　　신돈, 권문세족의 경제 기반을 약화

　　　ⓒ성균관 정비

　　　　순수한 유교 교육기관

　　㉣개혁 실패 : 신돈·공민왕의 죽음

　　　ⓐ신진 사대부 미약

　　　ⓑ홍건적 침입

(3)외적의 침략과 고려의 멸망

　①홍건적의 침입

　　공민왕 때 두 차례, 2차 침입 때는 공민왕이 복주(지금의 안동)로 피난, 최영 등이 물리침.

　②왜구의 침입

　　㉠14세기에 침입

ⓛ왜구 토벌

홍산대첩 (우왕 2년, 1376)	최영이 홍산(부여)에서 왜적을 격퇴하였다.
진포대첩 (우왕 6년, 1380)	나세·최무선 등이 진포(충남 서천)에서 화포로 대파시켰다.
황산대첩 (우왕 6년, 1380)	남해안 일대에서 횡행하던 아지발도 등 왜구를 이성계·정몽주가 황산(남원 운봉)에서 전멸시켰다.
관음포대첩 (우왕 9년, 1383)	남해안에 침입한 왜구를 정지가 관음포(경남 남해)에서 섬멸하였다.
대마도 정벌 (창왕 1년, 1389)	박위가 왜구의 소굴인 대마도(쓰시마)를 정벌하여 왜적의 재침을 막을 수 있었다.

③신진 사대부의 성장
　㉠학자적 관료 : 성리학, 능문능리
　㉡향리 출신 : 지방의 중소 지주, 과거를 통하여 중앙 관리로 진출
　㉢개혁 지향적 : 권문세족의 횡포와 불교의 폐단에 비판적
　㉣성장 과정
　　ⓐ무신 집권기에 처음 등장 : 이규보
　　ⓑ충선왕의 개혁 정치에 참여 : 이제현
　　ⓒ공민왕의 개혁 정치에 참여 : 이색
　　ⓓ역성 혁명의 주체 세력으로 성장 : 정도전
　㉤권문세족과 신진사대부의 비교

구분	권문세족	신진사대부
출신	중앙의 고관 출신(재상지종)	지방향리나 하급관리 출신
경제면	재경 부재지주, 농장 소유	재향 중소지주 또는 자작농
학문면	훈고학	성리학
종교면	불교옹호	불교비판(배불론자)
대외면	친원외교	친명외교
진출경로	음서로 진출	과거나 군공으로 진출
인물	기철, 이인임	조준, 정도전

④고려의 멸망
　㉠최영과 이성계의 성장과 갈등
　㉡명의 철령위 통보 : 고려의 요동 정벌 단행
　㉢이성계의 위화도 회군(1388.5)
　　군사적 실권 장악

ⓔ신진 사대부의 분화

정몽주 등 다수의 온건파, 정도전 등 소수의 급진파(혁명파)

구분	온건파 사대부	급진파(혁명파) 사대부
인물	정몽주·이색·길재 등(다수파)	정도전·조준·하륜 등(소수파)
군사력	군사적 지지 기반이 약함	신흥 무장세력(이성계)과 연결
주장	고려 왕조의 테두리 안에서 점진적 개혁 주장	고려 왕조를 부정하는 역성혁명과 급진적 개혁 주장
계승	조선 건국 후 사림파로 발전	조선 건국 후 관학파로 발전
경제관	대토지 사유는 정리하되, 전면적인 토지 개혁(과전법)에 반대	전면적 토지 개혁(과전법) 주장
불교관	불교에 대한 온건한 비판(불교의 폐단에 대해서만 비난)	불교를 철저히 배척(불교의 교리 자체를 비난)

ⓜ공양왕 옹립

ⓗ과전법 실시 : 신진 사대부의 경제적 기반

ⓢ조선 건국 : 정몽주를 제거한 후 고려 멸망

제 2 절 　중세의 경제와 사회

01. 중세 경제

(1)농업 중심의 산업 발전

　①농업 중심의 경제 정책

　　㉠개간 장려 : 면세 혜택

　　㉡의창 실시

　　㉢양안, 호적 작성 : 조세, 역, 공물 부과

　②수공업과 상업 정책

　　㉠수공업 정책 : 관청, 소(所) 중심

　　㉡상업 정책 : 시전, 국영점포, 화폐 제조

(2)수취 제도와 재정의 운영

　①수취 제도의 정비

　　㉠조세

　　　ⓐ10분의 1세 : 생산량의 10%

　　　ⓑ조운 : 13개의 조창 설치

ⓒ역

  ⓐ노동력 동원 : 16세에서 60세까지의 남자

  ⓑ군역, 요역

ⓒ공물

  ⓐ현물 : 집집마다, 토산물

  ⓑ상공, 별공

②재정의 운영

  ⑤호부와 삼사

    ⓐ호부 : 호적, 양안 작성

    ⓑ삼사 : 회계

  ⓒ재정의 지출과 비용 충당

    ⓐ재정 지출 : 녹봉, 경비

    ⓑ관청 비용 충당 : 공해전, 스스로 마련

(3)전시과 제도

  ①전시과 제도의 의미

    ⑤전시과 : 전지, 시지, 등급

    ⓒ수조권만 지급 : 문·무 관리로부터 군인, 한인에 이르기까지 18등급

    ⓒ반납이 원칙 : 관직 복무와 직역에 대한 대가, 죽거나 관직에서 물러날 때

  ②전시과 제도의 변천

    ⑤역분전(役分田, 태조 23년, 940) : 공로, 일종의 논공행상

    ⓒ시정전시과(始定田柴科, 경종 1년, 976)

      ⓐ관품과 인품 기준

      ⓑ공복 기준

    ⓒ개정전시과(改定田柴科, 목종 1년, 998)

      ⓐ관품만 기준 : 전직(= 산직), 현직, 18품계를 토대

      ⓑ군인전 지급

    ⓔ경정전시과(문종 30년, 1076)

      ⓐ현직만 지급 : 토지 부족 때문

      ⓑ공음전 지급 : 5품 이상, 세습 가능

      ⓒ문관과 무관 사이 차별 시정

      ⓓ한외과 폐지

    ⓜ녹과전(祿科田, 원종 12년, 1271) : 녹봉 대신, 경기 토지 지급

ⓑ고려 시대 토지의 변천과정

역분전 (태조, 940)	• 통일 후 논공행상으로 공훈·충성도·인품에 따라 지급
시정전시과 (경종, 976)	• 국가적 규모의 토지 제도 마련(전시과의 시작) • 인품과 관품을 함께 고려하여 지급 • 현직·전직의 관리에게 지급
개정전시과 (목종, 998)	• 성종 때 확립한 18품계를 기준으로 지급 • 현직·전직의 관리에게 지급 • 퇴직자인 산관에게 토지를 낮추어 지급 • 무관과 문관 사이에 지급량 차별(문관에게 더 많이 지급) • 군인전 지급, 16과부터는 시지 지급 안함
경정전시과 (문종, 1076)	• 전시과 제도의 완성, 전체적으로 토지 지급량이 감소 • 현직 관리에게만 지급, 한외과의 소멸 • 무관에 대한 대우가 현저히 상승 • 공음전, 별사전 지급, 15과부터는 시지 지급 안함
전시과 체제의 붕괴	• 무신정변 후 대토지 점유 현상으로 전시과 붕괴
녹과전(원종, 1271)	• 경기 8현의 토지 지급, 녹봉 부족분 보충, 과전법의 기초
과전법(공양왕, 1391)	• 신진 사대부의 사전 개혁, 경기 토지 지급, 조선 토지제도 골격

③전시과 토지의 종류

과전	전시과의 규정에 따라 문무 현직 관리에게 지급
공음전	5품 이상 고위 관리에게 지급
외역전	향리의 항역 대가로 지급
군인전	군인의 복무 대가로 지급 (직업 군인)
내장전	왕실의 경비조달을 위해 지급
구분전	하급 관료와 군인의 유가족에게 지급
한인전	6품 이하 하급관료 자제로서 관직에 오르지 못한 자에게 지급 (관인신분 세습)
별사전	승려, 풍수지리업자 등에게 지급
사원전	사원의 경비 충당을 위해 지급
공해전	중앙과 지방 관청의 경비충당을 위해 지급
공신전	공신에게 지급

〈고려 시대 전시과의 종류〉

※ 이 중에서 영업전(세습전)으로는 공신전·공음전·외역전·군인전이 있다.

④민전
　　㉠소유권 : 매매, 상속, 기증, 임대 등이 가능한 사유지, 귀족이나 농민 소유
　　㉡수조의 대상
⑤전시과와 과전법 비교

구분	전시과	과전법
지급대상	전지(토지) + 시지(임야)의 지급	전지(토지)만 지급
지역	전국이 지급 대상	경기에 한하여 지급
향리	향리에게 외역전을 지급	향리에게 토지 지급 안함.
별사전	별사전을 승려, 풍수지리업자에 지급	별사전을 준공신에 지급

(4)귀족과 농민의 경제 활동
　①귀족의 경제 활동
　　㉠귀족의 경제 기반
　　　ⓐ토지, 노비
　　　ⓑ과전, 녹봉 : 녹봉으로 1년에 두 번씩 곡식이나 비단
　　　ⓒ고리대, 신공(외거노비)
　　㉡귀족들의 사치 생활 : 별장, 차
　②농민의 경제 활동
　　㉠경작지 확대
　　　ⓐ개간 : 일정 기간 소작료, 조세 감면
　　　ⓑ간척 : 12세기 이후
　　㉡고려 후기 농업 발달
　　　ⓐ심경법, 시비법 : 녹비, 퇴비
　　　ⓑ휴경지 감소
　　　ⓒ윤작법 : 2년 3작
　　　ⓓ이앙법 도입 : 남부
　　　ⓔ농상집요 소개 : 이암, 화북 농법
　　　ⓕ목화 재배 시작 : 공민왕 때 문익점

(5)수공업과 상업 및 무역 활동
　①수공업
　　㉠고려 전기
　　　ⓐ관청 수공업 : 공장안, 기술자 동원
　　　ⓑ소 수공업(공물) : 금, 은, 철, 구리, 실, 각종 옷감, 종이, 먹, 차, 생강 등
　　㉡고려 후기

ⓐ민간 수공업 : 농촌의 가내 수공업

ⓑ사원 수공업 : 술, 소금, 불교 타락과 연결

②상업

　㉠고려 전기 상업

　　ⓐ시전 : 개경, 경시서(매점매석 감독)

　　ⓑ관영 상점 : 대도시, 주점, 다점, 서적점·약점

　　ⓒ비정기적인 시장 : 행상, 관청 근처, 비정기적인 시장

　㉡고려 후기 상업

　　ⓐ항구 발달 : 예성강 하구의 벽란도 등

　　ⓑ조운로에서의 교역 : 미곡, 생선, 소금, 도자기 등

　　ⓒ원(여관)에서 교역 : 상업 활동의 중심지

　㉢소금의 전매제 시행 : 충선왕

③고리대와 보

　㉠고리대 성행 : 농민 몰락

　㉡보 발달

　　ⓐ이자로 경비 충당

　　ⓑ제위보 : 광종, 빈민 구제

④화폐

　㉠고려 시대 화폐의 종류

명칭	종류	시기	특징
건원중보	철전	성종	최초의 화폐
삼한통보, 해동통보, 동국통보	동전	숙종	의천이 주장
활구(은병)	은화	숙종	우리나라 지형을 본뜬 은화
저화	지폐	공양왕	최초의 지폐

　㉡귀족과 농민의 반발

　　거래는 여전히 곡식이나 삼베를 사용

⑤무역

　㉠공무역 중심

　　국제 무역항 벽란도

　㉡송과의 무역

　　ⓐ가장 큰 비중을 차지

　　ⓑ수출품 : 은, 나전칠기, 종이, 먹

　　ⓒ수입품 : 비단, 차, 향료, 자기 (왕실과 귀족의 수요품)

　　ⓓ무역로 : 벽란도~산둥 반도의 덩저우, 벽란도~양쯔강의 밍저우

ⓒ거란·여진 : 은 수입, 식량, 문방구 수출

ⓓ일본 : 수은, 황 수입, 식량, 인삼, 서적 수출

ⓜ아라비아 : 수은, 향료 수입, 고려의 이름(corea)

ⓗ원 간섭기 : 사무역, 은, 말 유출

02. 중세 사회

(1)고려 사회의 성격과 신분제의 특징

　①고려 사회의 성격

　　㉠개방적 사회 : 과거제가 처음으로 시행, 신분 이동이 가능

　　㉡신분제 사회 : 귀족 중심

　②신분제의 특징

　　㉠귀족, 중류층, 양민, 천민

구분	내용
귀족	왕족, 문무 고위관리
중류층	서리(중앙관청의 실무담당), 남반(궁중의 업무 담당), 향리, 군반(직업군인)
양민	농민(백정), 상공업자, 향·소·부곡민(하층양민), 신량역천인
천민	노비(공노비와 사노비)

　　㉡평민이 성을 사용 : 본관 사용(토성분정)

(2)귀족과 중류층

　①귀족

　　㉠5품 이상 : 특권층

　　㉡문벌귀족

　　　ⓐ고위 관직자 : 고려 전기, 경원 이씨, 경주 김씨 등

　　　ⓑ음서·공음전

　　　ⓒ폐쇄적인 통혼 : 왕실이나 고위 가문과 혼인

　　　ⓓ개경에 거주 : 형벌로 귀향

　　　ⓔ향리의 진출 : 과거를 통하여 귀족의 대열

　　㉢권문세족

　　　ⓐ'재상지종' : 고려 후기, '여러 대를 내려오면서 재상을 지낸 집안'

　　　ⓑ음서·농장

　　　ⓒ친원파 : 원의 세력을 배경, 원 간섭기에 도평의사사(도당) 장악

　　　ⓓ원과 결탁 : 몽고어의 역관, 응방의 관리, 원나라 황실과 혼인

ⓔ문벌귀족과 권문세족 비교

구분	문벌귀족	권문세족
시기	고려 전기의 지배층	고려 후기의 지배층
출신	지방호족, 6두품, 개국공신 출신	전기의 문벌귀족, 무신 집권기의 무인, 친원파 세력
세력	왕실이나 고위 귀족과 통혼 (폐쇄적 혼인으로 권력 강화)	원의 세력에 의존
특권	공음전과 과전	농장(불법세습)
외교	친송정책과 사대정책	친원정책

ⓜ권문세족과 신진사대부 비교

구분	권문세족	신진사대부
출신	중앙의 고위 관직을 장악	지방향리나 하급관리 출신
경제면	전국에 농장 소유	재향 중소지주 또는 자작농
학문면	훈고학	성리학
종교면	불교 옹호	불교 비판
대외면	친원외교	친명외교
진출경로	음서로 진출	과거로 진출

②중류층
  ㉠말단 행정직
  ㉡직역 세습 : 통치 체제의 하부 구조, 상응하는 토지를 받음
  ㉢서리(중앙), 향리(지방), 남반(궁중), 군반(하급장교)

(3)양민과 천민
  ①양민
    ㉠농민 백정이 주류
    ㉡향, 소, 부곡민
      ⓐ더 많은 세금 부담 : 특수 행정 구역에 거주
      ⓑ이주 금지
      ⓒ향·부곡 – 농업, 소 – 수공업
      ⓓ역·진 – 육로 교통, 수로 교통
    ㉢화척(= 양수척, 도살업자), 재인(광대), 진척(뱃사공), 신량역천 – 하층 양민

  ②천민
    ㉠공노비, 사노비로 구분

ⓒ외거 노비 : 주인과 따로, 신공 의무, 경제력, 신분 상승 가능

ⓒ노비의 특성

　ⓐ재산으로 간주 : 매매, 증여, 상속 대상

　ⓑ일천즉천법 : 부모 중의 한쪽이 노비이면 그 자식도 노비

　ⓒ국역 의무 없음.

(4)사회 시책과 제도

①사회 시책

농민 생활 안정책(조세 감면, 이자 제한)

②사회 제도

ⓐ제위보 - 광종, 이자로 빈민 구제

ⓑ의창(빈민 구제), 상평창(물가 안정, 양경 12목) - 성종

ⓒ동서대비원(진료) - 문종, 혜민국(의약) - 예종

(5)법률과 풍속

①법률

ⓐ대부분 관습법 : 당률을 참고한 법률

ⓑ중죄 : 반역죄, 불효죄

ⓒ형벌(5형) : 태, 장, 도, 유, 사

태	작은 회초리로 볼기를 치는 매질이다.
장	큰 막대기로 볼기짝과 허벅지를 때리는 곤장형이다.
도	감옥살이를 하면서 염전이나 대장간 등에서 노역을 하는 징역형이다.
유	멀리 유배 보내는 귀양살이를 시키는 형이다.
사	사형에 해당하며, 교수형과 참수형의 두 가지가 있다.

②풍속

ⓐ상장제례

불교식(정부의 의도는 유교식)

ⓑ연등회, 팔관회 : 훈요 10조에서 강조

　ⓐ연등회 : 연초(1월, 2월)

　ⓑ팔관회 : 연말(10월, 11월), 도교/불교 행사, 외국 상인 무역

ⓒ혼인

　ⓐ일부일처제 : 여자는 18세, 남자는 20세 전후

　ⓑ근친혼 : 충선왕이 제한

　ⓒ서류부가혼 : 사위가 처가의 호적에 입적

③향도 : 농민 공동체

　　㉠불교 신앙 조직 : 농민 공동체 조직

　　㉡초기 매향 중심 : 미륵을 만나고자 향나무를 바닷가에 묻는 활동

　　㉢후기 상장례 주도 : 마을 노역, 혼례와 상장례 등 공동체 생활 주도

④여성의 지위

　　㉠상속(골고루 분배), 호적 기재(태어난 차례대로) : 차별 없음.

　　㉡제사 : 딸이 가능, 양자 없음.

　　㉢재가 : 자유, 재가녀의 자녀에 대한 사회적 차별 없음.

제 3 절　중세의 문화

01. 유학의 발달과 역사서의 편찬

(1)유학의 발달

　①유학의 발전과정

　　㉠광종 : 과거 실시

　　㉡성종 : 유교 정치 사상 정립, 자주적인 유교(최승로), 유학 교육 기관 정비

　　㉡고려 중기 : 보수적

　　　ⓐ문종 : 최충(해동공자), 9재 학당, 철학적 경향

　　　ⓑ인종 : 김부식, 보수적/현실적인 성격의 유학

(2)성리학의 전래

　①전래 과정

　　㉠안향 : 소개(충렬왕 16년, 1290)

　　㉡이제현(만권당, 충선왕), 이색(공민왕) : 전파

　　㉢정몽주, 정도전 : 확산

　②성리학의 성격

　　㉠실천적 : 소학, 주자가례 중시(실천적 기능이 강조)

　　㉡새로운 지도 이념 : 불교 비판

(3)역사서의 편찬

　①고려 전기

　　㉠자주적인 역사 의식 : 유교적인 역사 서술 체계

ⓒ7대 실록 : 현종, 전하지 않음.

②고려 중기 - 삼국사기(1145, 12세기, 인종)

　　㉠현존하는 최고(最古)의 사서

　　㉡유교적 합리사관 -〈구삼국사〉를 기본, 기전체, 신라 계승 의식

③무신 집권기와 원 간섭기

　　㉠민족적 자주 의식 바탕 : 전통 문화 이해하려는 경향

　　㉡동명왕편(1193, 명종) : 이규보, 영웅 서사시, 고구려 계승 의식

　　㉢해동고승전(1215, 고종) : 각훈, 삼국 시대의 승려 30여 명의 전기

　　㉣삼국유사(1281, 충렬왕)

　　　일연, 불교사 중심, 민간 설화 수록, 단군의 건국 이야기

　　㉤제왕운기(1287, 충렬왕)

　　　이승휴, 단군에서부터 서술, 발해를 우리의 역사로 부각

④삼국사기와 삼국유사 비교

구분	삼국사기(三國史記)	삼국유사(三國遺事)
저자	• 김부식(관찬)	• 일연(사찬)
시기	• 인종(귀족 사회 전성기, 1145 , 12세기)	• 충렬왕(원나라 간섭기, 1281, 13세기)
서술체계	• 기전체(정사체)	• 야사체(기사본말체에 가까움)
내용	• 현존하는 최고(最古)의 사서 • 고조선·삼한 기록 누락	• 단군 신화·향가 14수 수록 (단군 이야기를 처음 수록)
역사관	• 유교사관, 합리주의, 사대주의	• 신이사관, 민족사관, 자주사관, 불교사관
계승의식	• 신라 계승의식	• 고조선 계승의식
목차	신라 본기 제1 시조 혁거세 거서간, 남해 차차웅, 유리 이사금, 탈해 이사금 … 제12 경순왕 고구려 본기 제1 시조 동명성왕, 유리왕 … 제10 보장왕 백제 본기 제1 시조 온조왕, 다루왕, 기루왕 … 제6 의자왕	제1권 왕력(王歷) 제1 　　기이(紀異) 제1 　　　　　고조선 　　　　　위만조선 　　　　　마한... 　　　　　진덕왕 　　　　　김유신 　　　　　태종 춘추공... 제2권 기이(紀異) 제2 제3권 흥법(興法) 제3 　　　탑상(塔像) 제4 제4권 의해(義解) 제5

⑤성리학적 사관

ⓒ정통 의식, 대의명분 강조

ⓒ사략(1356, 공민왕) : 이제현

⑥고려 역사서 비교

시기	사관	저서	저자	특징
전기	자주적 사관	7대실록	황주량·김심언	태조~목종까지 기록 : 부전
		가락국기	김양감	금관가야 역사 기록, 부전(일부가 삼국유사에 수록)
중기	유교적 사관 (신라 계승)	삼국사기	김부식	현존 최고의 사서, 기전체
후기	민족의식과 전통 강조	해동고승전	각훈	삼국 고승의 행적 기록, 일부 현존
		동명왕편	이규보	고구려 계승의식, 현존
		삼국유사	일연	야사체, 현존
		제왕운기	이승휴	중국사와 한국사를 한시로 기록, 현존
	성리학적 사관	사략	이제현	정통의식과 대의명분 강조, 일부 현존

02. 교육 기관과 관학 진흥책

(1)교육 기관의 설립

①교육 기관

㉠국자감

ⓐ성종 때 설치(정비)

ⓑ유학부(신분별 : 국자학, 태학, 사문학), 기술학부(율학, 서학, 산학)

㉡향교

지방, 지방 관리와 서민 자제 교육,

(2)사학의 발달과 관학 진흥책

①사학의 발달

㉠9재 학당(최충)과 사학 12도

㉡관학(국자감) 쇠퇴

②관학 진흥책

숙종	• 서적포의 설치
예종	• 적극적 관학 진흥, 장학재단인 양현고를 설치, 보문각과 청연각을 설립 • 국자감에 7재를 마련, 국자감을 국학으로 개칭(관학을 지칭하는 것으로 보기도 함)
인종	• 경사6학을 정비, 지방의 향교 교육 강화
충렬왕	• 교육재단인 섬학전 설치, 국자감 개칭 • 대성전(공자사당) 건립, 경사교수도감(경전, 역사) 설치
공민왕	• 성균관을 순수한 유학 교육기관으로 개편(성균관에서 기술교육 분리) • 과거제도의 정비, 신진사대부 등용

03. 불교 사상과 신앙

(1)불교 정책

　①고려 불교의 특징

　　㉠유교와의 공존 : 유교는 치국의 도, 불교는 수신의 도로써 융화

　　㉡승과 실시 : 광종

　　㉢대장경 조판 : 초조대장경(11세기), 재조대장경(13세기)

　②불교 정책의 발전 과정

　　㉠태조 : 숭불 정책, 연등회와 팔관회를 성대하게 개최할 것을 당부

　　㉡광종 : 승과(승계, 국사, 왕사), 귀법사(균여)

　　㉢현종 ; 연등회·팔관회 부활, 현화사(7층 석탑)

　　㉣문종 : 흥왕사, 아들 의천을 주지, 승려에게 별사전을 지급

(2)의천과 불교 통합 운동

　①의천 이전의 불교 통합 운동

　　㉠광종의 종파 통합 : 균여(보살의 실천행)가 화엄종 중심으로 교종 통합 시도

　　㉡화엄종과 법상종의 융성

　②의천(1055~1101, 11세기 후반 문종~숙종 때 활동)의 활약

　　㉠교단 통합 운동

　　　ⓐ문종의 왕자 : 흥왕사, 화엄종 중심 교종 통합

　　　ⓑ천태종 창시 : 국청사, 교종 중심으로 선종 통합

　　　ⓒ교관겸수 : 이론(교학)과 실천(선)을 아울러 강조

　　　ⓓ교단 다시 분열 : 의천이 죽은 후에 교단은 다시 분열

　　㉡의천의 업적

　　　ⓐ『천태사교의주』, 『대각국사 문집』, 『원종문류』, 『석원사림』 저술

　　　ⓑ〈신편제종교장총록교장〉, 〈교장(속장경)〉 조판

　　　ⓒ화폐 발행 건의 : 숙종 때, 주전도감

　　　ⓓ원효의 화쟁 사상 중시

(3)불교 결사 운동과 조계종

　①불교 결사 운동

　　㉠무신 집권기 : 새로운 종교 운동인 결사 운동

　　㉡수선사 결사(지눌, 정혜 결사), 백련 결사(요세)

　②지눌(1158~1210)의 수선사 결사와 조계종

　　㉠지눌(12세기 후반 명종~희종 때 활동, 보조국사)

　　　ⓐ독경, 선, 노동 강조 : 명리에 집착하는 불교계를 비판

　　　ⓑ송광사 중심 : 개혁적인 승려와 지방민의 적극적인 호응을 얻어 널리 확산

ⓒ조계종 성행 : 최씨 정권의 지원, 고려 후기 불교계의 중심 종파

ⓛ조계종의 창시 : 송광사

@선종 중심으로 교종 통합 : 정혜쌍수(선과 교학의 근본이 다르지 않음)

ⓑ돈오점수(頓悟漸修) : 꾸준한 수행으로 깨달음의 확인을 강조

ⓒ선교 일치사상 완성

ⓒ혜심(1178~1234)의 유불일치설, 성리학을 수용할 수 있는 사상적 토대

③요세(1163~1245)의 백련사 결사

㉠만덕사 중심 : 강진, 백련사, 1208

㉡법화 신앙에 중점 :천태종 바탕, 참회, 지방민의 적극적인 호응

㉢정토 신앙, 염불(念佛) 강조

④원 간섭기의 불교

㉠보우의 임제종 : 불교계 폐단을 바로잡기 위해 교단을 통합, 정비하는 노력

㉡조계종, 백련 결사 퇴조

㉢사원의 폐단 심화 : 막대한 토지를 소유, 고리대와 상업에도 관여

㉣신진사대부의 불교 비판

⑤천태종과 조계종 비교

구분	천태종	조계종
시기	고려 중기	고려 후기
창시자	의천	지눌
특징	교종 중심으로 선종 통합	선종 중심으로 교종 통합
주장	교관겸수	정혜쌍수, 돈오점수
후원세력	문벌귀족	무신정권
중심사찰	국청사(개경)	송광사(순천)
결사운동	백련사(요세)	수선사(지눌, 혜심)
출판	교장(교장도감)	팔만대장경(대장도감)

⑥의천과 지눌 비교

구분	의천(대각국사)	지눌(보조국사)
활약시기	• 문종~숙종(11C 말~12C 초)	• 명종~희종(12C 말~13C 초)
창시	• 천태종(교종)	• 조계종(선종)
저서	• 천태사교의주, 대각국사 문집, 신편제종교장총록	• 정혜결사문
후원세력	• 왕실과 문벌귀족	• 무신정권(최씨정권)

⑦지눌과 요세 비교

구분	수선사(1205)	백련사(1208)
주창	보조국사 지눌	원묘국사 요세
종파	조계종(선종 중심)	천태종(교종 중심)
중심사찰	순천 송광사	강진 만덕사

(4)대장경의 간행
　①불교 경전의 집대성
　　㉠경(經), 율(律), 논(論) : 삼장, 불교 경전을 집대성
　　㉡11세기, 13세기 간행 : 부처의 힘을 빌려 침입을 물리치고자 함
　②초조·재조 대장경
　　㉠초조대장경(1011~1087, 11세기)
　　　ⓐ거란 2차 침입 때 : 현종 때, 70여 년의 오랜 기간에 걸쳐 목판에 새겨 완성
　　　ⓑ몽골 2차 침입 때 소실 : 대구 부인사에 보관, 인쇄본 일부가 남아 있음
　　㉡교장(속장경, 1073~1096)
　　　ⓐ의천이 편찬 : 초조대장경의 주석, 고려, 송, 요, 일본에서 주석서를 모음
　　　ⓑ『신편제종교장총록』 제작 : 흥왕사에 교장도감, 4700권의 교장 간행
　　　ⓒ몽골 침입 때 소실 : 인쇄본의 일부가 남아 있음
　　㉢재조대장경(고려대장경, 1236~1251, 13세기)
　　　ⓐ몽골 침입 때 : 최우의 집권기(고종 때), 대장도감
　　　ⓑ해인사에 보존 : 합천 해인사 장경판전(15세기 건축)에 옮겨 보관
　　　ⓒ팔만대장경 : 2007년 유네스코가 지정한 세계기록유산
　③초조, 교장, 재조 비교

초조대장경 (11세기)	교장 (속장경, 11세기 말)	팔만대장경 (1236~1251, 13세기)
• 거란을 물리치고 불경을 정리하기 위하여 조판	• 송·요·일본 등에서 모아온 대장경의 주석서들을 모아 편찬	• 몽골의 침략으로 소실된 초조대장경을 대신하여 다시 편찬함.
• 현종 때 착수	• 선종 때 착수	• 최우 집권기, 고종 때 완성
• 귀법사 등 여러 사원에서 편찬	• 의천이 흥왕사에서 편찬 (교장도감)	• 강화 선원사에서 간행 (대장도감)
• 개경에 보관하였다가 대구 부인사로 옮김.	• 흥왕사, 부인사 등지에서 보관	• 조선 초 합천 해인사로 옮겨 장경판전에 보관
• 몽골 2차 침입으로 소실, 인쇄본의 일부가 남아 있음.	• 몽골의 침입으로 소실, 인쇄본 일부가 남아 있음.	• 현재까지 보존됨. • 팔만대장경은 2007년 유네스코 기록유산 지정

(5)도교와 풍수지리설

　①도교의 유행

　　㉠불로장생, 현세구복

　　㉡초제 성행, 팔관회(도교와 민간 신앙, 불교가 어우러진 행사)

　　㉢도교 사원 : 예종 때 복원궁(최초의 도관)

　　㉣교단의 불성립

　②풍수지리설의 발전

　　㉠고려 시대에 유행 : 예언적인 도참사상

　　㉡서경 길지설 : 북진 정책 추진과 묘청의 서경 천도 운동의 이론적 근거

　　㉢한양 명당설 : 문종 때 남경 길지설 대두, 숙종 때 남경 천도를 시도

04. 과학 기술의 발달

(1)천문학과 의학의 발전

　①과학 기술의 발달

　　천문학, 의학, 인쇄술, 상감 기술, 화약 무기 제조술

　②천문학

　　㉠사천대 설치 : 서운관, 첨성대

　　㉡수시력 수용(충선왕, 이슬람 역법의 영향) : 고려 초기에는 당의 선명력 사용

　③의학

　　㉠태의감 설치, 의과 시행

　　㉡향약구급방 편찬 : 고종 때(1236), 최고(最古)의 의학서

(2)인쇄술과 화약 제조

　①인쇄술

　　㉠목판 인쇄술 : 팔만대장경

　　㉡금속활자 인쇄술 : 직지심체요절

　　　ⓐ상정고금예문(1234)은 전하지 않음

　　　ⓑ세계 최고의 금속 활자본 : 청주 흥덕사에서 간행한 『직지심체요절』(1377)

　②직지심체요절(우왕, 1377)

　　㉠14세기 간행 : 원제목은 『백운화상초록 불조직지심체요절』

　　㉡프랑스에 보관 : 세계기록유산에 등재(2001년)

　③제지술

　　㉠닥나무 재배 : 종이를 제조하는 전담 관서를 설치

　　㉡중국에 수출

　④화약 무기

⊙최무선, 화통도감 : 화약과 화포 제작

⊙진포해전(1380) : 최무선, 왜구 격퇴

⑤조선 기술

⊙범선 건조 : 송과 해상 무역, 대형 범선

⊙조운선 등장

05. 건축과 조각, 공예

(1)건축

①전기 건축

없음. 개성 만월대(궁궐) 터

②후기 건축

⊙주심포 양식 : 봉정사, 부석사, 수덕사, 공포가 기둥 위에만 있음.

안동 봉정사 극락전	현존하는 가장 오래된 목조 건물로, 맞배지붕 양식
영주 부석사 무량수전	배흘림 기둥과 팔작지붕 양식
예산 수덕사 대웅전	배흘림 기둥과 맞배지붕 양식
강릉 객사문	우리나라에서 가장 오래된 대문 건축, 강릉 임영관 삼문

⊙다포 양식 : 공포가 기둥 위, 기둥 사이에도 있음. 성불사 응진전

(2)탑파와 불상

①석탑

⊙다각 다층탑 : 다양한 형태, 안정감은 부족하나 자연스러운 모습

⊙불일사 5층 석탑(고구려 영향), 현화사 7층 석탑(고려 독특한 양식)

⊙월정사 8각 9층 석탑(오대산, 12세기 경) : 송의 영향, 고려 전기

⊙경천사 10층 석탑(개성, 현재는 국립중앙박물관, 충목왕)

ⓐ원의 영향 : 고려 후기

ⓑ조선으로 연결 : 세조 때 건립된 원각사지 10층 석탑으로 계승

②승탑(부도)

⊙팔각원당형 : 고달사지 승탑

⊙이형 승탑 : 법천사 지광국사 현묘탑

③불상

⊙시기·지역에 따라 독자적

석불/금동불 주류, 철불/소조불도 제작

⊙대표적인 불상

ⓐ광주 춘궁리 철불(하남 하사창동 철조 석가여래 좌상)

ⓑ논산 관촉사 석조미륵보살 입상

ⓒ부석사 소조 아미타여래 좌상 : 신라 시대 양식을 계승

(3)청자와 공예

①자기 공예

㉠고려 자기 : 강진, 부안

11세기에는 비색 청자가 발전하였으나, 12세기 중엽 이후 상감청자가 많이 만들어졌으며, 전라도 강진과 부안이 유명한 도요지였다.

㉡비색 청자(순 청자) : 11세기, 발해의 전통과 송의 자기 기술, 천하의 명품

㉢상감청자 : 12~13세기, 고려의 독창적 기법, 원 간섭기 이후 퇴조

㉣분청사기 : 고려 말, 원의 북방 가마 기술, 소박

②금속 공예, 나전 칠기 공예

㉠은입사 기술

송에서 수입, 청동기 표면을 파내고 실처럼 만든 은을 채워 넣음

㉡나전 칠기 공예

옻칠한 바탕에 자개를 붙여 무늬, 다시 중국의 송으로 역수출

06. 글씨, 그림, 음악과 문학

(1)서예와 회화

①서예(글씨)

㉠고려 전기 : 구양순체, 유신, 탄연, 최우

㉡고려 후기 : 송설체, 이암

②회화(그림)

㉠고려 전기

없음. 〈예성강도〉를 그린 이령과 그의 아들 이광필의 그림 유명

㉡고려 후기

ⓐ불화 : 관음도, 혜허의 〈양류관음도(물방울 관음)〉가 대표적, 사경화도 유행

ⓑ문인화 : 없음, 사군자 중심의 문인화가 유행

ⓒ벽화 : 부석사 조사당 벽화

(2)음악과 문학

①음악

㉠아악 : 송에서 수입, 대성악, 문묘 제례악

㉡향악 : 속악, 당악의 영향, 동동/한림별곡/정과정

②문학

　㉠전기 : 한문학의 발전, 과거에서 문장을 짓는 제술업이 중시

　㉡무신 집권기

　　ⓐ현실 도피적 : 이규보, 이인로, 최자 등에 의해 새로운 문학 경향

　　ⓑ한시 : 〈동명왕편〉,〈도토리 노래〉

　　ⓒ경기체가 : 신진사대부, 한림별곡, 죽계별곡, 관동별곡 등

　　ⓓ고려 속요(장가) : 서민들은, 청산별곡, 쌍화점, 가시리 등

　　ⓔ패관문학 : 민간에 구전되는 이야기를 기록. 『백운소설』, 『역옹패설』

　　ⓕ가전체 문학 : 의인화, 『국순전』, 『국선생전』, 『죽부인전』

제 1 절　근세의 정치

01. 조선의 건국과 통치체제의 확립

(1)조선의 건국과 근세 사회의 성격

　①건국 배경과 과정

　　㉠건국 배경

　　　ⓐ신진 사대부의 등장

　　　ⓑ신흥 무인세력의 성장

　　㉡건국 과정

　　　ⓐ명의 철령위 통보(1388.2) : 고려의 요동 정벌 계획(최영), 4불가론(이성계)

　　　ⓑ위화도 회군(1388.6) : 이성계의 정치적, 군사적 실권 장악

　　　ⓒ폐가입진(廢假立眞)(1389) : 우왕·창왕 폐위, 공양왕 옹립

　　　ⓓ신진 사대부의 분화

온건파 사대부	혁명파 사대부
• 정몽주·이색·길재 등(다수파)	• 정도전·조준·남은·하륜 등(소수파)
• 군사적 지지 기반 없음.	• 신흥 무장세력(이성계)과 연결
• 고려 유지의 틀 속에서 점진적 개혁 주장(과전법에 반대)	• 역성혁명과 전면적 개혁 주장(과전법에 찬성)
• 조선 건국 후 사학파로 발전	• 조선 건국 후 관학파로 발전

　　　ⓔ과전법의 시행(1391) : 혁명파 사대부가 주도

　　　ⓕ정몽주 제거, 이성계의 국왕 즉위(1392.7)

　　　ⓖ한양으로 천도(1394) : 경복궁, 종묘, 사직 건설

　②근세사회의 성격

　　㉠정치 : 관료 중심

　　㉡사회 ; 능력 존중

　　㉢문화 : 민족 문화 발달, 성리학 중시

(2)집권체제의 확립

①태조, 정종, 태종

㉠태조(1392~1398)

ⓐ재상 중심의 정치체제 마련 : 정도전 주도

ⓑ3대 정책 : 숭유 배불, 농본 억상, 사대 교린

ⓒ정도전 : 요동 수복운동 추진, 1차 왕자의 난(1398) 때 살해

조선경국전(1394)	조선 최초의 법전(사찬), 왕조와 통치의 기틀 마련, 육전(六典) 부분만을 따로 『경국육전』으로 편집, 이후 『경국대전』의 편찬에 영향
경제문감(1395)	정치와 행정의 조직안을 제시
불씨잡변(1398)	불교 교리에 대한 강력한 비판, 성리학을 통치 이념으로 확립, 동양 역사상 가장 수준 높은 불교 비판서
고려국사(1395)	편년체로 고려의 역사를 기록, 조선 건국의 정당성을 강조

㉡정종(1398~1400)

ⓐ개경으로 천도(1399)

ⓑ도평의사사의 폐지 : 의정부, 삼군부 설치

㉢태종(1400~1418 : 15세기) - 왕권 강화

ⓐ사병 폐지

ⓑ6조 직계제의 실시 : 의정부를 통하지 않고 국왕에게 직접 보고

태조	재상 중심의 정치
태종	6조 직계제의 시행(의정부 권한 축소 , 왕권 강화 도모)
세종	의정부서사제의 시행(왕권과 신권의 조화)
세조	6조 직계제의 부활, 원상제의 실시

ⓒ사간원의 독립 : 대신들을 견제

ⓓ호패법의 실시 : 양반부터 노비까지 16세 이상의 모든 남자

ⓔ서얼차대법 실시 : 서얼 금고

ⓕ신문고 설치

②세종, 세조, 성종

㉠세종(1418~1450)

ⓐ의정부 서사제 시행 : 의정부에서 합의된 사항을 왕에게 올려 결재, 왕권과 신권의 조화

ⓑ집현전 설치 : 훈민정음 창제(1443년)

ⓒ공법 : 전분6등법(비옥도), 연분9등법(풍흉) 실시

ⓓ4군 6진 설치 : 여진 정벌, 압록강 ~ 두만강 국경선 개척

ⓔ대마도 정벌(1419, 이종무), 3포 개항(1426), 계해약조(1443)

ⓕ과학기구 발명 : 혼천의, 간의, 자격루, 앙부일구, 측우기

ⓖ칠정산 편찬 : 수시력, 회회력 참조

ⓗ금속활자 개량 : 경자자·갑인자

ⓘ편찬사업 :

『농사직설』, 『의방유취』, 『향약집성방』, 『용비어천가』, 『삼강행실도』, 『석보상절』, 『월인천강지곡』, 『동국정운』, 『총통등록』

ⓒ세조(1455~1468)

ⓐ계유정난(1453) : 김종서 등 제거

ⓑ6조 직계제의 부활 : 왕권 강화

ⓒ군사제도 정비 : 5위제, 진관체제, 보법

ⓓ직전법의 실시 : 현직관리에게만 토지를 분급

ⓔ경국대전 편찬 착수 : 먼저 호전과 형전을 완성

ⓕ집현전·경연제 폐지, 종친 등용(남이 등)

ⓖ이시애의 난(1467) 진압, 유향소 폐지

ⓗ원상제 실시(1468) : 승정원 강화

ⓒ성종(1469~1494)

ⓐ경국대전 편찬(1485) : 제도 정비

ⓑ홍문관 설치 : 집현전 계승, 경연 활성화

ⓒ사림 등용 : 훈구파 견제, 김종직 등, 삼사에서 언론 담당

ⓓ유향소 부활

ⓔ관수관급제 실시(1470)

ⓕ편찬사업 : 『경국대전』, 『동문선』, 『국조오례의』, 『동국여지승람』, 『악학궤범』, 『삼국사절요』, 『금양잡록』 등

02. 통치체제의 정비

(1)중앙 정치 체제와 지방 행정 조직

①정치 체제의 확립

㉠정치 체제의 법제화

ⓐ문무 양반 : 18품계, 30단계

ⓑ당상관 : 정3품 상직 이상, 주요 관서의 책임자

㉡중앙관제의 특징

ⓐ한품제 : 신분에 따라 품계 제한

ⓑ상피제 : 출신지 파견, 친인척 동일 부서 배치 안 됨. 권력의 집중을 방지하고 부정부패 예방

②중앙 정치조직

㉠의정부, 6조

ⓐ의정부 : 최고 관서, 재상 합의

ⓑ6조 : 이조, 호조, 예조, 병조, 형조, 공조, 정책 집행, 정2품 판서, 전문성, 효율성

㉡3사

ⓐ언론 : 감찰, 간쟁, 자문, 권력의 독점과 부정 방지

사헌부 (대사헌, 종2품)	관리의 감찰·탄핵, 풍기의 단속, 시정의 전달·논평
사간원 (대사간, 정3품)	정사의 잘못을 비판(간쟁), 왕의 잘못된 정책을 논박(봉박), 태종 때 설치
홍문관 (대제학, 정2품)	학술·고제의 연구, 왕실서적의 관리, 정책결정에 자문, 경연과 서연 담당, 성종 때 설치, 옥당(玉堂)

ⓑ서경(署經) 제도 : 5품 이하의 관리를 임명시 가부 승인, 양사(사간원, 사헌부)

㉢의금부와 승정원 : 왕권 강화 기관

ⓐ의금부 : 국왕 직속의 상설 사법기구, 왕명에 의해 중죄인을 다스리는 역할

ⓑ승정원 : 국왕의 비서기관, 왕명 출납, 군국기밀 담당

㉣한성부, 춘추관, 예문관, 승문원

한성부(판윤, 정2품)	수도의 행정과 치안 담당, 토지·가옥 등 민사소송 담당
춘추관(지사, 정2품)	역사 편찬
예문관(대제학, 정2품)	국왕 교서의 작성
승문원(판교, 정3품)	외교 문서의 작성

③지방 행정 조직

㉠지방 조직의 특징

ⓐ8도 : 고을 크기에 따라 지방관 등급 조정, 전국에 약 330여 개의 군현

ⓑ향, 부곡, 소 등 특수 행정구역의 폐지

ⓒ모든 군현에 지방관 파견 : 중앙집권 강화

ⓓ수령, 향리, 유향소가 지방 행정 참여

㉡지방 제도의 내용

ⓐ8도 : 평안도, 함경도, 황해도, 경기도, 강원도, 충청도, 전라도, 경상도, 관찰사

구분	고려 안찰사	조선 관찰사
임무	임시직으로 지방을 순시·감찰(수령과 상하 관계는 아님)	행정·군사·사법권을 장악하고 수령을 지휘·감독(감찰)
임기	6개월	1년
신분	중앙관의 신분	지방관(외관)의 신분
성격	지방에 상주 안함, 상설된 행정관청이 없음, 보좌하는 지방관 없음	지방에 상주, 상설된 행정관청이 있음, 보좌하는 지방관 있음
지위	5·6품의 낮은 신분	종2품의 당상관

ⓑ수령 : 부윤, 목사, 군수, 현령, 현감, 임기 5년(1800일), 행정권, 사법권, 군사권

ⓒ면·리·통 : 군현 아래에는 말단 행정구역

ⓓ향리 : 수령 보좌, 아전으로 격하

구분	고려의 향리	조선의 향리
권한	• 강한 권한(지방의 실질적인 지배층)	• 약한 권한(행정실무를 담당하는 세습 아전으로 격하)
토지 지급	• 보수로 외역전을 지급 받음.	• 토지나 보수를 받지 못함.
과거응시	• 과거에 응시하여 문반 상승이 가능	• 과거 응시가 제한됨(양반으로의 신분 상승 제약).
공통점	향직의 세습 가능, 중간계층으로서의 역할 담당, 지방의 행정실무 담당	

ⓒ유향소와 경재소

ⓐ유향소(향청) : 수령의 보좌, 향리의 규찰, 풍속교정, 좌수·별감, 향촌 자치적

ⓑ경재소 : 현직관료가 관할 유향소 통제, 중앙 집권적, 선조 때 폐지

ⓔ고려와 조선의 지방 행정 비교

고려 시대	조선 시대
• 지방관이 파견되지 않은 속군·속현이 주현보다 더 많았음.	• 모든 군현에 지방관 파견하여 속군·속현이 소멸(중앙 집권 체제의 강화)
• 안찰사가 수도에 거주하며 지역순시	• 관찰사가 해당지역에 상주하며 수령을 통제
• 향리의 권한이 강함(향리가 속현·부곡을 지배, 향리에게 외역전 지급).	• 향리의 권한이 약함(6방에 소속하여 아전으로 격하, 향리에 대한 토지지급 폐지)
• 사심관 제도와 기인제도	• 유향소(향청), 경재소
• 향·소·부곡의 존재	• 향·소·부곡의 폐지

(2)군역 제도와 군사 조직

①군역 제도

㉠원칙

ⓐ양인 개병제 : 16~60세, 모든 양인 남자

ⓑ정군(현역)과 보인(비용 부담) : 세조 때에 보법(保法)

㉡복무 내용

ⓐ정군 : 일정 기간 교대로 복무, 복무 기간에 따라 품계

ⓑ갑사 : 주로 양반의 자제, 직업군인, 품계와 녹봉이 지급

ⓒ양반(학생 포함) : 군역 면제

ⓓ특수군 : 종친과 외척, 공신이나 고급 관료의 자제

ⓔ노비 : 군역 의무 안함. 잡색군으로 편제

②군사조직

⊙중앙군 : 5위

ⓛ지방군 : 영진군, 병영(육군), 수영(수군)

ⓒ진관체제

　지역 단위 방어체제, 수령이 통제

ⓔ잡색군

　전직관리, 향리·서리, 잡학인, 신량역천인, 노비 등으로 편제, 예비군

③교통과 통신 체계

⊙중앙 집권에 기여

ⓛ조선 시대의 교통·통신제도

역원제	• 공문서 전달 및 관물의 운송을 위하여 역을 주요 도로에 설치 • 원은 교통요지에 둔 여관으로 공무수행 중인 관리가 이용
봉수제	• 군사적인 긴급사태를 알리기 위한 통신제도 • 전국에 620여 개의 봉수대를 설치, 낮에는 연기로 밤에는 횃불로 연락
파발제	• 역원제와 봉수제가 유명무실해지면서 임진왜란 때 설치 • 말을 사용하는 기발과 사람의 도보에 의한 보발이 있음.

(3)관리 등용 제도

①관리 등용 방식

　주로 과거, 음서(문음), 천거

②과거 제도

⊙문과, 무과, 잡과

ⓐ식년시 : 3년마다 실시, 정기 시험

ⓑ부정기 시험 : 증광시, 알성시, 별시, 백일장

ⓒ양인 이상 응시

ⓛ문과

ⓐ응시 자격의 제한 : 탐관오리의 아들, 재가한 여자의 아들과 손자, 서얼

ⓑ소과와 대과 : 문과만 소과 존재

ⓒ소과 : 생원과·진사과, 초시는 인구비례, 복시 각 100명(합격자는 성균관 입학, 대과 응시, 하급관리로 진출)

ⓓ대과 : 초시, 복시, 전시(33명, 1등 장원), 홍패 지급

ⓒ무과와 잡과

구분	무 과	잡 과
단계	초시(190명), 복시(28명), 전시	초시와 복시만 있으며 전시 없음.
특징	소과·대과의 구별 없음, 장원 없음.	역과·의과·음양과·율과 등의 4과가 있음, 해당관청에서 선발
응시자격	천민만 아니면 응시 가능	중인이 주로 응시, 서얼 응시 가능

③특별 채용
　㉠음서(문음)
　　2품 이상 고위관리 자손, 과거 치르지 않고 등용, 고관 승진 어려움
　㉡천거 : 고관의 추천, 대개 기존의 관리를 대상, 현량과, 이순신
　㉢취재 : 간단한 시험을 통해 하급관리를 채용, 이과(서리의 선발시험)

03. 사림의 대두와 붕당의 발생

(1)사림의 대두와 성장
　①사림의 정계진출
　　㉠사림의 의미
　　　중소 지주, 성리학에 투철, 영남·기호, 향촌 자치·왕도 정치 강조
　　㉡사림의 정치적 성장

성종	성종이 훈구세력을 견제하고자 사림을 중용, 김종직과 그 문인들이 과거를 통해 중앙정계에 진출, 전랑과 3사의 언관직을 차지, 훈구세력의 비리를 비판
연산군	무오사화와 갑자사화를 거치면서 사림세력이 위축
중종	사림의 재중용으로 조광조가 개혁정치 실시, 기묘사화로 조광조를 비롯한 사림세력이 대부분 축출
명종	외척끼리의 다툼(을사사화)으로 사림세력이 정계에서 축출, 사림들이 서원과 향약을 통하여 향촌에서 세력 확대

　②사화(士禍)
　　㉠발생 원인 : 사림의 개혁 vs 훈구의 반격
　　㉡조선 시대 4대 사화

구분	원인	배경	가해자	피해자
무오사화 (연산, 1498)	김일손의 사초문제(김종직의 조의제문)	훈구파와 사림파의 대결	유자광, 이극돈	김종직, 김일손
갑자사화 (연산, 1504)	연산군의 생모 윤씨 폐출사건	궁중파와 부중파의 대립	연산군, 임사홍	한명회 김굉필·정여창
기묘사화 (중종, 1519)	조광조 등 신진사림의 위훈삭제 추진	중종반정 공신인 훈구파와 조광조 등 사림파의 대립	남곤, 심정	조광조 등 기묘명현
을사사화 (명종, 1545)	왕위 계승문제를 놓고 외척 간의 다툼	왕실 외척인 대윤과 소윤의 대결	윤원형 등 소윤파	윤임 등 대윤파와 사림파

　　㉢조광조의 개혁
　　　향약 실시, 공납제도 시정, 경연 강화, 소학 보급, 현량과 실시, 소격서 혁파, 3사 언론 확대 + 위훈(僞勳) 삭제 주장(기묘사화의 직접적인 원인)

(2) 붕당 정치의 발생

①붕당 정치의 특징

　㉠공론과 공존

　　공론을 앞세우며 비판 세력이 공존, 특정 붕당의 독주를 견제

　㉡학파, 정파

　　학문적 경향이나 정치적 이념에 따라 결집

　㉢이조전랑 임명 문제

　　후임자 천거(자천권), 3사 등의 당하관 관리를 선발(통청권)

　㉣지배층의 의견 수렴

　　공론은 백성의 의견을 반영하는 것이 아님.

②선조 때의 붕당 정치

　㉠신진 사림(원칙에 철저)과 기성 사림(소극적)의 갈등

　　척신 정치의 잔재 청산 문제

　㉡동인과 서인의 분당(1575, 을해분당)

　　ⓐ김효원과 심의겸(척신)의 갈등 : 이조전랑 임명 문제

　　ⓑ동인과 서인의 구분

구분	동인	서인
중심인물	김효원 중심	심의겸 중심
출신	신진사림 출신	기성사림 출신
개혁	척신정치 개혁에 적극적	척신정치 개혁에 소극적
학맥	이황, 조식, 서경덕의 학문을 계승	이이, 성혼의 학문을 계승
붕당	먼저 붕당을 형성	나중에 붕당을 형성
분열	후에 북인과 남인으로 분열	후에 노론과 소론으로 분열

　㉢동인의 분열 : 남인, 북인

　　ⓐ정여립 모반 사건(기축옥사, 1589) : 서인 정철의 동인에 대한 가혹한 탄압

　　ⓑ정철의 건저의(세자 책봉 건의) 사건(1591년) : 서인 정철에 대한 처벌을 두고 동인이

　　강경파인 북인(조식·서경덕 계), 온건파인 남인(이황 계)으로 분열

　　ⓒ남인과 북인의 구분

구분	남인	북인
학문	이황 계통의 학문을 계승	서경덕과 조식의 학문을 계승
특징	중앙 정계보다 향촌사회에서 영향력	절의 강조하여 왜란 때 의병장 배출
정치 참여	임진왜란 이전에 정국 주도, 인조 반정 후 정치에 참여	광해군의 개혁정치 주도
성향	주자 성리학을 정통으로 계승, 양반 중심의 신분질서 강조	성리학적 명분론에 덜 구애받음, 실천적인 면이 강함.

ⓓ북인의 정국 주도 : 광해군의 즉위와 함께 북인(대북파)이 정권을 장악

04. 조선 초기의 대외관계와 양란의 극복

(1)조선 초기의 대외관계

①사대교린

㉠사대 정책 : 명 연호, 조공 책봉 관계

㉡교린 정책 : 여진, 일본, 회유, 강경

②명과의 관계

㉠국초의 대명관계

정도전의 요동 정벌 준비로 불편, 태종 이후 교류 활발

㉡명에 사절 파견

ⓐ문화적, 경제적 교류 : 사절 교환

ⓑ실리 외교 : 자주적, 문화 외교, 공무역

㉢명과의 무역

인삼·화문석·황모필(붓)·종이 (수출), 견직물·서적·약재·문방구 (수입)

③여진과의 관계

㉠여진에 대한 회유책과 강경책

회유책	강경책
• 귀순장려 : 관직을 주거나 정착을 위한 토지·주택을 부여 • 유숙소 설치 : 여진 사신의 숙소인 북평관을 세움. • 무역소 설치 : 국경지방인 경성과 경원에 무역소를 두고 국경무역을 허락	• 국경지방에 많은 진과 보를 설치하여 국경지방의 방비를 강화(각 고을을 전략촌으로 만듦) • 세종 때 4군(최윤덕)과 6진(김종서)을 개척하여 압록강과 두만강을 경계로 하는 오늘날의 국경선 확장

㉡사민 정책 : 태종 이후, 삼남 지방의 일부 주민을 북방으로 이주

④일본 및 동남아시아와 관계

㉠일본과의 관계

ⓐ쓰시마 섬의 정벌(기해동정) : 세종 때(1419) 이종무

ⓑ3포 개항(1426) : 부산포, 제포(진해), 염포(울산)

ⓒ계해약조(1443) : 제한된 범위 내에서 교역을 허락

㉡동남아시아와의 관계

ⓐ동남아시아 국가와 교류 : 류큐(오키나와), 시암(태국), 자와(인도네시아)

ⓑ류큐와의 교역 : 불경, 유교 경전, 범종, 부채 전해줌

⑤조선 전기의 외교 관계 정리

명	• 표면상 : 사대외교(중국과 조공책봉 관계를 맺음) • 실제상 : 선진 문물의 수용으로 문화적·경제적 실리 추구
여진	• 회유책 : 무역 허용과 무역소 설치, 귀순 장려(토지와 가옥의 수여) • 강경책 : 국경 경비 강화(진과 보의 설치), 여진의 근거지 정벌(4군과 6진의 설치)
일본	• 회유책 : 3포의 개항과 제한된 무역 허용 • 강경책 : 쓰시마섬 토벌, 무역 범위의 제한
류큐, 시암, 자바	• 사신과 토산물을 보냄, 조선의 선진 문물을 전파, 류큐와 교역 활발

(2)왜군의 침략과 전란의 영향
　①왜란 전의 정세
　　㉠왜란 전의 국내 정세
　　　ⓐ왜변의 발생 : 삼포왜란(1510, 비변사 설치), 사량진왜변(1544), 을묘왜변(1555)
　　　ⓑ국방력의 약화 : 방군수포제, 제승방략 체제의 문제점
　　㉡왜란 전의 일본 정세
　　　토요토미 히데요시, 일본의 전국 시대 통일

　②왜란의 전개
　　㉠왜란 일지

1592년	4월 왜군 침략, 부산진·동래 함락, 충주 탄금대 함락, 곽재우 의병 기병 5월 선조 몽진, 옥포 해전 승리, 서울 함락 6월 평양 함락 7월 한산도 대첩 10월 진주 대첩(김시민) 12월 명 원병 도착
1593년	1월 평양 수복 2월 행주 대첩 6월 진주 혈전(논개) 8월 훈련도감 설치
1594년	속오군 설치
1597년	1월 정유재란 9월 명량 대첩
1598년	8월 토요토미 죽음 11월 노량 대첩

ⓛ관군의 패배

　　ⓐ부산 함락 : 1592년 4월 조총으로 무장한 20여만 명의 왜군이 침략

　　ⓑ상주·충주 패배 : 신립이 충주 탄금대에서 분패

　　ⓒ한양 점령 : 5월, 선조 몽진

ⓒ수군의 승리 : 이순신의 활약

　　ⓐ옥포(첫 승리), 사천(거북선), 한산도(학익진)의 승리 : 7월, 제해권을 장악

　　ⓑ왜군의 수륙 병진 작전 좌절 : 전라도 지방을 지킴.

ⓔ의병의 승리

　　ⓐ의병의 구성 : 양반, 승려가 조직하고 농민이 주축, 이후 관군으로 편입

　　ⓑ곽재우(진주대첩, 홍의장군), 정인홍 : 북인

　　ⓒ서산대사, 사명당 : 승려

　　ⓓ조헌, 영규, 고경명, 김천일, 김덕령, 정문부

③전란의 극복과 영향

　ⓞ명의 원조와 반격

　　ⓐ조·명 연합군의 반격 : 이여송의 명군과 조선 연합군은 평양성 탈환(1593년 1월), 행주 산성(2월) 승리

　　ⓑ휴전 : 1593~1597년

　ⓒ정유재란(1597)

　　ⓐ왜군의 재침 : 명과 일본 사이의 휴전 회담 결렬

　　ⓑ명량해전(울돌목, 1597년 9월), 노량해전(여수, 1598년 11월, 이순신 전사)

④왜란의 영향

　ⓞ정치적 측면 : 비변사 기능 강화, 최고 권력기구로 부상

　ⓒ경제적 측면 : 양안과 호적 소실, 일본으로부터 담배, 고추 등 전래

　ⓒ사회적 측면 : 납속을 통한 공명첩의 대량 발급으로 신분제의 동요

　ⓔ군사적 측면 : 훈련도감과 속오군 설치

　ⓜ문화적 측면 : 불국사·경복궁·실록 등 손실, 일본의 성리학·도자기 발달

　ⓗ국제적 측면 : 만주의 여진족이 급속히 성장

　ⓢ광해군의 전후 복구 : 양전 사업, 광산 개발

　ⓞ인조반정 : 광해군의 중립외교와 인목대비 유폐가 빌미가 됨.

(3)호란과 북벌 운동

　①정묘호란의 발생

　　ⓞ원인

　　　ⓐ광해군의 중립외교 : 명에 파병된 강홍립이 후금에 항복

　　　ⓑ인조의 친명배금 정책 : 후금을 자극

ⓒ이괄의 난(1624) : 잔여 세력이 후금에 투항

ⓛ후금의 침입 : 1627년, 황해도까지 진출, 정봉수 등 의병 조직

ⓒ형제 관계의 체결

②병자호란의 발생

㉠원인 : 청의 건국과 군신 관계 요구

ⓛ청의 침입 : 1636년, 주전파와 주화파 사이의 논쟁, 청 태종 직접 침입

ⓒ주전파와 주화파의 비교

주전파(척화파)	주화파
• 김상헌, 3학사(홍익한·윤집·오달제)	• 최명길, 장유
• 전통 성리학자	• 양명학에 호의적인 성리학자
• 청을 이적국가로 간주, 명분론·화이론	• 명분보다 국제정세 현실과 국가이익 중시

㉣남한산성 전투와 삼전도의 굴욕 : 인조 항복

ⓜ군신 관계의 수립

③북벌론

㉠북벌 운동

효종, 서인 송시열·이완 등 추진, 어영청 강화

ⓛ서인 정권 유지에 이용

제 2 절　근세의 경제

01. 경제 정책

(1)농본주의 정책과 수취 체제의 확립

①농본 정책과 상공업 정책

㉠농본주의 정책 : 경지 면적이 15세기 중엽에는 160여만 결로 증가

ⓛ상공업 규제 : 유교적인 경제관, 검약한 생활을 강조, 화폐 유통·무역 등 부진

ⓒ16세기 이후 : 농민에 대한 통제력 약화, 상공업 발달

②수취 체제의 확립

㉠조세, 공납, 역

구분	부과기준	부과 기준장부	작성	납부물품
조세	토지	양안(토지대장)	20년마다	곡물
공납	가호	호적(호구대장)	3년마다	토산물
역(요 역)	정남			노동력 징발

ⓛ조세(전세)
    ⓐ전분 6등법 : 세종, 토지 비옥도에 따라 1등전~6등전
    ⓑ연분 9등법 : 세종, 풍흉 정도에 따라 20두~4두
    ⓒ조운 : 10개 조창, 전라도·충청도·황해도는 바닷길로, 강원도는 한강, 경상도는 낙동강
      과 남한강을 통하여(충주 가흥창 경유) 경창으로 운송
  ⓒ공납
    ⓐ가호 단위 징수 : 군현에 할당
    ⓑ부담이 가장 큼.
  ⓔ역 : 군역, 요역
    ⓐ군역 : 정군, 보인
    ⓑ요역 : 성종, 토지 8결 기준 1인, 6일 동원
③수취 체제의 문란
  ㉠16세기의 수취체제의 문란

전세	지주 전호제와 농장의 확대, 농민이 소작농으로 전락
공납	방납의 폐단(조광조 지적, 조식의 서리 망국론), 이이·유성룡의 수미법 주장
군역	군역의 요역화, 대립제와 방군수포제
환곡	상평창으로 이관(10% 이자 징수), 수령과 향리가 고리대로 이용

  ㉡도적의 증가 : 임꺽정(명종 때, 황해도와 경기도에서 활동)

(2)과전법의 시행과 변화
  ①과전법의 시행
    ㉠과전법의 공포(1391) : 신진 사대부의 경제적 기반 보장, 자작농 육성
    ㉡과전법의 특징
      ⓐ병작반수제 금지 : 수확량의 10분의 1만을 징수
      ⓑ경기 토지만 지급
      ⓒ수조권 지급
      ⓓ반환이 원칙
      ⓔ수신전, 휼양전 세습
    ㉢전시과와 과전법의 차이점

구분	전시과	과전법
지급대상	전지(토지) + 시지(임야)의 지급	전지(토지)만 지급
지역	전국이 지급 대상	경기에 한하여 지급
수조권 행사	국가가 수조권을 대행	관리가 직접 수조권을 행사

② 조선 시대 토지제도의 변화

구분	직전법 시행	관수관급제 도입	직전법 폐지
시기	세조(1466)	성종(1470)	명종(1556)
내용	수신전과 휼양전을 폐지하고 현직 관리에게만 토지 지급	국가가 농민에게서 직접 조세를 거두어 관리에게 나누어 줌.	수조권 지급이 폐지되고 관리들은 녹봉만 수령
배경	관리의 토지 세습으로 과전이 부족	수조권을 가진 양반이 농민에게서 과다하게 수취	직전의 부족과 국가 재정 약화
결과	양반 관료의 토지 소유욕 자극	국가의 토지 지배권 강화	과전법 체제의 붕괴
공통된 영향	대토지 소유와 지주 전호제의 확산		

02. 양반과 평민의 경제 활동

(1)양반 지주와 농민의 생활

　①양반 지주의 생활

　　㉠양반의 경제 기반 : 토지, 노비, 과전, 녹봉

　　㉡토지, 노비의 소유

　　　ⓐ토지 : 농장 형태, 노비에게 직접 경작, 병작반수의 형태로 소작

　　　ⓑ노비 : 노동과 신공(외거노비)

　②농민의 생활 변화

　　㉠농서 : 『농사직설』(세종), 『금양잡록』(성종)

　　㉡농업 기술의 발전

　　　ⓐ고려 후기 농업 발전의 연속 : 윤작법, 남부 지방 이앙법

　　　ⓑ휴경지 소멸 : 밑거름과 덧거름

　　　ⓒ목화 재배 확산 : 면포 사용, 화폐 대용

　　㉢농민의 몰락과 통제 강화 : 호패법(태종), 오가작통법(성종), 향약

(2)수공업과 상업

　①수공업 생산 활동

　　㉠관영 수공업

　　　ⓐ공장안에 등록

　　　ⓑ16세기 이후 쇠퇴

　　㉡민영 수공업

　　농기구, 양반의 사치품, 가내에서 생산하는 무명

②상업 활동

　　㉠관영 상업 : 고려보다도 상업 활동에 대한 통제를 강화

　　　ⓐ시전, 경시서 : 종로, 점포세와 상세, 독점 판매권, 불법적인 상행위를 통제

　　　ⓑ육의전 : 옷감 등 (명주, 모시, 삼베, 무명과 종이, 어물)

　　㉡지방의 장시

　　　ⓐ15세기 후반 등장

　　　ⓑ16세기 전국적 확대 : 5일장

　　　ⓒ보부상 : 상단, 장시에서 활동

　　㉢화폐 유통 부진 : 쌀, 무명 사용

저화(종이지폐)	태종	조선 최초의 지폐 발행(고려 말 공양왕 때의 저화를 다시 발행)
조선통보	세종, 인조	세종과 인조 대에 주조한 금속화폐, 인조 때 주조한 조선통보를 팔분서체 통보라고 함
팔방통보	세조	철로 만든 유엽전으로 전시에 화살촉으로 이용

　　㉣국제 무역

　　　ⓐ명과 무역이 가장 활발

　　　ⓑ명과의 무역 : 사신 왕래 시

　　　ⓒ여진과의 무역 : 무역소

　　　ⓓ일본과의 무역 : 왜관

제 3 절　　근세의 사회

01. 양반 관료 중심의 사회

(1)양천 제도와 반상 제도

　①양천 제도(15세기)

　　㉠법제적인 신분 제도 : 사회 신분을 양인과 천민으로 구분

　　㉡양인

　　　ⓐ과거 응시 : 자유민

　　　ⓑ조세, 국역 의무

　　㉢천민 : 비자유민, 천역

　②반상 제도(16세기)

　　실제, 지배층인 양반과 피지배층인 상민 간의 차별

(2)양반과 중인

①양반

㉠문무반과 그 가족

㉡지주, 관료 : 국역 면제

②중인

㉠좁은 의미 : 기술관(역관, 의관, 율관, 산관, 화원)

㉡넓은 의미 : 서얼, 서리, 향리 등 양반과 상민 사이의 중간 신분층을 총칭

㉢서얼 : 양반 첩 자식, 문과에 응시 못함. 무반직이나 기술관으로 등용, 중서

㉣향리 ; 행정 실무를 담당하면서 수령을 보좌하는 지위

(3)상민과 천민

①상민

㉠자유민 : 과거 응시가 법적으로 가능

㉡농민, 수공업자, 상인, 신량역천

ⓐ농민 : 조세, 공납, 부역 등의 의무

ⓑ수공업자 : 공장

ⓒ상인 : 시전 상인, 보부상

ⓓ신량역천 : 7반 천역, 양인 중 천역을 담당, 조례·일수(잡역), 나장(형사), 역졸, 조졸(조운), 수군, 봉군(봉수) 등

②천민

㉠노비가 대부분

㉡특징

ⓐ재산으로 취급 : 매매, 상속, 증여, 양도의 대상

ⓑ국역 의무 ×, 노역 제공 의무 ○

ⓒ일천즉천법 : 부모 중 한쪽이 노비면 자식도 노비

㉢공노비와 사노비

ⓐ공노비(16~60세까지)

입역 노비	궁중과 관청에서 잡역에 종사하면서 국가에서 급료를 받았다.
납공 노비	국가나 관청의 농지를 경작하였으며, 일정한 신공을 납부하였다.

ⓑ사노비

솔거 노비	주인의 집에 살면서 집안일이나 잡일을 돌보았다.
외거 노비	주인과 따로 살며 농지를 경작하였으며, 일정한 신공을 납부하였다.

02. 사회 정책과 법률 제도

(1)사회 정책과 사회 제도

  ①사회 정책

    농민 안정 중시

  ②사회 제도와 사회 시설

    ㉠환곡과 사창

      ⓐ환곡제의 실시

      ⓑ의창에서 상평창으로 이관 : 고리대로 변질, 수령과 향리의 착취

      ⓒ사창 제도의 시행 : 향촌 자치적

    ㉡의료 시설

      ⓐ혜민국과 동서 대비원 : 고려의 제도를 계승, 수도권 안에 치료와 약재 판매

      ⓑ제생원 : 지방민의 구호 및 진료

      ⓒ동서 활인서, 혜민서 : 세조 때 개칭

(2)법률 제도

  ①법률제도

    ㉠성문법으로 규율

    ㉡형법과 형벌

      ⓐ형벌 : 경국대전·대부분 대명률 적용

      ⓑ반역죄·강상죄 엄벌 : 부모, 형제, 처자도 처벌하는 연좌제, 고을 호칭 강등

      ⓒ5형 : 태(매질), 장(곤장형), 도(징역), 유(귀양), 사(사형)

    ㉢민사법

      ⓐ주자가례와 경국대전을 적용

      ⓑ노비 소송, 산송 : 초기에는 노비와 관련된 소송, 나중에는 남의 묘지에다 자기 조상의 묘를 쓰는 데에서 발생하는 산송이 주류

  ②사법 기관

    ㉠의금부, 사헌부, 형조 중심

    ㉡중앙 사법기관

의금부	국왕 직속의 특별사법기관(상설), 반역죄와 강상죄 등 중죄를 다룸
포도청	평민들의 범죄를 담당한 치안기관, 병조 소속
한성부	수도 내의 토지·가옥 등의 소송업무 처리
장례원	노비와 관련된 문제를 처리
사헌부	관리의 비위 적발과 탄핵, 기강과 풍속의 교정
형조	사법행정의 집행 및 감독

    ㉢지방의 사법기관 : 관찰사(감사)와 수령이 관할 구역 내의 사법권

ⓔ부당한 재판 구제

　재판에 불만이 있을 때 상부 관청에 소송 제기, 신문고나 징을 쳐서 임금에게 직접 호소

03. 향촌 사회의 조직과 운영

(1)향촌 사회의 모습

　①향촌의 조직과 운영

　　㉠향촌

　　　군현(향), 면리(촌)

　　㉡지방 사족들의 활동

　　　ⓐ유향소 : 향촌 자치, 향회를 소집하여 여론을 수렴

　　　ⓑ향안(사족 명단), 향회(총회), 향규(운영규약)

　②촌락의 구성과 운영

　　㉠촌에 대한 지배 강화 : 면리제와 오가작통제

　　㉡반촌과 민촌

　　　양반이 거주하는 반촌, 평민이 거주하는 민촌, 대개는 섞여 살았음.

　　㉢촌락의 농민조직

　　　ⓐ두레 : 공동노동의 작업 공동체

　　　ⓑ향도 : 상(喪)이나 어려운 일을 서로 돕는 역할, 상여를 메는 사람(상두꾼)

(2)향약과 서원

　①향약의 발전

　　㉠조광조와 이황, 이이

　　　ⓐ조광조의 첫 도입 : 중종 때(1517), 송대의 여씨향약을 처음 시행

　　　ⓑ이황과 이이의 보급 : 선조 이후 이황의 예안향약(안동), 이이의 서원향약(청주)과 해주
　　　　향약

　　㉡특성과 운영방식

　　　ⓐ향촌 교화 규약 : 권선징악과 상부상조, 성리학적 윤리와 향촌자치제 강화

　　　ⓑ4대 강목 : 덕업상권, 과실상규, 예속상교, 환난상휼

　　　ⓒ전통적 공동 조직, 미풍양속 계승 : 삼강오륜을 중심으로 한 유교 윤리를 가미

　　　ⓓ양반, 상민 포함 : 모든 향촌 구성원이 포함

　　　ⓔ사림의 농민 지배 강화 : 지방 유력자가 주민을 위협, 수탈하는 등 부작용

　②서원의 설립

　　㉠주세붕과 이황

　　　ⓐ백운동 서원 : 최초의 서원, 중종 때 주세붕 설립, 안향을 배향(1543)

　　　ⓑ소수 서원으로 개칭 : 명종 때 이황 건의, '소수서원'(사액서원의 효시,1550)

ⓒ서원의 확산 : 임진왜란 이후에 급속히 발전

ⓓ서원, 사우 철폐 : 영조 때 173개 철폐, 대원군 때에는 600개 철폐

ⓛ교육과 제사 : 사설 교육기관, 선현에 대한 제사, 향음주례

ⓒ붕당의 근거지 : 서원을 중심으로 학파·당파가 결속, 지방 사림 의견을 수렴

(3)성리학적 유교 윤리의 보급

①성리학의 발달

16세기 들어 이기론, 예학, 보학 발달

②예학의 발전

㉠종족 내부의 의례 규정

㉡순기능과 역기능

ⓐ상장제례 의식 확립

ⓑ예송논쟁의 구실 : 지나치게 형식·격식 강조, 사림간의 정쟁의 구실로 이용

③보학의 발전

㉠족보 연구

종족의 종적, 횡적인 내력을 기록한 족보를 연구, 암기가 필수 교양

㉡양반의 신분적 우월감

종족 내부의 결속을 강화, 결혼 상대 - 붕당 구별

제 4 절　　근세의 문화

01. 민족 문화의 융성

(1)발달 배경과 한글 창제

①민족 문화의 발전

㉠15세기 관학파 : 15세기에는 관학파를 중심으로 민족적이면서 실용적인 성격의 민족 문화가 크게 발달하였다.

㉡한글과 과학

조선 초기에는 한글의 창제와 함께 과학과 기술학이 다른 시기보다 발달하였다.

②한글의 창제

㉠우리말의 표현과 도덕적 교화

우리말을 자유롭게 표현하는 한편, 조선 한자음의 혼란을 줄이고 피지배층을 도덕적으로 교화시켜 양반 중심 사회를 유지하기 위해 문자의 창제가 요청되었다.

ⓒ훈민정음 반포

세종은 정음청을 설치하고 집현전 학자들과 연구하여 훈민정음을 반포하였다(1446, 창제
는 1443년).

ⓒ보급 및 이용

ⓐ한글 서적 편찬

왕실 조상의 덕을 찬양하는 〈용비어천가〉, 부처님의 덕을 기리는 〈월인천강지곡〉 등을
지어 한글로 간행하였다.

ⓑ한글로 번역

불경, 농서, 윤리서, 병서 등을 한글로 번역하거나 편찬하였다.

ⓒ행정 실무와 문학 창작에 이용

훈민정음을 서리의 채용시험으로 채택하였으며, 평민이나 부녀자들도 한글로 창작활동
이 가능해졌다.

(2)교육 제도와 교육 기관

①유학 교육기관

㉠종류

ⓐ조선은 한양에 최고 학부의 구실을 하는 성균관을 설치하였다.

ⓑ중등 교육 기관으로는 중앙의 4부학당과 지방의 향교가 있었고, 사립 교육 기관으로 서
원과 서당이 있었다.

ⓒ4학, 향교, 서원, 서당은 계통적으로 연결되지 않고 각각 독립된 교육 기관이었다.

㉡성균관

ⓐ국립 대학

ⓑ입학자격

소과 합격자인 생원, 진사에게 우선적인 입학자격을 주었다.

ⓒ문묘와 명륜당

시설로는 문묘(성현에 제사하는 사당, 대성전), 명륜당(강의실), 동재와 서재(유생의 기숙
사), 비천당(알성시의 시험 장소) 등이 있었다.

㉢4부 학당

ⓐ중앙의 중등 교육 기관

한양의 4개 구역에 설치된 중등 교육 기관으로, 양인 신분이면 누구나 입학이 가능하였다.

ⓑ문묘가 없음

㉣향교

ⓐ 지방의 중등 교육 기관

향교는 중등 교육 기관으로, 성현에 대한 제사와 유생의 교육, 지방민의 교화를 위해 부
·목·군·현마다 하나씩 설립되어, 양반은 물론이고 평민도 입학할 수 있었다.

ⓑ 성균관과 구조 유사 - 문묘와 명륜당

ⓒ 교수, 훈도 파견

국가에서는 교육을 장려하기 위해 토지와 노비를 지급하고, 교수나 훈도를 파견하기도 했다.

ⓜ 서원

사림들이 지방에 설치한 사설 교육기관으로, 선현에 대한 제사와 학문의 연구, 양반 자제 교육을 담당하였다.

ⓗ 서당

서당은 초등 교육을 담당하는 사립 교육 기관으로서, 연령은 대개 8~9세부터 15~16세 정 도에 이르렀다.

③기술 교육 기관

㉠해당 관청에서 교육

의학(전의감), 역학(사역원), 천문학(관상감), 회화(도화서) 등으로 나누어 각각 해당 관청에서 기 술학을 교육하였다.

㉡주로 중인들이 입학

주로 중인들이 기술 교육기관에 입학하여 기술직에 종사하였으나, 소격서, 도화서, 장악원 등에는 양인과 천민도 종사할 수 있었다.

(3)역사서의 편찬

①건국 초기

㉠조선 왕조의 정당성 강조

건국 초기에는 왕조 개창의 정당성을 강조하고 성리학적 통치 규범을 정착시키기 위한 역 사서가 편찬되었다.

㉡고려국사

정도전이 태조 때 지은 편년체의 사서로, 조선 건국의 정당성을 위하여 고려 후기의 역사 를 왜곡하였다.

②15세기 중엽(세종 이후)

㉠자주적인 역사관 강조

세종 이후에는 자주적인 역사관이 강조되었고, 〈고려사〉, 〈고려사절요〉, 〈동국통감〉 등이 편찬되었다.

㉡대표적인 사서

ⓐ고려사

문종 원년(1451)에 정인지, 신숙주 등이 기전체로 고려의 전체 역사를 편찬하였다.

ⓑ고려사절요

문종 2년(1452)에 김종서, 정인지 등이 기전체인 〈고려사〉를 보완하여 편년체로 편찬하였다.

ⓒ삼국사절요

성종 7년(1476)에 서거정, 노사신 등이 〈삼국사기〉에 빠진 내용을 보완하기 위해 정리한 편년체의 사서이다.

ⓓ동국통감

- 성종 16년(1485)에 서거정, 양성지 등이 고조선부터 고려 말까지의 역사를 편년체로 정리한 사서이다.
- 우리나라 최초의 통사로서, 단군을 우리 민족의 시조로 정립하였으며, 자주적인 입장에서 쓰여졌다.

③16세기

㉠기자의 강조

기자를 강조하고 성리학의 존화주의와 왕도주의에 입각한 사관이 반영되어, 〈동국사략〉, 〈기자실기〉 등이 편찬되었다.

㉡대표적인 사서

ⓐ동국사략

16세기 초(추정)에 박상이 지은 사서로, 사림파의 입장이 반영되었으며 〈동국통감〉에 비판적인 입장을 취하고, 정몽주, 이색 등을 높이 평가하였다.

ⓑ기자실기 - 이이

16세기 선조 때 이이가 지은 사서로, 우리나라의 왕도정치 기원을 기자에서 구하였다.

④조선 왕조 실록

㉠국왕 사후 편찬

실록은 해당 왕이 죽으면 다음 왕 때에 편찬되었으며, 태조부터 철종까지 25대 472년간의 실록은 유네스코 기록 유산으로 등재되어 있다.

㉡편년체

춘추관에서 편년체로 편찬되었다.

㉢실록 편찬의 자료

ⓐ사초

국왕과 대신이 모여 국정을 의논하는 자리에 사관들이 참가하여 이들의 말과 행동을 나누어 기록한 것이다.

ⓑ시정기

각 관청에서 매일 작성한 등록(관청의 업무일지)을 종합하여 정리한 것이다.

ⓒ승정원 일기

ⓓ일성록

   ⓔ보관

    ⓐ 세종 때

     4부를 만들어 춘추관, 충주, 성주, 전주의 4대 사고에 보관하였다.

    ⓑ 광해군 때

     임진왜란 이후 전주 사고본을 토대로 증편하여, 춘추관, 오대산, 태백산, 마니산(후에 정
     족산), 묘향산(후에 적상산)의 5대 사고에 비치되었다.

(4)지리서와 지도, 윤리, 의례서와 법전의 편찬

 ①중앙 집권 목적

  건국 초기에는 중앙 집권과 국방강화를 위해 각종 지리지와 지도의 편찬에 힘썼다.

 ②지도의 편찬

  ㉠15세기

   ⓐ혼일강리역대국도지도

   • 태종 때(1402)에 이회·김사형 등이 제작한 지도로, 현존하는 동양 최고의 세계지도이다.

   • 아라비아 지도학의 영향을 받아 만든 원나라의 세계지도에 한반도의 지도와 일본에서
    가져온 지도를 덧붙인 것이다.

   • 혼일강리역대국도지도는 임진왜란 때 일본으로 반출되어 필사본이 일본에 소장되어 있다.

   ⓑ팔도도

    태종 때(1402)에 제작한 것으로 추정되는 조선 최초의 국내 지도로서 그 원본은 남아
    있지 않다.

   ⓒ동국지도

    세조 때에 양성지 등이 제작한 국내지도로, 최초의 실측지도이나 원본은 전해지지 않는
    다.

  ㉡16세기

   ⓐ조선방역지도

   • 명종 때 제작되었으며, 유일하게 현존하는 원본 지도이다.

   • 만주와 대마도를 포함하고 있어서 당시의 영토의식을 엿볼 수 있다.

   ⓑ천하도

    관념적인 상상의 세계관을 나타낸 원형의 세계지도로, 중국 대륙을 중심에 배치하여 중
    국 중심의 세계관을 반영하고 있다.

 ③지리지의 편찬

  ㉠15세기

   ⓐ 신찬팔도지리지

    세종 때 윤회 등이 만든 조선 최초의 인문지리로, 현재 경상도 지리지만 현존하고 있다.

ⓑ 세종실록지리지
- 단종 때(1454)에 정인지, 노사신 등이 만든 세종실록의 부록이며, 단군 이야기가 수록되어 있다.
- 또한 울릉도와 독도를 처음으로 구분하여 기록("서로 보인다")한 지리지이다.
ⓒ팔도지리지
  성종 때 양성지가 신찬 팔도지리지를 보충하여 제작한 것으로 현존하지 않는다.
ⓓ동국여지승람
- 군현의 연혁, 지세, 인물, 풍속 성씨, 고적, 산물, 교통 등을 수록하였다.
- 단군 이야기가 수록되어 있다.
ⓛ16세기
  ⓐ신증동국여지승람
- 〈동국여지승람〉을 보충하여 중종 때 제작한 것으로, 8도 총도에 독도가 표시되어 있다.
- 현재까지 전하고 있으며, 16세기 경제·사회사 연구에 귀중한 자료이다.
  ⓑ읍지
  16세기에는 일부 군현에서 사림들의 주도로 지방 향촌사회의 문화를 기록한 읍지가 편찬되어, 당시 향토의 문화적 유산에 대한 관심을 반영하고 있다.

④윤리서와 의례서의 편찬
  ⓣ삼강행실도
  세종 때 충신, 효자, 열녀 등의 행적을 그림으로 그리고 한문과 한글로 설명을 붙인 윤리서로 훈민정음 연구에도 귀중한 자료가 되고 있다.
  ⓛ국조오례의
  성종 때에 국가의 여러 행사에 필요한 의례를 정비하여 편찬한 책으로, 제사 의식인 길례, 관례와 혼례 등의 가례, 사신 접대 의례인 빈례, 군사 의식에 해당하는 군례, 상례 의식인 흉례의 오례를 정리하였다.
  ⓒ이륜행실도
  중종 때 연장자와 연소자, 친구 사이에서 지켜야 할 윤리를 강조하기 위해 편찬하였다.

⑤법전의 편찬
  ⓣ조선경국전과 경제문감
  태조 때 정도전이 만든 것으로, 조선 경국전은 조선 시대 최초의 법전이고 경제문감은 정치와 행정의 조직에 대한 초안을 기록하였다.
  ⓛ경제육전
  태조 때 조준, 하륜 등이 지은 것으로, 태종 때 다시 편찬한 것을 〈원육전〉이라고도 부른다.
  ⓒ경국대전
  ⓐ세조 때 착수, 성종 때 완성
  6전으로 구성된 조선의 기본법전으로, 세조 때 편찬에 착수하여 호전과 형전은 세조 때

이미 완성하였고, 나머지는 성종 때 완성되었다.

ⓑ조선의 기본 법전

경국대전의 편찬은 유교적 통치 질서와 문물 제도가 완성되었음을 의미하고, 1894년 갑오개혁 때까지 조선의 법률 체계의 골격을 이루었다.

02. 성리학의 발달

(1)성리학의 보급과 정착

①조선 건국의 사상적 기반

성리학은 고려 말의 개혁과 조선을 건국하는 데에 사상적 기반을 제공하였으나, 이를 수용하고 이해하는 과정에서 신진 사대부 사이에 입장 차이가 나타났다.

②훈구파와 사림파의 비교

㉠훈구파(관학파)

ⓐ공신 세력

• 정도전, 권근 등 고려 말 급진 개혁파를 계승하였으며, 조선 초기에 관학파의 학풍을 계승하였다.

• 훈구는 특히 세조의 집권 이후 공신으로서 정치적 실권을 장악하였다.

ⓑ개방적 태도 - 15세기

• 성리학 이외에 다른 사상·종교를 포용하는 개방적인 태도를 갖고 있었다.

• 경학보다는 사장을 중시하였다.

• 군사학·기술학을 중시하는 실용적인 성향을 갖고 있으며, 조선 초 15세기의 정치를 주도하였다.

ⓒ중앙집권 지향

중앙집권제와 부국강병을 바탕으로 향촌사회를 장악하려 하였으며, 패도정치를 수긍하였다.

ⓓ단군 중시

주체적이고 자주적인 민족의식을 갖고 있었으며, 민족의 시조로서 단군을 중시하였다.

ⓔ주례의 중시

주나라의 제도를 기록한 경전인 〈주례〉를 국가의 통치이념으로 중요하게 여겼다.

㉡사림파(사학파)

ⓐ지방 세력

• 정몽주, 길재 등 고려 말 온건 개혁파를 계승하였으며, 사학파의 학풍을 계승하였다.

• 영남과 기호지방을 중심으로 성장하였다.

ⓑ배타적 - 16세기

• 성리학 외에 다른 사상·종교를 이단으로 배격하였으며, 의리와 명분을 중시하였다.

- 사장보다 경학을 중시하였다.
- 16세기 성리철학의 융성에 기여하였다.

ⓒ왕도 정치
- 패도정치를 배격하고 왕도 정치를 지향하여 3사 중심의 정치를 구현하고자 하였고, 향약과 사창제를 실시하여 신분적인 향촌 공동체를 강화하고자 하였다.
- 형벌보다는 교화에 의한 통치를 강조하였으며, 공신과 외척의 비리와 횡포를 성리학적 명분론에 입각하여 비판하였다.

ⓓ기자 숭상

ⓔ주자가례와 소학의 중시

(2)성리학의 융성
　①성리철학의 특징
　　㉠성리철학의 본질
　　　성리학은 이기론(우주론), 심성론, 예론 등을 주제로 하여 발전하였다.
　　㉡발달 배경
　　　16세기 사림은 도덕성과 수신을 중시하였으며, 그것을 사회적으로 실천하는 가운데 인간 심성에 대하여 깊은 관심을 가졌다.

　②이기론의 선구자
　　㉠주리론과 주기론 – 서경덕과 이언적
　　　ⓐ성리학은 원리적 문제인 이(理)를 중요시하는 주리론과 경험적 세계인 기(氣)를 중요시하는 주기론의 두 계통으로 나누어졌다.
　　　ⓑ서경덕과 이언적은 각각 조선 성리학의 이기론(理氣論)에서 선구적인 위치를 차지하였다.
　　㉡서경덕(주기론)
　　　서경덕은 이보다는 기를 중심으로 세계를 이해하고, 불교와 노장 사상에 대해서 개방적인 태도를 지녔으며, 기는 영원불멸하고 사물의 현상을 낳는다고 보았다.
　　㉢이언적(주리론)
　　　이언적은 이를 중심으로 자신의 이론을 전개하여 이황 등 후대에 큰 영향을 끼쳤으며, 군주가 스스로 성학을 깨우쳐야만 이상적인 정치가 이루어진다고 보았다.
　　㉣조식
　　　조식은 성리학의 명분론에 크게 구애받지 않고 노장사상과 같은 다른 사상에 개방적이었으며, 학문의 실천성을 강조하여 그의 제자들이 임진왜란 때 의병장으로 활약하는 배경이 되었다.

　③주리론과 주기론
　　㉠주리론

근본적이며 보편적 원리로서의 형이상학적인 '이(理)'를 강조하였으며, 관념적인 도덕규범과 내면의 정신을 중시하였다.

ⓒ주기론

이(理)보다는 실제로 일어나는 현상인 '기(氣)'의 역할을 강조하였으며, 현실적 경험세계를 중시하였기 때문에 개혁적인 성격을 갖고 있었다.

④이황과 이이

㉠이황(1501~1570)의 성리학

ⓐ주리철학의 집대성

• 이황은 이언적의 주리철학을 발전시켜 집대성하였다.

• 이황은 주자의 성리학 이론을 조선 사회에 반영하여, '동방의 주자'라는 칭호를 얻었다.

ⓑ이기이원론의 계승

주자의 이기이원론을 계승하여 이(理)와 기(氣)는 서로 의존적이지만 서로 다른 것이며, 불완전한 기(氣)보다는 완전한 이(理)를 중시(이존기비)하였다.

ⓒ근본적, 이상주의적

이황은 도덕적 행위의 근거로서 인간의 심성과 수신을 중시하였고, 근본적이며 이상주의적인 성격이 강하였다.

ⓓ주자서절요, 성학십도

• 이황은 〈주자서절요〉, 〈성학십도〉, 〈전습록변〉 등을 저술하였다.

• 〈성학십도〉에서는 군주 스스로가 성학을 따를 것을 제시하였다.

ⓔ영남학파, 남인 형성

이황의 학문은 김성일, 유성룡 등의 제자에 의해 영남학파를 형성하였으며, 이황의 학풍을 따른 사람들이 주로 동인(남인)을 형성하였다.

ⓕ예안향약, 도산서원, 소수서원

• 안동 지방에서 예안향약을 만들었으며, 도산서원에서 제자들을 가르치며 후진을 양성하였다.

• 또한 명종 때에 백운동 서원을 소수서원으로 사액할 것을 건의하였다.

ⓖ일본 성리학에 영향

이황의 사상은 임진왜란 이후 일본에 전해져 일본의 성리학 발전에도 영향을 끼쳤다.

㉠이이(1536~1584)의 성리학

ⓐ주기철학의 집대성

이이는 주기론의 입장에서 상대적으로 기(氣)를 강조하였으며, '동방의 공자'라는 칭호를 얻었다.

ⓑ일원론적 이기이원론

이(理)와 기(氣)는 서로 다른 것이지만 분리될 수 없으며, 현상적인 기(氣)가 작용하면 항상 이(理)가 내재되어 있다고 보았다.

ⓒ개혁 강조

이이는 경험적 현실세계를 중시하여 제도의 개혁을 강조하였다.

ⓓ성학집요, 격몽요결

- 이이는 〈동호문답〉, 〈성학집요〉, 〈만언봉사〉, 〈격몽요결〉 등을 저술하여 16세기 조선 사회의 모순을 극복하는 방안으로 통치 체제의 정비와 수취 제도의 개혁 등 다양한 개혁 방안을 제시하였다.
- 〈성학집요〉에서는 현명한 신하가 성학을 군주에게 가르쳐 그 기질을 변화시켜야 한다고 주장하였다.

ⓔ 기호학파, 서인

이이의 학문은 조헌, 김장생 등의 제자에 의해 기호학파를 형성하였으며, 이이의 학풍을 따른 사람들이 주로 서인(노론)을 형성하였다.

ⓕ해주·서원향약과 소현서원

해주향약과 서원향약을 만들었으며, 낙향하여 후진을 양성하고 학문을 연구하던 곳에 소현 서원을 세웠다.

ⓖ개혁 방안의 제시

이이는 서얼허통과 대공수미법 실시를 주장하였다.

03. 불교와 민간 신앙

(1)불교의 정비

①불교 억압

㉠억불 정책의 시행

성리학이 주도 이념이었던 조선 시대에 불교계는 크게 위축되었는데, 사원이 소유한 토지와 노비를 회수하는 정책이 지속적으로 추진되었다.

㉡내용

ⓐ 태조 - 도첩제 실시

도첩제를 실시하여 승려가 되고자 하는 자의 출가를 제한하였다.

ⓑ 태종 - 도첩제 강화

전국 7개의 종파에 242개의 사원만을 인정하였고, 전국 242개 사원을 제외한 사찰의 토지와 노비를 몰수하였으며 도첩제를 강화하였다.

ⓒ 세종 - 사찰 정리

교종과 선종에 각각 18개씩 36개의 사찰만 남기고 모두 정리하였으며, 교단을 정비하여 불교를 선교 양종으로 통합하였다.

ⓓ 성종 - 도첩제 폐지

도첩제를 폐지하고 승려 출가를 금하여 산간불교로 바뀌었다.

②불교의 명맥 유지
 ㉠민간과 왕실의 지원
  민간의 신앙에 대한 욕구는 완전히 억제하지 못하였으며, 왕실의 안녕을 기원하고 왕족의
  명복을 비는 행사가 자주 시행되어 불교는 명맥을 유지할 수 있었다.
 ㉡왕실의 불교 보호
  ⓐ세종
   궁궐 안에 내불당을 건립하였으며, 〈월인천강지곡〉, 〈석보상절〉 등과 같은 불교서적을
   간행하였다.
  ⓑ세조
   간경도감을 설치하여 불경을 한글로 간행하고, 원각사 10층 석탑을 건립하였다.
  ⓒ명종
   명종의 모후인 문정왕후의 지원 아래 일시적인 불교 회복 정책이 시행되어 보우(普愚)와
   같은 명승이 중용되고 승과가 부활하기도 하였다.
 ㉢불교계의 위상 정립
  서산대사, 사명대사와 같은 고승이 배출되어 교리를 가다듬었고, 임진왜란 때 승병들이 크
  게 활약함으로써 불교계의 위상을 새롭게 정립하였다.

(2)도교와 민간 신앙
 ①도교의 정비
 ㉠소격서 설치와 초제 거행
  도교의 제천행사가 국가의 권위를 높이는 점이 인정되어 소격서를 설치하고, 일월성신에
  대한 제사로 마니산 참성단에서 초제가 시행되었다.
 ㉡국가의 도교 규제
  ⓐ도교 사원과 도교 행사의 감소
   성리학이 사상적 지도이념으로 확립되면서, 도교가 크게 위축되어 도교 사원이 정리되
   고 행사도 줄어들었다.
  ⓑ소격서 폐지
   16세기 이후 사림들이 정계에 진출하면서, 도교는 이단으로 간주되어 조광조에 의해 소
   격서가 폐지되기도 하였다.

 ②풍수지리설
 ㉠한양 천도에 반영
  풍수지리설과 도참사상이 조선 초기 이래로 중요시되어 한양 천도에 반영되었다.
 ㉡산송 문제의 발생
  양반 사대부의 묘지 선정에도 작용하여, 명당 쟁탈전인 산송 문제가 16세기 이후부터 많
  이 발생하였다.

04. 과학 기술의 발달

(1)천문, 역법과 의학

①과학 기술 정책

㉠15세기 – 훈구, 과학 발달

조선 초 세종 때를 전후한 시기의 과학 기술은 우리나라 역사상 특기할 정도로 뛰어났는데, 당시의 집권층인 훈구세력들은 부국 강병과 민생의 안정을 위하여 과학기술이 중요하다고 인식하였다.

㉡16세기 – 사림, 과학 침체

②천문과 역법

㉠중국의 과학 기술 수용

서역과 중국의 과학 기술을 수용하였고, 관상감을 두고 관천대를 통해 천체를 관측하는 등 정부 차원에서 천문학에 노력을 기울였다.

㉡천체 기구 – 세종

ⓐ혼의, 간의

천체의 운행과 위치를 관측하는 기계로, 혼의(혼천의)는 천문시계의 역할도 하였다.

ⓑ측우기

세종 때 세계 최초로 만들어진 강우량 측정기구로서, 관상감과 전국의 군현에 설치하였다.

ⓒ앙부일구 – 해시계

ⓓ자격루 – 물시계

㉢천상열차분야지도

태조 때에 고구려의 천문도를 바탕으로 천상열차분야지도(天象列次分野之圖)를 돌에 새겼다.

㉣인지의와 규형

세조 때 측량 기구인 인지의와 규형을 제작하여 양전 사업(토지의 측량)과 지도 제작에 활용하였다.

㉤역법과 수학

ⓐ역법 – 칠정산

세종 때에 만든 칠정산 내편은 우리나라 역사상 최초로 서울을 기준으로 천체 운동(천체의 위치)을 정확하게 계산한 것이다.

ⓑ수학의 발달

천문학, 역법에 대한 관심으로 수학이 발달하였고, 수학 교재로는 아라비아의 영향을 받은 〈산학계몽〉(원)과 〈상명산법〉(명) 등이 있었다.

③의학

㉠향약집성방(세종, 1433)

당시까지의 전통요법을 집대성하여, 우리 풍토에 알맞은 약재와 치료방법을 개발하였다.

ⓒ의방유취(세종, 1445)

세종 때 중국의 역대 의서를 집대성한 의학 백과사전이다.

④농서

㉠농사직설

세종 때 정초 등이 지은 우리나라 최초의 농서로, 우리 풍토에 맞는 씨앗의 저장법, 토질의 개량법, 모내기법 등을 농민의 실제 경험을 종합하여 편찬하였다.

㉡금양잡록

성종 때 강희맹이 금양(경기 시흥) 지방에서 직접 경험하고 들은 농사법을 정리하여 편찬하였다.

(2)활자 인쇄술과 무기의 제조

①활자 인쇄술과 제지술

㉠인쇄술의 발달 과정

ⓐ계미자 – 태종

태종 때에는 주자소를 설치하고 구리로 계미자를 주조하였다.

ⓑ갑인자와 경자자 – 세종

세종 때에도 역시 구리로 갑인자와 경자자를 주조하였는데, 특히 갑인자는 글자 모습이 아름답고 인쇄에 편리하게 만들어졌다.

ⓒ식자판 조립 – 세종

세종 때 밀랍 대신 식자판을 조립하는 방법을 창안하여 인쇄 능률을 올렸다.

㉡제지술의 발달과 조지소(조지서)의 설치

세종(또는 태종) 때에는 종이를 전문적으로 생산하는 관청으로서 조지소를 설치하고 다양한 종이를 대량으로 생산하였는데, 세조 때 조지서로 개칭했다.

②병서 편찬과 무기 제조

㉠병서의 편찬

ⓐ진법서(진도)

태조 때 정도전이 요동 수복 계획의 일환으로 편찬하였다.

ⓑ총통등록

세종 때 화약 무기의 제작과 그 사용법을 정리한 책이다.

ⓒ병장도설(진법)

문종 때 지은 군사 훈련의 지침서로서, 성종 때 간행되었다.

ⓓ동국병감

문종 때 고조선에서 고려 말까지의 전쟁사를 정리한 책이다.

ⓛ무기의 제조

 ⓐ 화약 무기의 제조

 화약 무기의 제조에는 최무선의 아들인 최해산이 태종 때 큰 활약을 하였다.

 ⓑ화포, 화차

 사정거리 1000보의 화포와, 신기전이라는 화살 100개를 발사하는 화차를 만들었다.

 ⓒ거북선 제조

 태종 때 거북선과 비거도선이라는 전투선을 제조하였다.

05. 건축과 예술

(1)건축

 ①15세기의 건축

  ㉠궁궐, 관아, 성문, 학교 등이 중심

   ⓐ 주변 환경과 조화 - 창덕궁

   ⓑ 검소하면서도 실용적

  ㉡대표적인 건축물

   ⓐ 경복궁, 숭례문 등

   • 건국 초기에 도성을 건설하였고, 경복궁에 이어 창덕궁과 창경궁을 세웠다.

   • 도성의 숭례문과 창경궁 명정전, 창덕궁 돈화문(17세기 재건), 개성 남대문, 평양 보통문
    이 당시의 모습을 간직하고 있다.

   ⓑ 원각사지 10층 석탑 - 세조

   ⓒ 해인사의 장경판전, 무위사 극락전

 ②16세기의 건축

  ㉠서원 건축 활발

  ㉡도산 서원이 대표적

  서원은 가람 배치 양식과 주택 양식이 결합되어 세워졌는데, 마을 부근의 한적한 곳에 위
  치하였으며, 대표적인 서원으로 경주의 옥산서원과 안동의 도산서원이 있다.

(2)도자기와 공예

 ①공예의 발달

  ㉠생활 필수품

  조선의 공예품은 생활 필수품에서 그 특색을 나타내어, 나무, 대 등과 같은 흔한 재료를
  많이 이용하였고, 검소를 중요하게 여겨 소박하면서도 기품이 있었다.

  ㉡목공예와 돗자리 공예

  ㉢화각 공예와 자개 공예

화각공예는 쇠뿔을 쪼개어 무늬를 새긴 것으로, 여성들이 애용하는 장롱, 화장품 그릇, 바느질 그릇 등의 제작에 이용되었다.

②도자기의 제작

　㉠15세기의 분청사기

　　ⓐ고려 말부터 유행

　　고려 말부터 나타난 분청사기는 청자에 백토의 분을 칠한 것으로, 소박하고 천진스러운 무늬가 어우러져 있다.

　　ⓑ광주에서 생산

　　경기도 광주의 사옹원 분원에서 생산하는 자기의 품질이 우수하였다.

　㉡16세기의 백자

　아무런 문양이 없는 백자가 16세기 이후부터 조선 자기의 주류를 이루었는데, 선비의 취향과 어울렸기 때문에 널리 이용되었다.

(3)회화와 서예

　①15세기의 그림

　　㉠독자적 화풍

　　　ⓐ낭만적

　　　15세기의 그림은 도화서 화원과 문인 선비가 우리의 독자적인 화풍을 개발하였는데, 인물과 산수를 씩씩하고 낭만적으로 묘사하고 있다는 것이 특징이다.

　　　ⓑ일본 무로마치 미술에 영향

　　㉡대표적인 화가

　　　ⓐ안견 - 몽유도원도

　　　화원 출신인 안견의 대표작인 〈몽유도원도〉는 신선이 산다는 이상세계를 그린 것으로, 자연스러운 현실 세계와 환상적인 이상 세계를 대각선적인 운동감을 활용하여 구현한 걸작(일본에 유출)이다.

　　　ⓑ강희안 - 고사관수도

　　　문인 화가인 강희안의 대표작인 〈고사관수도〉는 간결하고 과감한 필치로 인물의 내면세계를 느낄 수 있도록 표현하였다.

　②16세기의 그림

　　㉠산수화, 사군자

　　16세기 그림은 강한 필치의 산수화를 이어 가기도 하고, 선비의 내면세계를 매화, 난초, 국화, 대나무의 사군자로 표현하기도 하였다.

　　㉡대표적인 화가

　　　ⓐ이상좌 - 송하보월도

노비 출신의 화원 이상좌의 〈송하보월도〉는 강인한 정신과 굳센 기개를 표현하였다.

ⓑ신사임당 - 초충도

신사임당 대표작인 〈초충도〉에서 풀과 벌레를 소박하고 섬세하게 그려 여성의 심정을 잘 표현하였다.

ⓒ3절(이정, 황집중, 어몽룡)

이정은 대나무를, 황집중은 포도를, 어몽룡은 매화를 잘 그렸다.

③서예의 발달

㉠양반들의 필수 교양

㉡대표적인 서예가

ⓐ 안평대군

송설체(조맹부체)의 글씨를 따르면서도 이를 개성 있게 발전시켰다.

ⓑ 한호

왕희지체에 우리 고유의 예술성을 가미하여 단정한 석봉체를 만들었다.

(4)음악과 문학

①음악의 발달

㉠발전 과정

ⓐ태조 - 관습도감 설치

태조는 음악에 관한 사무를 처리하기 위한 관습도감을 처음으로 설치하였다.

ⓑ세종 - 관습도감 정비, 정간보

세종은 관습도감을 정비하고 '백성과 더불어 즐긴다'는 〈여민락〉을 지었으며, 정간보(井間譜)라 불리는 악보를 창안하여 처음으로 소리의 장단과 높이를 표시하였다.

ⓒ성종 - 악학궤범, 합자보

성종 때 음악의 원리와 역사, 악기, 무용, 의상 및 소도구 등을 망라하여 수록한 〈악학궤범〉을 편찬하였으며, 거문고의 악보인 합자보가 간행되었다.

②무용과 연극

㉠무용

ⓐ 궁중 무용 - 처용무

ⓑ 민간 무용 - 농악무

㉡연극 - 산대놀이, 꼭두각시 놀음

고려 시대부터 전해 오는 산대놀이라는 가면극과 꼭두각시 놀음이라는 인형극이 민간사회에 유행하였다.

③문학

㉠한문학

　ⓐ15세기

　　성종 때 서거정이 우리나라 시와 산문 중에서 뛰어난 것만을 골라 〈동문선〉을 편찬하였
　　는데, 이는 자주적인 의식을 나타내는 것이다.

　ⓑ16세기

　　16세기에는 주로 재야나 여류문인 등에 의해 창작되었다.

㉡설화 문학

　ⓐ15세기 – 금오신화(김시습)

　ⓑ16세기 – 패관잡기(서얼, 어숙권)

㉢시조 문학

　ⓐ15세기 – 김종서, 남이

　ⓑ16세기 – 황진이

㉣악장, 가사문학

　ⓐ악장 – 용비어천가, 월인천강지곡(세종)

　ⓑ가사 – 관동별곡(정철)

Chapter 06
근대 사회의 태동

01. 통치체제의 변화

(1)근대 사회로의 이행

　①양반 사회의 동요

　　㉠양란 이후 : 양반 사회의 모순이 드러남.

　　㉡신분 질서의 모순 : 양반의 특권 독점

　　㉢부세 제도의 모순 : 농민 부담 증가

　②근대 사회의 일반적인 의미

정치면	참정권이 전제되는 민주정치가 구현되는 사회
사회면	계층 간의 차이 없이 평등을 누리는 사회
경제면	자유롭게 경제활동에 종사하는 자본주의 사회
사상면	과학적, 논리적 사고에 바탕을 둔 합리주의 사회

　③조선 후기 근대 사회로의 움직임

정치면	• 근대지향적인 움직임을 수용하지 못함. • 붕당정치가 세도정치로 변질, 농민들은 민란 형태로 저항
사회면	• 신분제 동요(납속, 공명첩, 족보 위조 등) • 신분의 상하이동 활발(몰락양반, 노비 해방)
경제면	• 농업기술의 개발과 경영의 합리화로 농업 생산력이 향상 • 도고(독점적 도매상인)의 등장과 상품 화폐 경제의 발달
사상면	• 실학의 연구, 천주교의 전래, 동학의 창시

(2)정치구조의 변화

①비변사의 강화

시기	계기	내용
중종	삼포왜란 (1510)	임시기구로 설치, 여진족과 왜구의 침략에 대비, 지변사재상으로 구성
명종	을묘왜변 (1555)	상설기구로 격상, 비변사의 비중이 커짐.
선조	임진왜란 (1592)	구성원의 확대, 국가 최고의 정무기구로 기능, 왕권 제약, 의정부와 6조의 약화, 임란 이후에도 구성·기능은 그대로 유지
세도 정치기	세도정치	세도정치의 중심기구 역할 (세도가문이 비변사 요직 독점)
고종	흥선대원군 집권 (1863)	비변사 폐지, 의정부(정치)와 삼군부(군사)의 부활

②3사의 변질

㉠붕당의 이해관계 대변 : 이조전랑(자천권)의 영향을 받음.

㉡이조전랑의 기능 약화 : 영조, 정조

③역대 귀족(고위 관료) 합의제

삼국 시대	고구려	제가회의
	백제	정사암회의
	신라	화백회의
발해		정당성
고려	전기	도병마사
	후기	도평의사사(도당)
조선	전기	의정부
	후기	비변사(비국)

(3)군사제도의 변화

①중앙군의 개편

㉠5군영

ⓐ훈련도감(선조) : 어영청, 총융청, 수어청(인조), 금위영(숙종)

ⓑ서인 정권의 군사 기반

ⓒ5군영의 내용

훈련도감	선조, 1593년	임진왜란 중 설치, 포수·사수·살수의 삼수병 양성, 삼수미세(1결당 2.2두)를 징수, 장번급료병(직업군인)의 성격
어영청	인조, 1623년	효종 때 북벌계획의 중심 병력으로 기능, 수도 방어
총융청	인조, 1624년	이괄의 난 진압 후 수도 외곽 방어를 위해 북한산성에 설치
수어청	인조, 1626년	정묘호란 전후 수도 외곽 방어를 위해 남한산성에 설치
금위영	숙종, 1682년	남인의 훈련별대를 경신환국 이후 서인이 개편하여 설치, 수도 방어

②지방군의 개편

　㉠방어 체제의 변화 과정

　　ⓐ진관 체제의 문제점 : 많은 외적의 침입에 효과 없음, 을묘왜변 때 폐지

　　ⓑ제승방략 체제의 문제점 : 중앙 장수가 지휘, 왜란 중에 효과를 거두지 못함.

　　ⓒ진관 복구, 속오군 체제 : 왜란 중 정비

　㉡속오군의 설치

　　ⓐ양반, 상민, 천민이 함께 소속

　　ⓑ유사시에만 전투에 동원

　㉢조선 시대의 지역 방어체제

구분	진관체제	제승방략체제	속오군 체제
시기	15세기(세조)	16세기(명종, 을묘왜변 이후)	17세기(임진왜란 이후)
특징	지역단위의 방어체제, 거진의 수령을 중심으로 신속한 방어가 가능	유사시 병력을 집중하여 중앙에서 파견된 장수가 지휘	진관체제를 복구하고 양천혼성군의 속오군이 지역을 방어
단점	대규모 전투에 한계	신속한 방어가 불가능	-

③역대 왕조의 군사조직

시기	통일신라	발해	고려	조선 전기	조선 후기
중앙군	9서당	10위	2군 6위	5위	5군영
지방군	10정	-	주현군과 주진군	영진군	속오군

02. 붕당 정치의 전개와 탕평 정치

(1)붕당 정치의 전개

　①광해군(1608~1623 : 17세기, 북인 정권)

　　㉠북인 집권 : 왜란 중 의병으로 활약

　　㉡북인 몰락

　　　ⓐ회퇴변척(1611) 시도 : 이언적(회재)과 이황(퇴계)을 폄하 → 실패

　　　ⓑ계축옥사(1613) : 영창대군 살해, 인목대비 유폐

　　　ⓒ인조반정(1623) : 북인의 정권 독점, 중립 외교, 인목대비 폐출이 배경

　　㉢광해군의 업적

　　　ⓐ중립 외교 : 명의 원군 요청, 도원수 강홍립에게 "상황에 따라 대처할 것"

　　　ⓑ기유약조(1609) : 일본(쓰시마)에 제한된 범위 내에서 무역 허용

　　　ⓒ대동법 실시 : 처음으로 경기도에 실시(1608)

　　　ⓓ양전 사업 실시

　　　ⓔ동의보감 편찬 : 허준

　　　ⓕ5대 사고 정비

　②인조(1623~1649, 서인과 남인의 공존)

　　㉠서인의 집권

　　　ⓐ서인과 일부 남인의 공존

　　　ⓑ친명 배금정책 추진

　　㉡서인과 남인의 비교

서인	남인
• 이이의 학문을 계승(기호학파)	• 이황의 학문을 계승(영남학파)
• 대신이 정치를 주도하는 재상 중심의 권력구조를 지향	• 왕권을 강화하는 대신 3사의 정책 비판 기능에 비중
• 상업 발달과 부국강병에 관심	• 수취체제 완화와 자영농 육성에 중점
• 상공업과 기술 발전에 호의적	• 상공업과 기술발전에 소극적
• 4서 중심주의	• 6경 중심주의
• 왕사동례(王士同禮)의 주장	• 왕사부동례(王士不同禮)의 주장
• 서얼 허통이나 노비속량에 적극적	• 서얼 허통이나 노비속량에 소극적
• 송시열, 송준길	• 허적, 허목, 윤선도

　　㉢인조의 업적

　　　ⓐ어영청과 총융청, 수어청 설치

　　　ⓑ영정법 실시 : 풍흉에 관계없이 결당 4두로 전세 고정(1635)

　③효종(1649~1659)

　　㉠북벌 추진 : 어영청 강화

ⓒ효종의 업적

　ⓐ나선(Russian) 정벌 : 청의 요청, 두 차례(1654, 1658), 러시아군을 격퇴

　ⓑ시헌력 채택 : 김육

④현종(1659~1674)

　㉠서인과 남인 간의 대립 : 예송 발생, 효종의 왕위 계승과 관련

　㉡예송 논쟁 : 효종의 정통성 문제, 조대비(인조의 계비)의 복상 기간

　㉢기해예송과 갑인예송의 비교

구분	기해예송(1659, 현종 1년)	갑인예송(1674, 현종 15년)
배경	효종의 승하에 따른 조대비의 복상문제	효종 비의 죽음에 대한 조대비의 복상문제
주장	서인은 1년설, 남인은 3년설 주장	서인은 9개월설, 남인은 1년설 주장
채택	서인의 1년설이 채택	남인의 1년설이 채택
결과	서인이 계속 집권	남인이 집권 (붕당간 연합정치는 지속)
의미	효종의 정통 불인정(신권 강화 목적)	효종의 정통 인정(왕권 강화 목적)

(2)붕당 정치의 변질

①환국

　㉠숙종 때 발생 : 정국이 급격하게 전환

　㉡일당 전제화 : 특정 붕당이 정권을 독점, 붕당 정치가 변질

　㉢사사(賜死) 발생 : 상대 붕당에 대한 보복

②숙종(1674~1720 : 17~18세기, 재위 46년)

　㉠환국 정치의 등장

　　ⓐ탕평론 처음 제시 : 인사 관리를 통해 세력 균형 유지를 시도

　　ⓑ실제는 편당적 관리 : 집권 붕당의 잦은 교체, 환국이 일어나는 빌미

　㉡환국의 전개 과정

구분	시기	계기	집권 붕당	특징
경신환국 (경신대출척)	숙종 6년 (1680)	남인의 역모 사건 발각	서인	일당 전제화 추세가 시작되는 계기, 남인 처벌을 둘러싸고 노론과 소론으로 분열
기사환국	숙종 15년 (1689)	장희빈 소생의 세자 책봉	남인	인현왕후의 폐위와 장희빈의 왕비 책봉
갑신환국	숙종 20년 (1694)	인현왕후의 복위	서인	서인의 철저한 탄압(남인의 정치적 재기가 거의 불가능), 경상도 지역에 서원과 사우 남설(남인이 주도)

ⓒ노론과 소론의 대립

　　ⓐ경신환국 이후 분열 : 경신환국(1680) 이후 남인에 대한 처벌 문제

　　ⓑ노론 : 송시열, 대의명분 존중, 민생 안정 강조

　　ⓒ소론 : 윤증, 실리 중시, 북방 개척 주장

　　ⓓ갑술환국 이후 대립 격화 : 소론, 경종 지지 ↔ 노론, 영조 지지

ⓔ숙종의 업적

　　ⓐ대동법의 전국적 시행(1708)

　　ⓑ상평통보 발행

　　ⓒ금위영의 설치

　　ⓓ백두산 정계비의 건립(1712)

　　ⓔ안용복의 활약(1696) : 일본에 건너가 울릉도, 독도가 우리 영토임을 확인

③경종(1720~1724)

　㉠소론 집권 : 노론의 세제(영조) 대리청정 주장

　㉡신임사화(1721~1722) : 노론 제거, 신축년(1721)/임인년(1722)

(3)탕평론의 전개

①탕평론의 의의와 전개 과정

　㉠세력 균형 : 탕탕평평(蕩蕩平平), 임금의 정치가 한쪽을 편들지 않음.

　㉡숙종의 탕평론 : 처음 제시

　㉢영조의 탕평론 : 완론 탕평

　　ⓐ탕평파의 육성 : 영조는 탕평책에 동조하는 인사들을 중심

　　ⓑ온건하고 타협적인 인물 등용

　㉣정조의 탕평론 : 준론 탕평

　　ⓐ시비를 가리는 적극적 : 각 붕당의 주장이 옳은지 그른지를 명백히 가림.

　　ⓑ탕평파(척신, 환관) 배제, 시파(소론, 남인 계열) 중용

②영조(1724~1776 : 18세기)의 업적

　㉠정치적 업적

　　ⓐ탕평교서 발표(1725), 탕평비 건립(1742, 성균관) : 노론, 소론의 화해 권장

　　ⓑ서원 정리, 이조전랑 약화, 산림의 존재를 인정하지 않음.

　　ⓒ청계천 준설, 신문고 부활

　㉡영조 대의 정쟁

　　ⓐ이인좌의 난(1728) : 소론 강경파와 남인 일부, 청주

　　ⓑ나주 괘서 사건(1755) : 소론 거의 몰락

　　ⓒ임오화변(1762) : 사도세자를 뒤주에 가두어 죽인 사건

ⓒ사회적, 경제적 업적

　ⓐ균역법 시행(1750)

　ⓑ노비종모법 확정

　ⓒ형벌 완화와 사형수 삼심제 시행

ⓔ영조 때 편찬된 서적

속오례의	국초의 국조오례의를 보완한 의례집
동국문헌비고	제도와 문물을 총정리한 한국학 백과사전
속대전	법전을 재정리한 법령집
속병장도설	무예법을 재정리한 병서

③정조(1776~1800 : 18세기)의 업적

　㉠정치적 업적

　　ⓐ규장각 설치(1776) : 왕실 도서관 , 이덕무, 유득공, 박제가(서얼) 등용

　　ⓑ장용영 설치 : 친위 부대

　　ⓒ초계문신제 시행 : 유능한 인사를 재교육

　　ⓓ수원 화성 건설 : 사도세자 묘(현륭원) 이장, 거중기(정약용), 유네스코 유산

　　ⓔ수령의 권한 강화 : 수령이 향약을 직접 주관

　㉡사회, 경제적 개혁

　　ⓐ신해통공(1791) : 금난전권 폐지(육의전 제외), 자유로운 상업 행위 허락

　　ⓑ제언절목 반포(1778) : 제언(저수지)의 관리 규정

　　ⓒ공장안 제도 폐지 : 장인들의 자유로운 활동을 보장

　　ⓓ격쟁(징), 상언(上言) 활성화

　　ⓔ문체반정 주도 : 노론 견제, 박지원 비판

　　ⓕ서얼, 노비 차별 완화

　㉢정조 때 편찬된 서적

대전통편	왕조의 통치 규범을 정비하기 위해 정조 때까지의 법전을 재정리
동문휘고	조선의 외교 문서와 외교사를 정리
무예도보통지	무예를 그림으로 설명한 병법서
오륜행실도	삼강행실도와 이륜행실도를 합하여 편찬
일성록	정조가 세손 때부터 쓴 일기집
증보문헌비고	영조 때의 동국문헌비고를 홍봉한이 증보
탁지지	호조의 사례를 정리한 경제서

　㉣서적 관련

　　ⓐ고금도서집성 수입

　　ⓑ생생자(목활자), 정리자(금속활자) 주조

03. 정치 질서의 변화

(1)세도 정치

　①외척의 권력 독점

　　㉠순조, 헌종, 철종대 : 19세기, 외척이 권력 독점

　　㉡안동 김씨의 집권 : 정치 질서의 파탄

　②세도 정치의 전개

　　㉠전개 과정

　　　ⓐ1800~1805년 : 정순왕후(영조 계비) + 노론 벽파, 신유박해(1801), 장용영 혁파

　　　ⓑ순조 : 정순왕후가 죽은 후 순조의 장인인 김조순이 정국 주도(세도 시작)

　　　ⓒ헌종 : 안동 김씨와 함께, 헌종의 외척인 풍양 조씨 가문이 한때 득세

　　　ⓓ철종 : 다시 안동 김씨 세력이 권력을 장악

　　　ⓔ세도 정치기의 주요 사건

순조	헌종	철종
1800~1834	1834~1849	1849~1863
안동 김씨(김조순)	풍양 조씨(조만영)	안동김씨(김문근)
• 신유박해(1801) • 공노비의 해방(1801) • 홍경래의 난(1811)	• 기해박해(1839)	• 동학의 창립(1860) • 임술 민란의 발발(1862) • 삼정이정청 설치(1862)

　　㉡권력 구조 변동

　　　ⓐ정치 기반 축소 : 정치 집단이 소수의 가문 출신으로 좁아짐

　　　ⓑ비변사로 권력 집중

　　㉢사회 통합 실패

　　　재야 세력(남인, 소론, 지방 선비)들을 권력에서 철저히 배제

　　㉣부정부패

　　　ⓐ관직 매매 : 정치 기강의 문란, 과거시험의 부정

　　　ⓑ삼정 문란 : 탐관오리들이 향리/향임층을 이용해 조세를 부당하게 수탈

(2)삼정 문란

　①삼정

　　㉠전정, 군정, 환곡 : 세금 행정, 세도 정치기에 문란

　　㉡전정(田政)

　　　ⓐ비총법 : 전세의 총액 할당제

　　　ⓑ면세지(궁방전, 관둔전) 증가, 잡세 증가

ⓒ군정(軍政)

ⓐ군총제 : 군포의 총액 할당제

ⓑ군정 문란의 사례

족징	도망자와 사망자의 체납분을 친족으로부터 징수
인징	도망자와 사망자의 체납분을 이웃 사람에게 징수
백골징포	죽은 사람을 산 사람으로 만들어 징수
황구첨정	유아를 장정으로 나이를 올려 징수
강년채	60세 이상 된 면역자의 나이를 고의로 줄여서 징수
마감채	병역 의무자에게 일시불로 군포를 받고 군역을 면제

ⓔ환곡(還穀)

ⓐ환총제 : 환곡의 총액 할당제, 가장 큰 폐단

ⓑ늑대(勒貸), 허류(虛留) 등의 폐단

②삼정 문란의 결과

㉠유랑민, 임노동자화 : 도시나 광산촌, 수공업촌으로 흘러들어가 생계를 꾸림.

㉡삼정이정청 설치

임술민란(1862)의 발발 직후, 실효를 거두지 못함.

㉢민란 발생

초기에는 항조, 거세, 소청, 벽서, 괘서 등을 통해 항거했으며 이후 대규모 민란으로 발전함.

04. 대외 관계의 변화

(1)청과의 관계

①북벌 정책의 추진

㉠호란 이후 대청 관계

ⓐ표면상 사대 관계 : 내심으로는 청에 대한 적개심, 문화적 우월감 바탕

ⓑ북벌론의 전개 과정 : 17세기 효종 때 가장 활발, 숙종 이후부터 점차 퇴조

㉡서인의 정치적 활용

㉢효종 : 서인 중심

ⓐ송시열, 이완(어영대장) 등용

ⓑ어영청, 수어청 정비

㉣숙종 : 일부 남인, 실천에 옮기지 못함.

②북학론의 대두

㉠청의 성장

ⓛ북학론 : 18세기, "청을 배우자", 북학파(홍대용, 박지원, 박제가)

③백두산 정계비의 건립
　㉠정계비의 설치(1712)
　　ⓐ숙종 때 : 청의 요청, 목극등이 답사 후 세움
　　ⓑ'서위압록 동위토문(西爲鴨綠 東爲土門)' : 서쪽은 압록강, 동쪽은 토문강을 경계
　㉡간도 문제의 전개 과정
　　ⓐ간도 귀속 분쟁의 발생 : 19세기 말 토문강(土門江)의 해석 문제, 청은 두만강, 조선은
　　　송화강의 지류 로 주장
　　ⓑ조선의 입장 : 토문강을 송화강의 지류로 주장(토문강과 두만강은 다르다)
　　ⓒ간도(間島)의 영토화 : 대한제국, 이범윤을 북변 간도 관리사로 파견
　　ⓓ간도 상실 : 간도협약(1909, 일본과 청 사이 체결)

(2)일본과의 관계
　①국교 재개
　　㉠일본의 요청 : 에도 막부, 국교 재개를 요청
　　㉡국교 재개(1607) : 선조 때, 일본에 회답사(정사 여우길) 파견
　　㉢기유약조 체결(1609) : 광해군 때, 부산포에 다시 왜관 설치, 무역 허용

　②통신사
　　㉠일본의 파견 요청
　　　ⓐ막부 쇼군 교체 시
　　　ⓑ19세기 초까지 총 12회 파견 : 1607년(선조)부터 1811년(순조)까지
　　㉡통신사의 역할 : 외교 사절 + 조선의 선진문화를 일본에 전파
　　㉢통신사 교류 단절 : 19세기, 일본의 반한적인 국학운동 발전이 배경

　③울릉도와 독도
　　㉠지증왕의 우산국 정벌 : 울릉도·독도의 영토화
　　㉡세종실록지리지에 기록 : 울릉도·독도를 강원도 울진현 소속으로 기록
　　㉢안용복의 활약
　　　ⓐ1693년, 1696년 : 일본에 건너가 울릉도·독도가 우리 영토임을 확인 받음.
　　　ⓑ울릉도 경영 : 정부는 일본 막부와 울릉도 귀속 문제 확정, 울릉도 지도 제작
　　㉣주민의 이주 장려 : 19세기 말, 적극적인 울릉도 경영
　　㉤울도군 설치
　　　칙령 41호(1900), 대한제국, 울릉도에 군을 설치, 독도까지 관할

01. 수취체제의 개편

(1)농촌 사회의 동요

  ①양난과 농민의 불만

    경작지 황폐, 조세 부담

  ②국가적 대책

    ㉠전세, 공납, 군역 제도의 개편

      농촌 사회 안정, 재정 기반 확대 목적

    ㉡영정법, 대동법, 균역법

      ⓐ전세제의 개혁(영정법, 인조, 1635) : 4두

      ⓑ공납제의 개혁(대동법, 광해군~숙종, 1608~1708) : 12두(전세화)

      ⓒ군역제의 개혁(균역법, 영조, 1750) : 1필 + 결작 2두(전세화, 보충세)

(2)전세의 정액화

  ①전세에 대한 대책

    ㉠경작지 확충

    ㉡양전 사업 : 전세 확보, 은결(양안에서 빠진 토지) 색출

  ②영정법 실시

    ㉠4두로 고정 : 연분 9등법 폐지, 풍·흉년에 관계없이 고정(1635)

    ㉡오히려 부담 증가 : 전세는 이전보다 낮아졌으나 수수료 등 부가세 부과

(3)공납의 전세화

  ①방납의 폐단

    ㉠공납이 가장 큰 부담

    ㉡각종 개혁론

      ⓐ조광조, 조식(서리망국론) : 방납의 문제점 지적

      ⓑ이이, 유성룡 : 수미법(공물을 쌀로 거둠)

  ②대동법

    ㉠토지 결수 기준 : 과세 대상이 가호에서 토지로 바뀜.

ⓐ결당 12두 : 또는 삼베와 무명, 동전 등으로 납부

ⓑ잉류 지역 제외 : 평안도, 함경도, 제주도

ⓒ필요한 물자는 공인(어용상인)을 통해 구입

ⓓ선혜청이 주도 : 대동법은 처음에 '선혜법'으로 불림.

ⓔ양반 지주들의 반대 : 전국적 시행에 100년 걸림.

ⓛ광해군 ~ 숙종 때 걸쳐 시행

시기	주장 인물	내용
광해군(1608년)	이원익과 한백겸	경기도에 처음으로 대동법 실시
인조(1624년)	조익	강원도로 확대 실시
효종(1651년)	김육	충청, 전라도로 확대 실시
숙종(1708년)	허적	전국적으로 실시 (경상, 황해도에 확대 실시) (* 함경도, 평안도, 제주도는 제외)

③결과

㉠농민 부담 경감, 국가 재정 확보

ⓐ지주 부담 증가

ⓑ상품 화폐 경제 발전 : 공인의 많은 물품 구매로 상품 수요·공급이 증가

㉡진상(왕실 상납)·별공(필요에 따라 거두는 공물) 존속

(4)군포의 감소

①양역 변통론

㉠군포 부담 가중 : 이중 삼중으로 군포를 부담, 2필 이상 납부

㉡군역 폐단 시정 방안

ⓐ호포론 : 군포를 가호 단위로 납부(양반호 포함)

ⓑ결포론 : 토지세로 전환

ⓒ감필론 : 일단 군포 필수(匹數) 감소

②균역법

㉠감필론 채택 : 양역변통론을 절충

㉡1년에 1필만 부담

③재정 보충 방안

㉠"결작" 2두 : 전세화

㉡선무군관포 : 양인 상류층에게 선무군관이라는 칭호를 주고 1필을 납부하게 함.

©어장세, 선박세, 염세로 군포 부족분 보충

④결과
　㉠농민 부담 경감, 일부 상류층(선무군관포) 부담, 양반은 여전히 면제
　㉡군역 폐단 재발 : 세도 정치기. 황구첨정, 백골징포 등 명목으로 다시 가중

(5)조선 후기 수취 체제
　①조세의 전세화
　　㉠20.2두 징수
　　　결수 기준, 삼수미세(2.2두), 대동법(12두), 영정법(4두), 결작 (2두)
　　㉡소작농에게 전가 : 지주들이 증가된 전세를 소작농에 전가시키기도 함.

　②총액제
　　㉠공동납
　　　ⓐ전세 : 비총제, 정부가 토지에 대한 조세를 지역별로 할당
　　　ⓑ군포 : 군총제
　　　ⓒ환곡 : 환총제
　　㉡민란의 원인 : 총액제는 삼정의 문란 유발, 민란의 원인

02. 서민 경제의 발전

(1)지주의 경영 변화와 정부의 노력
　①지주 전호제의 변화
　　㉠경제적 관계로 변화 : 지주와 전호가 신분적 관계보다 경제적 관계로 바뀜.
　　㉡양반의 경제 생활 변화 : 경제적 변동 과정에서 몰락하는 양반 등장

　②정부의 노력
　　㉠수리 시설의 관리 :제언사(현종), 제언절목(정조)
　　㉡이앙법의 허용 : 수리시설이 확장되면서 이앙법을 억제하지 않음.

(2)농민 경제의 변화
　①조선 후기 농업
　　㉠이앙법 전국화
　　㉡이모작 재배 : 벼와 보리의 이모작, 보리 재배 확대
　　©견종법 등장 : 밭농사, 고랑에 씨앗을 심는 견종법이 보급

　　　ⓔ시비법 발달

　　　ⓜ상품 작물 재배 : 쌀, 목화, 채소, 담배, 약초

　　　ⓗ쌀의 상품화

　　　　쌀이 장시에서 가장 많이 거래, 밭을 논으로 바꾸는 번답 유행

　　　ⓢ구황 작물 재배 : 일본에서 영조 때에 고구마, 19세기 청에서 감자 수입

　②광작

　　　⊙경작지 규모의 확대 : 이앙법으로 노동력 절감, 한 농가에서 넓은 농토 경작

　　　ⓒ부농 출현 : 서민 지주 등장

　　　ⓒ임노동자 출현

　　　　부농의 소작지 회수로 인해 많은 농민들이 도시, 포구, 광산에서 일함.

　③지대 변화

　　도조법(일정 지대 납부, 정액지대화) 등장

구분	타조법	도조법
내용	정률지대 (수확량의 1/2를 납부하는 병작반수제)	정액지대 (계약에 따라 일정한 액수를 지대로 납부, 대략 수확량의 1/3 수준)
특징	작황에 따라 지주의 이익이 좌우됨	풍흉에 관계없이 지대가 일정
관계	지주와 전호의 신분적 예속관계	지주와 전호의 경제적 계약 관계
유·불리	지주에게 유리(지주권의 강화)	소작인에게 유리(전호권의 강화)
보급	조선 후기까지 일반적인 지대형태	일부 지역에서 특수한 경우에 성립

(3)수공업과 광업의 발전

　①민영 수공업의 발달

　　⊙발달 배경

　　　ⓐ상품 화폐 경제의 발달

　　　ⓑ상품 수요의 증가

　　ⓒ관영 수공업의 쇠퇴 : 공장안 폐지(정조)

　　ⓒ납포장의 증대 : 국가에 장인세만 부담하면 자유롭게 생산 활동에 종사

　　ⓔ선대제 수공업 : 상인에게 자금과 원료를 미리 받아(상인 자본 지배) 제품 생산

　　ⓜ독립 수공업자 : 18세기 후반, 독자적으로 제품을 생산하고 이를 직접 판매

　②민영 광산의 증가

　　⊙조선 후기의 광업 정책

　　　　ⓐ광산 채굴 허용 : 국가가 설점(設店) 후 민영 광산에서 세금 받는 설점수세제

　　　　ⓑ잠채 성행 : 18세기 중엽 상인들이 광산을 몰래 개발

　　　ⓒ덕대제 등장

　　　　덕대(경영 전문가)가 상인 물주에게 자본을 조달받아 광산을 운영

　　　ⓒ분업에 바탕을 둔 협업

03. 상품 화폐 경제의 발달

(1)사상의 대두

　①상품 화폐 경제

　　㉠공인, 사상

　　　조선 후기 상업 활동의 주역

　　㉡공인의 활동

　　　ⓐ어용 상인 : 대동법 이후, 관청에서 공가를 미리 받아 물품을 구매하여 납부

　　　ⓑ도고로 성장 : 독점적 도매

　②사상

　　㉠서울

　　　ⓐ종루(종로), 이현(동대문), 칠패(남대문) 상인 : 시전상인에 대항

　　　ⓑ시전 상인의 억압 : 금난전권(禁亂廛權)

　　㉡금난전권의 철폐

　　　육의전 제외, 정조 때 신해통공(1791)

　　㉢지방

　　　ⓐ송상(개성), 만상(의주), 내상(동래)

　　　ⓑ지점 확장 : 장시를 연결하면서 교역, 상권 확장

　　㉣조선 시대 대표적인 지역 상인

송상	개성 상인, 전국에 송방이라는 지점을 설치, 인삼을 재배·판매하여 부를 쌓음, 청·일간 중계 무역에 종사
만상	의주 상인, 대청 무역 주도, 중국에 파견된 사신을 수행
내상	동래 상인, 부산에 거주하며 대일 무역 관장
유상	평양을 중심으로 상업 활동 전개

(2)장시의 발달과 포구의 상업 활동

　①장시의 발달

ⓐ발달 과정

　ⓐ15세기 말에 처음 등장

　ⓑ16세기에 전국으로 확대

　ⓒ18세기 중엽에 1000여 개 개설

　ⓓ상설 시장의 등장 : 송파장 등 일부 장시

　ⓔ상업 도시의 등장

　ⓛ보부상(褓負商)

　ⓐ봇짐 장수, 등짐 장수

　ⓑ보부상단 결성 : 조합

②포구에서의 상업 활동

　ⓐ포구

　　조선 후기 상업 중심지, 강경포, 원산포 등, 장시보다 규모가 훨씬 큼.

　ⓛ포구의 활동상인 : 선상(경강상인), 객주, 여각

　ⓐ선상(船商) : 한강을 근거지, 서해안과 남해안 운송업에 종사, 조선업 진출

　ⓑ객주와 여각 : 포구에서 매매를 중개, 부수적으로 운송, 보관, 숙박, 금융

③조선 후기 상인 비교

구분		상인	특징
관상 (관허상인)	서울	시전상인	특정 상품을 독점 판매하는 대신 국가에 관수품을 납부(육의전이 대표적)
		공인	대동법의 시행으로 등장, 국가의 수요품을 조달
	지방	보부상	지방의 장시를 거점으로 활동하는 행상
사상 (자유상인)	서울	난전	시전 장부에 등록이 안 된 무허가 상인(종로·이현·칠패에서 활동)
	지방	경강상인	한강과 서·남해안에서 활약, 미곡·어물 등을 운송·판매
		송상(개성)	인삼의 판매·유통으로 성장, 청과 일본 간의 중계무역에 참여
		만상(의주)	대청무역을 주도
		내상(동래)	대일무역을 주도
		객주, 여각	상품의 위탁 매매업은 물론 금융·창고·숙박업에도 종사

(3)대외 무역의 발달과 화폐의 유통

　①무역

　ⓐ대청 무역

ⓐ개시(開市), 후시(後市) : 국경 지역 중심으로 공적인 무역인 + 사적인 무역

ⓑ교역품 : 은, 종이, 인삼 수출 그리고 비단, 약재, 문방구 수입

ⓒ대일 무역

ⓐ왜관 : 동래, 개시, 후시

ⓑ교역품 : 은, 구리, 황 수입 그리고 인삼, 쌀 수출

ⓒ대외 무역상의 활약

ⓐ만상, 내상 : 사적인 무역에 적극적으로 활동

ⓑ송상 : 만상과 내상을 중계하며 큰 이득

ⓔ개시와 후시의 종류

대청무역	개시(공무역)	중강개시, 경원개시, 회령개시
	후시(사무역)	중강후시, 책문후시 경원후시, 회령후시 (+ 회동관후시)
대일무역	개시(공무역)	왜관개시
	후시(사무역)	왜관후시

②화폐

⊙전국적 유통 : 조선 후기

ⓒ상평통보 : 숙종

ⓒ신용 화폐의 보급 : 환, 어음 등

ⓔ전황(錢荒) : 동전 부족 현상이 나타나기도 함.

ⓜ조선 시대에 발행된 화폐의 종류

저화(지폐)	태종	조선 최초의 지폐 발행
조선통보	세종, 인조	세종과 인조 대에 주조한 금속화폐, 인조 때 주조한 조선통보를 팔분서체 조선통보라고 함.
팔방통보	세조	철로 만든 유엽전으로 전시에 화살촉으로 이용
상평통보	인조, 효종, 숙종	인조 때 처음 발행(조선통보), 효종 때 김육의 건의로 2차 주조(십전통보), 숙종 때 다시 발행하여 구한말까지 사용
당백전	대원군	경복궁 중건 비용으로 발행한 화폐
당오전	고종	임오군란의 발생으로 인한 배상금과 궁핍한 국가 재정 충당을 위해 발행

제3절 근대 태동기의 사회

01. 사회 구조의 변동

(1) 신분제의 동요와 신분 상승 운동

① 신분 변동

㉠ 양반의 증가 : 양반 계층의 분열도 발생함(향반, 잔반)

㉡ 하층민의 신분 상승

ⓐ 납속 : 부농, 역의 부담을 모면하고자 공명첩을 구입, 양반으로 신분 상승

ⓑ 족보 위조

㉢ 상민·노비의 감소

② 중간 계층의 신분 상승 운동

㉠ 서얼의 신분 상승

ⓐ 납속 : 왜란 이후 서얼의 관직 진출 활발해짐. 유득공, 박제가(규장각 검서관)

ⓑ 통청(通淸) : 청요직 진출, 영·정조 이후 서얼 집단 상소, 철종 때 실현

㉡ 기술직 중인 : 철종 때 소청 운동, 세력이 미미하여 실패

(2) 노비의 해방

① 노비의 신분 변화

㉠ 군공, 납속으로 신분 상승

㉡ 노비종모법 : 영조 때 확정, 어머니가 양민이면 그 자제를 양민으로 인정

㉢ 도망 : 조선 후기에 노비의 도망이 일상적

② 노비 해방

㉠ 중앙 공노비의 해방(1801) : 순조 때, 중앙 관서 노비 6만 6000여 명 해방

㉡ 노비 세습제 폐지(1886) : 고종

㉢ 노비 제도 철폐(1894) : 갑오개혁

(3) 가족 제도의 변화와 혼인

① 조선의 가족 제도와 혼인 제도

㉠ 부계 중심

㉡ 일부일처제가 기본 : 첩 가능, 여자 재가는 금지

㉢ 서얼 차별 : 문과 응시 금지, 차별

㉣ 여자 14세 혼인 : 남자는 15세

②조선 후기 가족 제도의 변화
　　㉠친영 : 혼인 후에 여자가 곧바로 남자 집에서 생활
　　㉡양자 일반화
　　㉢적장자 단독 상속
　　㉣동성 마을 형성

③조선 전기와 후기의 가족제도 비교

조선 전기	조선 후기
• 출생 순서대로 자녀를 호적에 기재	• 여성보다 남성을 맨 앞에 기재
• 아들이 없으면 딸이나 외손이 제사를 지냄.	• 아들이 없으면 양자를 들여와 제사를 지냄.
• 재산상속은 자녀균분이 관행	• 맏아들에게 재산상속이 집중
• 아들과 딸이 돌아가면서 제사 책임 분담	• 맏아들이 제사 책임을 전담
• 결혼 후 사위가 처가에서 거주하는 남귀여가혼이 존재	• 결혼 후 여성이 시집에서 거주하는 친영제가 정착

(4)인구의 변동
　①호구 조사
　　㉠호적 대장 작성 : 3년마다
　　㉡호적 대장 근거로 공물, 군역 부과

　②인구 수
　　㉠하삼도에 50% : 경기도, 강원도에는 20% 거주
　　㉡16세기 1000만 돌파 : 19세기 말 1700만 명
　　㉢한성 인구 10만 이상 : 18세기 20만 명

02. 향촌 질서의 변화

(1)양반의 향촌 지배 약화
　①양반의 권위 약화
　　㉠양반의 몰락
　　　평민 중에서 부농이 등장하는 가운데, 양반 중에는 몰락하여 소작농이나 임노동자로 전락
　　　하는 경우가 발생해 양반의 권위가 점차 약해졌다.
　　㉡양반의 지위 유지 노력
　　　ⓐ동약 : 양반은 군현을 단위로 농민을 지배하기 어렵게 되자, 촌락 단위의 동약(洞約)을
　　　　실시하였다.
　　　ⓑ사우 : 족적 결합을 강화하여 문중을 중심으로 서원, 사우(祠宇)를 세웠다.

②향전
　㉠구향과 신향 간의 갈등
　　향전(鄕戰)이란 향촌 사회에서 종래 영향력을 행사하였던 양반인 구향과 새롭게 성장한 부
　　농층인 신향 간의 갈등을 말한다.
　㉡신향의 득세
　　ⓐ관권과 결탁 : 부농층은 관권과 결탁하여 향회(종래 유향소)를 장악하려 하였고, 수령은
　　　향임직(鄕任職, 향회의 간부직)을 이들에게 매매하였다.
　　ⓑ향임직 진출 : 부농층은 향회의 향임직에 진출하면서 상당한 지위를 확보하여 갔다.

(2)농민층의 분화
　①부농과 임노동자
　　조선 후기 일부 농민이 부농층으로 성장하는 반면에, 일부 농민은 토지에서 밀려나 임노동자
　　가 되었다.

　②부농
　　지주의 대부분은 양반이었지만, 일반 서민 중에서 농지의 확대, 영농 방법의 개선 등을 통해
　　부를 축적하여 지주가 되는 사람도 있었다.

　③임노동자
　　임노동자는 국가나 관청에서 노임을 받고 공사에 동원되거나, 부농층에 고용되어 1년 단위로
　　임금을 받았다.

(3)관권의 강화
　①수령과 향리의 권한 강화
　　조선 후기 구향이 약화되고 신향이 충분히 강해지지 못한 가운데, 향촌 사회에서는 수령을
　　중심으로 한 관권이 강화되고 아울러 향리의 역할이 커졌다.

　②향회의 변질과 농민 수탈
　　㉠향회가 부세 자문 기구로 변질
　　　신향이 진출한 향회(유향소)는 수령이 세금을 부과할 때에 의견을 물어 보는 자문 기구로
　　　구실이 변하였다.
　　㉡농민에 대한 수탈 강화
　　　향촌에서 견제가 없어지자, 관권의 강화는 세도 정치 시기에 수령과 향리의 자의적인 농민
　　　수탈을 강화시키는 결과를 낳았다.

03. 사회 변혁의 움직임

(1)사회 불안과 예언 사상의 대두

　①사회 불안

　　㉠19세기 세도 정치기 : 탐관오리의 수탈, 수해와 콜레라 만연

　　㉡이양선 출몰 : 서양 배가 연해에 출몰

　②예언 사상

　　㉠비기, 도참 : 정감록 – 말세 도래, 왕조 교체, 변란 예고

　　㉡무격(巫覡) 신앙, 미륵 신앙의 유행

(2)천주교의 전파

　①천주교 전래

　　㉠서학 : 17세기 자발적 수용, 사신이 소개

　　㉡이수광이 『천주실의』(마테오 리치) 소개

　②천주교 확산

　　㉠신앙 : 18세기 남인, 이승훈 등

　　㉡확산

　　　ⓐ부녀자 신도 중심

　　　ⓑ평등, 내세 교리가 공감

　③천주교 박해

　　㉠제사 거부 : 사교로 규정됨.

　　㉡천주교 박해 내용

시기		박해	내용
정조		신해박해 (진산사건, 1791)	• 윤지충의 신주 소각 사건(천주교식으로 장례) • 윤지충(최초의 순교자)이 처형
세도정치기	순조	신유박해(1801)	• 노론 벽파가 남인 시파를 제거할 목적 • 이승훈, 이가환, 주문모, 정약종 등이 처형 • 정약전과 정약용은 유배 • 황사영 백서 사건으로 박해 가중
	헌종	기해박해(1839)	• 풍양 조씨가 노론 벽파와 연계하여 탄압 • 프랑스 신부인 모방, 샤스탕, 앵베르와 정하상 등이 처형 • 오가작통법이 활용되고 척사윤음이 반포
		병오박해(1846)	• 김대건 신부(솔뫼마을)의 처형
고종		병인박해(1866)	• 9명의 프랑스 신부와 남종삼 등 8000여 명의 신도가 처형 • 최대 규모의 천주교 박해 • 병인박해를 이유로 병인양요(1866)가 발생

(3)동학의 발생
　①최제우가 창도
　　1860년, 경주

　②동학의 교리
　　㉠유·불·선과 민간 신앙 : 주문/부적, 천주교 교리까지 흡수
　　㉡시천주, 인내천 사상 : 평등, 여성과 어린이 존중
　　㉢후천개벽 : 조선 왕조 부정

　③탄압과 교세 확대
　　㉠최제우 처형 : 동학을 사교로 규정
　　㉡교세의 확대 : 최시형
　　　ⓐ동경대전(동학 경전), 용담유사(한글 가사집) 편찬 : 교리 정리
　　　ⓑ교단 조직 정비 : 포접제
　　　ⓒ전국적 확대 : 경상도, 충청도, 전라도 → 강원도, 경기도 일대로 확산

(4)농민의 항거
　①농민들의 대응
　　㉠초기 소극적 대응 : 벽서, 괘서
　　㉡점차 적극적 대응 : 민란

　②홍경래의 난(1811년, 순조)
　　㉠원인 : 서북인에 대한 지역 차별, 세도 정치의 시작
　　㉡경과 : 몰락 양반인 홍경래가 농민, 광산 노동자 등과 합세하여 봉기
　　㉢청천강 이북 장악 : 결국 정주성에서 정부군에 의해 패배

　③임술 농민 봉기(1862년, 철종)
　　㉠삼정 문란, 수령의 부정 : 특히 경상도 우병사 백낙신의 학정
　　㉡진주 민란 : 몰락 양반 유계춘의 주도
　　㉢함흥에서 제주까지 : 전국적 확산
　　㉣안핵사와 암행어사 파견, 삼정이정청 설치 : 3개월 후 백지화

01. 성리학의 절대화와 양명학의 수용

(1) 성리학의 절대화와 탈 성리학의 움직임

　① 성리학적 질서의 강화

　　㉠ 서인 세력의 주도

　　　송시열, 명분론 강화, 성리학 절대화

　　㉡ 사상적 경직성

　　　현실 문제 해결 능력 상실, 성리학에 비판적 학자들을 배척

　② 탈 성리학적 움직임

　　㉠ 성리학의 상대화

　　　6경, 제자백가에서 모순 해결의 사상적 기반을 찾으려는 경향

　　㉡ 윤휴, 박세당 : 사문난적(斯文亂賊)

　　　ⓐ 윤휴(남인) : 대학, 중용 등 유교 경전에 대해 독자적인 주해

　　　ⓑ 박세당(소론) : 『사변록』, 주자의 주석과 다른 견해를 취하다가 학계에서 배척

(2) 호락 논쟁

　① 인물성 논쟁

　　㉠ 인성과 물성

　　　인성(중화)과 물성(오랑캐)이 같은가 다른가를 놓고 논쟁

　　㉡ 노론 내부 논쟁

　　　18세기 초반, 충청도(호서) '노론' ↔ 서울(낙산) '노론'

　② 호론과 낙론의 비교

호론(충청도 노론)	낙론(서울 노론)
• 한원진·윤봉구 등	• 이간·김창협·김원행 등
• 인물성이론(인성과 물성은 다름)	• 인물성동론(인성과 물성은 같음)
• 화이론, 북벌론	• 북학론, 이용후생사상
• 위정척사 사상, 항일 의병 운동으로 연결	• 개화사상으로 연결
• 주자의 절대주의를 추구	• 다른 종교사상(양명학, 불교, 노장사상)에도 유연
• 재지사족의 이익을 대변	• 서울의 경화사족의 이익을 대변

(3)양명학의 수용

①양명학

㉠실천적인 유학 사상

명의 왕양명, 새로운 유학 사상

㉡지행합일(知行合一) 강조

심즉리(心卽理), 치양지(致良知) 주장

②양명학의 수용과 발전

㉠중종 때에 처음 전래

이황이 『전습록변』을 통해 비판, 이단으로 간주

㉡소론이 본격 수용

불우한 종친들 사이에서 확산

㉢강화 학파

ⓐ18세기 정제두 중심

ⓑ일반민을 도덕 실천의 주체로 인정 : 『존언』, 『만물일체설』, 신분제 폐지 주장

ⓒ실학자에 영향 : 역사학, 국어학, 서예 등에서 새로운 경지를 개척

ⓓ박은식(유교구신론), 정인보(양명학연론) 계승

02. 실학의 발달

(1)실학의 등장

①사회 개혁론

㉠성리학의 한계성 자각

현실 생활과 직결되는 문제를 탐구

㉡고증학(청)과 서학(서양)의 영향

㉢실용적, 실증적, 민족적, 근대 지향적

농업, 상공업, 국학 중심

②실학의 발전

㉠실학의 선구자

ⓐ이수광 : 『지봉유설』에 마테오 리치의 『천주실의』, 〈곤여만국전도〉를 수록

ⓑ한백겸 : 『동국지리지』(역사지리지)에서 삼한의 위치를 실증적으로 고증

㉡중농학파

농업을 중시하고 토지 제도를 개혁해야 한다고 주장

㉢중상학파

상공업 활동을 활발히 하고 기술을 개발해야 한다고 주장

(2)중농학파(경세치용 학파)

　①농업 중심의 개혁론

　　주로 18세기 전반, 토지 제도 개혁 주장

　②유형원, 이익, 정약용

　　㉠유형원(1622~1673 : 17세기)

　　　ⓐ『반계수록』 저술

　　　ⓑ균전론 : 차등 분배, 자영농 육성 주장

　　　ⓒ과거제 폐지, 노비 세습제 혁파 주장

　　㉡이익(1681~1763)

　　　ⓐ『성호사설』, 성호학파 : 근기 남인, 안정복(공서파), 정약용(신서파) 등 제자

　　　ⓑ한전론 : 영업전(생활 유지에 필요한 규모의 토지) 매매 금지

　　　ⓒ6두론 : 노비제, 과거제, 양반제, 기교, 승려, 나태의 6가지를 나라의 좀으로 규정

　　　ⓓ폐전론 주장 : 고리대와 화폐 유통의 폐단 비판

　　㉢정약용(1762~1836)

　　　ⓐ실학의 집대성 : 신유박해(1801년)에 연루되어 전라도 강진에 유배

　　　ⓑ『여유당전서』 : 500권, 『목민심서』, 『경세유표』, 『흠흠신서』의 3부작

　　　ⓒ여전론 : 향촌을 여(閭, 마을) 단위로 편성, 공동 경작/분배, 공동 농장제도

　　　ⓓ정전제 : 중국의 정전제를 수정, 우리 현실에 맞게 시행할 것을 주장

　　　ⓔ기예론 : 거중기(수원 화성), 배다리(정조의 수원 행차)

　　　ⓕ다산 정약용의 대표적인 저서

목민심서	• 목민관의 치민·치정에 대한 도리를 밝힌 책
경세유표	• 중앙 정치·행정 제도에 대한 개혁안을 제시, '정전론'을 주장
흠흠신서	• 형옥의 임무를 맡는 관리들이 유의할 사항을 지적
탕론	• 은나라를 창건한 탕왕을 예로 하여 백성이 국가의 근본임을 명시
원목	• 통치자와 수령은 백성을 위하여 존재한다고 주장
전론	• 지주 전호제를 비판하고 공동 농장 제도인 '여전제'를 주장
기예론	• 인간이 동물과 구별되는 것은 기술을 가지고 있기 때문이라고 주장
마과회통	• 마진(홍역)에 관한 약방을 총망라함, 종두법 소개

(3)중상학파(이용후생 학파)

　①상공업 중심의 개혁론

　　북학파, 18세기 후반, 주로 노론 중심

　②유수원, 홍대용, 박지원, 박제가

　　㉠유수원(1694~1755 : 18세기)

ⓐ『우서』: 상공업의 진흥과 기술 혁신 강조

ⓑ사농공상의 직업적 평등 주장 : 상인을 중시하고 선대제, 대상인의 개발 참여를 주장

ⓒ상업적 경영 주장

ⓛ홍대용(1731~1783)

ⓐ『담헌서』: 『임하경륜』, 『의산문답』

ⓑ기술 혁신, 문벌 제도 철폐, 성리학의 극복 강조 : 중화론적 관점 비판

ⓒ지전설 주장 : 무한 우주론 제시

ⓒ박지원(1737~1805)

ⓐ『열하일기』: 청 기행문

ⓑ수레/선박 이용, 화폐 유통의 필요성 주장
양반 문벌제도의 비생산성을 비판

ⓒ『과농소초』: 영농 방법 혁신, 상업적 농업 장려, 수리 시설 확충 관심

ⓓ한문 소설 : 『양반전』, 『허생전』, 『호질』 → 양반 풍자

ⓔ박제가(1750~1805)

ⓐ『북학의』: 청 문물의 적극적 수용 제창

ⓑ수레와 선박 이용, 상공업 진흥, 청과 통상 강화 주장

ⓒ소비 장려 : 생산과 소비를 우물물에 비유

ⓜ중농학파와 중상학파의 비교

구분	중농학파	중상학파
학파	• 경세치용 학파, 성호학파	• 이용후생 학파, 북학파
출신	• 서울과 경기 지역의 남인이 다수	• 서울 중심의 노론이 다수
인물	• 유형원, 이익, 정약용	• 유수원, 박제가, 박지원, 홍대용
주장	• 농촌 사회의 안정을 위하여 농민의 입장에서 토지제도 개혁을 추구	• 농업뿐만 아니라 상공업의 진흥과 기술의 혁신을 주장
농업	• 지주제에 반대하고 자영농 육성을 주장	• 지주제 타파보다는 영농기술 향상에 관심
영향	• 한말의 애국 계몽사상에 영향	• 박규수 등 개화사상가에게 영향
화폐	• 폐전론(이익)	• 용전론(박지원)
공통점	• 양반 중심의 신분제도와 문벌제도에 비판적	

(4)19세기의 개혁론

①김정희(1786~1856)

추사학파(초기 개화 운동의 중추) 형성

②이규경(1788~?)

백과사전 『오주연문장전산고』, 사물을 고증적 방법으로 소개

③최한기(1803~1879)

『명남루총서』, 주기적 경험철학(서양 과학기술 바탕), 지동설

03. 국학 연구의 확대

(1)국학 연구

①우리 역사, 지리, 국어 연구

민족의 전통과 현실에 대한 관심

②중국 중심의 세계관에 반대

(2)역사학

①17세기 역사서

㉠『동국통감제강』: 남인, 홍여하

㉡『여사제강』: 서인, 유계, 북벌론 고취

㉢『동사』(東事): 남인, 허목, 북벌론 비판

②18세기, 19세기 역사서

㉠민족적 사서의 등장

한반도 중심 사관 극복, 고대사 연구 시야를 만주로 확대

㉡이익

ⓐ중국 중심의 역사관 비판 : 실증적이고 비판적인 역사 서술을 제시

ⓑ안정복에 영향

㉢안정복 : 『동사강목』

ⓐ고증 사학의 토대 : 고조선부터 고려 말까지

ⓑ삼한 정통론 제시 : 단군 - 기자 - 삼한 - 통일신라, 독자적인 발전 과정 체계화

ⓒ『열조통기』: 조선 태조부터 영조 때까지의 역사 서술

㉣이종휘

『동사』(東史), 고구려 중심으로 서술, 고구려 역사 연구 심화

㉤유득공

『발해고』, 발해의 역사를 우리 역사로 다룸, 남북국 시대 처음 주장

㉥이긍익

『연려실기술』, 조선 시대의 정치·문화사를 기사본말체로 저술

㉦한치윤

『해동역사』, 중국·일본 자료 500여 종 인용, 민족사 인식의 폭 확대

(3)지리학

　①지도

　　㉠상업적 목적

　　　특히 상인들이 지도를 널리 이용

　　㉡동국지도

　　　정상기, 영조 때, 최초로 축척인 백리척(100리를 1척으로 정함) 사용

　　㉢대동여지도 : 김정호, 철종 때, 목판 인쇄

　　　ⓐ절첩식 : 휴대 가능

　　　ⓑ거리 표시 : 10리마다 눈금 표시, 하천/포구/도로망 표시 정밀

　②지리서

　　㉠역사 지리서

　　　ⓐ『동국지리지』: 한백겸, 삼한 위치 고증, 고구려 중심을 만주로 봄.

　　　ⓑ『아방강역고』: 정약용, 백제의 첫 도읍지와 발해의 중심지 입증

　　㉡인문 지리서

　　　『택리지』: 영조 때 이중환이 지은 지리서로 지방의 자연환경, 인물, 풍속, 인심을 서술

(4)국어학, 금석학, 백과사전

　①국어학

　　㉠음운 연구

　　　『훈민정음운해』(신경준), 『언문지』(유희)

　　㉡어휘 수집

　　　『고금석림』(이의봉), 『아언각비』(정약용)

　②금석학

　　㉠고증적 연구

　　　비문 연구

　　㉡『금석과안록』

　　　김정희, 북한산비가 진흥왕 순수비임을 고증

　③백과사전

　　㉠실학 발달

　　　문화 인식의 폭 확대

　　㉡대표적인 저서

　　　ⓐ『지봉유설』: 이수광

ⓑ『성호사설』: 이익

ⓒ『동국문헌비고』: 홍봉한, 역대 문물을 정리한 한국학 백과사전

ⓓ『청장관전서』: 이덕무

ⓔ『오주연문장전산고』: 이규경(이덕무 손자)

ⓕ『임원경제지』: 서유구, 농촌 생활 백과사전

04. 과학 기술의 발달

(1)서양 문물의 수용

①서양 과학 기술 수용

㉠17세기 사신을 통해 수용

㉡세계 지도, 화포, 천리경, 자명종

㉢외국인의 표류

17세기에 벨테브레이/하멜 일행, 제주도, 서양 무기 제작에 관여

②실학자들의 관심

대부분 서양의 과학 기술은 수용, 천주교는 배척

(2)천문학, 지도, 역법의 발달

①천문학의 발전

㉠서양 과학의 영향

성리학적 세계관을 비판하는 근거

㉡김석문

지전설, 숙종 때 『역학도해』에서 처음으로 지전설을 주장

㉢홍대용, 최한기

지전설 주장

②역법, 수학과 지도

㉠역법

시헌력 도입, 김육 등의 노력으로 도입

㉡ 수학

중국의 『기하원본』 도입, 홍대용의 『주해수용』

㉢ 지도

곤여만국전도 도입, 조선인의 세계관이 확대

(3)의학, 농학의 발달과 기술 개발

①의학

㉠『동의보감』

허준, 우리나라뿐만 아니라 중국과 일본에서도 간행

㉡『침구경험방』: 허임

㉢『마과회통』: 정약용, 마진, 종두법

㉣『동의수세보원』: 이제마, 사상의학(체질 의학 이론, 태양인 등)

②농학

㉠『농가집성』: 신속, 17세기 효종 때

㉡『색경』: 박세당

㉢『산림경제』: 홍만선

㉣『해동농서』: 서호수, 중국 농학을 선별적으로 수용, 한국 농학의 새로운 체계화

㉤『임원경제지』: 서유구, 농촌 생활 백과사전

③기술

㉠정약용의 기예론

ⓐ거중기의 제작

ⓑ한강 배다리의 제작

㉡정약전의 자산어보

흑산도 어류 채집·조사, 어류학의 신기원

05. 문화의 새 경향

(1)서민 문화의 발달

①서민 문화의 등장

㉠배경

상공업과 농업의 발달, 서당 교육의 보급

㉡중인과 서민이 중심

②서민 문화의 유형

㉠한글 소설

평범한 인물이 주인공, 대부분 현실적인 세계가 배경

㉡판소리, 탈춤

춤과 노래 그리고 사설을 통해 서민의 감정을 표현하고 양반의 위선을 비판, 사회 풍자의 성격을 지님.

㉢풍속화, 민화

(2)문학의 발달
　①한글 소설과 사설 시조
　　㉠한글 소설
　　　ⓐ허균의 『홍길동전』 : 서얼에 대한 차별의 철폐 등 당시의 현실을 비판
　　　ⓑ『춘향전』 : 원래 판소리의 형태, 신분 차별의 비합리성 비판
　　　ⓒ기타 한글소설 : 『토끼전』, 『심청전』, 『장화홍련전』
　　㉡사설시조
　　　격식에 구애됨이 없는 형식, 서민의 감정을 솔직히 표현

　②한문학, 중인의 문학
　　㉠한문학
　　　ⓐ박지원 : 『양반전』, 『허생전』, 『호질』, 『민옹전』, 양반 사회의 허구성을 지적
　　　ⓑ정약용 : 〈애절양〉(삼정의 문란을 폭로하는 한시)
　　㉡중인의 문학(위항 문학)
　　　시사 조직, 위항시

(3)판소리, 탈춤과 그림
　①판소리, 탈춤
　　㉠가장 인기 있는 분야
　　㉡판소리
　　　ⓐ창(노래), 아니리(사설), 발림(너름새)으로 연출 : 관중이 추임새로써 함께 어울림.
　　　ⓑ양반과 서민 모두에 환영
　　　ⓒ다섯 마당 : 신재효, 춘향가, 심청가, 흥보가, 적벽가, 수궁가
　　㉢탈춤
　　　탈놀이와 산대놀이, 양반과 승려 풍자

　②회화
　　㉠조선 후기 회화의 특징 : 진경산수화, 풍속화, 민화의 유행
　　㉡진경산수화
　　　ⓐ18세기 유행 : 중국 남종, 북종 화법 고루 수용하여 고유한 자연을 사실적으로 그림.
　　　ⓑ정선 : 인왕제색도, 금강전도
　　㉢서양화 기법 : 강세황, 영통골입구도
　　㉣풍속화
　　　ⓐ김홍도 : 밭갈이, 추수, 서당 등 일상생활을 소탈하고 익살스럽게 표현
　　　ⓑ신윤복 : 양반과 부녀자의 생활 등을 감각적이고 해학적으로 묘사

　　㉤19세기 화풍
　　　ⓐ문인화 유행 : 김정희의 〈세한도〉
　　　ⓑ궁궐도 : 〈동궐도〉, 〈서궐도〉
　　　ⓒ장승업 : 〈군마도〉
　　㉥민화 : 생활공간 장식, 민중의 미적 감각과 소박한 우리 정서

　③서예
　　㉠동국진체 : 이광사
　　㉡추사체 : 김정희, 서예의 새로운 경지

(4)건축과 공예, 음악
　①건축
　　㉠17세기
　　　법주사 팔상전(유일한 목탑), 금산사 미륵전, 화엄사 각황전
　　㉡18세기
　　　ⓐ논산 쌍계사, 부안 개암사, 안성 석남사 : 부농과 상인의 지원
　　　ⓑ수원 화성
　　㉢19세기
　　　경복궁, 흥선 대원군이 재건, 근정전/경회루(국보)

　②공예
　　㉠도자기
　　　ⓐ백자가 민간에 사용
　　　ⓑ청화백자 : 철화백자, 진사백자도 유행
　　　ⓒ옹기 : 서민, 백자와 함께 많이 사용
　　㉡조선 시대 도자기의 발전 과정

구분	시대	내용
분청사기	고려 말~ 15세기	청자에 백토의 분을 칠한 것으로, 고려청자와 조선백자의 과도기적 성격을 갖고 있다. 회청색 바탕에 소박하고 천진스러운 무늬가 있다.
순백자	16~17세기	청자보다 깨끗하고 담백하며, 검소한 아름다움을 풍겨서 선비의 취향에 맞는 멋을 풍겼다.
청화백자	17~18세기	백토위에 푸른 안료로 무늬를 그리고 그 위에 순백의 유약을 사용하였다. 형태가 다양해 졌으며, 실생활에 널리 쓰였다.

　　㉢생활공예
　　　목공예(장롱, 책상), 화각 공예(쇠뿔에 그림 그려 장식)

③음악

　㉠가곡(유네스코 무형유산)

　　관현악 반주, 전통 성악곡, 시조 사용

　㉡산조

　　느린 장단으로부터 빠른 장단으로 연주하는 기악 독주의 민속음악

　㉢잡가

　　평민이 지어 부르던 노래로 해학과 풍자의 성격을 가졌으며 대표적으로 새타령, 사랑가, 수심가 등이 있음.

Chapter 07
국제 질서의 변동과 근대 국가 수립 운동

제1절 흥선대원군의 개혁정치와 개항

01. 서세동점과 정치 질서의 혼란

(1)제국주의와 제1차 대전
　①제국주의
　　자본 투자·원료/시장 획득을 위한 식민지 건설, 대외 팽창
　②제1차 세계 대전
　　㉠식민지 쟁탈전
　　　후발 제국주의 국가인 독일이 기존의 영국, 프랑스에 도전
　　㉡제1차 세계 대전(1914~1918)
　　　독일의 대공세 실패
　　㉢제1차 세계 대전 전후 상황
　　　ⓐ러시아 혁명(1917) : 사회주의 확산
　　　ⓑ미국 경제 공황(1929) : 일본 군국주의와 같은 전체주의 대두

(2)중국과 일본의 개항과 근대화 운동
　①중국
　　㉠영국의 침략과 난징 조약(1842) : 불평등 조약
　　㉡양무운동(1861) : 중체서용, 과학 기술만 도입
　②일본
　　㉠미국의 개항 요구와 미일 조약(1858) : 불평등 조약
　　㉡메이지 유신(1868) : 문명개화론, 제도 + 기술

02. 흥선대원군의 개혁정치

(1)흥선대원군의 집권과 개혁 조치
　①당시의 시대적 상황
　　㉠대내적 상황

세도 정치, 농민 봉기, 천주교와 동학 유포
  ⓒ대외적 상황
   이양선 출몰, 중국과 일본의 강제 개항
②흥선대원군의 집권(1863~1873) : 고종의 생부
③통치 체제 정비(대내적)
  ㉠왕권 강화 정책
   ⓐ안동 김씨 축출 : 세도 정치 ×
   ⓑ비변사의 혁파(1865) : 의정부와 삼군부로 권한 분리
   ⓒ대전회통 편찬
   ⓓ경복궁의 중건 : 원납전 강제 징수, 당백전 발행(물가 폭등)
  ㉡민생 안정정책
   ⓐ호포제 : 양반도 군포 납부
   ⓑ사창제 : 환곡 폐지
  ㉢서원의 정리 : 600역 개 철폐
④통상 수교 거부 정책(대외적)
  ㉠서양/일본과 통상 거부
  ㉡병인박해(1866.1) : 천주교 탄압(프랑스 신부 처형)
  ㉢제너럴셔먼호 사건(1866.7) : 미국 상선 침몰(평양)
⑤서양 세력과의 충돌
  ㉠병인양요(1866.9)
   ⓐ프랑스의 강화도 침입 : 병인박해를 구실
   ⓑ한성근(문수산성), 양헌수(정족산성)의 승리 : 프랑스군 철수
   ⓒ외규장각 의궤 약탈과 반환(2011)
  ㉡오페르트 도굴 사건(1868.4) : 대원군의 아버지 남연군 묘 도굴(실패)
  ㉢신미양요(1871.4)
   ⓐ미국의 강화도 침입 : 제너럴셔먼호 사건이 원인
   ⓑ어재연(광성진)의 분전 : 미군 철수
   ⓒ척화비 : 통상 수교 거부 의지 강화
⑥대원군의 실각(1873)
  최익현의 상소 계기, 민씨 세력이 권력을 장악
⑦대원군의 개혁 정치에 대한 평가
  ㉠민심 수습
   세도 정치 청산, 삼정 개혁(양전, 호포제, 사창제)
  ㉡대외 정책
   외세 침략 일시적 저지, 결국 근대화에 뒤지게 하는 결과

03. 강화도 조약과 개항

(1)강화도 조약
 ①운요호 사건(1875)
  강화도에서 일본 군함과 충돌, 일본의 개항 요구
 ②강화도 조약(1876)
  ㉠조일 수호 조규(병자 수호 조약) 체결
  ㉡조약의 주요 내용
   ⓐ자주국 명시 : 청의 종주권 부인
   ⓑ수신사 3차례(1876, 1880, 1882) 파견
   ⓓ부산, 원산, 인천 개항
   ⓔ해안 측량권
   ⓕ영사 재판권 : 치외법권(조선의 사법권 배제)
  ㉢조약의 성격
   최초의 근대적 조약, 불평등 조약
 ③수호조규 부록과 통상 장정
  ㉠수호조규 부록(1876.7)
   간행이정(일본인 거주/활동 지역) 10리로 설정
  ㉡ 통상장정(1876.7, 무역 규칙)
   일본 상품 무관세, 양곡의 무제한 유출 허용

(2)미국, 청, 러시아, 프랑스 등과의 조약
 ①조미 수호 통상조약(1882.4)
  ㉠조선책략
   2차 수신사(1880) 김홍집이 가져옴(미국과 조약을 청이 알선)
  ㉡내용
   거중조정, 최혜국 대우 규정
  ㉢서구와 맺은 최초의 조약
 ②조청 상민수륙무역장정(1882.8)
  ㉠임오군란 이후에 체결
  ㉡내용
   속방 규정, 내지 통상권(한성, 양화진)
 ③영국(1883), 러시아(1884), 프랑스(1886) 등과의 수교
 ④개항의 결과
  ㉠1880년대의 개화 정책
   청의 양무운동과 유사한 점진적 개화 정책

ⓒ1890년대 전반의 갑오개혁

일본의 메이지 유신과 유사한 급진적 개혁

ⓒ1890년대 후반의 광무개혁

대한제국 수립 후 보수적 개혁

ⓔ1900년대 의병, 계몽운동

결국 식민지로 전락(1910)

제 2 절 개화정책의 추진과 위정척사사상

01. 1880년대 개화 정책의 추진

(1)개화사상의 발전

①개화사상

안으로는 북학론 계승, 밖으로는 서구의 과학 기술 수용

②통상 개화론자

㉠박규수, 오경석, 유홍기 : 초기 개화파

ⓒ개화파 형성 : 김윤식, 김홍집, 김옥균 등이 정부의 개화정책을 뒷받침

(2)개화정책의 추진

①수신사 파견

2차(1880, 김홍집, 조선책략), 3차(1882. 박영효, 태극기)

②개화를 위한 제도 개편

㉠통리기무아문의 설치(1880)

개화정책 전담 기구

ⓒ군사제도의 개편(1881)

2영 설치(구식군인), 별기군 설치(일본인 교관 초빙)

③해외 사찰단 파견

㉠조사시찰단(일본, 신사유람단, 1881)

박정양 등, 근대 시설 시찰

ⓒ영선사(청, 1881)

김윤식 등, 기기창(무기 제조) 설치

ⓒ보빙사(미국, 1883)

민영익, 홍영식, 유길준 등

02. 위정척사운동과 임오군란

(1)위정척사운동의 전개

　①유생 주도

　　㉠위정척사 = 성리학을 지키고 천주교와 서구 문물을 물리친다.

　　㉡이항로, 최익현, 이만손, 유인석이 대표적

　②위정척사운동의 전개

　　㉠1860년대 통상반대

　　　이항로, 기정진, 척화주전론

　　㉡1870년대 개항 반대

　　　최익현, 왜양일체론(5불가소), 강화도 조약 반대

　　㉢1880년대 개화 반대

　　　이만손(영남만인소), 홍재학, 『조선책략』에 반발

　　㉣1890년대 을미의병

　　　유인석, 이소응, 을미사변과 단발령에 반발

　　㉤1900년대 을사의병(최익현, 신돌석), 정미의병(이인영, 해산군인, 13도 창의군)

　③평가

　　반외세/반침략 운동, 개화정책 방해(근대화의 흐름 지연)

(2)임오군란(1882.6)

　①구식 군인의 반란

　　㉠원인 : 구식 군대에 대한 차별 대우

　　㉡경과

　　　ⓐ구식 군인의 급료 미지급으로 봉기

　　　ⓑ민씨 고관, 별기군 교관(일본인) 피살

　　　ⓒ대원군의 일시 재집권

　　　ⓓ청군의 개입 : 대원군 압송

　　　ⓔ민씨 일파의 재집권

　②임오군란의 결과

　　㉠청의 내정 간섭, 조청 상민 수륙무역장정 강요

　　㉡일본과 제물포 조약 체결 : 일본군(공사관 경비병) 주둔

　　㉢개화파 분열 : 온건 개화파 ↔ 급진 개화파, 갑신정변의 계기

03. 갑신정변

(1)개화파의 두 흐름

①온건 개화파(사대당)
　㉠김홍집, 김윤식 등
　㉡청의 양무운동 모방 : 동도서기론
②급진 개화파(개화당)
　㉠김옥균 등
　㉡일본의 메이지 유신 모방 : 서양의 사상, 제도까지 수용 주장

(2)갑신정변(1884.10)
　①급진 개화파(개화당)의 반란
　　㉠배경 : 청군의 일부 철수와 일본 공사의 지원
　　㉡경과 : 우정국 정변 → 청군의 진압(3일 천하)
　②14개조 개혁 요강
　　㉠내용
　　　ⓐ조공 폐지 : 흥선대원군 귀환
　　　ⓑ인민평등권 : 문벌 폐지
　　　ⓒ지조법의 개혁 : 조세 제도 개혁
　　　ⓓ환곡의 폐지
　　　ⓔ혜상공국(보부상 보호)의 폐지
　　　ⓕ재정의 일원화 : 호조
　　　ⓖ경찰제도의 신설
　　　ⓗ입헌 군주제의 실시
　　㉡14개조 정강의 개혁 목표
　　　근대적 국민 국가 건설
　③갑신정변의 결과
　　㉠청의 내정 간섭 강화
　　㉡한성 조약(1884, 조·일간) 체결 : 일본 공사관 신축
　　㉢톈진조약(1885, 청·일간) 체결 : 청일 군대 철수, 이후 동시 출병권
　④평가
　　위로부터의 근대화 운동, 민중의 지지 부족

(3)갑신정변 이후 1880년대 후반의 정세
　①거문도 사건 : 영국과 러시아의 갈등
　　㉠원인
　　　러시아의 남하와 조선의 친러 정책

ⓒ영국의 거문도 점령(1885~1887)

　청의 중재로 퇴각

②한반도 중립화론

　㉠독일 부영사 부들러(Budler)의 중립화론

　㉡유길준의 중립화론

③방곡령 사건

　㉠미면 교환

　　일본이 조선의 값싼 쌀과 영국의 면제품을 중계하면서 차익

　㉡황해도/함경도 방곡령 사건(1889, 1890)

　　쌀 수출 유보, 일본의 항의로 굴복

　㉢농민의 불만 고조

　　1890년대 동학 농민 운동의 발생에 영향

제 3 절　근대적 개혁 추진 과정

01. 동학 농민 운동

(1)동학 농민군의 봉기

　①교조 신원 운동

　　㉠1890년대

　　　동학 탄압 중지와 교조 최제우의 억울함을 풀어 달라고 주장

　　㉡전개

　　　ⓐ1차 교조 신원 운동(1892.11, 공주/삼례 집회) : 종교 운동

　　　ⓑ2차 교조 신원 운동(1893.2, 서울 복합 상소)

　　　ⓒ3차 교조 신원 운동(1893.3, 보은 집회) : 정치 운동으로 전환

　②동학 농민 운동의 전개 과정

　　㉠고부 민란(1894.1)

　　　조병갑의 착취, 전봉준의 봉기(사발통문 돌림)

　　㉡1차 봉기(1894.3)

　　　ⓐ3월 : 백산, 4대 강령, 격문(보국안민, 제폭구민)

　　　ⓑ4월 : 황토현 전투, 황룡촌 전투, 전주성 점령

　　㉢전주화약(1894.5)

　　　집강소(농민 자치 조직) 설치, 폐정 개혁안 12개조

내용	의미
1. 동학교도와 정부 사이에 묵은 감정을 씻어버리고 서정(庶政)에 협력한다.	관청-집강소 협력을 통한 안정 도모
2. 탐관오리의 죄목을 조사하여 일일이 엄징한다.	반봉건
3. 횡포한 부호들을 엄징한다.	
4. 불량한 유림과 양반의 무리를 징벌한다.	
5. 노비문서를 소각한다.	갑오개혁에 반영
6. 7종의 천인 차별을 개선하고 백정이 쓰는 평량갓을 없앤다.	
7. 청상과부의 개가를 허용한다.	
8. 무명 잡세(雜稅)를 일체 폐지한다.	
9. 관리 채용에 지벌을 타파하고 인재를 등용한다.	
10. 왜와 통하는 자는 엄징한다.	반외세
11. 공사채(公私債)를 물론하고 기왕의 것을 무효로 한다.	고리채 무효화
12. 토지는 평균하여 분작한다.	다른 개혁 운동에서는 발견되지 않음.

  ⓔ일본군의 경복궁 점령, 청일 전쟁 발발, 갑오개혁 시작(1894.6)
  ⓜ2차 봉기(1894.9) : 남접(전라도, 전봉준)과 북접(충청도, 최시형)의 봉기
  ⓗ우금치 전투(1894.11) : 일본군에게 참패
  ⓢ전봉준 체포(1894.12)

(2)동학 농민 운동의 평가
 ①성격
  반봉건적, 반외세적, 아래로부터의 근대화 운동
 ②영향
  청일 전쟁 유발, 갑오개혁 촉진, 의병 운동으로 연속

02. 갑오개혁

(1)갑오개혁의 실시
 ①정부의 자주적 개혁 의지
  교정청 설치 → 일본의 간섭으로 시행 못함.
 ②제1차 갑오개혁(1894.6.25.~11월) : 일본에 의한 타율적 개혁
  ㉠제1차 김홍집 내각
   군국기무처(초·정부적) 설치, 흥선대원군 섭정

ⓒ1차 갑오개혁의 내용

　　ⓐ중앙 : 개국 연호, 국정 분리, 8아문 개편, 과거제 폐지

　　ⓑ경제면 : 재정 일원화(탁지아문), 은본위 화폐제, 조세 금납화, 도량형 통일

　　ⓒ사회면 : 공사노비 제도 폐지(신분제 폐지), 재가 허용, 조혼 금지

③제2차 갑오개혁(1894.11.~1895. 윤5월)

　㉠제2차 김홍집 내각

　　홍범 14조 발표, 박영효 중심, 삼국간섭으로 중단

　㉡2차 갑오개혁의 내용

　　ⓐ중앙 : 7부 개편

　　ⓑ지방 : 23부 개편, 지방관 권한 축소(사법/군사 ×), 사법권 독립(재판소 설치)

　　ⓒ교육 : 교육입국조서 발표, 사범학교/외국어학교/소학교 설치

　　ⓓ군사 : 훈련대, 시위대 설치

　㉢홍범 14조

　　청에 의존 ×, 탁지아문

(2)청일전쟁과 삼국간섭

　①청일전쟁(1894.6~1895.3)

　　일본군의 승리, 시모노세키 조약(요동 차지)

　②삼국간섭(1895.3)

　㉠요동 반도 반환

　　러시아·프랑스·독일이 간섭, 일본 굴복

　㉡3차 김홍집 내각

　　일본의 위신 추락, 친러 내각 등장, 명성황후와 연결

(3)을미개혁의 시행

　①을미사변(1895.8)

　　명성황후 시해(일본 자객, 건청궁)

　②을미개혁(1895.8~1896.2)

　㉠제4차 김홍집 내각

　　친일 내각, 유길준 중심

　㉡을미개혁의 내용

　　태양력/건양 연호, 친위대/진위대 설치, 단발령, 종두법, 우편사무 재개

　㉢을미개혁에 대한 반발 : 을미의병

　㉣개혁 중단 : 아관파천(고종이 러시아 공관으로 피신)

03. 독립협회와 대한제국

(1)아관파천과 이권 침탈

①아관파천(1896)

고종이 러시아 공사관으로 피신, 친러 내각 성립

②이권 침탈

㉠삼림 채벌권

러시아, 압록강/두만강/울릉도

㉡철도 부설권

일본, 경부선

㉢금광 채굴권

미국, 운산

(2)독립협회

①독립협회 창립(1896)

서재필을 중심으로 시민, 학생, 노동자, 천민 등 참여

②독립협회의 활동

㉠전국에 지회 조직, 독립문/독립관 건립

㉡독립신문(최초 민간 신문) 발행

㉢러시아/프랑스 이권 침탈에 반대

㉣만민공동회의 개최(1898.3)

민중 집회

㉤관민공동회의 개최(1898.10)

총리 박정양 합석, 헌의 6조 결의

헌의 6조	의미
1. 외국인에게 의지하지 않고 관민이 한마음으로 협력하여 전제 황권을 견고케 할 것	이권 침탈 방지, 의회식 중추원 도입
2. 정부와 외국인이 조약을 맺는 일은, 만약 각부(各部)의 대신과 중추원 의장이 같이 서명하고 날인하지 않으면 시행하지 말 것	
3. 전국의 재정과 세금은 모두 탁지부에서 관리하되, 다른 부서 및 개인 회사는 간섭하지 않도록 하고 예산과 결산을 인민에게 공포할 것	재정의 일원화 (탁지부)
4. 중대한 범죄에 대해서는 따로 공판을 시행하되 피고가 자세히 설명하여 마침내 죄를 자복한 뒤에 형을 시행할 것	재판 공개와 인권 존중
5. 칙임관(1~2품의 최고 관직)은 황제 폐하께서 의정부에 자문을 구하여 과반수가 넘으면 임명할 것	입헌군주제
6. 장정(章程)을 실천할 것	법치 행정

③독립협회의 해산

　황국협회(보부상 단체)와 충돌

④독립협회의 3대 사상

　자주 국권, 자유 민권, 자강 개혁

⑤평가

　민중을 바탕, 애국계몽운동에 영향, 일본에 우호적, 의병 배척

(3)대한제국과 광무개혁

　①대한제국의 성립

　　㉠배경

　　　독립 협회 등 국민적인 열망, 러일 간의 세력 균형

　　㉡대한제국 선포

　　　ⓐ경운궁으로 환궁

　　　ⓑ황제 즉위식 거행(1897.10, 원구단) : 연호 광무

　②광무개혁

　　㉠구본신참

　　　옛 제도를 근본으로 하고 새로운 제도를 참작한다.

　　　→ 복고적 개혁

　　㉡개혁 방향

　　　ⓐ대한국 국제 : 전제 황권 강화

　　　ⓑ식산흥업 : 상공업 진흥 정책, 내장원 중심

　③광무개혁의 내용

　　㉠정치면

　　　13도 체제

　　㉡군사면

　　　친위대/시위대/진위대, 무관학교, 원수부

　　㉢경제면

　　　양전 사업/지계(근대적 토지 소유 문서) 사업, 회사/학교 설립

　　㉣외교면

　　　간도의 관할(간도 관리사 이범윤), 울릉도/독도 관할(1900, 칙령 41호)

　④평가

　　갑오·을미개혁의 보완, 자주적/보수적/복고적 개혁

01. 항일 의병 운동

(1)항일 의병 운동의 전개

①을미 의병(1895)

을미사변/단발령이 원인, 유인석, 해산 권고 조칙

②을사 의병(1905)

을사조약이 원인, 최익현(유생)/신돌석(평민) 의병장

③정미 의병(1907)

㉠배경

고종의 강제 퇴위, 군대 해산

㉡전개

ⓐ해산 군인 합류 : 시위대 대대장 박승환 자결 계기

ⓑ서울 진공 작전 : 총대장 이인영, 13도 창의군

ⓒ일제의 남한 대토벌 작전 : 만주, 연해주의 독립군으로 이어짐.

(2)구한말 의사들의 활동

①장인환·전명운 의거(1908)

스티븐스(친일 외교고문) 사살

②안중근 의거(1909)

이토 히로부미 사살, 동양 평화론 집필, 뤼순에서 순국

02. 애국 계몽 운동

(1)애국 계몽 운동의 전개

①각종 단체의 조직

㉠보안회(1904)

황무지 개척권 요구 반대 운동, 농광회사 설립

㉡헌정연구회(1905)

입헌 정체 주장, 을사조약 이후 해산

㉢대한자강회(1906)

교육/산업 강조, 고종 퇴위 반대를 빌미로 해산

㉣대한협회(1907)

교육, 산업, 민권 강조

②신민회(1907~1911)

㉠비밀결사

안창호, 이승훈, 양기탁, 이동휘, 신채호 등 서북 지방 기독교 신자 중심

ⓒ공화정체 국민 국가 건설 지향

ⓒ국내 활동

대성학교/오산학교, 태극서관/도자기 회사, 대한매일신보(기관지)

ⓔ국외 활동

독립운동기지 건설, 만주 삼원보, 경학사/신흥 무관학교 설립

ⓜ해체

105인 사건(1911)

(2)애국계몽운동의 의의와 한계

①애국계몽운동의 의의

국내 독립 운동의 방향 제시, 기반 조성

②애국계몽운동의 한계

의병 운동에 부정적

제 5 절 　근대의 경제

01. 열강의 경제적 침탈

(1)각국의 이권 침탈

① 이권 침탈의 특징

최혜국 대우 조관의 적용

② 아관파천 이후 이권 침탈의 내용

국가	연도	침탈 이권
러시아	1896	울릉도·압록강·두만강 산림 채벌권
미국	1896	경인선 부설권 운산 금광 채굴권
	1897	서울 전기·수도 시설권
	1898	서울 전차 부설권
일본	1898	경인선 부설권 인수(미국이 처음 획득) 경부선 부설권
	1904	경의선 부설권 인수(프랑스가 처음 획득) 경원선 부설권
프랑스	1896	경의선 부설권

(2)일본의 금융·토지 침탈

①화폐 정리 사업(1905~1909)

재정고문 메가다, 조선 상인 파산 속출

②일본의 토지 약탈

철도 부지/군용지 강탈, 동양척식 주식회사(1908)

02. 경제적 구국 운동

(1)열강의 침략과 경제적 구국운동

열강의 침략	경제적 구국운동
양곡의 국외유출	방곡령 시행
일본의 상권 침탈	황국중앙총상회의 상권 수호운동
열강의 이권 침탈	독립협회의 이권 수호운동
금융의 침투	조선은행, 한성은행 등 민족은행 설립
토지의 약탈	보안회, 농광회사의 활동
차관 자본의 침투	국채 보상운동

(2)국채 보상 운동(1907)

①배경

통감부 설치 후 시설 개선 등 명목, 일본으로부터 거액의 차관(차관 총액 = 대한제국의 1년 예산에 맞먹는 1,300만원)

②목적

국민의 힘으로 국채를 갚고 국권을 지키자

③전개

㉠대구에서 처음 시작

김광제·서상돈, 국채보상기성회, 대한매일신보 중심

㉡국민들의 호응

금연/금주운동, 부녀자들은 비녀와 가락지 등 패물을 팔아 마련

㉢통감부의 탄압

양기탁 구속, 거족적인 경제적 구국 운동 좌절

④하나의 국민이라는 의식 형성

제 6 절 근대의 사회와 문화

01. 개항 이후 사회 변화

(1)사회제도와 의식의 변화
　①평등 사회로의 이행
　　㉠동학 사상, 천주교·기독교 사상의 영향 : 평등 강조
　　㉡신분제 폐지
　　　ⓐ동학 농민 운동 : 신분제 철폐의 결정적 계기
　　　ⓑ갑오개혁 : 공식적으로 신분제 폐지, 제도적으로 평등 사회 구현
　②실질적 평등 사회의 출현
　　㉠독립협회의 활동
　　　자유 민권 운동
　　㉡찬양회(순성회, 1898)
　　　서울 북촌 부인 중심, 〈여권 통문〉 발표

(2)동포들의 국외 이주
　①만주 : 간도 지역 중심, 독립 운동의 기반
　②연해주 : 블라디보스토크 등, 신한촌 형성
　③미주 : 하와이 공식 이민으로 시작, 미국 본토, 멕시코, 쿠바로 이주

02. 개항 이후 근대 문명의 수용

(1)동도서기론 : 서양의 과학 기술을 적극적으로 수용

(2)초기 근대 시설의 수용 모습
　①신문
　　1883년 박문국 설치, 최초의 신문인 한성순보 발간
　②전신
　　1885년 서울과 인천 사이에 전선이 처음 가설
　③우편
　　1895년 우정국을 을미개혁 때 부활
　④전화
　　1896년(또는 1898년) 궁궐(경운궁)에 전화가 처음 가설
　⑤철도
　　1899년 경인선(제물포~노량진)이 가장 먼저 개통

⑥전차

1899년 서대문~청량리(홍릉) 노선이 최초로 운행

⑦의료

㉠광혜원(1885)

최초의 근대식 병원으로, 미국인 선교사 알렌, 제중원으로 개칭

㉡광제원(1900)

서울에 세워진 국립병원, 지석영의 종두법 보급

⑧건축

독립문(1896), 명동성당(1898)

03. 근대 교육, 국학 연구, 문예, 종교

(1)근대 교육의 발전

①근대 교육의 시작

구분	시기	내용
원산학사	1883년	최초의 근대적 사립학교, 정현석과 함경도 덕원 상인이 설립, 근대학문과 무술 교육 실시
동문학	1883년	최초의 근대적 관립학교, 외국어 교육의 실시(일종의 통역관 양성소)
육영공원	1886년	헐버트 등 외국인 교사의 초빙, 고위관료와 상층양반의 자제가 입학, 외국어·수학·역사·정치학 등 근대학문 교육

②각종 사립학교의 설립

기독교 계통	배재학당(1886), 이화학당(1886), 숭실학교(1897, 평양)
민족주의 계열	순성여학교(1898), 보성학교(1906), 오산학교(1907), 대성학교(1908)

(2)언론 활동

①국내 신문

구분	발행시기	내용
한성순보	1883년	우리나라 최초의 신문, 순한문, 박문국에서 발간, 관보의 성격
한성주보	1886년	최초로 국한문 사용, 처음으로 상업광고를 실음
독립신문	1896년	최초의 민간신문, 서재필이 주도, 독립협회의 기관지, 한글판과 영문판
제국신문	1898년	순한글, 부녀자층
황성신문	1898년	국한문, 장지연의 시일야방성대곡
대한매일신보	1904년	양기탁과 베델이 주도, 당시 최대 발행부수 기록, 가장 반일적
만세보	1906년	천도교 신문

②일제의 탄압

　　㉠신문지법(1907), 출판법(1909) : 통감부의 언론 통제

　　㉡보안법(1907) : 집회, 결사의 자유 박탈

(3)국학 연구의 진전

　①국사의 연구

　　㉠계몽 사학

　　　ⓐ박은식, 신채호, 장지연, 현채 등

　　　ⓑ위인전과 외국 건국·망국사 보급

　　㉡민족주의 사학의 뿌리

　　　신채호의 『독사신론』(1908), 당시 교과서 비판

　②국어 연구

　　㉠언문일치의 출발 : 유길준, 『서유견문』(1895)

　　㉡국문 연구소 설립(1907) : 지석영, 주시경 등

(4)문학과 예술의 새 경향

　①문학계의 변화

　　㉠신소설 : 이인직의 『혈의 누』, 안국선의 『금수회의록』 등

　　㉡신체시 : 최남선의 〈해에게서 소년에게〉

　②예술계의 변화

　　㉠음악

　　　창가(서양식 악곡에 맞추어 부르는 노래), '독립가', '권학가'

　　㉡연극

　　　최초의 서양식 극장인 원각사(1908~1909)

(5)종교의 새 경향

천주교	프랑스와의 수교로 신앙의 자유, 고아원과 양로원
기독교	서양선교사의 입국으로 포교활동 시작, 근대 학교와 병원의 설립
천도교	손병희가 동학을 천도교로 개편(1905), 민족종교로 발전, 일제 강점기 국내 독립 운동에 기여
대종교	나철과 오기호가 창시(1909, 단군신앙의 발전), 간도와 연해주에서 독립 운동 전개
불교	한용운이 조선불교 유신론 저술
유교	개신유학자들이 유교개혁을 주장, 박은식의 유교구신론 저술

Chapter 08
일제의 강점과 민족 운동의 전개

01. 일제의 국권 침탈 과정

(1)러시아와 일본의 대립

　①러일전쟁(1904.2.~1905.9)의 발생

　　㉠원인 : 용암포 사건(1903)

　　㉡일본군의 승리 : 포츠머스조약(1905.9.5.) 체결

　②러일 전쟁의 영향 : 일본의 한국 지배 묵인

　　㉠가쓰라·태프트 밀약(1905.7)

　　㉡2차 영일동맹(1905.8)

　　㉢포츠머스강화조약(1905.9)

(2)일제의 국권 강탈 과정(1904~1910)

　①일제가 강요한 조약

한일의정서	1904년 2월	내정 간섭, 군용지의 확보
제1차 한일 협약	1904년 8월	고문정치 실시(메가다와 스티븐스 파견)
제2차 한일 협약 (을사조약)	1905년 11월	외교권 박탈, 통감부 설치(보호정치 실시)
제3차 한일 협약 (한일 신협약, 정미 7조약)	1907년 7월	차관정치 실시, 군대 해산
기유각서	1909년	사법권/감옥사무 박탈
경찰권 이양	1910년 6월	경찰권 박탈
한일 병합 조약	1910년 8월	식민 통치의 시작, 총독부 설치

　②제2차 한일 협약(1905.11, 을사조약)

　　㉠내용 : 통감부의 설치, 외교권의 박탈

　　㉡저항 운동

　　　ⓐ민영환 자결 순국

ⓑ시일야방성대곡 : 황성신문, 장지연
ⓒ을사의병, 5적 암살단
ⓓ고종의 활동 : 대한매일신보(1907.1)에 을사조약의 무효임을 밝힘
ⓔ헤이그 특사(1907.6) : 이상설·이준·이위종 등, 만국 평화 회의

③고종의 강제 퇴위(1907.7)
　헤이그 특사 파견 사건 구실
④한일 신협약(1907.7, 정미7조약, 제3차 한일협약)
　차관 정치
⑤한일 병합조약(1910.8)
　대한제국 멸망, 친일 관료 신분 보장

제 2 절　일제의 식민지 지배정책

01. 1910년대 무단 통치

(1)일제의 식민 통치정책의 변화

구분	무단 통치 (헌병 경찰 통치)	문화 통치	민족 말살 통치
시기	1910~1919	1919~1931	1931~1945
정치	언론·출판·집회·결사　금지, 교원·관리의 제복·칼	기만적 민족 분열 정책, 친일파 양성	내선일체, 일선동조론, 신사 참배, 창씨개명, 황국 신민 서사, 국가총동원법, 징병제와 징용제, 위안부
경제	토지조사사업,　회사령(허가제), 산림령, 어업령, 광업령, 전매제도	산미증식계획, 회사령 폐지	남면북양정책, 농촌 진흥운동, 중화학 공업의 본격화, 공출제·미곡제 실시, 인적·물적 수탈

①조선 총독부
　식민 통치의 중추기관
②무단 통치의 실시
　㉠헌병 경찰제도 실시
　㉡태형령(1912)
　㉢관리·교원이 제복과 칼 착용
　㉣105인 사건(1911) : 신민회 사건, 독립지사 탄압

(2)토지 조사 사업과 회사령 공포
　①토지 조사 사업(1912~1918)의 시행
　　㉠토지 소유권 조사 : 신고제
　　㉡미신고 토지와 공유지 약탈
　　㉢경작권 부정
　②회사령(1910)
　　허가제, 한국인 기업 활동 억제
　③삼림령, 어업령, 광업령
　　식민지 경제 구조

02. 1920년대 문화 통치

(1)3.1 운동(1919) 이후 일제 통치 방식의 변화
　①문화 통치
　　기만적, 민족 이간, 친일파 양성
　②문화통치의 내용
　　㉠보통 경찰제의 실시
　　　경찰 수 3배 이상 증가
　　㉡신문 발행의 허가
　　　조선·동아일보 발행, 검열·삭제로 통제
　　㉢2차 교육령
　　　대학 설립 가능, 민립대학설립운동은 불허
　　㉣치안유지법(1925)
　　　독립 운동 탄압

(2)산미증식계획과 회사령 폐지
　①산미증식계획(1920~1933)의 시행
　　㉠목적
　　　수리 시설 확대, 화학 비료 사용으로 쌀의 생산량 증가
　　㉡농민 부담 증가
　　　수리 조합비, 비료 대금
　　㉢증산량 〈 수탈량, 식량 사정 악화
　②회사령 폐지(1920)
　　신고제로 전환, 일본 자본 진출 용이

03. 1930년대 이후 민족 말살 정책

(1)민족 말살 정책
　①배경
　　만주사변(1931,9.18 사변)과 중일전쟁(1937), 태평양전쟁(1941)
　②병참기지화 정책
　　조선 공업화(군수공업)
　③황국 신민화 정책
　　㉠창씨개명, 신사참배, 황국 신민 서사 암송, 궁성 요배
　　㉡동아일보·조선일보 폐간(1940), 조선어 학회 사건(1942)

(2)인적, 물적 수탈
　①국가총동원법(1938)
　　전시 경제
　②징용, 징병
　③정신대 근로령
　　'위안부' 강제 동원

제3절　국내 항일 민족 운동

01. 1910년대 국내 민족 운동과 3·1 운동

(1)3·1 운동 이전의 국내 민족 운동
　①의병
　　마지막 의병장인 채응언(1915 체포)
　②국내 비밀결사
　　㉠독립의군부(1912~1914) : 임병찬
　　㉡대한광복회(1915~1918) : 박상진

(2)3·1 운동의 발생
　①배경
　　민족 자결주의, 2·8 독립선언(1919.2)
　②3·1 운동의 경과
　　㉠3·1 운동의 진행 과정
　　　ⓐ1단계 : 민족 대표

ⓑ2단계 : 서울, 도시
ⓒ3단계 : 농촌, 폭력적
ⓓ4단계 : 해외
ⓛ최대 규모 민족 운동
③3·1 운동의 영향
㉠임시정부 수립(1919.4)
㉡일제의 통치 방식 변화 : 문화통치

02. 1920년대 국내 민족 운동과 신간회 결성

(1)3·1 운동 이후 민족 운동 노선의 분화
①독립 운동 노선의 분열
민족주의(타협적, 비타협적), 사회주의
②타협적 민족주의 계열
이광수, 〈민족적 경륜〉, 자치론 주장
③비타협적 민족주의 계열
천도교 구파, 일부 국학자
④사회주의 계열
노동운동, 농민운동 등 전개

(2)6·10 만세 운동(1926)
①순종 장례식 때 만세 운동 전개
②민족 유일당 운동의 계기
사회주의 계열과 민족주의 계열이 협조

(3)신간회 창설(1927)과 민족 유일당 운동
①정우회 선언(1926.11)
사회주의 운동의 방향 전환, 신간회 결성의 계기
②신간회의 결성과 활동
㉠좌우 합작
비타협적 민족주의자와 사회주의자가 민족 협동 전선을 결성
㉡합법단체로 출발
㉢강령
정치적·경제적 각성의 촉진, 단결의 공고화, 기회주의의 일체 배격
㉣광주 학생 운동의 지원
㉤근우회

　　　신간회 자매단체
　　③신간회의 해체
　　　민중대회 사건 이후 해소론 대두, 코민테른의 지시

(4)광주 학생 운동(1929)
　　①한·일 학생 간의 충돌 사건
　　　대규모 반일 학생 시위
　　②신간회의 지원 아래 확대
　　　3·1 운동 이후의 최대 민족 운동

03. 경제적·사회적 민족 운동의 전개

(1)경제적 민족 운동
　①물산 장려 운동
　　㉠배경
　　　1923년 기존의 관세령 폐지가 예고
　　㉡구호
　　　'우리가 만든 것, 우리가 쓰자', '내 살림 내 것으로'
　　㉢전개 과정
　　　ⓐ평양 물산 장려회 조직(1920) : 조만식 등이 중심
　　　ⓑ조선 물산 장려회 조직(1923)

(2)사회적 민족 운동
　①농민 운동(소작쟁의)
　　암태도 소작 쟁의(1923)
　②노동 운동(노동쟁의)
　　원산 노동자 총파업(1929)
　③형평 운동
　　진주 형평사 창립(1923), 백정들의 평등한 대우 요구

(3)교육적 민족 운동의 전개
　①일제의 식민지 교육정책
　　우민화 교육

제1차 교육령	1911년	• 보통·실업·전문교육으로 한정(대학교육 불허) • 일본어 보급과 일본화 촉진(일본어와 수신이 교과의 중심) • 6면 1개교 원칙
제2차 교육령	1922년	• 3·1 운동 이후 통제를 완화함(문화정책의 일환) • 수업연한의 연장(보통학교 : 4년 → 6년, 고등보통학교 4년 → 5년) • 3면 1개교 원칙 • 대학 설립 규정 명시(경성 제국대학 설립)
제3차 교육령	1938년	• 조선어를 선택과목으로 변경 • 일본과 동일하게 학교명칭 변경 • 조선어 사용시 체벌·벌금부과
제4차 교육령	1943년	• 조선어를 완전히 폐지 • 교육을 전시 동원체제에 편입(군부에 의한 교육통제)

②민립 대학 설립 운동(1923)
　한민족 1천만이 한 사람 1원씩, 실패

③농촌 계몽 운동
　조선일보의 문자 보급운동, 동아일보의 브나로드 운동

제 4 절　국외 항일 민족 운동

01. 1910년대 국외 민족 운동과 임시정부의 수립

(1)1910년대 국외 민족 운동
　①국외 독립 운동 기지의 건설
　　만주·연해주, 무장 독립 전쟁 준비
　②만주 지역
　　㉠서간도 지역(압록강 건너)
　　　경학사, 신흥 무관학교
　　㉡북간도 지역(두만강 건너)
　　　중광단, 북로 군정서
　③연해주와 중국 관내 지역
　　㉠연해주 지역
　　　성명회, 권업회, 대한광복군 정부, 대한국민의회

ⓒ중국 관내

신한청년당, 파리 강화 회의에 김규식을 대표로 파견

④미주와 일본지역

㉠미주 지역 : 대한인국민회

㉡일본 : 조선 청년 독립단

(2)대한민국 임시정부의 수립

①임시정부의 수립 과정

㉠각지의 임시정부

ⓐ연해주의 대한국민의회(1919.3)

ⓑ상하이 임시정부(대한민국 임시정부, 1919.4.13)

ⓒ한성 정부(1919.4.23.) → 집정관 총재 이승만

②임시정부의 통합과 체제

㉠임시정부의 통합

한성 정부의 정통성 인정하고, 상하이에 임시정부 수립

㉡임시정부의 체제

ⓐ헌법의 공포(1919.9) : 공화제

ⓑ3권의 분립 체제 : 임시의정원(입법기관), 법원(사법기관), 국무원(행정기관)

ⓒ임시정부의 수립 : 초대 대통령 이승만, 국무총리 이동휘

③임시정부의 활동

㉠연통제의 설치(1919) : 비밀 행정 조직망

㉡외교 활동 : 파리 위원부, 구미 위원부

ⓒ문화사업 : 독립신문, 사료편찬소

④국민대표회의(1923)

개조파와 창조파의 대립, 임시정부 약화

02. 1920년대 국외 민족 운동

(1)1920년대 의열 투쟁

①의열단(1919, 만주)

㉠김원봉이 조직 : "정의와 맹렬"

㉡주요 활동인사

ⓐ김상옥 : 1923년 종로 경찰서에 폭탄을 투척

ⓑ나석주 : 1926년 동양 척식 회사/식산 은행에 폭탄을 투척

ⓒ조선 혁명 선언(1923) : 신채호, 의열단 지침

(2)1920년대 국외 무장 독립 전쟁

①봉오동 전투(1920.6)

대한독립군(홍범도)

②청산리 대첩(1920.10)

북로 군정서군(김좌진), 대한독립군, 최대 승리

③독립군의 시련

㉠간도 참변(1920.10)

㉡자유시 참변(1921.6)

④독립군의 재정비와 통합

㉠3부의 성립

ⓐ참의부, 정의부, 신민부의 성립

ⓑ군사조직과 민정조직 겸비

㉡3부 통합운동(1927~1930)

혁신의회(1928.12)와 국민부(1929.3)로 양립

03. 1930년대 이후 국외 민족 운동

(1)1930년대의 의열 투쟁

①한인 애국단의 조직(1931)

김구, 상하이

②이봉창과 윤봉길의 의거

㉠이봉창의 활약(1932.1)

일왕에게 수류탄 투척

㉡윤봉길의 활약(1932.4)

상하이 홍커우 공원에 폭탄 투척, 일본군 장성/고관 살상, 중국 국민당 정부의 임시정부
지원 계기

(2)1930년대 전반 국외 무장 독립 전쟁

①한·중 연합작전

만주사변이 배경

②독립군의 활동

㉠한국독립군

지청천, 쌍성보 전투(1932), 대전자령 전투(1933)

㉡조선혁명군

양세봉, 영릉가 전투(1932), 흥경성 전투(1933)

(3)1930년대 후반 이후 국외 무장 독립 전쟁
　①김원봉 중심의 중국 관내 민족 유일당 운동
　　㉠민족혁명당(1935.7) 창당
　　㉡조선의용대(1938)
　　　중국 관내에서 결성된 최초의 한국인 군사 조직
　②김구 중심의 중국 관내 민족 유일당 운동
　　㉠한국광복군의 조직(1940)
　　　1941년 대일 선전포고, 연합군과 함께 항일 투쟁
　　㉡조선의용대 일부의 편입(1942)

(4)임시정부와 광복군의 활동
　①충칭 시기의 임시정부
　　㉠한국독립당 재결성(1940.5)
　　㉡한국광복군 창설(1940, 충칭)
　　㉢4차 개헌(주석 중심 체제, 1940.10)
　　㉣건국강령(1941.11)의 공표 : 조소앙의 삼균주의
　　㉤대일 선전 포고문의 발표(1941.12)
　　㉥5차 개헌(주석·부주석 체제, 1944)

　②광복군의 활동
　　미얀마에 파견되어 영국군과 연합작전 전개

제 5 절　사회의 변화와 민족문화의 수호

01. 일제 강점기의 사회 변화

(1)국외 이주 동포의 시련
　①만주 이주 동포
　　간도 참변(1920)
　②연해주 이주 동포
　　중앙아시아 강제 이주(1937)
　③일본 이주 동포
　　관동 대학살(1923)

(2)사회의 변화 모습

  ①인구의 증가와 도시의 변화

    ㉠인구의 증가

    ㉡경성의 모습 : 일본인 거리(남촌), 한국인 거리(북촌)

  ②의식주 생활의 변화

    ㉠1920년대 : 단발 유행

    ㉡1930년대 : 토막집 등장

    ㉢1940년대 : 몸뻬 강제

02. 국어와 국사의 연구

(1)국어 연구와 한글의 보급

  ①조선어 연구회(1921)

    '가갸날'제정, 『한글』이라는 잡지 간행

  ②조선어 학회(1931)

    한글 맞춤법 통일안, 표준어 제정

  ③조선어 학회 사건(1942)

    일제 탄압으로 해산

(2)한국사 연구의 발전

  ①민족주의 사학

    ㉠박은식

      ⓐ『한국통사』, 『한국독립 운동지혈사』

      ⓑ국혼의 강조

    ㉡신채호

      ⓐ『조선사연구초』, 『조선상고사』

      ⓑ묘청의 난에 대한 높은 평가

      ⓒ아와 비아의 투쟁

    ㉢정인보 : '얼' 강조

    ㉣문일평 : '심' 강조

    ㉤조선학 운동(1934) : 1930년대, 정약용의 실학 연구

  ②사회 경제사학

    백남운, 세계사의 보편적 발전 법칙, 정체성 이론 반박

  ③실증 사학

    이병도, 진단학회, 문헌 고증

Chapter 09
대한민국의 발전과 현대 세계의 변화

제1절	현대 사회의 성립

01. 우리나라의 현대 사회

(1)광복 직전의 정세
  ①국내외 건국 준비 활동
    ㉠대한민국 임시 정부의 활동 : 건국강령의 발표(1941)
    ㉡조선 독립 동맹 : 연안파
    ㉢조선 건국 동맹(1944.8) : 여운형 중심, 민주주의 국가 건설
  ②한국 독립의 국제적 합의
    ㉠카이로 회담(1943.11, 이집트)
      ⓐ미국, 영국, 중국의 참여
      ⓑ한국의 독립을 약속 : 적당한 절차를 거쳐 한국을 독립시킨다.
    ㉡얄타 회담(1945.2, 소련)
      미국/영국/소련 참여, 소련의 대일전 참여
    ㉢포츠담 선언(1945.7, 독일)
      미국/영국/중국/소련 참여, 한국의 독립 재확인

(2)광복 직후의 국내 정세
  ①미국과 소련의 군정 실시 : 국토 분할
    ㉠남한
      ⓐ미군정(1945.9~1948.8)의 성립
      ⓑ포고령의 선포
    ㉡북한
      ⓐ공산주의 정권 수립에 착수
      ⓑ소련의 군정
  ②광복 직후의 국내 정세
    ㉠조선 건국 준비 위원회
      ⓐ여운형이 조직
      ⓑ강령 : '자주 독립 국가의 건설, 민주주의 정권의 수립, 대중 생활의 확보'

ⓒ광복 후 남한의 주요 인물과 조직

노선	인물	조직
우익	이승만	독립촉성중앙회 → 대한독립촉성국민회 → 자유당
	김성수	한국민주당(한민당)
	김 구	한국독립당(한독당)
중도 우파	김규식	한독당 탈퇴 → 좌우합작위원회 참여 → 민족자주연맹
	안재홍	조선국민당(국민당)
중도 좌파	여운형	건국준비위원회 → 조선인민당 → 좌우합작위원회 참여 → 근로인민당
좌익	박헌영	조선공산당 → 남조선노동당(남로당)
	백남운	남조선신민당

(3)신탁 통치 문제와 좌·우익의 갈등 격화
　①신탁 통치 문제
　　㉠모스크바 3상 회의(1945.12)
　　　임시정부 수립, 미소 공동 위원회, 신탁 통치 결정
　　㉡찬탁과 반탁 운동의 전개
　　　ⓐ신탁통치반대 국민총동원위원회 : 대한독립촉성국민회, 우익, 김구, 이승만
　　　ⓑ찬탁 운동의 전개 : 좌익
　②미소 공동 위원회의 개최
　　㉠제1차 미소 공동 위원회(1946.3.~5.)
　　　ⓐ임시정부 수립을 위한 협의 대상인 정당과 사회단체 문제 : 결렬
　　　ⓑ정읍 발언(1946.6) : 이승만, 단독정부 수립 주장
　　　ⓒ좌우 합작운동(1946.7) : 여운형, 김규식, 안재홍
　　㉡제2차 미소 공동 위원회(1947.5.~10) : 결국 결렬

제 2 절　대한민국의 발전

01. 대한민국 정부의 수립

(1)유엔(UN)을 통한 한국 문제 해결
　①유엔 총회(1947.11)
　　남북한 총선거 실시 결정, 소련 반대
　②유엔 소총회(1948.2)
　　남한에서의 총선거 결정

(2)단독 정부 수립 반대 운동
　①남북 협상의 추진
　　㉠김구, 김규식 제안
　　㉡남북 연석 회의 : 실패
　②남한 내 좌익의 단선 반대
　　㉠제주 4·3 사건(1948)
　　㉡여수·순천 10·19 사건(1948)

(3)대한민국 정부의 수립
　①정부 수립 과정
　　㉠5·10 총선거(1948) : 제헌 국회 구성
　　㉡헌법 제정(1948.7.17.) : 대통령 중심제
　②대한민국 정부의 구성
　　이승만을 초대 대통령, 이시영을 부통령으로 선출

02. 이승만 정부(1공화국, 1948~1960)

(1)친일파 청산 문제
　①반민족 행위 처벌법 제정(반민법, 1948.9~1949.8)
　　반민특위 구성
　②친일파 청산 실패
　　경찰의 반발, 반민특위 무력화

(2)농지 개혁
　①농지 개혁법 제정(1949. 6.)
　②유상매수, 유상분배 : 3정보 한도
　③경자유전(耕者有田) : 소작제도 폐지

(3)북한 정권 수립과 6·25전쟁
　①북조선 임시 인민위원회(1946.2)
　　위원장 김일성
　②토지개혁
　　무상 몰수, 무상 분배, 경작권만 분배
　③6·25 전쟁(1950~1953)
　　㉠배경
　　　ⓐ김일성의 적화 야욕

ⓑ미군 철수

ⓒ중국 공산화(1949)

ⓓ애치슨 선언 : 미국 극동 방위선에서 한반도 제외

ⓛ경과

ⓐ서울 함락(6.28)

ⓑ유엔군 참전, 인천 상륙 작전(9월), 서울 수복(9.28)

ⓒ중공군 개입, 흥남 철수, 서울 재함락(1951.1.4)

ⓓ국민 방위군 사건(1951.1), 거창 양민 학살 사건

ⓔ휴전 회담(1951.7~1953.7) : 개성, 판문점

ⓕ반공 포로 석방

ⓖ휴전 성립 : 미국, 북한, 중국 서명

ⓗ한미 상호 방위조약(1953.10)

ⓘ제네바 정치회담

ⓒ결과

분단 고착화, 김일성 독재 체제 강화

ⓔ전후 복구

미국의 원조, 삼백산업(밀·설탕·면화)

(4)4·19 혁명

①이승만 독재 체제(1~3대 대통령)

㉠자유당 창당

㉡발췌 개헌(1952, 1차 개헌) : 대통령 직선제

㉢사사오입 개헌(1954, 2차 개헌) : 중임 제한 철폐

㉣진보당 사건(1958) : 조봉암 사형

②3·15 부정선거(1960)

㉠4대 대통령 선거 : 노골적인 부정 선거

㉡마산 시위 : 김주열 사망

③4·19 혁명 발발

㉠전국적 시위 : 경찰 발포로 사상자 속출

㉡대학 교수단 시국 선언(4.25)

㉢이승만 하야(4.26), 자유당 정권 붕괴

㉣허정 과도 정부 : 내각제 개헌(3차 개헌)

㉤민주 혁명 : 헌법 전문에 명시

(5)장면 내각(제2공화국, 1960~1961)

①장면 총리 : 민주당 신파

②윤보선 대통령 : 민주당 구파

③경제 정책 : 경제 개발 5개년 계획 입안, 시행은 못함.

④통일 정책 : 유엔 감시하 남북한 총선거 주장

03. 박정희 정부와 반유신 운동

(1)5·16 군사 정변(1961)

　①국가 재건 최고 회의 설치

　　박정희를 중심으로 한 군부 세력은 1961년 정변을 일으켜 권력을 장악하고, 국가 재건 최고 회의를 구성하고 군정을 실시하였다.

　②1차 경제 개발 계획 추진(1962)

　③대통령제 개헌(1962, 5차 개헌)

(2)제3공화국 : 유신 체제 이전 박정희 정부

　①박정희 정부 정책

　　㉠경제 제일주의

　　　5대 대통령으로 당선된 박정희 정부는 경제 개발을 통한 '조국 근대화와 민족 중흥'을 표방하여 산업화와 공업화를 우선 과제로 삼고, 성장과 수출 위주의 경제 정책을 적극적으로 추진해 나갔다.

　　㉡한일 협정

　　　ⓐ일본과 국교 정상화 추진

　　　ⓑ6·3 시위(1964) 발생 : 대일 굴욕 외교 반대

　　　ⓒ한일 협정 체결 : 일본 자본 8억 달러 유입

　　㉢베트남 파병

　　　ⓐ1965년부터 파병

　　　ⓑ브라운 각서 : 미국 자본 유입

　　㉣2차 경제 개발 계획 추진

　　　본격적 경제 성장

　②북한의 대남 도발

　　1·21 사태(1968, 청와대 습격 사건)

　③3선 개헌(1969, 6차 개헌)

(3)제4공화국(1972~1979, 유신 체제)

　①유신 명분 축적

　　7·4 남북 공동 성명(1972)

　②유신 체제

㉠10월 유신(1972.10)
　　㉡유신 헌법
　　　ⓐ대통령 간선제 : 통일 주체 국민회의에서 선출, 임기 6년
　　　ⓑ영구 집권 가능
　　　ⓒ긴급조치권(1~9호) : 국민의 자유와 권리 제한
　③반유신 운동
　　㉠개헌 청원 100만인 서명 운동
　　㉡민청학련 사건과 2차 인혁당 사건(1974.4) : 8명 사형
　　㉢긴급조치 9호 발동 : 유신 헌법 반대 금지, 시위 금지
　④유신 체제 붕괴
　　㉠2차 석유 파동(1978~1979) : 경기 침체
　　㉡YH 무역 사건 : 여성 근로자 사망
　　㉢김영삼 국회 제명과 부마항쟁(1979.10)
　　㉣10·26 사태(1979.10) : 박정희 대통령 피살

04. 신군부 독재와 민주화 운동

(1)5·18 민주화 운동(1980)
　①신군부의 등장
12·12 사태(1979.12.12.), 전두환/노태우 반란
　②"서울의 봄"
　　대규모 학생 시위
　③신군부의 비상계엄 확대, 김대중 체포
　④5·18 광주 민주화 운동(1980.5·18 ~ 5·27)
　　㉠경과
　　　계엄군의 과잉 진압/발포, 사상자 속출
　　㉡의의
　　　민주화 운동의 토대

(2)5공화국과 민주주의 탄압
　①신군부의 권력 장악
　　㉠국가보위 비상대책 위원회(국보위) 설치
　　　위원장 전두환
　　㉡삼청 교육대 설치, 언론 강제 통폐합
　　㉢8차 개헌
　　　대통령 선거인단에 의한 간선제, 7년 단임

②5공화국(전두환 정부, 1981~1987)

　㉠민주화 운동 탄압

　㉡보도 지침 : 언론 통제

　㉢경제 정책

　　ⓐ경제 구조 조정 : 중화학 공업에 대한 과잉 투자 조정, 물가 안정 정책

　　ⓑ3저 호황(1986~1988) : 저금리, 저유가, 저달러

　㉣이산가족 최초 상봉(相逢, 1985)

(3)6월 민주 항쟁

　①배경

　　㉠직선제 개헌 1천만 서명 운동

　　㉡박종철 고문치사 사건

　　㉢4·13 호헌조치(1987.4.13)

　②전개

　　㉠이한열 사망 사건

　　㉡6·10 국민 대회의 개최

　③결과

　　㉠6·29 선언(1987.6.29) : 정부의 개헌 요구 수용

　　㉡대통령 직선제 개헌(1987) : 현행 9차 개헌, 5년 단임

05. 6공화국

(1)노태우 정부 : 첫 번째 정부

　①서울 올림픽 개최

　②지방 자치제 부분적 실시

　　지방 의회 구성

　③북방 외교

　　㉠7·7 선언(1988) : 북한을 동반자 관계로 파악, 공산권

　　　국가에 대한 개방 정책

　　㉡소련 수교(1990)·중국 수교(1992)

　　㉢남북 유엔 동시 가입·남북 기본 합의서 체결(1991)

(2)김영삼 정부(문민 정부, 1993~1997) : 두 번째 정부

　①금융 실명제(1993)

　②지방 자치제의 전면적 실시

　③전직 대통령의 사법처리(1996)

　④국제 통화기금 구제 사태 : 외환 위기, IMF의 지원

(3)김대중 정부(국민의 정부, 1998~2002) : 세 번째 정부
　①외환 위기 극복
　②햇볕 정책 추진 : 대북 화해 협력 정책
　　㉠금강산 관광 사업 시작 : 해로
　　㉡남북 정상 회담 개최 : 6·15 남북 공동 선언(2000)
　　㉢이산가족 상봉 재개

(4)노무현 정부(참여 정부, 2003~2007) : 네 번째 정부
　①반민족행위 진상규명에 관한 특별법(2004)
　②햇볕 정책 지속
　　㉠금강산 육로 관광 시행
　　㉡개성 공단 설치
　　㉢2차 남북 정상회담 개최 : 10·4 공동 선언 발표
　　㉣경의선 시범 운행

06. 북한의 추이와 통일 정책

(1)북한 정권의 추이
　①1950년대
　　김일성 권력 강화, 천리마 운동
　②1960년대
　　주체사상 등장
　③1970년대
　　주석제 도입, 독재 강화
　④1980년대
　　김정일 등장
　⑤1990년대 이후
　　김일성 사망(1994), 선군 정치, 김정일 사망(2011)
　⑥핵무기 개발
　　1차 핵실험(2006)

(2)통일 정책
　①이승만 정부
　　반공 정책, 북진 통일론
　②장면 정부
　　유엔 감시하 남북한 총선거 제시

③박정희 정부

대화의 시작

㉠7·4 남북 공동 성명(1972)

ⓐ자주, 평화, 민족 대단결의 원칙

ⓑ남북조절위원회 설치

㉡6·23 평화 통일 선언(1973) : 유엔 동시 가입 제안

④전두환 정부

교류의 시작, 이산가족 최초 상봉(相逢, 1985)

⑤노태우 정부 : 회담의 성과

㉠남북한 유엔 동시 가입(1991.9)

㉡남북 기본 합의서(1991.12.13.) : 화해와 불가침 및 교류

ⓐ남북연락사무소 설치

ⓑ비핵화 공동선언(1991.12.31)

⑥김영삼 정부

민족 공동체 통일 방안, 남북 연합

⑦김대중 정부

교류의 활성화, 햇볕 정책, 남북 정상 회담

㉠6·15 남북 공동 선언

㉡10·4 남북 공동 선언

07. 현대 경제

(1)현대 경제

①이승만 정부

농지 개혁, 원조 경제(삼백 산업)

②박정희 정부

경제 개발 계획 추진

㉠1960년대 : 1차 경제 개발 계획

ⓐ외국 자본 도입

ⓑ경공업 육성

㉡1970년대 : 3차 경제 개발 계획

ⓐ중화학 공업 육성 : 포항 제철(1973)

ⓑ수출 1백억 달러 돌파

③1980년대

5차·6차 경제 사회 개발 계획

㉠구조 조정 : 중화학 공업 과잉 투자 조정

㉡3저 호황 : 저금리·저유가·저달러, 흑자 달성

1. 다음의 제도와 가장 관련이 깊은 시대는?

> 혼인을 하면 신랑이 신부 집 뒤에 조그만 집을 짓고 살다가 자식을 낳아 자식이 크면 신랑의 집으로 돌아가는 풍습

① 고구려　　　　　　　　② 신라
③ 백제　　　　　　　　　④ 부여

해설 제시된 제도는 고구려의 데릴사위제, 곧 서옥제이다.
정답 ①

2. 신석기 시대에 대한 설명으로 옳은 것은?

① 군장이 등장했다.
② 부산 동삼동 등의 유적지가 있다.
③ 계급이 발생하였다.
④ 고인돌 무덤에서 유물이 출토되었다.

정답 ②
해설 신석기 시대의 대표적인 유적지로 바닷가나 강가에 자리 잡은 부산 동삼동 유적 등이 있다.

3. 다음 중 신석기 시대의 농경과 가장 관련이 깊은 신앙은 무엇인가?

① 샤머니즘　　　　　　　② 토테미즘
③ 애니미즘　　　　　　　④ 영혼·조상숭배

해설 애니미즘(Animism, 정령 숭배)은 신석기 시대에 농사에 큰 영향을 끼치는 자연 물에 정령이 있다고 믿는 것으로, 태양과 물에 대한 숭배가 으뜸이었다.
정답 ③

4. 다음 중 청동기·철기 시대에 대한 설명으로 옳지 <u>않은</u> 것은?

① 청동기 시대에 군장 국가가 형성되었다.

② 청동기 시대에는 고인돌, 돌널무덤, 선돌 등 거석문화가 등장했다.

③ 경남 창원 다호리 유적에서 나온 붓은 청동기 시대의 한자 사용의 근거가 되었다.

④ 철기 시대에는 철제 농기구와 교육이 발달했다.

해설 경남 창원 다호리 유적에서 나온 붓은 철기 시대에 한반도에서 한자를 쓰고 있었음을 말해 준다.

정답 ③

5. 구석기 시대에 대한 설명으로 옳지 <u>않은</u> 것은?

① 가락바퀴나 뼈바늘을 이용하여 의복을 만들었다.

② 평등한 공동체 사회였다.

③ 사냥과 채집을 주로 하였다.

④ 뗀석기와 골각기를 사용하였다.

해설 가락바퀴나 뼈바늘을 이용하여 의복이나 그물을 제작한 것은 신석기 시대의 모습이다.

정답 ①

6. 다음 중 단군신화가 수록된 문헌이 <u>아닌</u> 것은?

① 삼국사기　　　　　　　　　② 제왕운기

③ 세종실록지리지　　　　　　④ 동국여지승람

해설 삼국사기는 '삼국사(三國史)'만 '기록(記錄)'한 역사서로 고조선, 가야, 발해의 기록은 수록되어 있지 않다.

정답 ①

7. 다음 중 고조선에 대한 설명으로 옳지 <u>않은</u> 것은?

① 8조법 가운데 3개 조목이 전해진다.

② 사유재산제 사회이다.

③ 가부장적 가족제도가 확립되었다.

④ 평등사회를 지향했다.

해설 고조선은 계급이 등장한 청동기 문화를 바탕으로 건국하였으므로 계급 사회였다. 또한 8조 금법에서 '노비'가 등장하는 점에서도 평등 사회가 아님을 알 수 있다.

정답 ④

8. 다음 중 부여에 대한 설명으로 옳지 <u>않은</u> 것은?

① 12월에 영고라는 제천행사가 열렸다.
② 순장과 껴묻거리를 묻는 장례풍습이 있었고, 흰옷을 즐겨 입었다.
③ 절도는 물건 값의 12배를 배상하게 하였다.
④ 살인자는 노비로 삼았다.

> **해설** 부여에서는 살인자는 사형에 처하고 그 가족은 노비로 삼았다.
> **정답** ④

9. 다음 보기와 가장 관련이 깊은 나라는?

> • 12개의 소국으로 구성되었다.
> • 철 자원이 풍부하여 철 생산과 교역을 통해 부를 축적했다.

① 변한
② 옥저
③ 동예
④ 고구려

> **해설** 변한은 김해·마산 지역의 12개국을 중심으로 발전하였는데, 철이 많이 생산되어 낙랑, 왜 등에 수출하였으며, 교역에서 철이 화폐처럼 사용되었다.
> **정답** ①

10. 고인돌이 만들어지던 시대의 사회상에 관한 설명으로 옳지 <u>않은</u> 것은?

① 반달 돌칼을 이용하여 곡물의 이삭을 잘랐다.
② 철제 호미와 쟁기 등을 사용하여 농사를 지었다.
③ 수장의 권위를 상징하는 청동검이 사용되었다.
④ 민무늬토기, 붉은 간토기 등을 만들어 사용하였다.

> **해설** 고인돌은 청동기 시대의 대표적인 무덤이다. 철로 만든 괭이, 호미, 삽, 낫, 보습 등은 철기 시대에 제작되었다.
> **정답** ②

11. 우리나라에서 아슐리안형 주먹도끼가 출토된 곳은?

① 상원 검은 모루 유적
② 연천 전곡리 유적
③ 공주 석장리 유적
④ 웅기 굴포리 유적

> **해설** 구석기 시대 유적지 중 연천에서 아슐리안형 주먹도끼가 출토되어 동아시아에서는 찍개를 사용하였고 주먹도끼는 유럽 지역에서 사용하였다는 기존의 학설을 뒤집었다.
> **정답** ②

12. 다음은 단군신화의 내용을 요약한 것이다. 선민(選民) 사상과 관련된 부분은?

> (ㄱ) 환인의 아들 환웅이 널리 인간을 이롭게 하기 위해 천부인 3개와 3,000의 무리를 이끌고 태백산 신단수 아래에 내려왔는데 이곳을 신사라 하였다. 그는 (ㄴ) 풍백, 우사, 운사로 하여금 인간의 360여 가지의 일을 주관하게 하였는데, 그 중에서 곡식, 질병, 생명, 형벌, 선악 등 다섯 가지 일이 가장 중요한 것이었다. 이로써 (ㄷ) 인간 세상을 교화시키고 널리 인간을 이롭게 하였다. 이때 곰과 호랑이가 사람이 되기를 원하였는데, 곰은 21일만에 여자로 태어났다. 환웅이 임시로 변하여 웅녀와 혼인하여 단군을 낳았다. (ㄹ) 단군왕검은 아사달에 도읍을 정하고 나라를 세워 조선이라 하였다.

① ㄱ   ② ㄴ

③ ㄷ   ④ ㄹ

해설 ㄱ. '환인의 아들 환웅'이란 표현에서 환웅 부족이 "하늘의 자손"임을 내세웠다는 점, 즉 선민사상과 관련이 있음을 알 수 있다.

정답 ①

13. 우리나라 신석기 시대 사람들의 생활상에 관한 설명으로 옳지 <u>않은</u> 것은?

① 다양한 종류의 간석기를 사용하였다.

② 나무열매, 물고기, 조개 등을 먹고 살았다.

③ 농사를 짓지 못하여 떠돌아다니며 생활하였다.

④ 대표적인 토기로는 빗살무늬토기가 사용되었다.

해설 구석기 시대는 채집과 사냥을 하며, 이리저리 떠돌아다니며 생활하였다.

정답 ③

14. 삼한에 관한 설명으로 옳은 것은?

> ㄱ. 민며느리제라는 혼인 풍속이 있었다.
> ㄴ. 5월과 10월에 계절제를 열어 하늘에 제사를 지냈다.
> ㄷ. 마한에는 목지국의 지배자가 진왕으로 추대되었다.
> ㄹ. 각 읍락에는 읍군이나 삼로라는 군장이 있었다.

① ㄱ, ㄴ   ② ㄱ, ㄷ

③ ㄴ, ㄷ   ④ ㄴ, ㄹ

해설 삼한에서는 해마다 씨를 뿌리고 난 뒤인 5월과 가을 곡식을 거두어들이는 10월에 계절제를 열어 하늘에 제사를 지냈으며, 마한을 이루고 있는 소국의 하나인 목지국의 지배자가 진왕으로 추대되어 삼한 전체의 주도 세력이 되었다.

정답 ③

15. 고조선에 관한 설명으로 옳지 <u>않은</u> 것은?

① 고조선의 세력 범위는 비파형 동검이 출토되는 지역과 깊은 관계가 있다.
② 고조선은 요령 지방을 중심으로 성장하여 점차 한반도까지 세력을 확장해 갔다.
③ 단군왕검은 제정일치의 지배자로 하늘의 자손이라는 인식을 갖고 있었다.
④ 활발한 정복 전쟁으로 낙랑군을 몰아냈다.

해설 고조선 멸망 후 고구려 미천왕의 공격을 받아 낙랑군 등 중국의 한 군현이 소멸되었다.
정답 ④

16. 청동기시대 사회상에 관한 설명으로 옳지 <u>않은</u> 것은?

① 사적 소유와 지배·피지배의 관계가 발생하였다.
② 약탈과 정복을 위한 집단 간의 전쟁이 잦았다.
③ 농업생산력의 증가에 따라 잉여생산물이 나타났다.
④ 혈연을 바탕으로 하는 씨족이 사회의 기본 구성 단위였다.

해설 혈연을 바탕으로 한 씨족을 기본 구성단위로 한 시대는 신석기 시대이다.
정답 ④

17. 우리나라 어느 지역을 발굴한 결과 다음과 같은 유물이 출토되었다. 어느 시대의 유적지인가?

• 반달돌칼	• 거친무늬거울	• 민무늬토기

① 구석기 시대 ② 신석기 시대
③ 청동기 시대 ④ 초기 철기 시대

해설 반달 돌칼 등의 '간석기'와 거친무늬 거울 등의 '청동기', 그리고 민무늬 토기 등의 '토기' 등은 청동기 시대의 유물이다.
정답 ③

18. 고대 국가와 그 풍속이 바르게 연결된 것은?

① 고구려 - 소도
② 옥저 - 데릴사위제
③ 동예 - 동맹
④ 부여 - 영고

해설 초기 국가의 제천행사로 부여는 영고를 10월에 지냈다.
정답 ④

19. 다음의 빗살무늬토기가 사용되던 시기의 모습으로 옳지 **않은** 것은?

① 농경과 목축을 통한 생산이 시작되었다.
② 동굴, 막집 등에 살며 이동생활을 했다.
③ 강석기와 낚시, 바늘 등의 뼈도구가 있다.
④ 사람들은 강가나 바닷가에 주로 살았다.

해설 주어진 유물은 신석기 시대의 대표적인 토기인 빗살무늬토기이다. 동굴이나 바위그늘에서 살거나 강가에 막집을 짓고 살았던 사람들은 구석기인들이다.
정답 ②

20. 다음 내용에 보이는 사회의 모습에 해당하지 **않는** 것은?

> • 사람을 죽인 자는 사형에 처한다.
> • 상처를 입힌 자는 곡물로 배상한다.
> • 남의 물건을 훔친 자는 노비로 삼는다.

① 성리학적 유교 윤리를 중요시했다.
② 사람들의 생명과 재산을 중시하였다.
③ 농경사회를 배경으로 하고 있다.
④ 권력과 경제력의 차이가 있었다.

해설 제시된 내용은 고조선의 8조금법이다. 성리학은 고려 말 충렬왕 때 안향이 처음 소개하였다.
정답 ①

21. "흥수아이"가 살았을 시기의 생활상에 관한 설명으로 옳은 것을 모두 고른 것은?

> ㄱ. 뼈바늘, 가락바퀴 등을 이용한 원시적 수공업이 등장하였다.
> ㄴ. 동굴이나 바위그늘, 또는 강가에 막집을 짓고 거주하였다.
> ㄷ. 지상가옥이 일반화되고, 널무덤·독무덤 형태의 무덤이 확산되었다.
> ㄹ. 짐승과 물고기를 잡아먹었으며, 식물의 열매나 뿌리도 채취하였다.

① ㄴ, ㄷ   ② ㄴ, ㄹ
③ ㄱ, ㄴ, ㄷ   ④ ㄱ, ㄴ, ㄹ

해설 청원 두루봉 동굴의 흥수아이는 4만여 년 전의 어린아이 인골로 보고된 구석기 시대의 인류이다. 따라서 구석기 시대의 생활상을 고르면 ㄴ, ㄹ이 해당된다. 가락바퀴는 신석기 시대, 널무덤은 철기 시대의 무덤이다.

정답 ②

22. ( )에 들어갈 인물을 순서대로 옳게 나열한 것은?

> • 고기(古記)에 이런 말이 있다. 옛날 환인의 아들 ( )이 천부인 3개와 3,000의 무리를 이끌고 태백산 신단수 아래에 내려왔는데, 이를 신시라 하였다.
> • 시조 동명성왕은 성이 고씨이며, 이름은 주몽이다. … 부여의 ( )이 태백산 남쪽에서 한 여자를 만나게 되어 물으니, ( )의 딸 유화라 하였다.

① 단군, 하백, 금와왕   ② 환웅, 금와왕, 하백
③ 환웅, 하백, 금와왕   ④ 단군, 금와왕, 하백

해설 삼국유사에 따르면 환인의 아들 '환웅'이 단군왕검의 아버지라고 하며, 삼국사기에 따르면 주몽의 어머니 유화부인은 물의 신인 '하백'의 딸이라고 한다. 한편, 부여의 '금와왕'이 태백산 아래에서 유화를 만나 궁에 데려왔다고 한다.

정답 ②

23. 선사 시대 대표적 유물의 연결로 옳은 것은?

① 구석기 시대 - 비파형 동검   ② 신석기 시대 - 고인돌
③ 신석기 시대 - 반달(형) 돌칼   ④ 청동기 시대 - 미송리식 토기

해설 청동기 시대에는 청천강 이북, 요령성과 길림성 일대에 분포하는 미송리식 토기가 사용되었다.

정답 ④

24. 선사시대에 관한 설명으로 옳지 <u>않은</u> 것은?

① 구석기 시대 사람들은 불의 사용법을 알게 되었다.

② 신석기 시대에 비로소 토기를 사용하게 되었다.

③ 신석기 시대에 가락바퀴나 뼈마늘을 만들어 썼다.

④ 청동기 시대에 이르러 비로소 토테미즘이 출현하였다.

해설 특정 동식물을 자기 부족의 기원으로 숭배하는 토테미즘은 신석기 시대의 신앙이다.
정답 ④

25. 다음의 제도와 가장 관련이 깊은 시대는?

> 혼인을 하면 신랑이 신부 집 뒤에 조그만 집을 짓고 살다가 자식을 낳아 자식이 크면 신랑의 집으로 돌아가는 풍습

① 고구려 　　　　　　　　　② 신라
③ 백제 　　　　　　　　　　④ 부여

해설 제시된 제도는 고구려의 데릴사위제로, 이는 노동력 확보와 관계된다.
정답 ①

26. 통일신라의 통치체제로 <u>틀린</u> 것은?

① 관리의 비리를 방지하기 위해 사정부를 설치했다.

② 9주 5소경 체제를 정비했다.

③ 집사부의 기능이 강화되었다.

④ 기인 제도를 실시하였다.

해설 ④ 고려 태조(918~943)는 지방 향리의 자제를 인질로 뽑아 서울에 머무르게 하는 기인 제도를 실시하였다.
정답 ④

27. 통일신라시대에 대한 설명으로 옳지 <u>않은</u> 것은?

① 신라는 금강 하구의 기벌포 전투에서 장을 크게 물리쳤다.

② 청천강 이남과 원산만을 경계로 한다.

③ 신라는 고구려의 부흥 운동세력을 후원했다.

④ 백제·고구려의 멸망 후 당이 웅진도독부와 안동도호부를 설치했다.

28. 호우명 그릇을 통해 알 수 있는 사실로 옳은 것은?

① 신라와 고구려의 관계   ② 가야와 일본의 관계

③ 백제와 고구려의 관계   ④ 신라와 백제의 관계

29. 고대국가의 왕권 강화책이 <u>아닌</u> 것은?

① 불교의 수용으로 집단의 통합을 강화했다.

② 박·석·김의 3성이 돌아가며 왕위를 차지했다.

③ 율령을 반포하여 통치체제를 정비했다.

④ 주변 지역을 정복하여 영토를 확장해 나갔다.

30. 다음 왕들의 공통점은 무엇인가?

• 소수림왕	• 고이왕	• 법흥왕

① 영토 확장   ② 율령 반포

③ 불교 공인   ④ 중앙집권국가 기틀 마련

31. 다음 사건 중 가장 오래된 것은?

• 살수대첩	• 고구려 멸망
• 매소성 전투	• 안시성 싸움

① 살수대첩 ② 고구려 멸망
③ 매소성 전투 ④ 안시성 싸움

해설 지문의 역사적 사실들을 시대 순서로 배열하면 '살수대첩 → 안시성 싸움 → 고구려 멸망 → 매소성 전투'이다.
정답 ①

32. 발해에 대한 설명으로 잘못된 것은?

① 대조영을 중심으로 동모산 기슭에서 건국되었다.
② 신라와 상설 교통로를 개설하여 대립 관계를 해소하려 했다.
③ 중국에서는 발해를 '해동성국'이라 불렀다.
④ 당나라의 통치 체제를 그대로 모방하였다.

해설 발해는 중앙 정치 조직을 당의 3성 6부를 수용하여 편성하였으나, 그 명칭과 운영은 독자성을 유지하였다.
정답 ④

33. 다음 중 통일신라에 대한 설명으로 옳은 것은?

① 왕권이 전제화되면서 중앙집권체제로 재편되었다.
② 당의 3성 6부제를 취하면서도 독자적인 성격을 유지하였다.
③ 10세기 초에 국력이 약화되면서 거란족에게 멸망하였다.
④ 고구려에 대한 계승의식을 지니고 있었다.

해설 무열왕 이후 삼국 통일을 이루면서 왕권이 강화되었으며, 신라는 강화된 경제력과 군사력을 토대로 왕권을 전제화하였다.
정답 ①

34. 다음의 사건을 일어난 순서대로 바르게 나열한 것은?

ㄱ. 평양천도	ㄴ. 나제동맹
ㄷ. 웅진천도	ㄹ. 신라 율령반포

① ㄱ - ㄴ - ㄷ - ㄹ ② ㄱ - ㄷ - ㄴ - ㄹ
③ ㄷ - ㄱ - ㄹ - ㄴ ④ ㄷ - ㄱ - ㄴ - ㄹ

ㄱ. 5세기 장수왕 때 국내성에서 평양으로 도읍을 옮겼다. (427)

ㄴ. 5세기 백제 비유왕은 장수왕의 남하정책에 대항하여 신라 눌지왕과 433년 나제동맹을 결성하였다.

ㄷ. 5세기 백제 문주왕은 장수왕에 의해 위례성이 함락되자, 웅진(공주)으로 천도(475)하였다.

ㄹ. 6세기 신라 법흥왕은 율령 반포를 통하여 통치 질서를 확립하였다(520).

①

35. 다음 관리 선발 제도에 대한 설명으로 옳지 <u>않은</u> 것은?

① 독서삼품과는 신라시대의 골품제도를 강화하기 위한 목적에서 만들어졌다.

② 고려의 과거제도는 광종 때 왕권 강화 및 호족 세력 억압을 목적으로 실시되었다.

③ 조선시대의 기술관을 선발하는 잡과는 3년마다 분야별 정원이 있었다.

④ 조선 중종 때 현량과를 실시하여 사림이 대거 등용되었다.

유교 경전의 이해 수준을 시험하는 독서삼품과는 진골 귀족의 반대와 골품 제도 때문에 그 기능을 제대로 발휘하지는 못하였다. 따라서 골품 제도 강화와는 관련이 없다.

①

36. 다음 중 고구려의 한강 유역 진출을 보여주는 유물은?

① 백두산정계비

② 광개토대왕릉비

③ 중원고구려비

④ 사택지적비

충북 충주시(중원)에 세운 중원 고구려비는 장수왕 때 고구려의 한강 유역 진출을 보여준다.

③

37. 다음 중 진흥왕의 업적으로 옳은 것은?

① 김씨 왕위 세습제를 성립했다.

② 대가야를 정복하여 낙동강 서쪽을 장악했다.

③ 율령을 반포하고 상대등과 병부를 설치했다.

④ 이사부로 하여금 우산국을 정복하게 했다.

6세기 진흥왕은 고령의 대가야를 정복하여 낙동강 서쪽을 장악하면서 가야 연맹을 완전히 해체, 멸망시켰다.

②

38. 민정문서에 대한 설명으로 <u>틀린</u> 것은?

① 조세와 공물 징수를 위한 기초 자료였다.

② 토지 면적, 인구 수, 가축의 수, 특산물 등을 파악했다.

③ 3년마다 변동사항을 조사하고 작성하였다.

④ 통일신라시대의 경제 상황을 알 수 있는 문서이다.

해설 민정문서는 매년 변동 사항을 조사하여 촌주가 3년마다 작성하였다. 3년마다 조사한 것이 아니다.
정답 ③

39. 다음을 시대 순으로 바르게 나열한 것은?

> ㄱ. 장수왕이 백제를 공격하여 한강 유역을 차지하였다.
>
> ㄴ. 부여가 고구려에 병합되어 멸망하였다.
>
> ㄷ. 신라 법흥왕이 금관가야를 병합하였다.
>
> ㄹ. 고구려가 수도를 평양으로 옮겼다.

① ㄱ → ㄴ → ㄷ → ㄹ

② ㄴ → ㄷ → ㄹ → ㄱ

③ ㄷ → ㄱ → ㄴ → ㄹ

④ ㄹ → ㄱ → ㄴ → ㄷ

해설 지문의 역사적 사실들을 시대 순으로 배열하면 ㄹ - ㄱ - ㄴ - ㄷ이 된다.
5세기 들어 고구려는 평양으로 천도하면서(427) 남하정책을 전개하여 한강 유역을 차지하였으며(475) 이후 부여까지 병합하여 최대의 판도를 이루었고(494), 6세기 들어 신라가 금관가야를 병합(532)하면서 팽창하였다.
정답 ④

40. 우리나라의 한자·한문 수용에 대한 설명으로 옳지 <u>않은</u> 것은?

① 고구려의 이문진은 한문으로 유기라는 100권의 역사서를 편찬하였다.

② 임신서기석은 우리말 순서에 따라 한문을 기록하였다.

③ 중국 양나라 옥편, 문선, 천자문 등이 전래되어 한문 전파에 크게 기여하였다.

④ 광개토대왕비와 사택지적비는 중국식 문장으로 작성되었다.

해설 고구려에서는 일찍부터 유기 100권이 편찬되었으며, 영양왕 때 이문진이 이를 간추려 신집 5권을 편찬하였다.
정답 ①

41. 신라가 삼국을 통일한 이후의 사회변화로 옳지 <u>않은</u> 것은?

① 유교교육을 강화하기 위해 국학을 설치하였으며, 지방통치조직으로 9주와 5소경을 두었다.

② 5부를 중국의 6전제와 비슷하게 개혁하고, 관료전을 지급하였다.

③ 신라의 신분제도인 골품제가 강화되고, 진골 귀족의 특권이 증대되었다.

④ 중앙군을 9개의 서당으로, 지방군을 10개의 정으로 개편하였다.

> **해설** 통일 이후 신라 중대에는 왕권이 전제화되면서 상대적으로 진골 귀족 세력은 약화되었다.
> **정답** ③

42. 다음 내용을 시대 순으로 바르게 나열한 것은?

> ㄱ. 집사부의 장관인 시중의 기능 강화
> ㄴ. 발해와 신라의 교통로인 신라도 개설
> ㄷ. 신문왕이 문무 관리에게 관료전 지급
> ㄹ. 장문휴가 당나라의 산둥 지방을 공격

① ㄱ → ㄷ → ㄴ → ㄹ   ② ㄱ → ㄷ → ㄹ → ㄴ

③ ㄷ → ㄱ → ㄴ → ㄹ   ④ ㄷ → ㄱ → ㄹ → ㄴ

> **해설** 지문의 역사적 사실들을 시대 순으로 배열하면 ㄱ - ㄷ - ㄹ - ㄴ이 된다.
> 7세기 신라 중대에 들어서 집사부 시중의 기능 강화를 토대로 전제왕권이 형성되면서 신문왕이 관료전을 지급(687)하고 녹읍을 폐지하여 귀족의 기반을 약화시켰고, 8세기 들어 발해의 무왕은 대외적으로 당과 대립 관계를 형성하였으나 이후 문왕은 신라와 상설 교통로를 여는 등 대외 관계를 변화시켰다.
> **정답** ②

43. 우리나라의 문화가 일본에 전래된 순서대로 바르게 나열한 것은?

> ㄱ. 왕인이 천자문과 논어를 가르침
> ㄴ. 담징이 종이와 먹의 제조 방법을 전함
> ㄷ. 노리사치계가 불경과 불상을 전함
> ㄹ. 심상은 화엄사상을 전해 일본 화엄종을 일으키는 데 영향을 줌

① ㄱ → ㄴ → ㄷ → ㄹ   ② ㄱ → ㄷ → ㄴ → ㄹ

③ ㄷ → ㄱ → ㄹ → ㄴ   ④ ㄷ → ㄴ → ㄹ → ㄱ

> **해설** ㄱ. 4세기 백제 근초고왕 때 왕인이 천자문과 논어를 일본에 전하였다.
> ㄷ. 6세기 백제 성왕 때 노리사치계가 불경과 불상을 전하며 일본에 불교를 전래하였다.
> ㄴ. 7세기 초 고구려 영양왕 때 담징이 종이와 먹, 맷돌의 제조 방법을 전하였다.
> ㄹ. 통일신라 시대에 심상에 의하여 전해진 화엄 사상은 일본 화엄종을 일으키는 데 많은 영향을 주었다.
> **정답** ②

44. 고대 국가들에 관한 설명으로 옳지 **않은** 것은?

① 고조선에는 8조법이 전하는데, 도둑질을 하면 사형에 처하였다.

② 고구려 사람들은 무예를 즐기고, 말을 타고 사냥하기를 좋아하였다.

③ 백제에는 농경에 적합하고 중국과 교류하기 유리한 한강 유역에 국가를 건설하였다.

④ 신라에는 골품제라는 신분제도가 있어 관등승진의 상한선이 골품에 따라 정해져 있었다.

> **해설** ① 고조선의 8조 금법에 따르면, "도둑질을 한 자는 노비(奴婢)로 삼되, 용서받고자 하는 자는 50만 전을 내야 한다"고 규정되어 있다. 사형은 살인죄의 형벌에 해당한다.
>
> **정답** ①

45. 정혜공주묘와 동경성 출토 유물을 제작한 나라에 관한 설명으로 옳은 것은?

① 진한 지역의 사로국에서 시작하였으며, 고구려와 백제를 통합하였다.

② 대조영이 동모산에서 건국한 나라이며, 고구려 계승 의식을 가지고 있었다.

③ 주몽이 부여에서 갈라져 나와 압록강 하류에 세운 나라이다.

④ 후백제와 신라뿐만 아니라. 발해인까지 받아들여 실질적인 민족 통일을 이루었다.

> **정답** ②
>
> **해설** 제시된 그림은 발해의 돌사자상과 석등이다. 발해는 7세기 말 고구려 장군 출신인 대조영을 중심으로 한 고구려 유민들이 만주 길림성의 동모산 기슭에 세운 나라로, 외교 문서나 여러 유물에서 고구려 계승 의식을 엿볼 수 있다.

46. 통일신라 말기에 나타난 사회 현상으로 모두 묶은 것은?

ㄱ. 호족 세력 등장	ㄴ. 해상 세력 대두
ㄷ. 조계종 성행	ㄹ. 풍수도참설 등장
ㅁ. 기인제도 실시	

① ㄱ, ㄴ, ㄹ   ② ㄱ, ㄷ, ㄹ

③ ㄴ, ㄷ, ㅁ   ④ ㄴ, ㄹ, ㅁ

> **해설** ㄷ과 ㅁ은 고려 시대의 상황이다.
>
> **정답** ①

47. 밑줄 친 부분과 관련된 고대 국가에 관한 설명으로 옳지 <u>않은</u> 것은?

> "(ㄱ) 부여씨가 망하고 (ㄴ) 고씨가 망하자 (ㄷ) 김씨가 그 남족 땅을 차지하였고, (ㄹ) 대씨가 그 북쪽 땅을 소유하였다. 이것이 남북국이라 부르는 것으로 마땅히 남북국사(南北國史)가 있어야 했음에도 고려가 이를 편찬하지 않은 것은 잘못된 일이다."
>
> – 유득공의 『발해고』

① (ㄱ) : 마가, 우가, 저가, 구가 등의 관리가 있었다.
② (ㄴ) : 평양에 도읍을 옮기고 중국의 남북조에 대해 등거리 외교정책을 전개하였다.
③ (ㄷ) : 국가 발전을 위한 인재를 양성하기 위하여 화랑도를 조직하였다.
④ (ㄹ) : 지방 행정 조직으로 5경 15부 62주를 두었다.

해설 부여씨는 백제의 왕족이다. 부여의 왕족은 『삼국사기』 등에 따르면 해씨이다.
정답 ①

48. 다음 여행 계획에서 강산이네 가족이 방문할 도시와 그 유적지를 연결한 것으로 옳지 <u>않은</u> 것은?

> 〈강산이네 가족의 여행 계획〉
> 우리 가족은 이번 여름 방학 때 역사 유적지를 돌아보는 2박 3일의 여행 계획을 짰다. 우리 집은 인천인데, 첫날 아침 일찍 출발하여 서울을 방문해서 대표적인 유적지를 살펴볼 계획이다. 오후에는 공주로 이동하여 주변의 유적지를 살펴보고 숙박할 예정이다. 둘째 날 오전에는 경상북도 안동으로 이동하여 답사하고, 오후에는 경주로 가서 시내의 유적지들을 살펴보고 숙박할 예정이다. 마지막 날에는 경주 시외의 유적지를 답사하고 집으로 돌아올 계획이다.

① 서울 : 몽촌토성, 경복궁
② 공주 : 부소산성, 정림사지
③ 안동 : 도산서원, 하회마을
④ 경주 : 안압지, 불국사

해설 부소산성과 정림사지는 부여에 있다.
정답 ②

49. 다음과 같은 사실이 제시된 유물은?

> (영락) 9년 기해에 서약을 어기고 왜와 화통하므로, 왕은 평양으로 순수(巡狩)에 내려갔다. 신라가 사신을 보내 왕에게 말하기를 "왜인이 그 국경에 가득 차 성을 부수었으니, 노객은 백성된 자로서 왕에게 귀의하여 분부를 청한다"고 하였다.

① 광개토 대왕릉비   ② 중원 고구려비
③ 단양 적성비   ④ 임신서기석

해설 제시된 사실은 광개토대왕릉 비문의 일부이다. '영락'은 광개토대왕의 연호이다.
정답 ①

50. 각 국가별 지방제도에 관한 설명으로 옳지 않은 것은?

① 고구려 - 지방통치를 위해 22담로를 설치
② 통일신라 - 전국을 9주로 나누고 5소경을 설치
③ 고려 - 전국을 5도와 양계로 나누고 3경을 설치
④ 고려 - 전국을 8도로 나누어 관찰사를 파견

해설 22담로는 6세기 백제 무령왕이 설치하였다.
정답 ①

51. 신라가 통일 이후 실시한 정책으로 옳은 것은?

| ㄱ. 관료전 지급 | ㄴ. 불교 공인 |
| ㄷ. 국학 설립 | ㄹ. 율령 반포 |

① ㄱ, ㄴ   ② ㄱ, ㄷ
③ ㄴ, ㄷ   ④ ㄴ, ㄹ

해설 ㄴ의 불교 공인과 ㄹ의 율령 반포는 모두 6세기 법흥왕의 업적이다.
정답 ②

52. 발해의 고구려 계승의식을 보여주는 사례로 옳은 것은?

① 일본에 보낸 국서에 '고려', '고려국왕'이라는 명칭을 사용했다.
② 상경용천부는 고구려 수도의 모습을 본떠 만들었다.
③ 중앙에는 왕 밑에 3성과 6부가 있었다.
④ 정효공주 무덤을 벽돌로 만들었다.

해설 고구려를 계승한 발해는 일본에 보낸 외교 문서에 발해를 고려(=고구려)로, 발해 국왕을 고려 국왕으로 칭하여 고구려 계승 의식을 분명히 하였다.
정답 ①

53. 「나라 - 문학 - 예술작품」이 바르게 연결된 것은?

① 백제 - 구지가 - 상감청자
② 고구려 - 황조가 - 연가7년명 금동여래입상
③ 고려 - 도솔가 - 금동대향로
④ 조선 - 가시리 - 분청사기

> **해설** 황조가는 고구려 유리왕이 지은 시이고, 제시된 그림은 고구려의 연가 7년명 금동여래입상이다.
> **정답** ②

54. 무령왕릉이 만들어졌을 당시의 상황에 관한 설명으로 옳은 것은?

① 중국의 동진으로부터 불교를 받아들여 왕실의 권위를 높였다.
② 22담로제가 실시되었고 왕족을 파견해 지방을 통치하였다.
③ 김흠돌의 난을 계기로 진골 귀족세력이 숙청당하였다.
④ 장보고가 청해진을 중심으로 해상무역을 장악하였다.

> **해설** 무령왕릉은 6세기 백제 무령왕의 벽돌무덤으로 공주 송산리에 있다. 무령왕은 지방의 22담로에 왕족을 파견함
> 으로써 지방에 대한 통제를 강화하였다.
> **정답** ②

55. 6세기 한반도의 정세의 사실로서 옳은 것은?

① 광개토대왕의 군대가 신라에 주둔하였다.
② 신라에서 김씨들의 왕위 세습이 확립되었다.
③ 화랑도를 국가적인 조직으로 개편하여 인재를 양성하였다.
④ 백제와 신라가 동맹을 맺어 고구려에 대항하였다.

> **해설** 지도에서 신라가 한강 유역을 장악하고 함흥평야까지 진출한 것으로 보아 6세기 진흥왕 때의 정세임을 알 수 있
> 다. 진흥왕은 인재를 양성하기 위하여 화랑도를 국가적인 조직으로 개편하였다.
> **정답** ③

56. 금동 미륵보살 반가상과 일본 목조 미륵보살 반가상의 두 유물을 통해 알 수 있는 것으로 옳은 것은?

① 한반도와 일본열도 사이에 많은 교류가 있었다.
② 임진왜란 이후로 많은 유물이 일본으로 도난당했다.
③ 교류의 단절로 인하여 다른 재료로 비슷한 불상이 제작되었다.
④ 동일한 양식의 불상을 중국으로부터 하사받은 것이다.

해설 삼국 시대 만들어진 금동 미륵보살 반가사유상을 바탕으로 일본의 자랑인 고류사 미륵보살 반가사유상이 만들어졌다.

정답 ①

57. 다음 설명에 해당하는 유적은?

> 1971년에 발견되었다. 많은 부장품이 무덤 안에서 출토되었는데, 왕과 왕비의 신분을 알 수 있는 유물이 발견되었다. 연대가 확실하게 알려진 무덤이다.

① 무령왕릉　　　　　　　　　　② 황남대총
③ 천마총　　　　　　　　　　　④ 광개토왕릉

해설 백제 무령왕릉은 1971년에 공주 송산리 고분군에서 발견되었는데, 중국 남조의 영향을 받아 벽돌로 무덤 내부를 쌓았으며, 무덤의 주인공이 무령왕과 왕비임을 알려 주는 지석이 발견되어 연대를 확실히 알 수 있는 무덤이기도 하다.

정답 ①

58. (　　　)에 들어갈 나라를 순서대로 옳게 나열한 것은?

> • (　　　) : 질 좋은 철을 생산하여 낙랑군 및 왜와 활발하게 무역을 하며 성장했으나 중앙 집권 국가로 발전하지 못하였다.
> • (　　　) : 후기 가야연맹을 주도하였으나 백제와 신라의 압력으로 위축되었다.

① 금관가야, 대가야　　　　　　② 금관가야, 고령가야
③ 대가야, 금관가야　　　　　　④ 대가야, 고령가야

해설 김해의 금관가야는 풍부한 철의 생산과 해상 교통을 이용하여 낙랑과 왜의 규슈 지방을 연결하는 중계 무역이 발달하였으나, 6세기 법흥왕 때 신라에 복속되었다. 한편, 5세기 후반 이후 고령의 대가야를 새로운 맹주로 하는 후기 가야 연맹이 형성되었으나, 대가야가 신라 진흥왕 때 항복하면서(562) 가야 연맹은 완전히 해체되었다.

정답 ①

59. 인물에 대한 설명으로 옳지 <u>않은</u> 것은?

① 원효는 십문화쟁론을 저술하였다.
② 의상은 화엄일승법계도를 저술하였다.
③ 원측은 세속오계를 만들었다.
④ 혜초는 왕오천축국전을 저술하였다.

60. 백제의 대외관계에 관한 설명으로 옳지 <u>않은</u> 것은?

① 4세기 근초고왕 때 백제는 낙랑군과 대방군, 그리고 말갈족을 북으로 몰아내고 영토를 넓혔다.

② 5세기 고구려의 공격을 받아 한성이 함락되자 수도를 웅진으로 옮겼다.

③ 6세기 무령왕은 중국 남조의 양나라와 화친하였고, 왜국과 밀접한 관계를 맺었다.

④ 6세기 성왕은 사비로 천도하고 신라 진흥왕과 연합하여 한강 유역을 회복하였다.

61. 통일신라 시대의 유학에 관한 설명으로 옳지 <u>않은</u> 것은?

① 원성왕 때 독서삼품과가 설치되었다.

② 강수가 화왕계를 지었다.

③ 신문왕 때 국학이 설치되었다.

④ 최치원이 계원필경을 저술하였다.

62. 다음에서 설명하는 발해의 왕은?

> 9세기 전반에 통치한 왕으로 이 시기에 발해는 대부분의 말갈족을 복속시키고 요동지역으로 진출하였다. 남쪽으로는 신라와 국경을 접할 정도로 넓은 영토를 차지하였고, 지방제도도 정비하였다.

① 선왕   ② 문왕

③ 고왕   ④ 무왕

63. 보기의 사건을 시대 순으로 바르게 나열한 것은?

ㄱ. 귀주대첩	ㄴ. 동북 9성
ㄷ. 강동 6주	ㄹ. 처인성전투

① ㄱ - ㄷ - ㄴ - ㄹ   ② ㄱ - ㄴ - ㄷ - ㄹ
③ ㄷ - ㄴ - ㄱ - ㄹ   ④ ㄷ - ㄱ - ㄴ - ㄹ

해설 ㄷ. 성종 때인 993년, 거란이 침략하자(거란의 1차 침입), 담판에 나선 서희는 압록강 동쪽의 강동 6주를 확보하는 성과를 거두었다.
ㄱ. 현종 때인 1018년, 거란이 다시 침입하자(거란의 3차 침입), 강감찬이 귀주대첩(1019)의 승리를 거두었다.
ㄴ. 예종 때인 1107년, 윤관이 별무반을 이끌고 함흥평야 북쪽의 여진을 정벌하여 동북 9성을 축조하였다.
ㄹ. 고종 때인 1232년, 살리타가 이끄는 몽골군이 출륙을 요구하며 침입(몽골의 2차 침입)하자, 김윤후가 처인성 (용인)에서 살리타를 사살하였다.

정답 ④

64. 고려 시대의 왕과 그 정책이 **잘못** 연결된 것은?

① 고려 - 훈요 10조   ② 성종 - 사심관 제도와 기인제도
③ 광종 - 노비안검법   ④ 경종 - 전시과 제도

정답 ②
해설 사심관제도와 기인 제도는 태조의 호족 견제책이다.

65. 보기의 사건들을 일어난 순서대로 나열한 것은?

ㄱ. 이자겸의 난	ㄴ. 서경 천도 운동
ㄷ. 조위총의 난	ㄹ. 최충헌의 무신정권

① ㄱ - ㄴ - ㄷ - ㄹ   ② ㄴ - ㄱ - ㄹ - ㄷ
③ ㄱ - ㄴ - ㄹ - ㄷ   ④ ㄷ - ㄹ - ㄴ - ㄱ

해설 ㄱ. 이자겸의 난 : 12세기 인종 때, 1126년
ㄴ. 서경 천도 운동 : 12세기 인종 때, 1135년
ㄷ. 조위총의 난 : 12세기 명종 때, 1174년
ㄹ. 최충헌의 무신 정권 : 12세기 명종 때, 1196년

정답 ①

66. 고려의 중앙정치조직에서 간쟁·봉박·서경의 기능을 담당하던 기구를 모두 고르면?

| ㄱ. 중서문하성 | ㄴ. 어사대 |
| ㄷ. 도병마사 | ㄹ. 중추원 |

① ㄱ, ㄴ
② ㄴ, ㄷ
③ ㄱ, ㄹ
④ ㄴ, ㄹ

해설 고려 시대에는 대간, 곧 대관과 간관이 함께 왕의 잘못을 논하는 간쟁과 잘못된 왕명을 시행하지 않고 되돌려 보내는 봉박, 관리의 임명과 법령의 개정이나 폐지 등에 동의하는 서경권을 가지고 있었다.
ㄱ. 중서문하성의 낭사가 곧 간관이다.
ㄴ. 어사대의 관원이 곧 대관이다.
정답 ①

67. 다음 중 고려 시대 농업의 특징이 <u>아닌</u> 것은?

① 시비법의 발달로 휴경지가 줄어들었다.
② 소를 이용한 심경법이 행해졌다.
③ 밭농사에서 2년 3작 윤작법이 보급되었다.
④ 노동력을 줄일 수 있는 이앙법이 전국으로 확대되었다.

해설 조선 후기에 수리 시설의 발달에 힘입어, 노동력을 줄일 수 있는 이앙법(모내기법)이 전국적으로 확산, 보급되었다.
정답 ④

68. 고려 시대의 신분제에 관한 설명으로 <u>잘못된</u> 것은?

① 노비는 매매, 증여, 상속의 대상이며 주인에 예속되었다.
② 양민 중 역(驛), 진(津)에 거주하는 사람은 각각 육로 교통, 수로 교통에 종사했다.
③ 노비 관련 문제를 처리하는 장례원이 있었다.
④ 양민의 대다수인 농민에게는 조세·공납·역의 의무가 있었다.

해설 장례원은 조선 시대에 노비의 장적과 소송 등에 관한 일을 관장한 관청이다.
정답 ③

69. 다음 보기의 내용에 해당하는 역사서들이 가진 공통점은?

> ㄱ. 처음 동명왕의 설화를 귀신(鬼)과 환상(幻)으로 여겼다. 그러나 연구를 거듭한 결과 귀신이 아니라 신(神)이라는 것을 깨달았다. 이것을 시로 쓰고 세상에 펴서 우리나라가 원래 성인지도(聖人之都)임을 널리 알리고자 한다.
>
> ㄴ. 옛 성인들은 예(禮)·악(樂)으로 나라를 흥하며 번성하게 하고 인의로 가르쳤으며, 괴상한 힘이나 난잡한 귀신을 말하지 않았다. 그러나 제왕들이 일어날 때는 반드시 보통 사람과 다른 것이 있은 뒤에 기회를 타서 대업을 이루는 것이다. (중략) 그러니 삼국의 시조들이 모두 신기한 일로 태어났음이 어찌 괴이하겠는가. 이것이 신이(神異)로써 다른 편보다 먼저 놓는 까닭이다.
>
> ㄷ. 요동에 또 하나의 천하가 있으니, 중국의 왕조와 뚜렷이 구분된다. 큰 파도가 출렁이며 3면을 둘러쌌고, 북으로는 대륙으로 면면히 이어졌다. 가운데에 사방 천리 당 여기가 조선이니, 강산의 형승은 천하에 이름났도다.

① 불교사를 중심으로 고대의 민간 설화를 수록하였다.
② 단군 이야기를 수록해 고조선을 우리 역사의 출발점으로 보았다.
③ 동명왕의 업적을 서사시로 엮었다.
④ 민족의 자주적 의식을 바탕으로 했다.

해설 ㄱ은 동명왕편, ㄴ은 삼국유사, ㄷ은 제왕운기의 일부이다. 이러한 역사서들은 고려 후기 때 대두한 민족적 자주의식을 바탕으로 전통 문화를 올바르게 이해하려는 경향을 잘 보여 준다.

정답 ④

70. 다음 중 사회시설에 대한 설명이 잘못 연결된 것은?

① 혜민국 : 고려시대 백성들의 질병 치료를 위해 설치한 관서
② 동서활인서 : 조선시대 빈민의 질병구료사업을 맡은 관청
③ 상평창 : 고려시대 물가조절기관
④ 제생원 : 고려시대 기금을 조성하여 이자로 빈민을 구제하던 기관

해설 제생원은 조선 시대에 의녀를 교육하고 지방민의 구호 및 진료를 담당하였다. 고려 시대 광종 때 기금을 마련한 뒤 그 이자로 빈민을 구제하던 기관은 제위보이다.

정답 ④

71. 고려 사회에 대한 설명으로 옳지 <u>않은</u> 것은?

① 2성 6부의 중앙 통치 조직을 갖추고 있었다.

② 향리는 과거를 거쳐도 신분 상승을 할 수 없었다.

③ 여성은 상속 등에 있어서 조선시대보다 차별을 받지 않았다.

④ 문벌귀족이 과거·음서제를 통해 관직을 독점하였다.

> **해설** 고려 시대에는 지방 향리의 자제도 과거를 통하여 신진 관료가 됨으로써 귀족의 대열에 들 수 있었다.
> **정답** ②

72. 고려 시대의 대외관계에 대한 설명으로 옳지 <u>않은</u> 것은?

① 12세기에 별무반 17만 군대로 여진족을 토벌하고 동북 9성을 개척하였다.

② 금은 요를 멸한 뒤 고려에 대해 사대의 예를 강요했고, 사대외교가 추진되었다.

③ 고려 후기 몽골의 침입 당시 대장경판, 경주 황룡사 9층탑 등 많은 문화재가 소실되었다.

④ 14세기 홍건적과 왜구의 침입 당시 이성계, 최우 등이 큰 활약을 펼쳤다.

> **해설** 14세기에 홍건적은 공민왕 때 두 차례나 고려에 침입하였으나, 최영 등이 홍건적을 물리쳤다. 또한 최영은 홍산 대첩(부여, 우왕 2년, 1376)에서, 이성계는 황산 대첩(남원, 우왕 6년, 1380)에서 왜구를 토벌했다. 최우는 13세기 무신 집권자이다.
> **정답** ④

73. 다음 중 공민왕의 업적이 <u>아닌</u> 것은?

① 신돈을 등용해 전민변정도감을 설치하였다.

② 고려의 내정을 간섭하던 정동행성이문소를 폐지했다.

③ 쌍성총관부를 공격해 철령 이북의 땅을 수복했다.

④원의 간섭에서 벗어나기 위해 만권당을 설치했다.

> **해설** 만권당은 14세기 초 충선왕(1298, 1308~1313)이 양위 이후 원의 연경(북경)에 세운 학술 연구 기관으로, 이를 통해 송설체와 성리학이 고려에 전래되었다.
> **정답** ④

74. 과전법에 대한 설명으로 옳지 <u>않은</u> 것은?

① 국가의 재정과 신진 사대부의 경제적 기반을 확보하기 위한 것이었다.

② 현직 관리에게만 과전으로 토지를 지급했다.

③ 과전은 경기도 지역의 토지를 대상으로 지급하였다.

④ 받은 사람이 죽거나 반역하면 국가에 반환해야 했다.

75. 과전법에 관한 설명으로 옳지 <u>않은</u> 것은?

① 공신전은 세습할 수 있었다.
② 과전은 경지 지방의 토지로 지급하였다.
③ 전세를 토지 1결당 미곡 4두로 고정시켰다.
④ 죽거나 반역을 하면 국가에 반환하도록 정하였다.

76. 다음 사건을 시대 순으로 바르게 나열한 것은?

ㄱ. 강조의 정변   ㄴ. 묘청의 서경천도 운동 ㄷ. 이자겸의 난   ㄹ. 윤관의 여진 정벌

① ㄱ → ㄹ → ㄷ → ㄴ   ② ㄴ → ㄷ → ㄹ → ㄱ
③ ㄷ → ㄹ → ㄱ → ㄴ   ④ ㄹ → ㄱ → ㄴ → ㄷ

77. 고려 시대 문헌공도에 관한 설명으로 옳은 것을 모두 고른 것은?

ㄱ. 국자감에 소속되어 있다. ㄴ. 문종 때 세운 9재 학당이다. ㄷ. 사학 12도 중에서 가장 번성하였다. ㄹ. 장학재단을 두어 경제기반을 강화하였다.

① ㄱ, ㄴ   ② ㄱ, ㄹ
③ ㄴ, ㄷ   ④ ㄷ, ㄹ

ㄴ, ㄷ. 문헌공도는 문종 때 최충이 세운 9재 학당으로, 사학 12도 중에서 가장 번성하여 명성이 높았다.
③

78. 다음 내용과 관련된 고려 시대 기관은?

> • 법제 제정을 관장하였다.
> • 중서문하성과 중추원의 높은 관원들이 함께 참여하는 회의기구이다.

① 상서성　　　　　　　　　　　② 어사대
③ 도병마사　　　　　　　　　　④ 식목도감

해설 식목도감은 중서문하성의 재신과 중추원의 추밀 등 2품 이상의 고관이 함께 모여 법률의 제정이나 각종 시행규정, 격식 등을 다루던 임시회의 기구였다.
정답 ④

79. 고려 시대 광종의 업적으로 옳은 것을 모두 고른 것은?

> ㄱ. 광덕, 준풍 등의 독자적인 연호를 사용하였다.
> ㄴ. 자신을 황제로 칭하고 개성을 황도로 격상시켰다.
> ㄷ. 관료들의 위계질서를 확립하기 위해 백관의 공복을 제정하였다.
> ㄹ. 개국공신과 지방 유력호족을 우대하여 권력기반을 강화하였다.

① ㄱ, ㄴ, ㄷ　　　　　　　　　② ㄱ, ㄹ
③ ㄴ, ㄷ　　　　　　　　　　　④ ㄴ, ㄷ, ㄹ

해설 ㄱ, ㄴ. 광종은 국왕의 권위를 높이기 위하여 황제를 칭하고, 광덕, 준풍 등 독자적인 연호를 사용하기도 하였고, 개경을 황도, 서경을 서도라 부르게 하였다.
　　　ㄷ. 광종은 지배층의 위계질서를 확립하기 위하여 4색 공복을 제정하였다.
정답 ①

80. 다음에서 공통적으로 설명하고 있는 섬은?

> • 이곳에 있었던 삼별초는 원나라의 군대와 고려 정부군에 의해 토벌되었으며, 이곳은 원나라의 직할령이 되었다.
> • 네덜란드로 가던 동인도회사 소속 선박 선원이었던 헨드릭 하멜(Hendrick Hamel)은 1653년 일본 나가사키로 가던 도중에 태풍을 만나 일행 36명과 일행 36명과 함께 이곳에 표류하였다.

① 진도   ② 거문도

③ 제주도   ④ 거제도

해설 13세기 후반 삼별초는 김통정의 지휘로 제주도에서 마지막으로 항쟁하였으나, 1273년 여몽 연합군에 의해 제주도 항파두리에서 진압되었다. 이후 원은 제주에 탐라총관부를 설치하고 직할령으로 삼았다가 충렬왕 때 돌려주었다. 한편, 17세기에 하멜(Hendrick Hamel) 일행이 제주도에 표류해 와 14년간 억류되었다가 네덜란드로 돌아갔는데, 이후 하멜 표류기를 지어 조선의 사정을 서양에 전하였다.

정답 ③

81. 고려 시대 전시과에 관한 설명으로 옳지 <u>않은</u> 것은?

① 문무 관리에게 관등에 따라 전지와 시지를 지급하였다.

② 관직 복무와 직역의 대가로 받은 토지는 사망하거나 관직에서 물러날 때 국가에 반납하였다.

③ 토지의 수조권이 아니라 토지 소유권을 지급하였다.

④ 문종 때에는 현직 관리에게만 토지를 지급하는 경정전시과가 실시되었다.

해설 전시과 제도에 따라 관리에게 지급된 토지는 소유권이 아닌, 조세를 수취할 수 있는 권리인 수조권만 가진 토지였다.

정답 ③

82. 우리나라 인쇄 문화에 관한 설명으로 옳지 <u>않은</u> 것은?

① 무구정광대다라니경은 현존하는 가장 오래된 금속활자 인쇄물이다.

② 고려 시대 대장도감에서 만든 재조대장경은 현재 합천 해인사에 보관되어 있다.

③ 청주 흥덕사에서 간행한 직지심체요절은 세계기록유산으로 등재되었다.

④ 조선 태종 때에는 주자소를 설치하고 금속활자 계미자를 주조하였다.

해설 불국사 3층 석탑에서 발견된 무구정광대다라니경은 8세기 초에 만들어진 세계에서 가장 오래 된 목판 인쇄물이다. 현존하는 세계 최고의 금속활자본은 1377년 간행된 직지심체요절이다.

정답 ①

83. 고려 초기 호족 세력을 통제하기 위한 정책으로 옳지 <u>않은</u> 것은?

① 사심관 제도   ② 공음전

③ 과거제도   ④ 노비안검법

해설 고려 문종 때 분급된 공음전은 5품 이상의 고위 관료, 곧 귀족에게 지급되고, 자손에게 세습되는 토지로 귀족의 특권을 상징한다.

정답 ②

84. 모 방송국에서 외교 담판으로 유명한 서희를 주인공으로 한 드라마를 제작하고자 할 때, 등장할 수 <u>없는</u> 장면은?

① 과거를 통해 관직에 진출한 관리와의 대화
② 전시과에 따라 토지를 하사받는 서희의 모습
③ 목화 밭 사이를 지나 소손녕에게 가는 서희 일행
④ 개혁안을 올리는 최승로를 바라보는 서희의 모습

> **해설** 14세기 공민왕 때 문익점이 원에서 목화씨를 가져와 목화 재배가 이루어졌다. 따라서 10세기 성종 때 활동한 서희는 목화 밭 사이를 지나갈 수가 없다.
> **정답** ③

85. 밑줄 친 부분과 같은 일이 일어나게 된 직접적인 원인으로 옳은 것은?

> (공민왕이) 일개 승려에 불과하던 신돈에게 국정을 맡겼다. 신돈은 "오늘날 나라의 법이 무너져 <u>나라의 토지와 약한 자들의 토지를 힘 있는 자들이 모두 빼앗고 양민을 자신의 노예로 삼고 있다.</u> 그러므로 백성은 병들고 나라의 창고는 비어 있으니 큰 문제가 아닐 수 없다.…"
>
> – 『고려사』

① 이자겸은 왕실과 혼인관계를 맺으면서 권력가가 되었다.
② 각 지역에 독립적인 세력을 가진 호족들이 등장하였다.
③ 원(元)의 세력을 등에 업은 권문세족이 성장하였다.
④ 세도 가문이 권력을 독점하면서 뇌물로 관직을 사고파는 일이 많아졌다.

> **해설** 제시된 자료는 공민왕 때 권문세족이 부당하게 빼앗은 토지와 노비 문제를 지적하고 있다. 권문세족은 원 간섭기 때에 출세한 사람들로, 원의 영향력을 등에 업고 농장을 확대하고 양민을 억압하였다.
> **정답** ③

86. 다음 내용과 관련된 고려 무신정권기 천민의 반란은?

> 경인년과 계사년 이래 천한 무리에서 높은 관직에 오르는 경우가 많이 일어났으니, 장군과 재상이 어찌 종자가 따로 있으랴? 때가 오면 누구나 할 수 있을 것이다.

① 김보당의 난
② 망이·망소이의 난
③ 전주 관노의 난
④ 만적의 난

> **해설** 개경에서 최충헌의 사노인 만적이 대규모의 반란을 시도하였는데, 이는 신분 해방 운동의 성격도 갖고 있다.
> **정답** ④

87. 고려시대의 가족생활에 관한 설명으로 옳지 <u>않은</u> 것은?

① 재산은 자녀에게 균등하게 분배하여 상속하였다.

② 양자(養子)를 들여 집안의 대를 잇게 하는 것이 보편화되었다.

③ 과부의 재혼이 일반적이었으며, 그 자식도 사회적 차별을 받지 않았다.

④ 남녀 구별 없이 태어난 순서에 따라 호적에 기재되었다.

> **해설** 고려 시대에는 아들이 없을 때에는 양자를 들이지 않고 딸이 제사를 지냈다. 조선 후기 들어 제사는 큰아들이 지내야 한다는 의식이 확산되어 양자를 들이는 것이 일반화되었다.
>
> **정답** ②

88. 고려시대의 대장경에 관한 설명으로 옳지 <u>않은</u> 것은?

① 초조대장경은 부처님의 힘을 빌려서 거란족을 물리치기 위해 현종 때 제작하기 시작하였다.

② 초조대장경은 그 경판(經板)을 부인사에 보관했는데 몽골의 침입 때 불타버리고 말았다.

③ 의천이 간행한 속장경은 교종과 선종에 관한 동아시아 각국의 불경을 집대성한 것이다.

④ 팔만대장경은 일본의 불교발전에 기여를 하였다.

> **해설** 초조대장경이 만들어진 얼마 후, 의천은 고려, 송, 요의 대장경에 대한 주석서를 모아 교장, 곧 속장경을 편찬하였다. 삼장(三藏)으로 구성된 불경을 집대성한 것은 속장경이 아니라 대장경이다.
>
> **정답** ③

89. 위화도 회군을 전후하여 일어난 일로 옳지 <u>않은</u> 것은?

① 공민왕은 명으로부터 돌려받은 쌍성총관부에 철령위를 설치하였다.

② 이성계는 4불가론을 내세워 요동 정벌을 반대하였다.

③ 이성계는 위화도 회군 이후 우왕을 쫓아내고 창왕을 옹립하였다.

④ 최영은 요동 정벌을 단행하여 8도도통사가 되었다.

> **해설** 철령 이북의 쌍성총관부는 공민왕이 원으로부터 무력으로 수복한 것이다. 이후 우왕 때 명이 그 자리에 철령위를 설치하겠다고 통보하자 고려는 요동 정벌로 맞섰는데, 이 과정에서 위화도 회군이 발생하였다.
>
> **정답** ①

90. 고려시대에 제작된 역사서는?

① 고려사   ② 동국통감

③ 동국사략   ④ 제왕운기

> **해설** 고려 충렬왕 때 이승휴가 쓴 제왕운기(1287)는 우리 역사를 단군에서부터 서술하면서 중국사와 대등하게 파악하는 자주성을 나타내면서, 특히 발해를 우리의 역사로 부각시켰다.
>
> **정답** ④

91. 조선시대 백성들이 나라에 억울함을 호소하기 위해 사용한 방법이 <u>아닌</u> 것은?

① 장계
② 신문고
③ 상소
④ 격쟁

> **해설** 장계는 조선시대 관찰사나 병마절도사, 수군절도사 등 지방에 나가 있는 신하가 중요한 일을 왕에게 보고하는 문서이다.
>
> **정답** ①

92. 조선 전기에 대한 설명으로 <u>틀린</u> 것은?

① 우리 고유의 약재와 치료 방법을 정리한 『향약구급방』을 간행하였다.
② 중국 수시력과 아라비아의 회회력을 참고해 칠정산을 만들었다.
③ 우리나라 최초의 농서인 『농사직설』이 편찬되었다.
④ 강우량을 측정할 수 있는 측우기가 발명되었다.

> **해설** 『향약구급방』은 현재 전해지고 있는 우리나라 최고의 의학 서적으로, 13세기 고려 고종 때 편찬되었다. 15세기 조선 세종 때 우리 풍토에 알맞은 약재와 치료 방법을 정리한 것은 『향약집성방』이다.
>
> **정답** ①

93. 조선 후기 문화의 특징이 <u>아닌</u> 것은?

① 우리의 자연을 사실적으로 그리는 진경산수화가 발달했다.
② 판소리와 탈놀이 등이 서민들에게 큰 인기를 끌었다.
③ 청자에 백토의 분을 칠한 분청사기가 유행했다.
④ 『홍길동전』, 『춘향전』 등의 현실을 비판하는 소설이 유행했다.

> **해설** 조선 후기가 아니라, 고려 말에 나타나 15세기에 주로 사용된 분청사기는 청자에 백토의 분을 칠한 것으로, 안정된 그릇 모양과 소박하고 천진스러운 무늬가 어우러져 있다.
>
> **정답** ③

94. 조선 후기 향촌 사회에 대한 설명으로 <u>잘못된</u> 것은?

① 재산을 모아 부농층이 된 평민과 천민이 생겨났다.
② 수령과 향리의 영향력이 약화되었다.
③ 향회가 수령의 자문 기구로 전락했다.
④ 양반의 권위가 점차 약해졌다.

해설 조선 후기 향촌 사회에서는 수령을 중심으로 한 관권이 강화되고 아울러 향리의 역할이 커졌다.
정답 ②

95. 다음 중 대동법에 대한 설명으로 옳지 <u>않은</u> 것은?

① 특산물을 바치는 방납의 폐단을 시정하기 위해 만들어졌다.
② 세조 때 처음 실시되었다가 신하들의 반발에 부딪쳤고, 임진왜란 직후 다시 실시되었다.
③ 토지 1결 당 쌀 12두씩을 징수했다.
④ 대동법의 실시로 대규모 상인이 등장하고, 시장권이 확대되었다.

해설 대동법은 왜란 이후 광해군 때 경기도에 시험적으로 시행되고, 이어서 점차 전국으로 확대되었다.
정답 ②

96. 다음 중 조광조의 개혁정치와 관련이 <u>없는</u> 것은?

① 공납제의 폐단 시정   ② 소격서 확대
③ 소학 교육 강화   ④ 향약의 보급

해설 중종 때 중용되어 개혁을 주도했던 조광조는, 하늘과 일월성신에 제사를 지내는 초제를 관장하는 소격서에 대해서는 '확대'가 아니라 '폐지'를 주장했다.
정답 ②

97. 조선 후기 경제구조의 변화상으로 옳지 <u>않은</u> 것은?

① 이앙법의 보편화와 모내기법 확대 등 영농 기술이 발달하였다.
② 쌀, 목화, 채소, 담배 등 상품 작물의 재배가 활발하였다.
③ 도시의 인구 증가로 민영수공업이 쇠퇴하였다.
④ 자본주의적 광산 경영이 출현하였다.

해설 조선 후기에는 농촌을 떠난 농민이 도시로 옮겨 가 상공업에 종사하거나 임노동자가 되면서 도시의 인구가 급증하였는데, 이에 따라 제품의 수요도 크게 늘어나 수공업 제품의 생산이 활발해져 민영 수공업도 발달하였다.
정답 ③

98. 다음 중 조선 후기의 사회상에 대한 설명으로 옳지 <u>않은</u> 것은?

① 진경산수화와 풍속화가 유행하였다.

② 경제구조의 변동으로 양반이 증가하였고, 상민이 감소하였다.

③ 갑오개혁 때 공노비를 해방하였다.

④ 양반을 풍자하고, 사회모순을 비판하는 한글소설이 등장하였다.

> **해설** 19세기 초 순조 때에 중앙 관서의 노비, 곧 중앙 공노비 6만 6000여 명을 해방시켰다. 1차 갑오개혁을 통해서는 천민 신분과 공·사 노비 제도 전체가 폐지되었다.
>
> **정답** ③

99. 다음 중 정조의 업적이 <u>아닌</u> 것은?

① 균역법을 시행하여 군역 부담을 줄였다.

② 초계문신제를 통해 신진인물, 중하급 관리를 재교육했다.

③ 새로운 성곽 도시로 수원화성을 축조하였다.

④ 장용영을 설치하여 군사적 기반을 갖추었다.

> **해설** 영조 때 군역의 폐단을 시정하려는 개혁 방안이 논의되고, 균역법이 시행되어 농민은 1년에 군포 1필만 부담하면 되었다.
>
> **정답** ①

100. 밑줄 친 기구가 설치된 시기의 모습으로 옳은 것은?

> 종이를 전문적으로 생산하는 관청으로 <u>조지서</u>를 설치하고 다양한 종이를 다량으로 생산하여, 수많은 서적을 인쇄할 수 있게 되었다.

① 금속활자로 상정고금예문을 인쇄하였다.

② 교장도감을 설치하여 전적을 간행하였다.

③ 밀랍 대신 식자판을 조립하는 방안을 창안하였다.

④ 현존하는 세계 최고의 금속활자로 만든 책이 간행되었다.

> **해설** 세종 때(또는 태종 때)에는 종이를 전문적으로 생산하는 관청으로서 조지서를 설치하였다. 한편, 세종 때에는 종전의 밀랍으로 활자를 고정시키는 방법 대신 식자판을 조립하는 방법을 창안하였다.
>
> **정답** ③

101. 다음 내용과 관련 있는 인물이 추진한 정책으로 옳지 <u>않은</u> 것은?

• 기묘명현	• 공론 정치
• 사림의 성장	

① 경연의 강화　　　　　　　　② 삼정의 개혁

③ 소학의 보급　　　　　　　　④ 방납폐단의 시정

해설 '기묘명현'은 16세기 중종 때 발생한 기묘사화에서 제거된 조광조를 비롯한 '사림' 세력을 의미한다. 삼정의 개혁은 19세기 흥선 대원군의 업적이다.

정답 ②

102. 역사서에 관한 설명으로 옳지 <u>않은</u> 것은?

① 연려실기술 : 조선 시대 역사와 문화를 정리하였다.

② 택리지 : 자연 환경과 물산, 풍속, 인심 등을 서술하였다.

③ 금석과안록 : 북한산비가 진흥왕 순수비임을 밝혔다.

④ 동사강목 : 독자적 정통론으로 고려와 조선 시대 역사를 체계화하였다.

해설 안정복의 동사강목은 고조선에서 고려 말까지의 역사를 서술한 것으로, 우리 역사의 독자적 정통론을 세워 체계화하였지만, 조선 시대의 역사는 포함되지 않는다.

정답 ④

103. 우리나라 의학서에 관한 설명으로 옳은 것을 모두 고른 것은?

ㄱ. 『의방유취』는 의학책들을 망라한 의학 백과사전이다.
ㄴ. 『동의보감』은 일본 의학 발전에 큰 영향을 준 서적이다.
ㄷ. 『향약집성방』은 현재 전하는 가장 오래된 의학 서적이다.
ㄹ. 『침구경험방』은 홍역 치료법과 종두법을 소개한 의학 서적이다.

① ㄱ, ㄴ　　　　　　　　② ㄱ, ㄹ

③ ㄴ, ㄷ　　　　　　　　④ ㄷ, ㄹ

해설 ㄱ. 의방유취는 세종 때 중국의 역대 의서를 집대성한 의학 백과사전이다.
ㄴ. 동의보감은 17세기 초 허준이 전통 한의학을 체계적으로 정리한 것으로, 우리나라뿐만 아니라 중국과 일본의 의학 발전에 큰 영향을 끼쳤다.

정답 ①

104. 조선 시대 법률제도에 관한 설명으로 옳지 <u>않은</u> 것은?

① 노비에 관련된 문제는 의금부에서 처리하였다.
② 형벌에 관한 사항은 대명률의 적용을 받았다.
③ 범죄 중에서 가장 무겁게 취급된 것은 반역죄와 강상죄였다.
④ 관찰사와 수령이 관할구역 내의 사법권을 가졌다.

> **해설** 조선 시대 중앙의 사법 기관 중 노비에 관련된 문제를 처리하는 기구는 장례원이었다. 의금부는 국왕 직속의 상설 사법 기구로 왕명에 의해 중죄인을 다스리는 역할을 담당하였다.
> **정답** ①

105. 다음 보기에서 설명하는 시기의 사회상으로 옳지 <u>않은</u> 것은?

> 농민이 밭에 심는 것은 곡물만이 아니다. 모시, 오이, 배추, 도라지 등의 농사도 잘 지으면 그 이익이 헤아릴 수 없이 크다. 도회지 주변에는 파밭, 마늘밭, 배추밭 등이 많다. (중략) 논에서 나는 수확보다 그 이익이 10배에 이른다.

① 민간인에게 광산 채굴을 허용하고 세금을 징수하였다.
② 소작료를 내는 방식이 일정 비율에서 일정 액수로 내게 되었다.
③ 포구를 거점으로 선상, 객주, 여각 등이 활발한 상행위를 하였다.
④ 경제가 발달하여 건원중보, 삼한통보 등의 화폐가 널리 유통되었다.

> **해설** 고려 성종 때에는 철전인 건원중보를 만들었으며, 숙종 때에는 삼한통보 등 동전과 활구라는 은전을 만들었으나, 널리 유통되지는 못하였다.
> **정답** ④

106. 밑줄 친 ㉠왕의 업적으로 옳은 것은?

> 규장각은 본래 역대 왕의 글과 책을 수집, 보관하기 위한 왕실도서관의 기능을 수행하기 위해 설치되었다. ㉠ 왕은 비서실의 기능과 문한 기능을 통합적으로 부여하고, 과거시험의 주관과 문신 교육의 임무까지 부여하였다.

① 의정부와 삼군부의 기능을 회복하였다.
② 군역의 부담을 줄여주기 위해 균역법을 시행하였다.
③ 왕조의 통치규범을 재정리하기 위해 속대전을 편찬하였다.
④ 수령이 군현 단위 향약을 주관하여 지방 사림의 영향력을 줄였다.

> **해설** 정조는 수령이 군현 단위의 향약을 직접 주관하게 하여 지방 사림의 영향력을 줄이고 수령의 권한을 강화하였다.
> **정답** ④

107. 조선 후기에 나타난 사회 문제와 그에 대한 정부의 개선책을 바르게 연결한 것은?

① 전세의 문란 : 대동법
② 토지의 겸병 : 균전제
③ 환곡의 폐단 : 상평창
④ 군역의 폐단 : 균역법

> **해설** 조선 후기 영조 때 군역의 폐단을 시정하려는 개혁 방안이 논의되고, 균역법이 시행되어 농민은 1년에 군포 1필만 부담하면 되었다.
>
> **정답** ④

108. 다음 조선 초기의 정책이 공통적으로 지향하는 것은?

> • 향·소·부곡의 소멸
> • 면리제 실시
> • 전국 군현에 지방관 파견

① 향촌 자치 강화
② 성리학적 질서 강화
③ 중앙집권적 행정 체제 강화
④ 사림 지배 체제 강화

> **해설** 조선은 향, 부곡, 소를 일반 군현으로 승격시키고, 모든 군현에 수령을 파견하여 전국의 주민을 국가가 직접 지배하였다. 또한 자연촌 단위의 몇 개의 이를 면으로 묶은 면리제를 통해 촌락 주민에 대한 지배도 원활히 하고자 하였다. 이러한 모습은 모두 지방 세력의 백성에 대한 임의적인 지배를 막고, 중앙집권을 강화하려는 것이다.
>
> **정답** ③

109. 다음 자료들과 관련된 왕의 업적으로 옳지 <u>않은</u> 것은?

> • 1년의 길이를 365.2425일, 한 달의 길이를 29.530593일로 계산하고 있을 정도로 지금의 달력과 비교해 보아도 손색이 없을 만큼 매우 정밀한 칠정산이라는 달력을 제작하였다.
> • "근년에 와서 가뭄이 극심하여 비가 올 때마다 땅을 파서 흙 속에 젖어 들어간 깊이를 재었다. 그러나 정확하게 비가 온 양을 알 수 없어 구리를 부어 그릇을 만들고 이를 궁중에 설치하여 빗물이 그릇에 고인 깊이를 실험하였다"

① 철령 이북의 땅을 회복하여 국토를 넓혔다.
② 충신, 효자, 열녀 등의 행적을 그림과 글로 엮은 삼강행실도를 간행하였다.
③ 6조직계제를 대신해 의정부서사제를 시행하였다.
④ 궁 안에 내불당을 짓고 월인천강지곡을 편찬하였다.

> **해설** '칠정산'과 '빗물이 그릇에 고인 깊이를 실험하였다'는 표현에서 세종임을 알 수 있다. 고려 공민왕이 무력으로 쌍성 총관부를 공격하여 철령 이북의 땅을 수복하였다.
>
> **정답** ①

110. 조선 후기 향촌 사회의 변화에 관한 설명으로 옳은 것은?

① 경제력을 갖춘 부농층이 향촌 사회에서 영향력을 강화하였다.

② 향촌 사회의 최고 지배층은 중인 계층에서 주류를 이루고 있었다.

③ 신앙 조직의 성격을 지닌 향도가 매향 활동을 주도하였다.

④ 많은 속현에 감무를 파견하여 지방에 대한 통제력을 강화하였다.

> **해설** 조선 후기 농지의 확대, 영농 방법의 개선 등으로 지주가 된 부농은 공명첩을 사거나 족보를 위조하여 신분을 상승시키기도 하였으며, 더 나아가 향촌 사회에서 자신들의 영향력을 키우고자 하였다.
> **정답** ①

111. 다음과 같은 토지 개혁안이 공통적으로 지향했던 목표는?

> • 관리, 선비, 농민 신분에 따라 차등 있게 토지를 재분배하고 조세와 병역도 조정하자.
> • 한 가정의 생활을 유지하는 데 필요한 규모의 토지를 영업전으로 정한 다음, 영업전을 법으로 매매를 금지하고, 나머지 토지만 매매를 허용하자.

① 관리의 경제 기반 보장

② 자영농 육성을 통한 농민 생활 안정

③ 지주 전호제 강화

④ 공동 농장 제도 실현

> **해설** 제시된 자료는 중농학파 실학자인 유형원과 이익의 토지 개혁안에 관한 것이다. 중농학파의 자영농 육성을 위한 토지 제도 개혁론으로 유형원은 균전론, 이익은 한전론을 각각 주장하였다.
> **정답** ②

112. 다음에서 설명하고 있는 문화재는?

> • 영의정 채제공의 지휘 아래 만들어졌다.
> • 팔달문, 화서문, 장안문 등으로 이루어졌다.
> • 거중기 등 새로운 기계를 사용하여 만들어졌다.
> • 유네스코 세계문화유산으로 등제되었다.

① 남한산성   ② 정족산성

③ 행주산성   ④ 수원화성

> **해설** 동서남북에 각각 창룡문, 화서문, 팔달문, 장안문을 둔 둘레 5.4km의 수원 화성은 정조 때 영의정 채제공의 지휘 아래 만들어졌는데, 건축 때 정약용이 거중기를 활용하였으며, 1997년 유네스코가 지정한 세계 문화유산으로 등재되었다.
> **정답** ④

113. 다음 소설이 서술하고 있는 시기에 관한 설명으로 옳지 <u>않은</u> 것은?

> 이 말을 들은 청나라 왕이 크게 기뻐하며 한유와 용골대를 대장으로 삼소, 날랜 군사 십만을 주어 조선을 공격하게 하였다. "이제 조선 땅을 공격하기 위해 경들을 보내니, 부디 온 힘을 다하여 성공하도록 하라. 북으로는 가지 말고 동대문을 공격하고 들어가 장안을 몰아치면 큰 공을 이룰 것이다. 경들은 반드시 성공하고 돌아와 이름을 길이 전하도록 하라." 두 장군은 곧장 십만 대병을 거느리고 행군을 시작하였다. 동해를 건너 바로 도성으로 향하면서 중간 중간에 봉화를 끊고 물밀 듯이 내려왔다. 그러나 수천 리 떨어진 조정에서는 이 사실을 아는 이가 아무도 없었다.
>
> – 『박씨전』

① 서인들이 정치를 주도하고 있었다.

② 친명배금(親明拜金) 정책을 실시하고 있었다.

③ 청의 침입에 대항하기 위하여 훈련도감을 설치하였다.

④ 반정(反正)을 통해 인조가 집권하고 있었다.

해설 훈련도감은 임진왜란 중인 선조 때 유성룡의 건의로 설치되었다. 인조 때 후금과의 항쟁 과정에서 설치된 것은 어영청, 총융청, 수어청이다.

정답 ③

114. 다음 사료와 관련된 전쟁이 국내외에 끼친 영향으로 옳지 <u>않은</u> 것은?

> "견내량의 지형이 좁고 암초가 많아서 판옥선은 배끼리 부딪치기 쉬우므로 싸움하기가 어려울 뿐 아니라, 적이 만일 형세에 불리하면 기슭을 타고 육지로 올라갈 것이라 생각되어 한산도 앞 바다로 꾀어 모두 해치워 버릴 전략을 세웠다"

① 인구 감소   ② 문화재 소실

③ 여진 성장   ④ 북벌론 대두

해설 제시된 자료는 임진왜란 때 이순신의 한산도대첩과 관련된 것이다. 북벌론은 병자호란 이후 오랑캐에 당한 수치를 씻고, 청에 복수하자는 북벌 운동을 뒷받침하는 이론으로 임진왜란과는 관계가 없다.

정답 ④

115. 다음 사실로 알 수 있는 조선의 정치적 특징은?

> • 의정부는 3정승의 합의에 의해 정책을 결정하였다.
> • 사간원은 왕이 바른 정치를 하도록 일깨워 주었다.
> • 관리의 비리를 감찰하는 사헌부가 있었다.

① 국왕권의 강화   ② 관리 등용의 공정성 확보

③ 권력의 독점과 부정을 방지   ④ 문벌 귀족의 정치 참여 보장

해설 의정부에서 재상들의 합의를 통해 국정을 총괄하게 하거나, 3사의 기능을 강화한 것은 권력의 독점과 부정을 방지하기 위한 것으로, 조선 시대 정치의 특징적인 모습이다.

정답 ③

---

116. 세종대왕 때 일어난 일로 옳은 것을 모두 고른 것은?

ㄱ. 집현전 설치	ㄴ. 4군 6진 설치
ㄷ. 호패법 실시	ㄹ. 경국대전 완성

① ㄱ, ㄴ   ② ㄱ, ㄷ

③ ㄴ, ㄷ   ④ ㄴ, ㄹ

해설 ㄱ. 세종은 유교 정치를 실현하면서 궁중 안에 정책 연구 기관으로 집현전을 두었다.
ㄴ. 세종 때에는 압록강 방면에 최윤덕을 파견하고, 두만강 방면에 김종서를 파견하여 여진의 무리를 몰아내고 4군 6진을 설치하였다.

정답 ①

---

117. 조선의 과거 제도에 관한 설명으로 옳지 않은 것은?

① 상급 관리가 될 수 있는 주된 방법이었다.

② 정기시험은 원칙적으로 3년마다 실시했다.

③ 양반 신분에게만 응시할 자격이 주어졌다.

④ 문과와 무과 및 잡과 등의 시험이 있었다.

해설 과거 시험은 법적으로 천민을 제외한 양인 신분이면 누구나 과거에 응시할 수 있었다. 다만, 문과의 경우 탐관오리의 아들, 재가한 여자의 아들과 손자, 서얼에게는 응시를 제한하였을 뿐이다. 따라서 양반만 응시할 자격이 있다는 것은 틀렸다.

정답 ③

---

118. 다음에서 설명하는 책을 저술한 인물은?

조선 영조 때 집필된 책으로 각 지역의 자연환경과 물산, 풍속, 인심 등을 서술하고 어느 지역이 살기 좋은 곳인가를 논하였다.

① 김정호   ② 이긍익

③ 이중환   ④ 한백겸

해설 영조 때 이중환이 인문 지리서인 『택리지』에서 각 지방의 자연 환경과 물산, 풍속, 인심 등을 서술하고, 어느 지역이 살기 좋은 곳인가를 논했다.

정답 ③

119. 조선시대 대외관계 중 그 내용이 잘못 연결된 것은?

① 나선정벌 : 효종대 여진 정벌
② 신미양요 : 고종대 미국의 강화도 공격
③ 대마도정벌 : 세종대 왜구 근거지 소탕
④ 병자호란 : 인조대 청의 조선 침입

해설 효종은 청의 요청으로 러시아군을 격퇴하기 위하여 두 차례 조총 부대를 출동시켜 1차 때에는 변급이, 2차 때에는 신유가 만주 북부의 헤이룽 강 부근에서 전과를 올렸다.

정답 ①

120. 다음 사회 계층에 관한 설명으로 옳은 것은?

> • 조선 시대 기술직이나 행정 실무에 종사하였다.
> • 조선 후기 경제 변동에 부응하여 부를 축적하고 전문적 지식을 쌓았다.

① 양반과 상민의 중간 신분에 해당하였으며 시사(詩社)를 결성하기도 하였다.
② 신분은 양인이면서 천인들이 해야 할 일을 맡았다.
③ 유향소를 구성하여 수령을 보좌하고 향촌 사회의 풍속을 바로 잡았다.
④ 각종 국역 면제 특권을 가졌으며, 경제적으로는 지주층에 속한다.

해설 양반과 상민의 중간 신분 계층인 중인층의 시인들은 조선 후기에 서울 주변 지역에서 시사를 조직하여 문학 활동을 전개하였다.

정답 ①

121. 서원(書院)의 기능으로 옳은 것을 모두 고른 것은?

> ㄱ. 소과에 합격한 생원·진사 이상이 입학 대상이 되었다.
> ㄴ. 봄·가을에 거행하였다.
> ㄷ. 학문의 연구와 선현(先賢)에 대한 제사를 받드는 것이 주된 목적이었다.
> ㄹ. 공자와 그 제자 및 대유(大儒)들의 제사를 받들었다.

① ㄱ, ㄷ
② ㄱ, ㄹ
③ ㄴ, ㄷ
④ ㄴ, ㄹ

해설 ㄴ. ㄷ. 서원은 학문을 연구하고 가르치는 사설 교육 기관이면서 동시에 선현에 대한 제사 기능도 갖고 있었고, 봄과 가을에 향음주례를 지내기도 했다.

정답 ③

122. 영조와 정조 시대의 사회상에 관한 설명으로 옳지 <u>않은</u> 것은?

① 초계문신제도를 시행하였다.
② 시전 상인이 가지고 있던 금난전권이 폐지되었다.
③ 균역의 부담을 줄여주기 위하여 균역법을 시행하였다.
④ 주자소를 설치하고 처음으로 계미자를 주조하였다.

해설 주자소를 설치하고 구리로 계미자를 주조한 것은 15세기 태종이다.

정답 ④

123. 조선왕조실록에 관한 설명으로 옳은 것을 모두 고른 것은?

> ㄱ. 임진왜란 이전에는 4부를 만들어 춘추관, 전주, 성주, 충주 사고에 보관하였다.
> ㄴ. 사초(史草), 시정기 등을 바탕으로 편찬하였다.
> ㄷ. 고종실록과 순종실록은 기전체 역사서로 총독부에서 편찬하였다.
> ㄹ. 임진왜란 때 전주사고본만이 남고 나머지는 소실되었다.

① ㄱ, ㄴ
② ㄴ, ㄷ
③ ㄱ, ㄴ, ㄹ
④ ㄱ, ㄴ, ㄷ, ㄹ

해설 ㄷ. 고종 실록과 순종 실록은 일제시대 총독부의 영향 하에 편찬된 것은 맞지만, '기전체'가 아니라 다른 실록과 마찬가지로 '편년체'로 편찬되었다.

정답 ③

124. 조선 과학기술의 발달에 관한 설명으로 옳지 <u>않은</u> 것은?

① 토지 측량 기구인 인지의와 규형을 제작하였다.
② 화기 제작과 그 사용법을 정리한 총통등록을 간행하였다.
③ 치료예방법과 7백종의 국산 약재를 정리한 향약구급방을 세종 때 간행하였다.
④ 우리나라 역사상 최초로 서울을 지군으로 천체 운동을 계산한 칠정산을 만들었다.

해설 고려 시대인 13세기에 편찬된 '향약구급방'은 현재 전해지고 있는 우리나라 최고의 의학 서적으로, 각종 질병에 대한 처방과 국산 약재 180여 종이 소개되어 있다.

정답 ③

125. 조선시대 경제상에 대한 설명으로 옳은 것을 모두 고른 것은?

> ㄱ. 조선 후기 국내 상업은 발달했으나 청나라와의 무역은 관무역과 사무역이 모두 금지되어 위축되었다.
> ㄴ. 개인의 광산개발이 조선 초기에는 허용되었으나 조선 후기에는 금지되었다.
> ㄷ. 조선 후기 화폐 사용이 활발해졌으나 전황(錢荒)이 발생하는 부작용도 있었다.
> ㄹ. 조선 초기 관리에게 준 과전은 소유권이 아니라 수조권을 지급한 것이다.

① ㄱ, ㄴ   ② ㄱ, ㄹ
③ ㄴ, ㄷ   ④ ㄷ, ㄹ

해설 ㄷ. 조선 후기 숙종 때 상평통보가 전국적으로 유통되었으나, 동전을 재산 축적 수단으로 이용하자 시중에서는 동전 부족 현상, 곧 전황이 나타났다.
ㄹ. 과전법 체제에서 과전은 관리에게 준 토지로 소유권이 아니라 수조권을 지급하였다.
정답 ④

126. 다음 내용과 관련된 것은?

> 조선시대 최고의 국립 교육기관으로 입학 자격은 생원, 진사를 원칙으로 하였다. 도서관으로 존경각을 두었다.

① 향교   ② 성균관
③ 서원   ④ 동약

해설 한양에 있던 조선 최고의 국립 교육 기관은 성균관이다. 성균관은 문묘(대성전), 명륜당, 비천당, 존경각 등으로 구성되어 있다.
정답 ②

127. 다음을 발생한 순서대로 옳게 나열한 것은?

> ㄱ. 옥포해전   ㄴ. 명량해전
> ㄷ. 한산도대첩   ㄹ. 노량해전

① ㄱ → ㄴ → ㄹ → ㄷ   ② ㄱ → ㄷ → ㄴ → ㄹ
③ ㄷ → ㄱ → ㄴ → ㄹ   ④ ㄷ → ㄹ → ㄱ → ㄴ

해설 임진왜란 때 이순신이 이끈 수군은 옥포(거제)에서 첫 승리(1592년 5월)를 거둔 이후 사천(진주 옆, 거북선 활약), 한산도(통영, 7월) 등 남해안 여러 곳에서 연승을 거두어 남해의 제해권을 장악하였다. 이후 정유재란으로 일본이 재침하자 이순신은 왜선을 명량(진도 울돌목, 1597년 9월)에서 대파하였고, 노량 해전(1598년 11월, 여수 앞바다)에서 이순신이 전사하면서 왜란도 끝이 났다.
정답 ②

128. 다음 내용과 관련된 인물에 관한 설명으로 옳지 <u>않은</u> 것은?

> 이제 농사짓는 사람이 토지를 가지게 하고, 농사짓지 않는 사람이 토지를 가지지 못하게 하려면 여전제(閭田制)를 실시해야 한다. 산골짜기와 시냇물의 지세를 기준으로 구역을 획정하여 경계를 삼고, 그 경계선 안에 포괄되어 있는 지역을 1여(閭)로 한다.

① 경세유표를 저술하였다.
② 마과회통을 저술하였다.
③ 아방강역고를 저술하였다.
④ 열하일기를 저술하였다.

해설 제시된 자료는 정약용의 여전론에 관한 것이다. 열하일기는 박지원이 저술한 것으로, 이 책에서 박지원은 양반 문벌 제도의 비생산성을 비판하였다.
정답 ④

129. 보기의 내용과 관련 있는 인물의 정책으로 <u>잘못된</u> 것은?

> "서양 오랑캐가 침입하는 데 싸우지 않는 것은 곧 화친하는 것이나 다름없고, 화친을 주장하는 것은 나라를 파는 것이다."

① 실추된 왕실 위엄을 회복하기 위해 경복궁을 중건했다.
② 의정부의 기능을 약화시키고 비변사를 강화하였다.
③ 47개의 중요한 서원을 제외한 모든 서원을 철폐하였다.
④ 민생 안정을 위해 사창제와 호포제를 실시하였다.

해설 흥선 대원군은 왕권 강화를 위해 비변사를 축소, 폐지하고 그 권한을 의정부와 삼군부에 분리하였다.
정답 ②

130. 다음 설명에 해당하는 단체를 고르시오.

> • 1927년 비타협적 민족주의 세력과 사회주의 세력이 민족의 독립을 위해 힘을 합쳐 결성하였다.
> • 민족의 단결, 정치적·경제적 각성, 기회주의자 배격을 기본 강령으로 하였다.
> • 1929년 광주 학생 항일운동을 지원하여 전국적인 규모의 항일 투쟁으로 발전하게 하였다.

① 신민회
② 신간회
③ 근우회
④ 대한독립단

해설 1927년 비타협적 민족주의 인사들과 사회주의자들이 민족 협동 전선으로 조직한 신간회는 정치적·경제적 각성의 촉진, 단결의 공고화, 기회주의의 일체 배격을 제시하였다. 한편, 1929년 발생한 광주 학생 항일 운동은 신간회의 지원 아래 전국적인 민족 운동으로 확산되어 3·1 운동 이후의 최대 민족 운동으로 발전하였다.
정답 ②

131. 다음 중 3·1 운동의 배경이 <u>아닌</u> 것은?

① 윌슨의 민족자결주의　　　　　② 2·8 독립선언
③ 파리강화회의의 김규식 파견　　④ 중국의 5·4운동

해설 1919년에 발생한 3·1 운동은 중국의 5·4 운동에 영향을 주었다.
정답 ④

132. 다음의 설명과 관련 있는 것은?

• 양력의 사용　　　　　　　• 종두법 실시 • 소학교 설립　　　　　　　• 단발령 반포 • 우편제도 실시　　　　　　• 연호의 사용(건양)

① 갑오개혁　　　　　　　　　② 홍범 14조
③ 을미개혁　　　　　　　　　④ 광무개혁

해설 을미개혁에서는 음력 폐지와 양력 사용, 종두법 시행, 우편 제도 실시, 건양 연호 제정, 단발령 발표 등의 개혁이
이루어졌다. 소학교는 을미개혁 때 소학교령의 공포로 본격적으로 설치되었다.
정답 ③

133. 다음 중 임오군란에 대한 설명으로 옳지 <u>않은</u> 것은?

① 1882년 구식 군대에 대한 차별에 반발해 발생했다.
② 흥선대원군이 일시적으로 정권을 장악했으나 일본은 난의 책임을 물어 대원군을 납치해
　갔다.
③ 제물포조약을 체결하고 일본에 배상금을 지급했다.
④ 갑신정변의 계기가 되었다.

해설 임오군란 직후 사태 수습을 위하여 흥선 대원군이 일시 재집권하였으나, 민씨 세력의 요청으로 서울에 들어온
'청'의 군대가 대원군을 군란의 책임자로 청에 압송하였다.
정답 ②

134. 다음 중 대한민국 임시정부에 대한 설명으로 옳지 <u>않은</u> 것은?

① 교통국과 연통제를 실시하여 자금을 조달하고 정보를 교류했다.
② 민주주의에 입각한 근대적 헌법을 마련하고, 김구를 대통령으로 추대하였다.
③ 한국 최초의 삼권분립에 입각한 민주 공화제를 성립하였다.
④ 독립신문을 간행하였고, 1940년 광복군을 창설하였다.

135. 독도에 대한 설명으로 옳지 않은 것은?

① 일제는 1910년에 우리나라의 국권을 침탈하면서 독도를 자국의 영토로 편입시켰다.

② 숙종 때 안용복은 울릉도와 독도에 출몰하는 왜인을 쫓아내고 우리 영토임을 확인하였다.

③ 독도는 울릉도의 부속 섬으로 신라시대에 우리 영토로 편입되었다.

④ 19세기에 조선 정부는 적극적인 울릉도 경영을 추진하고 독도까지 관할하였다.

해설 일제는 러·일 전쟁 중인 1905년, 울릉도에 딸린 섬이었던 독도를 시마네현에 편입시킨다고 일방적으로 주장하
였다.
정답 ①

136. 일본의 조선 침탈과정에 관한 설명으로 옳지 않은 것은?

① 청일전쟁 - 청나라의 조선에 대한 종주권을 부정하였다.

② 을미사변 - 청나라를 견제하고 반일세력을 제거하기 위하여 명성왕후를 시해하였다.

③ 갑오개혁 - 왕권을 축소시키고 일본화폐의 유통을 허용하였다.

④ 러일전쟁 - 한일의정서를 체결하고 조선의 토지를 군사적 목적으로 수용하였다.

해설 을미사변은 명성황후가 친러파와 연결하여 일본을 견제하려 하자, 일본 공사 미우라의 지시를 받은 일본 자객들
이 경복궁의 건청궁에서 명성황후를 시해한 사건이다.
정답 ②

137. 일제강점기에 관한 설명으로 옳지 않은 것은?

① 총독부를 설치하고 총독을 군인으로 임명하여 무단지배를 추진하였다.

② 경찰 업무를 헌병이 담당하도록 하여 치안, 사법, 행정에 관여할 수 있도록 하였다.

③ 영친왕을 강제로 일본으로 이주시키고, 친일적인 관료들에게는 작위를 내렸다.

④ 일본식 교육을 확대하기 위하여 사립학교를 크게 늘렸다.

해설 일제는 조선 교육령(1911)과 사립 학교 규칙 등을 제정하여 사립 학교나 서당 등 민족 교육을 탄압하면서 식민
지 통치에 유용한 기술 교육만 강요하였다.
정답 ④

138. 다음에서 설명하고 있는 인물이 살았던 시기에 발생한 사건들을 모두 고른 것은?

- 천안 출신, 몸이 야위고 왜소하여 녹두라고 불렸음
- 동학에 입교, 고부 지방의 접주로 임명됨
- 고부 군수 조병갑의 폭정에 항의함
- 교수형을 당함

| ㄱ. 동학 창시 | ㄴ. 이토 히로부미의 통감 부임 |
| ㄷ. 갑신정변 발생 | ㄹ. 운요호 사건 발생 |

① ㄱ, ㄴ, ㄷ   ② ㄱ, ㄷ, ㄹ

③ ㄴ, ㄷ, ㄹ   ④ ㄱ, ㄴ, ㄷ, ㄹ

해설 제시된 자료의 인물은 1894년의 동학 농민 운동을 주도한 전봉준(1855~1895, 녹두 장군)이다. 이토 히로부미는 1905년 을사조약 이후에 통감으로 부임하였다.

정답 ②

139. 일제강점기 해외 한인 사회에 관한 설명으로 옳지 <u>않은</u> 것은?

① 미주 동포들은 각종 의연금을 거두어 대한민국 임시 정부에 송금하는 등 독립 운동을 지원하였다.
② 러시아 연해주의 동포들은 1920년대 일제의 탄압을 피해 중앙아시아로 이주하였다.
③ 일본에서는 관동대지진 대에 조작된 유언비어로 많은 동포들이 학살당하였다.
④ 간도로 이주한 동포들은 황무지를 개간하고 벼농사를 지었다.

해설 중·일 전쟁이 발발한 1937년에 연해주의 동포들이 소련 당국에 의해 중앙아시아로 강제 이주되었고, 그 과정에서 수많은 한인들이 희생되었다.

정답 ②

140. 흥선대원군이 추진한 정치 개혁으로 옳지 <u>않은</u> 것은?

① 600여 개의 서원을 철폐하고 47개소만을 남겼다.
② 종래 상민에게만 징수하던 군포를 양반에게도 징수하였다.
③ 당파와 신분을 가리지 않고 능력에 다라 인재를 등용하였다.
④ 왕권 강화를 위해 삼군부를 축소하고 비변사의 기능을 강화하였다.

해설 흥선 대원군은 비변사 폐지, 의정부와 삼군부의 기능 회복 등으로 왕권을 강화하였다.

정답 ④

141. 일제강점기 신간회(1927년~1931년)에 관한 설명으로 옳은 것은?

① 을사조약 후 독립협회의 전통을 이은 기독교계의 인사들이 조직한 항일 비밀결사단체이다.

② 상해임시정부가 독립운동의 자금을 지원할 목적으로 조직한 단체이다.

③ 일본 제품을 배격하고 국산품을 애용하자는 운동을 전개한 단체이다.

④ 민족주의자와 사회주의자가 힘을 합쳐 조직한 전국적인 민족운동단체이다.

해설 1920년대 사회주의 운동도 활발해지면서 민족주의 세력과 사회주의 세력이 연합한 신간회가 조직되었다.
정답 ④

142. 다음 글에 관한 설명으로 옳은 것은?

> "우리는 이에 우리 조선(朝鮮)의 독립국(獨立國)임과 조선인(朝鮮人)의 자주민(自主民)임을 선언하노라. 이로써 세계만방에 알려 인류가 평등하다는 큰 뜻을 밝히며, 이로써 자손만대에 일러 민족이 스스로 생존하는 바른 권리를 영원히 누리게 하노라. 반만년 역사의 권위를 의지하여 이를 선언함이며, 2천만 민중의 충심을 합하여 이를 선명하며, 민족의 한결같은 자유 발전을 위하여 이를 주장함이며, 인류 양심의 발로에 기인한 세계 개조의 큰 기운에 순응해 나가기 위하여 이를 제기함이니…"

① 일본의 가혹한 식민통치에 대하여 무장항일 운동의 실천을 촉구하는 독립신문의 사설이다.

② 유학생들이 동경(東京)에서 조선의 독립을 요구하여 내건 2·8독립선언의 결의문이다.

③ 을사조약이 체결되자, 장지연이 황성신문에 게재한 '시일야방성대곡(是日也放聲大哭)'의 내용이다.

④ 종교계를 중심으로 한 민족대표 33인이 발표한 3·1 독립선언서이다.

해설 제시된 자료는 1919년 천도교, 기독교 등 종교계 민족 대표 33인의 이름으로 발표한 3·1 독립 선언서이다.
정답 ④

143. 1894년 조선은 일본의 간섭 아래 정치·행정·사법·경제·신분과 관련된 대대적인 개혁을 단행하였고, 이를 갑오개혁(갑오경장)이라고 한다. 갑오개혁(갑오경장)에 관한 설명으로 옳지 않은 것은?

① 군국기무처를 설치하여 개혁을 추진하였다.

② 과거제도를 정비하여 새로운 관리를 임용하였다.

③ 개국기원을 사용하여 청과의 종속관계에서 벗어났다.

④ 양반·상민이나 문반·무반의 차별 등을 없앴다.

해설 갑오개혁을 통해 과거제를 '폐지'하고, 신분의 구별 없이 인재를 등용하는 새로운 관리 임용 제도를 만들었다.
정답 ②

144. 다음 중 가장 먼저 발생한 사건은?

① 안재홍, 정인보 등이 조선학 운동을 전개하여 민족중흥을 제창하였다.
② 여운형이 중심이 되어 건국동맹의 지하조직을 전국적으로 결성하였다.
③ 안창호 등은 신민회를 조직하여 국권회복을 위한 애국계몽운동을 전개하였다.
④ 고등교육기관으로서 대학을 설립해야 한다는 취지 아래 한규설, 이상재 등이 민립대학 설립기성회를 조직하였다.

> **해설** 1907년 안창호 등이 국권 회복과 공화 정치 체제의 국민 국가 건설을 목표로 삼은 비밀 조직인 신민회를 조직하였다.
> ①은 1934년, ②는 1944년, ④는 1923년의 일이다.
> **정답** ③

145. 아관파천 전후에 나타난 열강의 이권 침탈에 관한 설명으로 옳지 않은 것은?

① 미국은 운산 금광 채굴권 등의 이권을 차지하였다.
② 영국은 거문도를 점령하고 서울과 인천을 연결하는 철도부설권을 차지하였다.
③ 일본은 서울과 부산을 연결하는 철도부설권을 차지하였다.
④ 러시아는 삼림채벌권 등의 이권을 차지하였다.

> **해설** 1896년 아관파천 이후 외국인에 의한 광산 채굴권과 삼림 벌채권, 교통이나 통신 시설 부설권 등 경제적 이권 탈취가 집중적으로 이루어졌다. 경인선 철도부설권은 처음에 미국이 차지하였다가 이후 일본이 넘겨받았다.
> **정답** ②

146. 다음 내용을 모두 포함하는 것은?

> • 귀천의 구별 없이 인재를 뽑아 등용한다.
> • 연좌법을 모두 폐지하여 죄인 자신 외에는 처벌받지 않는다.
> • 남녀의 조혼을 엄금하여 남자는 20세, 여자는 16세가 될 때부터 혼인을 허락한다.
> • 과부의 재혼은 귀천을 막론하고 그 자유에 맡긴다.

① 갑오개혁의 개혁안   ② 찬양회의 여성통문
③ 갑신정변 14개조 정령   ④ 관민공동회의 헌의 6조

> **해설** 제시된 자료는 갑오개혁 때 추진된 사회 개혁을 보여주고 있다.
> 갑오개혁을 통해 신분의 구별 없이 인재를 등용하는 새로운 관리 임용 제도를 만들었으며, 조혼이나 과부의 재혼 금지, 연좌제 같은 악습을 없앴다.
> **정답** ①

147. 동학농민운동에 관한 설명으로 옳지 **않은** 것은?

① 고부군수 조병갑의 탐학에 반발하여 일어났다.

② 지조법을 실시하고 혜상공국을 폐지하였다.

③ 농민군이 진주성을 점령하자 정부와 농민군 사이에 전주화약이 맺어졌다.

④ 청과 일본이 개입하면서 청일전쟁이 발발하였다.

> **해설** 지조법을 실시하여 조세 제도를 개혁하고 혜상공국을 폐지하여 자유로운 상업의 발전을 꾀한 것은 갑신정변 때 개화당의 주장이다.
>
> **정답** ②

148. 1910년대 국내에서 조직된 독립 운동 단체를 모두 고른 것은?

ㄱ. 권업회	ㄴ. 독립의군부
ㄷ. 대한광복회	ㄹ. 경학사

① ㄱ, ㄴ   ② ㄱ, ㄹ

③ ㄴ, ㄷ   ④ ㄷ, ㄹ

> **해설** 1910년대 국내에서는 임병찬의 독립 의군부, 박상진의 대한 광복회 등 많은 항일 비밀 결사를 조직하여 일제에 대항하였다.
>
> **정답** ③

149. 갑오개혁기 홍범 14조의 내용으로 옳은 것을 모두 고른 것은?

ㄱ. 토지를 평균하여 분작한다.
ㄴ. 공사채를 막론하고 지난 것은 모두 무효로 한다.
ㄷ. 조세의 과징과 경비의 지출은 모두 탁지아문에서 관할한다.
ㄹ. 나라의 총명한 젊은이들을 파견하여 외국의 학술과 기예를 전습한다.

① ㄱ, ㄴ   ② ㄱ, ㄷ

③ ㄴ, ㄹ   ④ ㄷ, ㄹ

> **해설** ㄱ.ㄴ.은 동학농민운동의 폐정 개혁안 12조의 내용이다.
>
> **정답** ④

150. 다음이 설명하는 단체는?

> • 만민공동회와 관민공동회를 개최하였다.
> • 중국 사신을 맞던 영은문 자리에 독립문을 세웠다.
> • 강연회와 토론회 등을 통하여 민중에게 근대적 지식과 국권·민권 사상을 고취시켰다.

① 신민회   ② 신간회
③ 대한협회   ④ 독립협회

해설 1896년 서재필과 개화파 지식인들이 설립한 독립 협회는 독립문을 세웠으며, 강연회와 토론회 개최, 신문과 잡지의 발간 등을 통하여, 국권 사상과 근대 지식으로 민중을 계도하였다. 한편, 독립 협회는 1898년 만민 공동회와 관민 공동회를 개최하였다.
정답 ④

151. 독립협회에 관한 설명으로 옳지 <u>않은</u> 것은?

① 개화파 지식인들이 중심이 되어 설립하였다.
② 회원자격애 재한을 두지 않아 사회적으로 천대받던 계층도 참여하였다.
③ 지방에도 지회가 조직되어 전국적인 단체로 발전하였다.
④ 황국협회와 협력하여 개혁을 추진하였다.

해설 독립 협회는 보수 세력이 동원한 보부상 단체인 황국 협회의 방해를 받아 해산되고 말았다.
정답 ④

152. 다음의 내용과 관련된 사건으로 옳은 것은?

> • 청과의 의례적 관계를 폐지하고 군주제적 정치 구조를 지향하였다.
> • 혜상공국을 폐지하여 자유로운 상업의 발전을 꾀하였다.
> • 지조법을 실시하고 호조로 재정을 일원화하였다.

① 갑신정변   ② 갑오개혁
③ 임오군란   ④ 105인 사건

해설 제시된 자료는 갑신정변 당시 발표한 14개조 개혁 정강의 일부이다. 김옥균, 박영효, 홍영식, 서재필 등 개화당 인사들은 우정국 개국 축하연을 계기로 정변을 일으켜, 근대 국가 건설을 지향하는 개혁을 시행하였으나, 청군의 진압으로 3일 천하에 그치고 말았다.
정답 ①

153. 다음에서 설명하는 책을 저술한 인물은?

> 1895년 간행된 책으로 서양의 여러 나라를 돌아보면서 듣고 본 역사, 지리, 산업, 정치 풍속 등을 기록하였다.

① 김윤식   ② 박은식

③ 유길준   ④ 최남선

해설 유길준은 서양의 여러 나라를 돌아보면서 듣고 본 역사, 지리, 산업, 정치, 풍속 등을 기록한 〈서유견문〉을 통해 개화 사상을 소개하면서 언문일치에 따른 새로운 국한문체의 보급을 강조했다. 1895년 갑오개혁이 진행되는 과정에 간행되었다.

정답 ③

154. ( )에 들어갈 내용으로 옳은 것은?

> 일제는 근대적 토지 소유 관계 확립을 명분으로 ( )을/를 실시하여 식민지 경제 정책의 기반을 마련하였다.

① 방곡령   ② 회사령

③ 국가 총동원법   ④ 토지 조사 사업

해설 일제는 1910년대 토지 조사 사업을 실시하면서 근대적인 토지 제도 확립이라는 미명 아래, 토지 소유권의 확인 과정에서 토지를 약탈하고 지세를 수탈하였다.

정답 ④

제2과목

관광자원해설

Chapter 01
자원기초, 자연적 자원

01. 관광자원의 뜻

관광의 주체인 관광객에게 관광동기·관광의욕을 주는 유·무형의 목적물이며 관광행동의 대상이 된다. 관광 자원은 관광 의욕의 '대상'(객체)이자 관광 행동의 '목표'이다. 협의의 관광자원은 보존하지 않으면 그 가치를 상실할 수 있는 자원을 말한다. 관광의 어원은 중국 〈역경(易經)〉의 '관국지광(觀國之光)이다.

02. 관광자원의 특징

(1)다양성 : 범위가 넓어 유형 자원은 물론 무형 자원도 있다.
(2)관광행동을 끌어들이는 유인성
(3)관광동기와 의욕을 일으키는 매력성
(4)상대성, 변화성 : 시대나 사회에 따라 그 가치가 변화한다.
(5)개발 요구성 + 보존과 보호의 필요성
(6)자연과 인간의 상호작용의 결과물

03. 관광자원의 가치결정 요인

(1)접근성 : 물리적인 거리보다는 심리적인 거리에 따른 접근성이 중요하다.
(2)이미지(image) : 대상에 대해 갖고 있는 신념, 이미지에 근거하여 관광지를 확인하고자 한다.
(3)관광시설 : 숙박, 유원, 휴게시설
(4)하부구조(infra) : 교통, 전기, 통신, 상하수도 등

04. 유형과 무형의 관광자원

(1)유형 관광자원 : 자연관광자원과 인문관광자원(문화, 산업)으로 나눠진다.
(2)무형 관광자원 : 인적 관광자원(국민성, 풍속 등)과 비인적 관광자원(종교, 역사, 제도 등)으로 나눠진다.

05. 관광행동 특성에 의한 분류 - 건(Gunn)의 분류

(1)주유형 관광자원 : 친구, 친척 등과 축제나 쇼핑 등 이동하며 즐길 수 있는 자원

(2)체재형 관광자원 : 숙박을 전제로 하는 자원

06. 관광자원의 분류

(1)자연적 관광자원

　그 지역만의 특수성이, 상대적으로 가치가 있어야 한다.

　①산지, 하천, 해안, 온천 등과 동식물, 기후, 기타 지형

　②비이동성, 비저장성, 가변성, 계절성

(2)문화적 관광자원

　①문화재보호법에 의한 문화재 분류

　②문화재 : 인위적이거나 자연적으로 형성된 국가적·민족적 또는 세계적 유산으로서 역사적·
　예술적·학술적 또는 경관적 가치가 큰 것

구분	분류 내용
문화유산 (국보, 보물)	건물, 서적, 고문서, 회화, 조각, 공예품, 사적(절터, 성터, 궁터, 조개무덤, 가마터 등)
무형자산 (* 인간문화재)	전통적 공연 / 예술, 전통공예, 한의학 지식, 전통적 생활습관, 민간신앙, 전통적 놀이, 기예, 무예
자연유산 (천연기념물, 명승)	경치 좋은 곳, 동식물, 동굴, 지형, 지질, 광물
민속유산	의식주, 신앙, 연중행사 등에 관한 풍습이나 관습에 사용되는 의복, 기구, 가옥 등

(3)사회적 관광자원

　역사와 전통, 현재와 과거를 이해하는 데 도움을 주는데, 축제가 중심이다.

　①생활양식, 풍속 : 결혼식, 장례식

　②민간신앙, 종교, 전통 예술

　③향토축제, 연중 행사

　④문화, 교육, 사회 시설

(4)산업적 관광자원 : 산업시설과 견학, 시찰

　①농수산업 : 농장, 목장, 어장, 관광농원(경작지 임대, 농산물 채취, 장소 제공, 농산물 판매),
　주말농원, 민박마을

　②공업 : 공장시설, 산업시설, 투자 동기 유발

　③상업 : 박람회, 전시회, 백화점, 쇼핑센터, 전통시장, 특산물

(5)관광 / 레크리에이션(위락) 자원
　①주제공원(테마 파크, Theme Park)이 대표적
　　㉠1976 자연농원(에버랜드), 1989 롯데월드, 2017 제2롯데월드(123층, 555m)
　　㉡미국 디즈니랜드 1955, 디즈니월드 1982
　　㉢독특한 주제를 가지고 방문객에게 특별한 경험 제공 / 탈일상성
　②휴양시설, 야영장

(6)한국관광공사의 관광자원 분류
　①유형 관광자원(자연적, 문화적, 사회적, 산업적, 관광/레크리에이션 자원)
　②무형 관광자원(인적, 비인적 관광자원)

07. 관광 개발 정책

(1)10대 관광권(1972), 8대 흡인권/24개발소권(1979)
(2)5대 관광권/24개발 소권(1992)
(3)7대 문화관광권(1998)
(4)관광개발 기본계획
　①1차(1992~2001) : 5대 관광권
　②2차(2002~2011) : 시도 관광권
　③3차(2012~2021) : 광역 관광권
　④4차(2022~) : 공급자 중심 → 수요자 중심
　　　　　　　　자원 개발 → 개발과 활용의 균형
　　　　　　　　6대 추진 전략, 17개 중점 추진 과제

제 2 절　관광자원의 해설

01. 해설이란?

(1)Interpretation : 쉽게 풀어서 밝힌다.
(2)해설가가 느끼는 바를 관광객이 느끼도록 도와준다.
(3)사실 / 정보의 단순한 전달이 아닌, 현상에 내재된 의미와 상호관련성을 보여주는 교육적 활동

02. 자원 해설을 하는 목적

(1)관광객 관점

①경험을 풍부하게 하며 관심 / 지식의 폭 확대

②호기심을 충족시켜 준다.

③향토애나 조국애를 북돋우고 긍지를 갖게 한다.

④관광객의 관광지에 대한 이해 능력을 도와준다.

(2)관광대상지 관점

　①보다 많은 관광객 유치 촉진함으로써 경제에 도움

　②관광지 훼손 방지(자원관리 목표 추구)

　③지역민들의 관심을 가지게 해 자원의 보존에 도움

　④관광지의 관리 또는 대체 비용을 절감

(3)해설의 성공 요소

　①관여

　　㉠첫 대면 시 여행목적, 관심사 파악 / 친밀감 형성

　　㉡그룹의 일체감 형성

　　㉢관광객의 지식과 관심 이용하여 부드럽게 시작

　　㉣짜임새 있는 이야기 구성

　②어떤 theme로, 어떻게 구성할까?

　③Story telling 으로? 질문으로 관심 유도, 명료한 표현

　④열정, 유머, 자신감, 인간미, 침착성, 신뢰감, 편안함

　⑤질문에 대해서는 반드시 feed back 한다.

(4)해설 시 고려 사항

　①관광객의 수준과 관심사항 고려 : 어린이 vs 노년층

　②관광 지역에 따른 차이

　　㉠위락지역 : 해설보다는 스스로 즐기게 한다. / 설악산, 남이섬(겨울연가 촬영지), 한강 Cruise

　　㉡역사, 문화지역 : 내재된 의미와 가치 설명 / DMZ 투어, 경복궁

제 3 절　관광자원의 해설 기법

01. 해설기법 분류

(1)인적 해설 : 담화해설기법, 재현해설기법 / 이동식 해설, 정지식 해설

(2)비인적 해설 : 길잡이시설 해설, 매체이용해설

02. 인적 해설의 구분

(1)담화해설기법 : 말과 몸짓으로 해설
  ①해설자의 감수성 + 관광객의 이해도
  ②해설자의 과제 : 청중을 파악, 해설자 이미지 好, 이야기 구성 好
  ③몸짓언어 중요(표정, 손동작, eye contact)
  ④이동하느냐 정지하느냐에 따른 구분
(2)재현해설기법 : 단순 담화보다 효과적

(3)이동식 해설 : 넓은 지역을 돌며 해설(고궁, 대규모 박물관 등), 동행해설기법으로 관광객들과
  함께 움직이며 해설
  ①장점 : 적재적소에서 해설 가능, 신뢰 형성
  ②단점 : 분위기 산만해지고 집중도 약화
  ③주의 사항 : 1인당 최대 25명, 정지시간은 3~5분

(4)정지식 해설 : 동굴, 관광안내소, 박물관 등
  ①관광객이 많은 곳에 고정 배치되어 해설 + 특별한 기술 시연
  ②그 지점에서 발생하는 현상 설명

03. 비인적 해설

(1)길잡이 시설 해설 : 안내표지(해설판)
  ①지적 요구가 강한 사람, 일정한 교육수준의 사람에게 효과적
  ②내용의 구성이 일관성이 있고, 정확성 / 명료성 / 신뢰성 요구
  ③장점
    ㉠비용, 유지비용 절감, 이용자별 독해속도 조절
    ㉡독해 내용 선택 자유, 이정표 기능 수행, 기념물로서 사진촬영 대상
  ④단점
    ㉠관광객의 인식수준이 따라줘야 하며 정신적인 노력 요구
    ㉡일방적인 의사전달(질의응답 불가, 의문 해소 불가능)
    ㉢풍화작용, 부식, 훼손

(2)매체이용해설(Gadgetry) : 재현에 특히 효과적임
  ①모형 기법 : 형태를 모방한 기법, 축소, 실물, 확대 모형
  ②실물(재현) 기법 : 사실(事實)재현, 유적재현, 인물재현, 기술재현
  ③시청각기법 : 비디오시설, 터치스크린, 영화
  ④키오스크 : 터치스크린 방식의 정보전달을 위한 무인단말기
  ⑤멀티미디어 재현시설기법

　　　⑤디오라마 : 주위 배경은 그림 + 축소 모형 + 재현(3차원적)

　　　ⓛ애니메이션 : 만화로 재현

　　⑥시뮬레이션 기법 : 가상체험이 가능

　　⑦인쇄물 : 팸플릿, 리플릿, 안내해설서

　　⑧장점

　　　⑤관람객의 시선 집중, 장시간의 관심 유도 가능

　　　ⓛ상황별 대처 가능, 반복 용이

　　⑨단점

　　　⑤정기적 보수 및 예비품 준비

　　　ⓛ재방문자에게 지루함을 줄 수 있다

　　　ⓒ설치상의 제약이 따른다(전기 사용, 벽면 사용)

구분	분류 내용
길잡이 시설 해설 기법	해설사 도움 없이 제시된 안내문에 따라 내용을 이해
동행 해설기법	해설사가 함께 움직이며 해설을 해 줌
이동식 해설	넓은 지역을 대상으로 해설을 하거나 대형 박물관에서 전시물 해설
정지식 해설	동굴이나 관광객 안내소, 박물관에서 해설사가 고정 배치되어 해설

제 4 절　자연관광자원

01. 자연관광자원의 구성 요소와 이모저모

(1)지형 : 산, 화산, 호수, 하천, 해안, 섬, 온천, 사막

(2)동식물 : 삼림, 화초, 새, 물고기

(3)기상 / 기후 / 천문 : 오로라, 별, 눈, 빙하

(4)관동팔경 : 대관령 너머 동해안 명승지, 통천의 총석정, 고성의 삼일포, 간성의 청간정, 양양의 낙산사, 강릉의 경포대, 삼척의 죽서루, 울진의 망양정, 평해의 월송정

(5)단양팔경 : 충북 단양 지역의 명승지, 도담삼봉, 석문, 구담봉, 옥순봉, 상선암, 중선암, 하선암, 사인암

(6)송계팔경 : 충북 제천의 송계계곡의 명승지, 월악영봉, 팔랑소, 와룡대, 망폭대, 수경대, 학소대, 자연대, 월광폭포

(7)풍란과 한란 : 풍란은 홍도, 한란은 한라산의 유명한 화초

02. 자연공원

(1)근거 법률 : 자연공원법(1980년 제정)

(2)지정 유형 : 국립공원, 도립공원, 광역시립, 시립, 군립공원, 구립, 지질공원

(3)지정 및 관리의 목적

자연생태계와 자연 및 문화경관 등을 보전하고 지속 가능한 이용을 도모함

☞ 도시공원 : 도시공원 및 녹지 등에 관한 법률에 의해 설치 또는 지정된 것으로 도시 주민의 여가와 휴식의 공간(근린공원 등), 자연공원에 해당하지 않음

(효창공원 - 김구, 도산공원 - 안창호 낙성대공원 - 강감찬, 구암공원 - 허준 등)

(4)자연공원의 역사

미국은 국립공원제도의 발상지 : 1872 엘로스톤 국립공원 설정(현재 410개)

03. 자연공원별 내역

(1)국립공원(전 국토의 3.89%, 해면 포함 6.64%)

①지정 : 환경부 장관

②현재 22곳 지정(산악형 18곳, 해안 / 해상형 4곳, 사적형 1곳)

③1호 : 지리산국립공원(1967년), 22호 : 태백산(2016.4), 23호 팔공산(2023년)

(2)도립공원(전 국토의 1.13%)

①지정 : 시도지사, 현재 30곳 지정

②1호 : 금오산도립공원(1970, 경북 구미)

　2호 : 남한산성(1971)

　　　　벌교 갯벌(2016.1)

　　　　불갑산(2019)

　　　　철원DMZ성재산도립공원(2023.7)

③갯벌 도립공원 : 신안증도, 무안, 벌교

④제주도 내 도립공원 6곳(마라도, 성산일출봉, 서귀포, 추자도, 우도, 곶자왈)

(3)군립공원(전 국토의 0.24%)

①지정 : 시장 / 군수, - 현재 27곳 지정

②1호 : 강천산 군립공원(1981, 전북 순창), 2호 : 천마산

(4)지질공원

①2012년부터 지정, 시도지사의 신청 / 환경부 장관의 승인

②지정 요건

㉠특별한 지구과학적 중요성, 희귀한 자연적 특성 및 우수한 경관적 가치를 가진 지역일 것

ⓛ지질과 관련된 고고학적·생태적·문화적 요인이 우수하여 보전의 가치가 높을 것

ⓒ지질유산의 보호와 활용을 통하여 지역경제발전을 도모할 수 있을 것

ⓔ지질공원 안에 지질명소 또는 역사적 유물이 있으며, 자연경관과 조화되어 보존의 가치가 있을 것

① 기존 지정된 곳(7곳) + 2017년 추가 지정된 곳(3곳) + 2019년 추가 지정(2곳) + 2020년 추가 지정(1곳) = 13곳

㉠제주도 지질공원(2012), 부산 지질공원(2013), 울릉도·독도 지질공원(2012), 강원 평화 지역(DMZ) 지질공원(2014), 청송 지질공원(2014), 무등산권 지질공원(2014), 한탄 / 임진강 지질공원(2015), 강원 고생대 지질공원(2017), 전북서해안 지질공원(2017), 경북동해안 지질공원(2017), 백령·대청 지질공원(2019), 진안무주 지질공원(2019), 단양 지질공원(2020)

㉡강원 고생대 : 태백, 영월, 평창, 정선 등지의 21개소

㉢전북서해안 : 고창, 부안 등지의 12개소

㉣경북동해안 : 경주, 포항, 영덕, 울진 등지의 19개소

㉤백령·대청 : 인천, 옹진 10개소

㉥진안·무주 : 전북 진안·무주 10개소

㉦단양 : 충북 단양 12개소

04. 국립공원별 상세

(1)지리산

① 최초 지정(1967), 산악형 국립공원 중 최대 면적(483㎢)

② 三神山 중 1곳으로 방장산으로 불림(금강산, 한라산), 전북, 전남, 경남의 3도에 걸쳐 있다.

③ 최고봉 천왕봉(1915m), 반야봉(1732m), 노고단(1507m), 피아골 계곡, 뱀사골 계곡

④ 유명 사찰 : 화엄사, 쌍계사, 천은사

⑤ 문화재 : 화엄사 각황전 , 화엄사 4사자 삼층석탑 , 사향노루(천), 올벗나무(천)

⑥ 지리산 10경 : 노고운해, 피아골 단풍, 반야낙조, 섬진청류, 벽소명월, 불일폭포, 세석 철쭉, 연하선경, 천왕일출, 칠선계곡

(2)경주 국립공원

① 유일한 사적형(도시형) 국립공원, 136㎢

② 토함산(국보 7점, 보물 13점), 남산(금오산~고위산, 나정, 삼릉), 구미산(천도교 성지 용담정), 소금강산(이차돈 순교)

③ 불국사(사), 석굴암(국), 태종무열왕릉비(국), 고선사지 삼층석탑(국), 감은사지 삼층석탑(국), 첨성대(국), 안압지(사), 천마총

④ 불국사 내 : 다보탑 (국), 석가탑(국), 연화교/칠보교(국), 청운교/백운교(국), 비로자나불상(국), 아미타여래좌상(국)

⑤유네스코 문화유산으로 지정

(3)계룡산 국립공원
 ①천왕봉(845m)
 ②동학사(비구니), 갑사
 ③충남 공주, 논산, 대전 인근
 ④금계포란형, 비룡승천형

(4)한려해상 국립공원
 ①1968년 지정 / 최초 해상 국립공원, 전체 면적 535㎢(해상 면적이 76%)
 ②경남 한산도(통영)에서 전남 여수까지의 해상경관
 ③거제, 통영, 사천, 하동, 남해, 여수오동도의 6개 지구

(5)설악산 국립공원 / 제2의 금강산
 ①산악자원 중 최고의 절경 / 비경 보유
 ②최고봉 대청봉(1708m), 내설악(서쪽)과 외설악(동쪽)으로 구분
 ③미시령과 한계령이 동서 구분
 ④900여종의 식물, 500여종의 동물 / 천연보호구역으로 지정
 ⑤유네스코 생물권보전지역, 천연보호구역, 국립공원 3관왕
 ⑥천불동 계곡, 가야동 계곡, 구곡담 계곡, 백담사 계곡
 ⑦비룡폭포, 토왕성 폭포, 옥녀탕 / 울산암, 비선대, 금강굴, 망경대
 ⑧오색온천, 오색약수
 ⑨백담사, 신흥사, 봉정암(적멸보궁)

(6)속리산 국립공원
 ①천왕봉(1057m), 비로봉, 문장대 - 구봉산(9개 산봉우리), 광명산, 미지산
 ②법주사 입구 정이품송
 ③법주사 : 쌍사자석등(통일신라, 국), 팔상전(조선시대, 국)
 ④충북 보은, 경북 상주
 ⑤화양구곡 : 송시열, 화양서원, 만동묘
 ⑥정이품송(천), 까막딱따구리(천)

(7)한라산 국립공원
 ①1, 950m, 백록담(화구호, 지름 500m)
 ②관음사, 천왕사
 ③천연기념물 : 한란, 왕벚나무
 ④표고에 따라 식생분포 영역 뚜렷

⑤용암동굴 형성, 360개 오름

⑥천연보호구역, 생물권 보전지역, 세계자연유산, 세계지질공원

(8)내장산 국립공원

①전북 정읍의 남쪽에 위치, 763m, 전북과 전남의 경계

②숨겨진 것이 무궁무진하다고 하여 내장산이라고 불림(내금강, 영은산, 호남의 금강)

③백암산은 봄 경치, 내장산은 가을 단풍이 유명(춘 백양, 추 내장)

④백양사

(9)가야산

①해인사(팔만대장경, 장경판전)

②홍류동 계곡 (해인사 앞)

③경남 합천, 거창

④우두산(상왕봉, 1430m)

(10)덕유산(적상산 포함)

①무주구천동 계곡 33경, 나제통문

②적상산성(사), 백련사, 안국사, 매월당부도

③향적봉(1614m), 덕이 많은 산

(11)오대산 국립공원

①겨울 스포츠의 메카 용평리조트, 알펜시아리조트와 가깝다

②월정사 8각 9층석탑(국), 상원사 동종(국, 가장 오래된 종)

③금강연은 열목어 특별보호구역

④청학동 소금강(명승 1호) : 이이가 이름 지음, 구룡폭포, 군자폭포, 삼선암, 식당암, 만불상

⑤방아다리 약수, 송천 약수

⑥강원도 강릉, 평창, 홍천

⑦대관령 목장

⑧신라 자장율사의 고사, 문수보살이 설법

⑨비로봉(1563m)

(12)주왕산 국립공원

①경북 청송

②당나라의 주왕 / 신라 마장군의 격전지

③대전사 / 기암봉, 촛대봉, 주왕굴, 무장굴

④주왕산의 4대 명물 : 수달래, 천년이끼, 송이, 회양목

⑤주산지(명승지, 김기덕 감독 봄, 여름, 가을, 겨울 그리고 봄), 달기 약수(닭백숙)

⑥석병산, 주방산

⑦대전사, 백련암

(13)태안(서산)해안 국립공원

①만리포, 몽산포, 안면 해수욕장

②신두리 해안 사구(천), 두웅습지(람), 안흥성(조선시대 석성)

③국내 유일의 해안 국립공원

(14)다도해 해상 국립공원

①면적 최대 / 여수 돌산에서 신안군 홍도(천)까지(400여개 섬)

②8개 지구 : 흑산·홍도지구, 비금·도초지구, 조도지구, 소안·청산지구, 거문·백도지구, 나로도지구, 금오도지구, 팔영산지구

(15)북한산 국립공원

①수도권 유일한 국립공원

②백운대, 인수봉, 만경대 : 삼각산

③북한산성(8km), 대남문, 대동문, 진흥왕 순수비(국)

④진관사, 태고사, 도선사, 승가사, 망월사 / 우이계곡, 도봉계곡, 송추계곡

(16)치악산 / 꿩과 구렁이 전설

①강원도 원주

②비로봉(1, 288), 응봉, 매화봉 등 14km길이의 병풍(치악산맥)

③구룡사 계곡 : 거북바위, 범바위, 구룡폭포

④상원사 : 가장 높은 곳의 절

⑤또아리굴 / loop tunnel, 원성 성남리 성황림(서낭을 모시는 숲, 천)

⑥강원도 원주

(17)월악산

①충북 제천, 단양(단양팔경), 경북 문경

②송계계곡(송계팔경), 죽계계곡, 덕주계곡

③덕주사, 수안보 온천이 인근에 있음

④덕주사 마애불, 사자빈신사지석탑, 신륵사 3층석탑

⑤문경새재(명) : 주흘관, 조곡관, 조령관

(18)소백산

①충북과 경북의 접경, 국망봉, 비로봉(1439m), 연화봉

②죽령

③부석사(무량수전 국보, 석등 국보, 조사당 국보, 석조여래좌상 보물), 희방사

④소백산 철쭉제, 산나물, 왜솜다리(에델바이스), 주목 군락(천)

(19)월출산

①전남 영암, 강진 / 호남의 소금강

②무위사 극락전(국), 도갑사 해탈문(국, 조선), 마애여래좌상(국, 가장 높은 곳에 있는 국보)

③천황봉, 정상에서의 다도해 전경(서해 일몰)

④최소(56㎢)

(20)변산 반도

①전북 부안군

②해식단애인 채석강, 적벽강(절벽), 격포 해변

③내소사, 개암사

④천연기념물 : 호랑가시나무, 후박나무, 꽝꽝나무

⑤유일의 반도 공원

(21)무등산

①2013년 지정

②천왕봉(1, 187m), 서석대 / 입석대(주상절리대, 천)

③지공너덜, 덕산너덜(자갈밭)

④증심사, 원효사, 무등산 수박

(22)태백산

①2016년 지정

②삼척시, 정선군, 영월군, 태백시, 봉화군에 걸쳐 있음

③장군봉, 문수봉, 함백산, 매봉산, 금대봉, 대덕산

④천제단(중요민속문화재) : 하늘에 제사, 함백산 정암사(적멸보궁)

⑤검룡소(명) : 한강의 발원지, 황지 : 낙동강 발원지

⑥천연기념물 : 주목 군락, 산양, 하늘다람쥐, 원앙, 검독수리, 두견이, 소쩍새,
   정선 정암사 열목어 서식지, 태백 용연동굴(강원도지방기념물)

⑦태백 8승 : 문수봉, 천제단, 주목군락, 일출, 황지, 검룡소, 구문소, 용연동굴

⑧석탄박물관

(23)팔공산 국립공원

①2023년 지정

②대구광역시 동구와 군위군, 경북 경산시, 영천시, 칠곡군 등 경계에 위치

③고려시대까지 공산으로 불리다 조선시대 팔공산으로 개칭

④92점의 문화자원 분포

⑤조계종 제9교구 본사(동화사) 및 제10교구 본사(은해사) 위치

⑥불교 역사·문화유산의 중추적 거점(보물 431호 팔공산 관봉 석조여래좌상 소재지)

한라산 국립공원

(24)국립공원 인근 스키장 현황

①설악산, 오대산 : 용평리조트

②치악산 : 오크밸리

③오대산 : 휘닉스파크, 알펜시아리조트

④소백산 : 웰리힐리파크

⑤기타 강원도 리조트 : 비발디파크, 엘리시안 강촌리조트, 하이원리조트, 오투리조트, 알프스 리조트

⑥경기도 리조트 : 스타힐리조트, 베어스타운리조트, 양지파인리조트, 지산포레스트리조트, 곤지암리조트, 서울 리조트

⑦덕유산리조트(전북), 블루밸리리조트(충북), 에덴밸리리조트(경남)

05. 5대강 유역 관광자원

(1)한강

①길이 : 514km(4번째로 길다)

②북한강, 남한강이 양평군 양수리에서 합쳐진다.

③발원지 : 태백 검룡소

④댐

㉠북한강 : 화천댐, 소양강댐(우리나라 최대 다목적 댐), 춘천댐, 의암댐(이상 강원도), 청평댐(경기도)

㉡남한강 : 충주댐   ㉢팔당댐(경기도)

(2)금강

①길이 : 400km   ②발원지 : 전북 장수군 신무산 뜬봉샘

③댐 : 대청댐, 용담댐, 금강하구언 ④공주, 부여를 거쳐 간다.

(3)낙동강
- ①길이 : 510km
- ②발원지 : 태백산 황지(너덜샘)
- ③댐 : 안동댐, 임하댐, 합천댐
- ④하구에는 을숙도가 있다.
- ⑤가락(가야)의 동쪽을 흐르는 강

(4)영산강
- ①길이 : 120km
- ②발원지 : 담양 용추봉(용소)
- ③댐 : 담양댐, 장성댐, 광주댐(농업용수), 나주댐

(5)섬진강
- ①길이 : 212km
- ②발원지 : 진안군 신암리
- ③댐 : 섬진강댐(우리나라 최초 다목적 댐), 동복댐, 주암댐(우리나라 최초 유역변경식 댐)

강	댐
한강	화천댐, 춘천댐, 소양강댐, 의암댐, 청평댐, 충주댐, 팔당댐
금강	대청댐, 금강하구언
낙동강	안동댐, 진양호, 합천댐
영산강	영산호, 담양댐, 장성댐, 광주댐, 나주댐
섬진강	섬진강댐, 동복댐, 주암댐

(6)호수
- ①화구호 : 화산작용에 의한 호수 / 한라산 백록담
- ②칼데라호 : 2차 폭발로 화구의 지름의 1.6km 이상 / 백두산 천지, 울릉도 나리분지
- ③석호 : 해안지역에 토사에 의한 퇴적으로 생긴 호수 / 청초호, 송지호, 경포호, 영랑호
- ④인공호 : 시화호(조력발전), 4대강의 대부분 댐

(7)해안관광자원
- ①동해안
  - ㉠해안선이 단조롭다, 맑은 물
- ②서해안
  - ㉠해안선이 복잡, 갯벌이 발달(갯벌축제), 조수간만의 차가 심하다(9m)
  - ㉡다양한 어패류
- ③남해안
  - ㉠해안경관 수려, 중화학공업단지
- ④해수욕장
  - ㉠동해안의 해수욕장
    - 최북단에 화진포 해수욕장(김일성, 이승만 별장)
    - 강원 : 경포, 낙산, 망상

- 경북 : 망양, 월포, 구룡포
ⓒ남해안의 해수욕장
  - 부산의 해운대, 광안리, 송정, 송도
  - 완도 명사십리, 여수 만성리 해수욕장(검은 모래)
  - 남일대(사천), 상주(남해)
ⓒ서해안의 해수욕장
  - 인천 : 을왕리, 왕산, 하나개, 장경리, 콩돌, 사곶
  - 충남 : 대천해수욕장(보령머드축제), 만리포, 천리포, 무창포(보령, 신비의 바닷길), 춘장대(서천), 몽산포, 안면
  - 전북 : 선유도(군산), 격포, 변산
ⓒ제주도 : 이호, 중문, 삼양해수욕장(검은 모래), 우도 검멀레(검은 모래), 함덕, 협재 하도
⑤기타 해안자원
  ㄱ마리나 : 유람선, 보트, 요트 등 선박들이 정박할 수 있는 시설을 갖춘 항만
  (서울마리나, 김포 마리나, 전곡마리나, 보령 요트 경기장, 격포항 요트 마리나, 목포 마리나, 완도항 마리나, 여수 소호 요트 경기장, 충무 마리나 리조트 등, 그 외 인천 옹진/군산 고군산/여수 엑스포/창원 명동/ 울진 후포/ 울산 울주 등 6곳은 거점형 마리나 항만 조성 사업지)
  ㄴ해중공원 : 바다의 동식물을 보존, 관찰 등을 위해 설정되는 공원 / 해저관광(제주도 서귀포)
⑥기타 해안 상식
  ㄱ침수해안 : 해안선이 복잡한 서해안, 남해안, 리아스식
  ㄴ이수해안 : 해안선이 단조로운 동해안
  ㄷ해식애 : 통천 총석정, 변산반도 채석강, 부산 태종대
  ㄹ사빈해안 : 해수욕장으로 활용, 사빈, 사취, 사주, 석호, 육계도, 사구 발달
  ㅁ일출지 : 영일만 호미곶, 울산 간절곶
  ㅂ철새 도래지 : 서산 천수만, 부산 을숙도

(8)온천
  ①충남
    ㄱ온양 온천(충남 아산) : 조선시대 세종 등 왕들의 휴양지 / 행궁이 있었으며, 가장 오래되고 가장 수량이 풍부한 온천으로 유명
    ㄴ아산 / 도고 온천(유황, 충남 아산)
    ㄷ유성온천, 덕산온천
  ②경기도
    ㄱ이천 온천 : 경기도 소재, 서울에서 가장 가깝다
  ③충북
    ㄱ수안보 온천(충북 충주)

④강원도

　㉠오색 온천(설악산 국립공원), 척산 온천(속초) : 불소 함유

⑤경북

　㉠백암온천(경북 울진), 덕구온천(경북 울진)

⑥경남

　㉠부곡온천(경남 창녕)　☞관광특구 : 백부아수

⑦부산

　㉠동래, 해운대 온천 : 염류천

⑧경남

　㉠마금산(창원)

⑨전남

　㉠담양온천

⑩온천 상식

　㉠수온 34~42℃

　㉡온천밀집 지역은 충남북, 경남북

　㉢관광특구 지정 온천 : 수안보(충북), 아산(충남), 백암(경북), 부곡(경남)

　㉣온천수질은 비화산성 열원으로, 대부분 약알칼리의 단순천

　㉤온천 3대 요소는 수량, 성분, 온도

구분	분류 내용
온천 종류	보양지/요양지, 관광지, 도시화된 온천
관광특구 온천	수안보 온천, 아산시 온천, 백암온천, 부곡온천
온양 온천	아산시, 최대 수량, 최대 규모
충남 온천	아산 온천, 덕산 온천
경북 온천	백암 온천, 덕구 온천

(9) 약수

①냉천 : 탄산나트륨 함유량 1% 이상

　㉠탄산천으로 소화 촉진, 피서지 기능

②주요 약수지

　㉠청원 초정약수(세계 3대 광천, 천연사이다), 양양 오색약수, 평창 방아다리 약수, 청송 달
기약수(달계약수), 정선 화암약수, 홍천 옻나무 약수, 인제 방동약수, 천안 대정약수, 봉화
오전약수, 춘천 추곡약수

(10)동굴

①천연기념물

강원도	삼척 대이리동굴지대(환선굴)
	정선 산호동굴
	평창 섭동굴
	정선 용소동굴
	평창 백룡동굴
	삼척 초당굴
	영월 고씨굴
충청북도	단양 고수동굴
	단양 온달동굴
	단양 노동동굴
제주도	어음리 빌레못동굴
	당처물동굴
	용천동굴
	수산동굴
	김녕굴 및 만장굴(최장)
	선흘리 벵뒤굴(
	제주 한림 용암동굴지대 (소천굴, 황금굴, 협재굴)
전라북도	익산 천호동굴
경상북도	울진 성류굴

②지방기념물

강원도	영월 연하동굴
	영월 대야동굴
	태백 월둔동굴
	태백 용연동굴
	정선 화암굴
	동해 천곡동굴
충청북도	제천 점말동굴 유적
	단양 천동동굴
제주도	북촌동굴
전라북도	무주 마산동굴
전라남도	화순 백아산자연동굴
경상북도	안동 미림동굴
경상남도	합천 배티세일동굴 (세일동굴)

- 제주도의 동굴 생성 원인 : 용암의 활동
- 기타 지역 : 석회동굴
- 해식동굴 : 정방굴 / 산방굴(제주도), 여수 오동도굴, 홍도 석화굴, 경주 감포 용굴
- 유네스코 세계유산 포함 동굴 : 벵뒤굴, 만장굴, 김녕굴, 용천동굴, 당처물동굴

③동굴의 분류

　㉠자연동굴 : 석회동굴, 용암동굴, 해식동굴

　㉡인공동굴

④동굴 상식

　㉠자연동굴은 강원도, 충북, 제주 경남순으로 분포

　㉡제주도 북동쪽은 만장굴·김녕사굴(천), 제주도 서쪽 한림 지역은 협재굴·소천굴·황금굴·쌍룡굴(천)

구분	분류 내용
석회동굴	단양 고수굴, 영월 고씨굴, 초당굴, 환선굴, 성류굴 등
용암동굴	만장굴, 김녕사굴, 빌레못굴, 협재굴, 황금굴, 쌍룡굴, 소천굴 등
해식동굴	산방굴, 정방굴, 오동도굴, 가사굴 등
제주 3대 폭포	정방 폭포, 천지연 폭포, 천제연 폭포(3단 폭포)
국토의 끝	최서단(전남 가거도), 최동단(경북 독도), 최남도(제주 마라도)

(11)천연기념물 동물

①새 종류

㉠크낙새(천), 따오기(천), 고니, 두루미, 저어새, 팔색조, 흑비둘기, 느시, 독수리, 매, 올빼미, 수리부엉이, 소쩍새, 원앙, 뜸부기, 두견, 연산 화악리의 오계(천)

㉡서식지 : 광릉크낙새 서식지(천), 태안 난도 괭이갈매기 번석지, 울릉도 흑비둘기 서식지(천)

㉢철새 도래지 : 낙동강 철새 도래지(천), 철원 천통리 철새 도래지

②포유류

㉠진돗개(천), 사향노루(천), 산양(천), 경산의 삽살개, 경주 동경이, 하늘다람쥐, 반달가슴곰, 수달, 점박이 물범, 제주마, 제주 흑우, 제주 흑돼지

③어류

㉠황쏘가리(천), 어름치, 금강의 어름치, 남생이(거북), 미호종개, 꼬치동자개

㉡서식지 : 제주 무태장어 서식지(천), 정선 정암사 열목어 서식지

④곤충

㉠장수하늘소(천), 산굴뚝나비, 비단벌레, 무주 일원 반딧불이

⑤울산 쇠고래 회유해면(천)

(12)천연기념물 식물

①소나무, 느티나무, 회화나무, 은행나무가 많다.

㉠대구 도동 측백나무 : 천연기념물, 이전에는 경북 달성 측백나무로 불림

㉡양평 용문사 은행나무(천) : 동양 최대, 1100년생, 둘레 15.2m

㉢순천 송광사 쌍향수(천) : 천자암 곱향나무, 높이 12.5m, 엿가락처럼 꼬여 올림

㉣이팝나무(김해, 순천, 고창, 양산) : 김해 천곡리(천) 등 여럿, 꽃이 필 때 나무 전체가 하얀 꽃으로 덮여 이밥, 즉 쌀밥과 같이 보임(또는 입하에 꽃이 피어 입하목으로 불리다 '이팝'으로 불려졌다고 함)

㉤구례 화엄사 올벚나무(천), 보은 정이품송(천, 세조의 가마)

㉥청도 운문사 처진 소나무(천), 창덕궁 뽕나무 / 회화나무군 / 향나무

②자생지 : 제주 토끼섬 문주란 자생지(천), 울릉 통구미 향나무 자생지, 괴산 미선나무 자생지(천)

③숲 : 완도 주도 상록수림(천), 함양 상림(천, 인공방수림), 남해 방조어부림(천, 인공방조림), 성인봉의 원시림(천)

(13)천연기념물 지형 / 지질 / 광물

①무등산 주상절리대(천), 칠곡 금무동 나무고사리 화석 산지

백령도 남포리 습곡구조, 상주 운평리 구상 화강암(천), 태안 신두리 해안사구

(14)천연보호구역 : 다양한 동식물이 분포

①홍도(천) : 전남 신안, 풍란, 흑비둘기

②설악산(천) : 1982년 유네스코 생물권 보존지역(Biosphere Reserve) 지정

③한라산(천) : 해발고도에 따른 식물의 다양성, 360개 기생화산(오름, 악)

④대암산 / 대우산(천) : 강원도 인제, 양구, 공개 제한

⑤향로봉, 건봉산(천) : 강원도 인제, 고성, 공개 제한

⑥독도(천) : 경북 울릉군, 바다제비, 슴새, 괭이갈매기, 바다 생물의 보고, 공개 제한

⑦성산일출봉, 문섬 / 밤섬(공개 제한), 차귀도, 마라도(천) : 제주

⑧창녕 우포늪(천) : 국내 최대 자연 늪, 우포늪/목포늪/사지포/쪽지벌

⑨지리산은 포함되지 않음

(15)람사르 습지 / 물새 서식지로서 국제적으로 중요한 습지에 관한 협약

①1971년 이란 람사르에서 시작, 습지 협약

②2017년 현재 한국은 24곳을 람사르습지로 등록

지역명(등록명)	위 치	면적(㎢)	등록일자
대암산용늪	강원 인제군 서화면 심적리 대암산 일원	1.06	1997.03.28
우포늪	경남 창녕군 대합면·이방면· 유어면·대지면 일원	8.54	1998.03.02
신안장도 산지습지	전남 신안군 흑산면 비리 장도(섬) 일원	0.090	2005.03.30
순천만·보성갯벌	전남 순천시 별양면·해룡면· 도사동 일대, 전남 보성군 벌교읍	35.5	2006.01.20
물영아리오름 습지	제주 서귀포시 남원읍 수망리 수령산 일대 분화구	0.309	2006.10.18
무제치늪	울산 울주군 삼동면 조일리 정족산 일원	0.04	2007.12.20
두웅습지	충남 태안군 원동면 신두리	0.065	2007.12.20
무안갯벌	전남 무안군 해제면·현경면 일대	35.89	2008.01.14
물장오리오름 습지	제주 제주시 봉개동	0.628	2008.10.13
오대산 국립공원 습지	강원 평창군 대관령면 횡계리(소황병산늪, 질뫼늪), 홍천군 내면 명개리 일대(조개동늪)	0.017	2008.10.13
강화 매화마름 군락지	인천 강화군 길상면 초지리	0.003	2008.10.13
1100고지 습지	제주 서귀포시 색달동·중문동~제주시 광령리	0.126	2009.10.12
서천갯벌	충남 서천군 서면, 유부도 일대	15.3	2009.12.02
고창·부안갯벌	전북 부안군 줄포면보안면, 고창군 부안면·심원면 일대	45.5	2010.02.01
제주 동백동산 습지	제주 제주시 조천읍 선흘리	0.590	2011.03.14
고창 운곡습지	전북 고창군 아산면 운곡리	1.797	2011.04.07
신안 증도갯벌	전남 신안군 증도면 증도 및 병풍도 일대	31.3	2011.07.29
한강밤섬	서울시 영등포구 여의도동	0.273	2012.06.20
송도갯벌	인천 연수구 송도	6.11	2014.07.10

한반도 습지	강원도 영월군 한반도면	1.915	2015.5.13
제주 숨은물뱅듸	제주 제주시 광령리	1.175	2015.5.13
순천 동천하구	전남 순천시	5.394	2016.1.20
대부도 갯벌	안산 단원구 대부남동 일원	4,530	2018.10.25
고양 장항습지	경기 고양시 신평동,장항동 일원	5,956	2021.5.21

③내륙습지(환경부 소관 17개소) : 순천 동천하구, 제주 숨은물뱅듸, 한반도 습지, 고창 운곡습지, 제주 동백동산습지, 제주 1100고지습지, 강화 매화마름 군락지, 오대산 국립공원 습지, 제주 물장오리 오름 습지, 두웅습지, 제주 물영아리오름 습지, 신안장도습지, 우포늪, 대암산 용늪, 고양 장항습지, 한강밤섬

④연안 습지(해양 수산부 소관) : 신안증도갯벌, 고창/부안갯벌, 서천갯벌, 무안갯벌, 순천만/보성 갯벌, 송도갯벌, 대부도 갯벌

⑤습지보호지역으로 지정되지 않은 람사르 습지 : 한강밤섬, 오대산국립공원습지, 강화 매화마름 군락지

⑥갯벌 : 순천만·보성갯벌, 서천갯벌, 고창·부안갯벌, 무안갯벌, 신안 증도갯벌, 송도갯벌 , 대부도 갯벌

(16)기타 주요 지역의 자연자원

①울릉도

㉠천연기념물

- 통구미(대풍감) 향나무 자생지, 태하동 솔송 / 섬잣 / 너도밤나무 군락
  도동 섬개야광나무 / 섬댕강나무 군락, 나리동 울릉국화 / 섬백리향 군락
  성인봉 원시림, 사동 흑비둘기 서식지

㉡최고봉 : 성인봉

② 옹진 백령도

㉠천연기념물

- 사곶 사빈(천연비행장), 남포리 콩돌해안, 진촌리 감람암포획 현무암 분포지

③독도

㉠경상북도 울릉군 독도리, 동도 / 서도 + 89개섬, 울릉도에서 87㎞, 천연기념물 336호

㉡독도경비대, 등대원, 주민(실거주 1인, 주민등록상 다수)

(17)자연 자원 상식

①자연보호헌장 선포 : 1978년

②천연기념물 지정권자와 지정기준 : 문화재청장, 문화재보호법

③동물 천연기념물 : 특유의 저명/축양동물, 서식지, 번식지

④식물 천연기념물 : 고목/거목(노거수), 명목, 기형목, 자생지, 군락

Chapter 02
문화적 자원, 복합적 자원

01. 분류 내용

구분	분류 내용	국가지정문화재	시도 지정문화재(예)
문화유산	건물, 서적, 고문서, 회화, 조각, 공예품, 절터, 성터, 궁터, 조개무덤	국보, 보물, 사적	경기도 유형문화재
무형유산	음악, 무용, 놀이, 의식, 공예기술 등	국가무형문화재 / 인간문화재	경기도 무형문화재
자연유산	경치 좋은 곳, 동식물, 동굴, 지형, 지질	명승, 천연기념물	경기도 기념물
민속유산	의식주, 신앙 등 풍습, 관습, 의복, 가옥	국가민속문화재	경기도 민속문화재

(1) 문화재자료

　국가 및 시도지정문화재로 지정되지 아니한 문화재 중 시·도지사가 지정한 문화재

(2) 국가지정문화재 지정 절차

　문화재위원회의 심의를 거쳐 문화재청장이 지정

(3) 등록문화재

　지정문화재가 아닌 문화재 중에서 문화재청장이 등록한 문화재

(4) 문화적 자원은 크게 문화재 자원과 박물관으로 나뉜다.

(5) 문화재 보호/관리

　소유자(선관주의 의무), 관리단체/정부(필요한 조치), 국립박물관 등에 위탁 관리

(6) 문화재 수리

　문화재수리 등에 관한 법률(2010), 등록된 수리기술자/수리기능자/수리업자만 가능

(7) 음악은 무형유산이나 회화는 문화유산

　(조선 후기 풍속 화가 혜원 신윤복은 죽었지만 그의 〈미인도〉, 〈단오풍정〉, 〈뱃놀이〉, 〈월하정인〉 등은 남아있으며, 단원 김홍도의 〈무동〉, 〈병진년화첩〉, 〈무이귀도도〉, 〈서당도〉 및 영조이 어진 등도 남아있다.)

02. 국가지정문화재별 지정 기준

(1)보물

①역사적, 학술적, 기술적 가치가 큰 것

②형태, 품질, 기법, 제작 등에 현저한 특이성이 있는 것

분류 내용
흥인지문
옛 보신각 동종
원각사지 대원각사비
안양 중초사지 당간지주

(2)국보 : 보물 중에서 지정

①특히 역사적, 학술적, 기술적 가치가 큰 것

②저작 연대가 오래되었으며 그 시대의 대표적인 것으로 보존가치가 큰 것

③그 유례가 적은 것, 형태, 품질, 용도가 현저히 특이한 것

④저명한 인물과 관련이 깊거나 그가 제작한 것

분류 내용
숭례문
원각사지 10층 석탑
북한산 진흥왕 순수비
여주 고달사지 승탑
보은 법주사 쌍사자 석등

(3)무형유산

①역사상, 학술상, 예술상 가치가 크고 향토색이 현저한 것

②전승가치, 전승 능력, 전승환경을 고려하여 결정

③인간문화재 : 기능 / 예능 보유자, 전승지원금 받고 전수교육 의무 부담

분류 내용
종묘제례악
양주 별산대놀이
남사당놀이(풍물, 버나, 살판, 어름, 덧뵈기, 덜미)
갓일
판소리

㉠강강술래, 은산 별신제
　　　㉡종묘제례, 택견(혼자 익히기, 나가며 익히기, 마주메기기, 견주기)
　　　㉢문배주, 면천 두견주, 경주 교동 법주

(4)기념물
　　①사적
　　　㉠선사시대 또는 역사시대의 사회, 문화생활을 이해하는 데 중요 정보
　　　㉡시대를 대표하거나 희소성과 상징성
　　　㉢중대한 역사적 사건과 관련, 저명한 인물의 삶과 관련
　　　㉣경주 포석정지, 김해 봉황동 유적, 수원 화성, 부여 가림성, 부여 부소산성
　　②명승
　　　㉠자연경관이 뛰어난 산, 바다, 하천, 계곡 등
　　　㉡명주 청학동 소금강(강릉, 계곡), 거제 해금강(해안), 완도 정도리 구계등(해안 자갈)
　　③천연기념물
　　　㉠동물, 식물, 지형, 지질, 광물, 동굴, 생물학적 생성물, 특별한 자연현상으로 역사적·경관적
　　　　또는 학술적 가치가 큰 것
　　　㉡대구 도동 측백나무 숲, 서울 재동 백송, 서울 조계사 백송, 광릉 크낙새 서식지

(5)민속유산
　　①한국의 기본적인 생활문화와 특색을 나타내는 전형적인 것
　　　(의식주, 농업기구, 운반기구, 신앙기구, 오락 / 유희 기구)
　　②민속자료를 수집 정리한 것으로 역사적 변천, 시대적 지역적 특징 및 생활계층의 특징 보유
　　　한 것
　　③민속자료가 집단적으로 모여 있는 경우 그 구역 전체를 지정
　　④덕온공주 당의(순조의 공주)
　　⑤심동신 금관조복(철종 때 당상관)
　　⑥광해군 내외 및 상궁 옷(해인사 소장)
　　⑦이단하 내외 옷(숙종 때 당상관)
　　⑧강릉 선교장

03. 등록 문화재

(1)지정문화재가 아닌 우리나라 근대 이후 제작·형성된 문화재 중에서 그 보존 및 활용을 위하여
　　특히 필요하다고 인정되는 문화재
(2)2001년 7월 도입·시행, 문화재청장이 문화재위원회의 심의를 거쳐 등록
(3)남대문로 한국전력 사옥, 화동 구 경기고교, 이화여고 심슨 기념관, 효목동 조양회관, 구 대구

사범학교 본관 및 강당

(4)개화기부터 6·25전쟁 전후의 기간에 건설·제작·형성

(5)지정 문화재와의 차이점

　지정문화재보다 완화된 규제, 외관을 크게 변화시키지 않는 범위 내에서 개조 / 수선 가능

04. 박물관

(1)문화재를 체계적으로 정리, 전시해 놓은 '문화재의 보고'

(2)박물관의 기능 : 자료 수집, 정리/분류/보관, 연구, 전시, 교육

(3)국립박물관 : 중앙박물관(용산), 진주, 광주, 청주, 대구, 전주, 부여, 김해, 공주, 경주 등

(4)중앙박물관 : 덕수궁 석조전(1945), 경복궁 박물관(1972), 용산가족공원(2005)

(5)경주박물관 : 10만 점의 소장품, 국보 13점, 백률사 금동약사여래입상, 금관총 금관, 토우장식
　장경호, 성덕대왕신종, 고선사지삼층석탑

(6)부여박물관 : 13,000 점의 소장품, 선사실(부여 송국리 유적 청동기 문화재), 역사실(부소산성,
　능산리 등 유물), 국보 3점, 금동대향로, 창왕명 석조사리감, 금동관세음보살입상

(7)광주박물관 : 8만 점의 소장품, 고려도자실, 조선도자실, 신안해저유물실, 국보 2점, 중흥산성
　쌍사자석등, 화순 대곡리 출토 청동유물

(8)대구박물관 : 20만 점의 소장품, 국보 3점, 금동여래입상, 금동관음보살입상, 흑석사 복장유물

(9)국립민속박물관 : 3관, 한민족 생활사, 생업자료, 한국인의 일생을 체계적으로 전시

(10)제주 민속자연사박물관 : 제주도의 고유 민속유물, 자연사 자료, 초가지붕을 모방한 건물양식
　(도립박물관으로 국립이 아님)

(11)철도박물관(안양), 한지박물관(전주), 동강사진박물관(영월), 하회동 탈박물관(안동), 등대박물
　관(포항, 호미곶), 화폐박물관(파주), 석탄박물관(정선) 등

05. 유네스코 유산 개관

(1)유네스코(국제연합 교육과학문화기구)에서 지정, 문화유산, 자연유산, 기록유산, 무형유산, 복
　합유산(한국은 없음)

(2)완전성, 진정성, OUV(탁월한 보편적 가치), 보존 관리

(3)기록유산의 경우는 보존, 접근, 기록 유산 부산물의 보급, 인식 제고 등의 일반 운영 지침과
　신빙성(진품), 유일성, 영향력, 세계적 가치(시간성, 지역 관련 정보, 개인의 업적, 주요 주제,
　형태와 스타일의 표본), 탁월성, 희귀성 등을 요건

(4)무형유산의 경우는 세계 문화 다양성을 보여 주고 인류 창의성을 증명하는 데 기여, 보호 조
　치, 광범위한 참여, 자국 분류 목록에 포함 등을 요건

06. 유네스코 문화유산(등재 순서, 16건)

(1)석굴암/불국사, 해인사 장경판전, 종묘, 창덕궁, 수원 화성, 경주 역사 유적지구, 고창/화순/강화 고인돌, 조선왕릉(40기), 하회/양동마을, 남한산성, 백제 역사 유적지구, 산사(7개), 서원(9개), 가야고분군, 제주 화산섬과 용암 동굴, 한국의 갯벌

(2)하회 마을 : 풍산 유씨, 양진당(종가, 보), 충효당(유성룡 고택, 보)

(3)양동 마을 : 월성 손씨, 서백당(종가, 중민), 관가정(손중돈 고택, 보), 여강 이씨, 무첨당(종가, 보), 향단(이언적 고택, 보)

(4)경주 역사 유적 지구 : 5개 지구, 남산, 월성, 대릉원, 황룡사, 산성

(5)백제 역사 유적 지구 : 8개 지구, 공산성/송산리 고분군(공주), 관북리 및 부소산성/능산리 고분군/정림사지/나성(부여), 왕궁리 유적/미륵사지(익산)

(6)산사, 한국의 산지 승원 : 7개 산사, 통도사, 부석사, 법주사, 대흥사, 마곡사, 봉정사, 선암사

(7)한국의 서원 : 9대 서원, 소수서원(영주, 안향 배향), 도산서원(안동, 이황), 병산서원(안동, 류성룡), 옥산서원(경주, 이언적), 도동서원(대구, 김굉필), 남계서원(함양, 정여창), 필암서원(장성, 김인후), 무성서원(정읍, 최치원), 돈암서원(논산, 김장생)

(8)가야고분군 : 경북 고령, 경남 김해, 함안, 창녕, 고성 등

(9)제주 화산섬과 용암 동굴 : 한라산 천연보호구역, 거문오름 용암동굴계, 성산일출봉 응회환의 3개 구역

(10)한국의 갯벌 : 서천갯벌, 고창갯벌, 신안개벗, 보성-순천 갯벌 등

■ 유네스코에 등재된 시기(문화유산)

1995년	석굴암과 불국사, 해인사 장경판전, 종묘
1997년	창덕궁, 수원 화성
2000년	경주 역사유적지구, 고인돌 유적(강화, 화순, 고창),
2007년	제주 화산섬과 용암 동굴
2009년	조선왕릉(40기)
2010년	하회마을과 양동마을
2014년	남한 산성
2015년	백제 역사유적 지구
2018년	산사, 한국의 산지승원
2019년	한국의 서원
2021년	한국의 갯벌
2023년	가야고분군

07. 유네스코 자연유산(2건)

(1)제주 화산섬과 용암 동굴 : 한라산, 성산 일출봉, 거문오름 용암동굴계(벵뒤굴, 만장굴, 김녕사굴, 용천동굴, 당처물동굴)

(2)한국의 갯벌 : 서천 갯벌(충남), 고창 갯벌(전북), 신안 다도해 섬 갯벌(전남), 보성 벌교-순천만 갯벌(전남)

08. 유네스코 기록유산(등재 순서, 18건)

(1)훈민정음 해례본, 조선왕조실록, 직지심체요절, 승정원일기, 조선왕조의궤, 해인사 고려대장경판 및 제경판, 동의보감, 5.18 기록물, 일성록, 난중일기, 새마을운동 기록물, 유교책판, 이산가족찾기 기록물, 조선왕조 어보/어책, 국채보상운동 기록물, 통신사 기록물, 4.19 혁명 기록물, 동학농민혁명 기록물
(2)기록유산이 아닌 것 : 삼국사기, 삼국유사, 왕오천축국전, 징비록 등은 아님

■ 유네스코에 등재된 시기(기록유산)

1997년	훈민정음, 조선왕조실록
2001년	직지심체요절, 승정원일기
2007년	조선왕조의궤, 해인사 대장경판 및 제경판
2009년	동의보감
2011년	5·18 민주화운동 기록물, 일성록
2013년	난중일기, 새마을 운동 기록물
2015년	유교책판, KBS 이산가족 찾기 기록물
2017년	조선 왕조 어보/어책, 국채보상운동 기록물, 통신사 기록물
2023년	4.19 혁명 기록물, 동학농민혁명 기록물

09. 유네스코 무형유산(등재 순서, 22건)

종묘 제례 및 종묘 제례악, 판소리, 강릉단오제, 남사당놀이, 강강술래, 영산재, 제주 칠머리당 영등굿, 처용무, 가곡, 대목장, 매사냥, 줄타기, 택견, 한산모시짜기, 아리랑, 김장문화, 농악, 줄다리기, 제주해녀문화, 씨름, 연등회, 한국의 탈춤

■ 유네스코에 등재된 시기(무형유산)

2001년	종묘제례와 종묘제례악
2003년	판소리
2005년	강릉 단오제
*2008년	'종묘제례와 종묘제례악, 판소리, 강릉 단오제'를 변경된 명칭인 인류무형유산으로 등재
2009년	남사당 놀이, 강강술래, 영산재, 제주 칠머리당 영등굿, 처용무
2010년	가곡, 대목장, 매사냥
2011년	줄타기, 택견, 한산 모시짜기
2012년	아리랑

2013년	김장문화
2014년	농악
2015년	줄다리기
2016년	제주 해녀 문화
2018년	씨름
2020년	연등회
2022년	한국의 탈춤

10. 유네스코 잠정 목록

강진 도요지, 염전, 대곡천 암각화군, 설악산, 남해안 공룡 화석지, 중부 내륙 산성군, 아산 외암 마을, 순천 낙안읍성, 우포늪, 한양 도성

제 2 절 유형문화재

01. 궁궐

(1)5대궁 주요 건물명

궁궐	건립시기	정전	편전	침전	정문	비고
경복궁	1395 태조	근정전	사정전	강녕전 교태전	광화문	수정전 (집현전)
창덕궁	1408 태종	인정전	선정전	희정당 대조전	돈화문	연경당
창경궁	1483 성종	명정전	문정전	통명전	홍화문 (동문)	
덕수궁 (경운궁)	선조	중화전	준명당 (즉조당)	함녕전	대한문 (동문)	월산대군 사저
경희궁 (경덕궁)	1623 광해군	숭정전		회상전	흥화문	사적 271호, 서궐

(2)서울의 4대문 / 4소문, 18.62km

문	동서남북 순
서울 4대문	흥인지문, 돈의문(없음), 숭례문, 숙정문
서울 4소문	혜화문, 소의문(없음), 광희문, 창의문
수원화성 4대문	창룡문, 화서문, 팔달문, 장안문

(3)궁궐별 주요 건물

①경복궁(북궐, 사적)

㉠근정전 : 외국사신 접견, 즉위식 / 국, 일월오봉도

㉡강녕전 : 왕의 침소

㉢교태전 : 왕비 침소, 아미산 굴뚝(보)

㉣경회루 : 연회장소 / 국, 다락집 건물로는 국내 최대

㉤자경전 : 흥선대원군이 조대비(신정익왕후)를 위해 지어줌, 굴뚝의 십장생 / 보물(십장생이 란? 해, 산, 물, 돌, 달(구름), 솔(소나무), 불로초, 거북, 학, 사슴)

㉥향원정 : 연못인 향원지 중앙의 정자

㉦건청궁 : 고종이 건립, 최초의 전등 밝힘(옥호루), 곤녕합(을미사변)

㉧집옥재 : 서재, 외국사신 접견, 중국풍

㉨태원전 : 빈전殯殿, * 문경전 : 혼전魂殿

㉩국립민속박물관

㉪광화문(남), 건춘문(동), 영추문(서), 신무문(북)

②창덕궁(동궐, 사적)

㉠조선 임금이 가장 오래 거처한 곳, 원형이 가장 잘 보존

㉡돈화문 : 월대가 돌출되어 있다(보)

㉢인정전 : 샹들리에 등 서구식 기구 설치(국)

㉣선정전 : 편전, 청기와 지붕(보)

㉤희정당 : 일제시대 전등 설치(보)

㉥대조전 : 순정효황후가 해방후까지 사용(1966년), 흥복헌에서 조선의 마지막 어전회의가 열렸다.

㉦궐내각사 : 홍문관, 내의원, 규장각, 예문관 등

㉧낙선재 : 헌종의 휴식처, 경빈 김씨를 위해 건설, 덕혜옹주 / 이방지 여사가 사용, 석복헌 / 수강재

㉨후원後苑

• 연경당 : 단청이 없고, 사대부집 형태

• 부용정, 규장각(왕립 도서관), 주합류(휴게공간), 영화당(과거시험)

• 청의정 : 초가집, 의두합(효명세자 공부방)

㉩향나무(천), 다래나무(천)

③창경궁(동궐 사적) : 1483 성종 때 3분의 대비를 위해 건립

㉠홍화문 : 정문(보)

㉡명정전 : 정조 친위부대 장용영이 주둔(국)

㉢문정전 : 사도세자 사망 장소

㉣숭문당 : 경연 실시

㉤함인정 : 과거 급제자 접견

ⓗ통명전 : 침전, 숙종 때 장희빈(취선당)의 음모 장소

ⓢ관천대(보)

④경운궁(덕수궁, 사적)

ⓖ환구단 : 대한제국 선포 후 하늘에 제사 지내던 곳, 조선호텔 옆(사), 황궁우와 석고만 남음

ⓛ중화전 : 정전, 순종 즉위식(보)

ⓒ함녕전 : 침전으로 우리나라 최초 전화기 설치(보)

ⓔ정관헌 : 러시아 사바틴에 의해 설계, 커피 마시던 곳, 독살 사건

ⓜ중명전 : 왕실 도서관, 을사늑약 장소

ⓗ석조전 : 1910년 완성, 침전 / 편전 용도, 미소공동위원회

02. 유교 관련 건축물

(1)종묘

①조선시대 왕과 왕비 및 추존(追尊)된 왕과 왕비의 신주(神主)를 모신 사당

②정전(단일 건물로 국내 최대, 국, 19실 49위), 영녕전(보, 16실 34위) 그 외 부속 건물로 구성

③건물의 성격상 장엄하고, 단순한 형태(단청 없음)

④매년 5월 첫째주 일요일 재현 행사

⑤사적 125호

(2)사직단

①국토와 곡식의 번창을 기원하는 제사를 지내는 장소. 사(社)는 토지신(土地神), 직(稷)은 곡신(穀神)을 상징한다.

②사적

(3)육상궁

①후궁으로서 아들이 왕위(추존왕 포함)를 이은 숙빈 최씨(영조 생모), 정빈 이씨(진종 생모), 인빈 김씨(원종 생모), 희빈 장씨(경종 생모), 영빈 이씨(사도세자 생모), 수빈 박씨(순조 생모), 귀비 엄씨(영친왕 생모)를 모신 사당

②사적

(4)성균관

①국립대학교, 교육과 성현에 대한 제사

②전묘후학의 배치, 대성전, 명륜당, 동/서재, 존경각

③문묘 18현 : 성균관 문묘에 배향된 동방 18현, 신라(설총, 최치원), 고려(안향, 정몽주), 김굉필, 정여창, 조광조, 이언적, 이황, 김인후, 이이, 성혼, 김장생, 조헌, 김집, 송시열, 송준길, 박세채

(5)향교

①지방 국립교육기관, 중국과 우리나라 유현(儒賢)들의 위패를 모시고 제사

②인재를 양성하고 지방의 민풍(民風)과 예속(禮俗)을 순화하는 기능 수행

③각 지역마다 1곳 이상 있음

④전묘후학(나주향교 등), 전학후묘(강릉향교 등)

(6)문묘

공자를 모신 사당구역(성균관이나 향교) / 대성전(중심 건물)

(7)서원 : 사립교육기관

①소수서원(백운동 서원 / 주세붕/ 이황이 사액받음)이 최초

②모두 전학후묘 배치 형식

③산수가 뛰어나고 교통이 편리한 곳에 위치

서원명칭	소재지	모시는 사람	비고
강한사(江漢祠)	경기 여주군 여주읍 하리	문정공 송시열	
심곡서원(深谷書院)	경기 용인시 수지읍 상현리	문정공 조광조	
돈암서원(遯巖書院)	충남 논산시 연산면	문원공 김장생	
충렬사(忠烈祠)	충북 충주시 단월동	충민공 임경업	
무성서원(武城書院)	전북 정읍시 칠보면	문창후 최치원	
필암서원(筆巖書院)	전남 장성군 황룡면 필암리	문정공 김인후	
포충사(褒忠祠)	광주 남구 원산동	충렬공 고경명	
소수서원(紹修書院)	경북 영주군 순흥면	문성공 안 향	
도동서원(道東書院)	대구 달성군 구지면	문경공 김굉필	
남계서원(藍溪書院)	경남 밀양시	문헌공 정여창	
옥산서원(玉山書院)	경북 경주시 안강읍 옥산리	문원공 이언적	
도산서원(陶山書院)	경북 안동시 도산면	문순공 이 황	
옥동서원(玉洞書院)	경북 상주시 모동면 수봉리	익성공 황 희	
병산서원(屛山書院)	경북 안동시 풍천면	문충공 류성용	
문회서원(文會書院)	황해 배천군 치악산	문성공 이 이	
숭양서원(崧陽書院)	경기 개성시 원동	문충공 정몽주	

(8)장충단 : 임오군란/을미사변 때 순사한 홍계훈, 이경직 등 충신/열사를 제사지냄

(9)선농단 : 농사와 관련된 신농씨와 후직씨를 제사지내는 제단, 설렁탕의 어원

(10)유교 상식

①4단 : 인仁(惻隱之心), 의義(羞惡之心), 예禮(辭讓之心), 지智(是非之心)

②사서 : 논어, 맹자, 중용, 대학

③삼경 : 시경, 서경, 역경

④삼강 : 임금과 신하(君爲臣綱), 어버이와 자식(父爲子綱), 남편과 아내(夫爲婦綱) 사이 도리

⑤오륜

   ㉠부모는 자녀에게 인자하고 자녀는 부모에게 존경과 섬김을 다하며(父子有親)

   ㉡임금과 신하의 도리는 의리에 있고(君臣有義)

   ㉢남편과 아내는 분별 있게 각기 자기의 본분을 다하고(夫婦有別)

   ㉣어른과 어린이 사이에는 차례와 질서가 있어야 하며(長幼有序)

   ㉤친구 사이에는 신의를 지켜야 한다(朋友有信).

⑥삼강행실도 : 세종 때 편찬, 모범이 될 만한 충신·효자·열녀의 행실을 모아 만든 책

(11)기타 - 참성단 : 환인, 환웅, 단군에게 제사를 올리는 제단

03. 고분(무덤, 능)

(1)청동기 시대

①고인돌 : 탁자식(북방식, 강화 고인돌 높이 2.6m 최대, 고창 아산면이 남쪽 한계선), 기반식/개석식(남방식, 화순 도곡면/춘양면), 3만개

②돌널무덤 : 비파형 동검 등 부장, 부여 송국리, 배천 대아리

(2)철기 시대

①널무덤 : 토광묘, 움무덤

②독무덤 : 옹관묘, 두세 개의 항아리를 맞붙여 널로 사용

(3)고구려 고분

①돌무지 무덤 : 압록강 유역, 장군총

②굴식돌방무덤 : 벽화(생활모습, 불교적, 도교적)

(4)백제 고분

①돌무지 무덤 : 한강 유역

②굴식돌방무덤 : 공주 송산리, 부여 능산리(작지만 세련)

③벽돌무덤 : 공주(무령왕릉, 송산리 6호분)

(5)신라 고분

  ①돌무지덧널무덤 : 미추왕릉, 금관총, 금령총, 서봉총, 식리총, 천마총, 황남대총

  ②굴식돌방무덤 : 순흥 어숙묘, 양산 부부총

  ③호석(둘레돌) : 김유신묘, 성덕대왕릉, 괘릉

  ④화장 : 문무왕릉

(6)가야 고분

  ①널무덤(낙동강 유역), 독무덤(영산강 유역)

  ②돌덧널무덤 : 가야의 대표적인 무덤 양식, 고령 지산동 고분

  ③굴식돌방무덤 : 고령 고아동 고분

(7)고려 고분

  ①굴식돌방무덤 : 공민왕 현릉, 파주 서곡리 고분

(8)조선 왕릉 개관

  ①왕, 왕비, 사후 추존왕을 모심(현궁, 음택)

  ②42기중 40기 유네스코 문화유산 등록(2기 북한)

  ③위치 : 한양으로부터 10리 ~ 100리 이내 원칙, 산릉도감에서 담당

  ④입지 조건 : 풍수지리 고려

  ⑤조선 왕릉은 통일신라시대의 양식을 계승했고, 조선시대에 독자적으로 정립

  ⑥유네스코 지정 이유

    ㉠유교 문화와 결부된 특징적인 장례 문화

    ㉡풍수지리를 고려하여 주위 환경과 건축이 조화롭다.

    ㉢현재도 전통이 이어져 오고 있다.

  ⑦명칭

    ㉠능 : 왕 / 왕비

    ㉡원 : 세자 / 세자빈 / 왕의 생모인 빈, 왕의 생부

    ㉢묘 : 기타 왕족 및 일반인

  ⑧임금의 장례 절차

    ㉠사망 ~ 5일 후 염(dressing) ~ 빈전(mortuary)에 모심 ~ 능 조성 공사(3~5개월 소요) ~ 장례

    ㉡장례 후 신위는 혼전에 3년간 모셨다가 종묘로 이전

  ⑨관리 주체 : 문화재청

(9)능의 유형

  ①단릉 : 1봉1실로 조성된 능역

②합장릉 : 1개의 봉분 안에 두분을 모신 형태

③동봉삼실릉 : 1개의 봉분안에 세분을 모신 형태

④쌍릉 : 2봉 2실로 조성된 능역

⑤삼연릉 : 3봉 3실로 조성된 능역

⑥동원이강릉 : 1개의 정자각을 중심으로 다른 2곳의 언덕에 별도 봉분을 조성한 형태

⑦동원삼강릉 : 1개의 정자각을 중심으로 다른 3곳의 언덕에 별도 봉분을 조성한 형태

⑧동원상하릉 : 1개의 정자각을 중심으로 같은 언덕상하로 별도 봉분을 조성한 형태

(10)왕릉의 구조

①곡장(바람막이), 석호/석양(벽사), 망주석(안내 역할), 석상, 장명등, 석마, 무인석, 문인석

②정자각(황제는 일자각), 비각, 참도, 홍살문(신성한 구역임을 알림)

(11)조선 왕릉의 분포

①서오릉(숙종 명릉 등, 고양), 동구릉(태조 건원릉, 선조 목릉, 영조 원릉 등, 구리)

②장릉(단종, 영월), 영녕릉(세종, 효종, 여주), 선정릉(서울, 성종, 중종), 헌인릉(서울, 태종, 순조), 융건릉(화성, 사도세자, 정조), 광릉(남양주, 세조), 홍유릉(남양주, 고종, 순종)

③북한지역 소재 : 제릉(태조원비), 후릉(정종)

④원종 : 인조의 부(추존)

⑤진종 : 영조의 맏아들(추존)

⑥장경황후 : 중종의 1계비(원비는 단경왕후 / 중종반정으로 폐위)

⑦인경왕후 : 숙종의 원비

⑧정성왕후 : 영조의 원비

⑨문정왕후 : 중종의 2계비

⑩장조 : 사도세자(추존)

⑪장렬왕후 : 인조의 계비

⑫단의왕후 : 경종의 원비

⑬익종 : 순조의 효명세자(추존)

⑭제릉(한씨), 후릉(정종)은 북한에 있다

04. 불교 문화재

(1)전각별 모시는 분

①대웅전 : 석가모니 부처님 모시는 중심 건물, 대웅보전

②관음전 / 원통전 : 관세음보살을 모시는 건물, 현세 이익 기원

③비로전, 대적광전, 대광보전 : 깨달음의 부처인 비로자나불을 모시는 건물, 지권인

④극락전, 무량수전, 미타전 : 아미타불(무량수불)을 모시는 건물, 아무리 악한 행동을 해도, 아

미타불을 부르면 극락세계로 갈수 있다.

⑤미륵전, 용화전 : 미륵불을 모시는 건물(미래에 출현하여 중생 구제, 자씨보살)

⑥약사전 : 약사여래을 모시는 건물(질병치료, 수명연장, 대의왕불)

⑦지장전, 명부전 : 지옥의 고통에서 극락정토로 인도하는 지장보살과 심판관인 시왕(十王)을 봉안(염라대왕은 제5왕)

⑧문수전 : 문수보살 모시는 건물(문수보살을 지혜를 상징, 사자)

⑨보현전 : 보현보살 모시는 건물(보현보살은 자비/理 상징, 코끼리)

⑩나한전, 응진전 : 여러 제자들 중에 수행을 완성하여 번뇌를 끊고 윤회하지 않는 성인

⑪팔상전 : 부처님의 일생의 8 가지 모습을 그린 그림이 있는 건물

⑫영산전 : 부처님이 영취산에서 설법하는 모습이 그린 그림이 있는 건물

⑬삼성각 : 산신각, 칠성각, 독성각(나반존자)

⑭기타 : 조사전, 요사채(스님 기거), 해우소

(2)부처님의 진신사리를 모신 사찰 : 5대 적멸보궁

①양산 통도사

②오대산 상원사

③영월 사자산 법흥사

④설악산 봉정암

⑤함백산(태백산) 정암사(정선)

(3)탑

①기원 : 부처님의 사리를 모셔두기 위해 건립

②재료에 의한 분류

㉠목탑 : 불교 전래 초기부터 삼국시대까지는 주로 목조(7세기 이후 석탑)

• 법주사 팔상전은 현존하는 우리나라 탑 가운데 가장 높은 건축물이며 하나뿐인 목조탑이다. 국보. 팔상전 안쪽에는 사리를 모시는 공간이 있고, 벽면은 출가, 열반을 비롯해 부처님의 일생을 8장면으로 구분하여 그린 팔상도가 있다.

㉡전탑 : 벽돌로 축조한 탑

• 현존 전탑 : 안동 법흥사지 칠층전탑, 안동 운흥동 오층전탑, 안동 조탑리 오층전탑, 칠곡 송림사 오층전탑 / 통일신라, 여주 신륵사 다층전탑 / 고려

㉢모전석탑 : 전탑 모방

• 분황사 모전석탑 : 벽돌이 아니라 돌을 벽돌모양으로 다듬어 사용한 모전석탑

• 의성 탑리리 오층석탑(국) : 신라의 목탑과 전탑을 혼합한 모양

㉣석탑 : 대부분 차지

③시대별 구분

㉠백제

- 미륵사지 석탑(국) : 목탑 양식, 백제 무왕(600~641), 현재 복원중 ~2017
- 정림사지 5층 석탑(국) : 당의 소정방이 백제를 멸한 다음 그 기공문(紀功文)

ⓒ신라 : 분황사 모전석탑(국)

ⓒ통일신라
- 감은사지 3층 석탑(국) : 가장 규모가 크고 웅장, 의성 탑리리 오층석탑(국, 전탑 형식)
- 불국사 다보탑(국), 3층 석탑(석가탑, 국, 무영탑, 아사달 전설)
- 화엄사 4사자 삼층석탑(국), 경주 안강 정혜사지 13층 석탑(국)

ⓒ고려 시대
- 예천 개심사지 5층 석탑(보), 개성 남계원지 7층석탑(국), 익산 왕궁리 5층석탑(국)
- 월정사 8각 9층 석탑(국), 경천사지 10층석탑(국), 운주사 원형 다층석탑(보), 금산사 육각 다층석탑(보), 여주 신륵사 다층 전탑(보)

ⓒ조선
- 낙산사 7층 석탑(보), 여주 신륵사 다층 석탑
- 원각사지 10층 석탑(국), 수종사 8각 5층 석탑, 묘적사 8각 다층 석탑 : 경천사지 10층 탑 계승
- 목탑 : 법주사 팔상전(국)

④탑 상식
ⓒ복발탑 : 인도 초기 탑 형식, 발우(바리)를 뒤집어 놓은 모양
ⓒ13층탑 : 보현사 팔각십삼층탑
ⓒ탑의 복원 위한 해체 시에 수많은 유물 나옴 : 불상, 불경(법사리), 보물(법신사리, 고운 모래/수정 등)

(4)불상
①재료에 따른 분류
ⓒ금불상 : 신라 황복사지 순금불상, 나원리 오층석탑 순금불입상, 왕륜사 순금장도상
ⓒ금동불상 : 동, 청동 + 금, 불국사 금동비로자나불좌상/금동아미타여래좌상, 백률사 금동약사여래입상(국)
ⓒ철불상 : 장흥 보림사 철조비로자나불좌상(국), 철원 도피안사 철조비로자나불좌상, 하남 하사창동 철조석가여래좌상(보)
ⓒ목불상 : 문경 대승사 목각아미타여래설법상(국, 2017 지정), 일본 광륭사(고류지) 목조미륵반가사유상(우리나라의 국보 금동미륵보살반가사유상과 흡사)
ⓒ석불 : 석굴암 석불, 감산사 석조미륵보살 입상(국), 군위 아미타여래삼존석굴(국)
ⓒ마애불 : 서산 마애삼존불상
ⓒ소조불 : 점토, 부석사 소조여래좌상(국), 부여 무량소조아미타삼존불상(보)
◎협저상(건칠상) : 종이, 천 + 옻칠, 경주 기림사 건칠보살반가상(보)

②불상의 자세

　㉠입상, 좌상, 반가상, 의상, 와상

③수인(手印)

　㉠손갖춤[수인(手印)]이란 여래나 보살의 깨달음의 내용, 서원(誓願) 등을 손의 모양을 통하여 표현한 것을 말한다.

　㉡석가 근본 5인 : 선정인(수행중), 항마촉지인(석가모니가 마귀를 물리침), 전법륜인(설법인), 시무외인, 여원인

　㉢지권인(비로자나불), 아미타불 구품인

④시대별 특징

　㉠고구려 : 중국 영향, 금동연가7년명여래입상(국), 금동신묘명삼존불입상(국), 금동미륵보살반가사유상(국)

　㉡백제 : 백제의 미소, 서산 마애삼존불상(국), 금동미륵보살반가사유상(국), 태안 마애삼존불입상(국), 금동관음보살입상(국)

　㉢신라 : 경주 배동 석조여래삼존입상(보), 금동미륵보살반가사유상(국)

　㉣통일 신라 : 석굴암 석불(국), 불국사 금동비로자나불좌상(국), 불국사 금동아미타여래좌상(국), 도피안사 철조비로자나불좌상(국)

　㉤고려 : 논산 관촉사 석조미륵보살입상(보, 은진 미륵)

(5)석등(광명등)

　①통일신라 시대 : 속리산 법주사 쌍사자 석등(국), 화엄사 각황전 석등(국), 부석사 무량수전 앞 석등(국)

　②고려 : 관촉사 석등, 신륵사 석등

(6)부도 : 스님의 사리탑

　①염거화상탑(국, 국립중앙박물관) / 팔각형, 정토사지 홍법국사탑(국) / 오륜형

　②탑비 : 고승의 기념비, 보령 성주사지 낭혜화상탑비(국), 원주 법천사지 지광국사탑비(국)

(7)당간지주, 당간 : 국기계양대

　①당(幢)은 당간의 정상부에 거는 깃발과 같은 형태의 장엄물

　②당간(幢竿)은 정상부에 당(幢)을 높게 걸기 위한 깃대와 같은 건조물

　　: 청주 용두사지 철당간(국)

　③당간지주는 당간을 세우기 위한 시설물 : 안양 중초사지 당간지주(보)

(8)괘불(괘불탱) : 야외에서 개최되는 불교 의식에 사용하는 대형 불화

　①청양 장곡사 미륵불괘불탱(국), 안성 칠장사 오불회괘불탱(국)

　②괘불대 : 괘불을 내다 걸기 위한 대

(9)문

  ①일주문 : 깨달음의 세계는 둘이 아니다, 사찰 입구의 첫 번째 문

  ②금강문(인왕문) : 사찰의 수문장, 두 분의 금강역사

    (나라연금강 : 오른쪽, 밀적금강 : 왼쪽)

  ③사천왕문 : 동(지국천왕, 비파), 서(광목천왕, 용과 여의주), 남(증장천왕, 칼), 북(다문천왕, 탑)

  ④불이문(해탈문) : 해탈의 세계로 들어간다, 본전에 이르는 마지막 문

(10)범종루 / 종루 / 종각 : 4物 보관

  ①운판 : 과거 식사시간 알릴 때 사용, 하늘을 날아다니는 짐승을 교화

  ②목어 : 수중 짐승을 교화, 항상 깨어 있어야 함

  ③법고 : 네 발 달린 짐승을 교화, 승무에 필수

  ④범종 : 지하세계 짐승을 교화, 동종이 일반

    ㉠최고 종 : 상원사 동종(725, 국), 성덕 대왕 신종(771, 국)

    ㉡우리나라 종의 특징 : 음통은 우리나라에만 있다.

    ㉢범종은 28번 친다 : 욕계 6천, 색계 18천, 무색계 4천

    ㉣용뉴(종의 고리, 용 장식, 종뉴), 유곽대(사방의 네모난 테두리), 종유(유곽안의 9개 꼭지),

      비천상, 당좌(종을 치는 자리)

    ㉤고려 시대 종 : 용주사 범종(국), 내소사 범종(보)

    ㉥조선 시대 종 : 흥천사명 동종(보), 갑사 동종(보)

(11)발우

  ①승려들이 공양(식사)할 때 사용하는 식기

  ②4가지로 이루어지며 밥그릇, 국그릇, 물그릇, 찬그릇이다.

  ③목재, 석재, 철재 등

  ④발우 공양 : 불가에서 행하는 식사법으로 일정한 격식에 따라 식사

    ㉠음식에 대한 고마운 마음, 그릇 소리 / 먹는 소리 나지 않도록, 말하지 않고

    ㉡그릇은 반드시 들고, 음식을 떠서 한 입에 먹고, 음식을 남기지 않는다.

    ㉢음식을 먹는 이유는 수행정진 위한 육신의 건강

    ㉣자기가 사용한 그릇은 자기가 깨끗이 정리

(12)삼보(三寶) : 불보(佛寶) · 법보(法寶) · 승보(僧寶)

  ①불보 : 진리를 깨친 부처님

  ②법보 : 부처님의 말씀

  ③승보 : 부처님의 가르침대로 수행하는 스님

  ④삼보 사찰

    ㉠불보사찰 : 양산 통도사

ⓒ법보사찰 : 합천 해인사

ⓒ승보사찰 : 순천 송광사

(13)사찰에서 사용되는 물건

①금강령 : 손으로 들 수 있는 종

②불자 : 수행자의 번뇌를 떨어내는 상징적인 기구(짐승털로 만듦)

③석장 : 지팡이

④가사 : 승려의 의복(붉은 색)

⑤죽비 : 수행 시 졸음을 쫓을 때 사용하는 대나무로 만든 것

⑥윤장대 : 돌리면 불경을 읽게 된다는 장치

⑦바라 : 철판을 부딪쳐 소리 내는 타악기(심벌즈)

⑧염주 : 108개 기본, 염불 횟수 세는 구슬

(14)불교춤

나비춤, 바라춤, 법고춤

(15)주요 사찰의 건물

①고려시대 건축물 : 안동 봉정사 극락전(국), 부석사 무량수전(국), 수덕사 대웅전(충렬왕 1308, 국), 부석사 조사당(국)

②조선시대 건축물 : 순천 송광사 국사전(국), 김제 금산사 미륵전(국), 화엄사 각황전(국), 해인사 장경판전(국, 수다라장/법보전/동서사간전), 강진 무위사 극락전(국), 봉정사 대웅전(국), 영암 도갑사 해탈문(국), 양산 통도사 대웅전 및 금강계단(국), 완주 화암사 극락전(국)

③가장 큰 절 : 단양 구인사, 천태종 본산

(16)탑의 구조

탑은 '탑파'(塔婆)를 줄인 말이며, 탑파는 스투파(Stupa)라는 범어를 한자어로 음역한 것이다.

①상륜부의 명칭도

㉠보주·용차 : 상륜부 꼭대기에 있는 것이 보주이다. 신통력을 가진 위대한 힘을 상징

㉡수연 : 보개 위에 올려져 있는 불꽃 모양의 장식품을 말한다.

㉢보개 : 보륜과 수연 사이에 있는 닫집 모양의 부분이다. 석탑이 귀하고 청정한 지역임을 표시

㉣보륜 : 상륜의 중심 부분이다. 바퀴 모양의 테 장식이다. 불법 전파의 의미

㉤앙화 : 복발 위에 꽃잎을 위로 향하여 벌려놓은 듯한 부분이다. 성인의 영역임을 표시

㉥복발 : 노반 위에 발우[鉢]를 엎어놓은 것 같은 모양을 말한다. 노반과 더불어 상륜부의 기초가 된다.

㉧노반 : 상륜부의 기초, 승로반(承露盤)을 줄여서 이르는 말.

㉨찰주, 보주(寶珠), 용차(龍車), 수연, 보개(寶蓋), 보륜, 앙화(仰花), 복발(覆鉢), 노반(露盤)

②탑신부

　⊙탑의 한 층은 몸돌과 지붕돌로 구성

　ⓛ몸돌에는 인왕상(금강역사)과 사천왕상, 화불, 보살상 등이 새겨진다.

③기단부

　⊙십이신장상, 팔부중상, 사천왕상, 천인산 등이 장식된다.

④십이신장 : 약사여래의 12 대원(大願)을 수행, 불법을 수호하는 기능

⑤팔부중 : 천, 용, 야차, 건달바, 아수라, 가루라, 긴나라, 마후라가

(17)불상의 구조

①화불 化佛] : 응신불, 변화불이라고도 한다. 보살이 중생을 제도하기 위해서 때와 장소를 가
리지 않고 나타나는 것으로 보통 관음보살과 대일여래는 보관에 화불이 나타나는 것이 특징
이며 광배에 작은 화불을 나타내는 경우도 있다.

②[광배 光背] : 불, 보살의 머리나 몸체에서 발하는 것으로 빛을 조형화한 것, 후광, 염광이라
고도 한다. 원래는 석가모니불에만 나타내지만 보살과 신도들에게도 사용되었다. 나라, 시대,
불상의 종류에 따라 다양하지만 크게 두광, 신광, 거신광으로 나눌 수 있다.

③[두광 頭光] : 부처님의 머리에서 나오는 빛을 형상화한 것으로 원광이라고도 한다. 처음엔
아무 장식이 없다가 점차 염화문, 당초문, 화염문으로 여러 장식이 화려하게 발전했으며 끝
이 뾰족한 보 주형이나 원판형으로 다양하게 나타난다.

④[신광 身光] : 부처님의 몸에서 나오는 빛을 형상화한 것으로 반드시 두광과 함께 나타내면
두광없이 나타내는 경우는 없다.

⑤[육계 肉髻] : 머리에 상투모양으로 난 혹으로 지혜를 상징, 불정, 무견정상, 정계라고도 한
다. 본래는 인도 성인들의 머리카락을 올려 묶었던 형태에서 유래되었다.

⑥[나발 螺髮] : 부처의 머리카락. 소라 껍데기처럼 틀어 말린 모양이라 하여 이렇게 이른다.

⑦[백호 白毫] : 부처의 양 눈썹 사이에 오른쪽으로 말리면서 난 희고 부드러운 털,

대승불교에서는 광명을 비춘다고 하여 보살들도 갖추도록 했다. 초기 불상에서는 작은 원을 도
드라지게 새기거나 보석을 끼워 넣기도 했으며 드물게 직접 채색을 하기도 했다.

⑧[삼도 三道] : 불교의 이상을 실현하는 세 가지 과정인 견도(見道), 수도(修道), 무학도(無學道)
를 말한다. 세상의 법이 중도와 연기임을 관찰하고 팔정도와 육바라밀을 실천하며 해탈이나
열반을 이루는 것을 뜻한다. 원만하고 광대한 불신을 나타내는 상징적인 형식이다.

⑨[법의 法衣] : 부처나 승려가 입는 의복으로서 가사(袈裟)라고도 한다. 불상의 경우는 세 종류
의 옷을 걸치는데 가장 겉에 대의를 입고 그 안에 승기지와 치마인 군의를 입는 것을 기본으
로 하고 있다. 반면에 보살이나 천부상은 몸의 장신구를 가지고 천의(天衣)를 걸치는 것이 특
징이다.

⑩[결가좌부 結跏坐趺] : 가부좌(跏趺坐)라고도 하며 가(跏)는 발바닥, 부(趺)는 발등을 말한다.
오른쪽 발을 왼쪽 허벅다리 위에 왼 발을 오른쪽 허벅다리 위에 놓고 앉는 항마좌(降魔坐)와,
그 반대인 길상좌(吉祥坐)가 있는데 후자의 경우는 부처가 보리수 밑에서 좌선할 때 취한 자
세로서 그 기원이 좀 더 오래된 것이다.

⑪[앙련 仰蓮] : 연의 잎이나 꽃이 위로 솟은 듯이 표현된 모양

⑫[복련 覆蓮] : 연의 잎이나 꽃이 아래로 내린 듯이 표현된 모양

⑬[지대석 址臺石] : 지댓돌, 지대를 쌓아놓은 돌, 기단부와 지면이 닿는 부분에 놓이는 석재로 구조물(탑, 건축물 등)을 세우는 기초이다.

⑭[항마촉지인 降魔觸地印] : 부처가 깨달음에 이르는 순간을 상징하는 수인으로 항마인, 촉지인, 지지인이라고도 한다. 석가모니가 보리수 아래에 앉아 성도할 때 악귀의 유혹을 물리친 증인으로 지신을 불러 깨달음을 증명하였다는데서 유래하였다. 이 수인은 결가좌부한 좌상에만 취하는 것으로 입상이나 의상에서는 볼 수 없다.

05. 한옥

(1)지붕의 종류

①맞배 지붕 : 건물 앞뒤로 지붕을 얹은 단순 구조, 측면을 박공이라 함

②우진각 지붕 : 건물 사방으로 지붕을 얹은 구조, 앞뒤는 사각형, 측면은 삼각형 형태

③팔작 지붕 : 맞배 지붕과 우진각 지붕을 합한 고급 구조, 용마루/내림마루/추녀마루가 모두 있음

④모임 지붕 : 사모/육모/팔모 지붕 등

(2)기본 구조

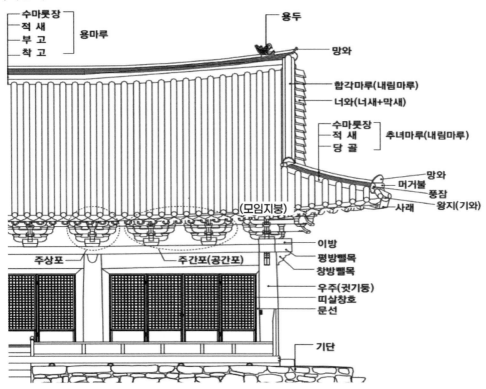

①서까래 : 지붕을 받치는 나무

②추녀 : 처마의 네 귀에 있는 큰 서까래

③공포 : 주심포, 다포, 익공

④주심포 : 기둥 위에만 공포, 봉정사 극락전, 부석사 무량수전, 수덕사 대웅전, 강릉 객사문, 무위사 극락전

⑤다포 : 기둥 사이에도 공포, 석왕사 응진전, 경천사 십층석탑, 숭례문(우진각 지붕), 경복궁 근정전(팔작 지붕)

⑥익공 : 조선 독자적 양식, 유교 건축물(향교, 서원), 종묘 정전, 문묘 명륜당, 옥산서원 독락당, 경복궁 경회루

⑦하앙 공포 : 완주 화암사 극락전

⑧기둥 : 원형/사각형/다각형, 민흘림, 배흘림

⑨민흘림 : 원형 기둥이 위로 올라가면서 가늘어짐

⑩배흘림 : 원형 기둥의 중간이 굵고 위와 밑으로 가면서 가늘어짐(부석사 무량수전)

(3)기와

①막새(와당) : 처마끝에 부착되는 장식 기와, 수막새 / 암막새

②곱새 기와(망와) : 내림마루, 귀마루(추녀마루) 끝단의 장식기와

③잡상(어처구니) : 추녀마루 위에 올리는 사람과 동물 모양의 장식, 대당사부/손행자/저팔계/사화상/이귀박/이구룡/마화상/삼살보살/천산갑/나토두, 경회루 잡상 11개, 근정전 잡상 7개 등

④치미(취두) : 용마루의 양 끝에 높게 부착하던 대형의 장식기와

(4)지역별 가옥 구조

①울릉도 : 우데기(겨울에 내리는 눈에 대비한 구조), 너와집

②제주도 : 고팡(곡식 보관 방), 정낭(대문)

③함경도 : 정주간(부엌과 안방 사이 벽이 없이 부뚜막과 방바닥이 이어있는 것)

(5)구들의 구조 (온돌)

①열의 전도·복사·대류를 이용, 방바닥 밑의 구들장을 데워 방안을 따뜻하게 함

②초가집, 기와집, 궐내 전각 등 모든 건물에서 사용

(6)단청

①색 : 청색, 적색, 황색, 백색, 흑색(음양오행)

②목적 : 건물의 권위 부여, 수명 연장

③사용시기 : 삼국시대

④종류

　　㉠가칠단청 : 문양을 그리지 않고 바탕색으로 마무리하는 단순한 형태

　　㉡긋기단청 : 가칠단청 위에 줄을 그어 장식하는 기법

　　㉢모로단청 : 기둥, 대들보, 서까래 등의 머리 부분에 칠하는 방법

　　㉣얼금단청 : 모로단청과 금단청의 중간 단계

　　㉤금단청 : 가장 화려하고 복잡한 단청 방법

⑤머리초 : 긴 부재의 양단에 장식되는 단청

　　연화머리초(연꽃), 주화머리초(감꽃), 국화머리초, 녹화머리초, 모란머리초

(7)한옥의 특징

①사랑채와 안채의 영역이 구분

②풍수지리를 바탕으로 배치

③온돌을 설치하여 난방

④한지를 사용하여 방문과 창문을 만들었음

⑤친환경적인 소재를 사용

06. 도자기

(1)고려 청자

①순청자 : 문양이나 장식이 없는 청자, 12C 발달

②제작 기법

　　㉠음각 기법 : 밑그림을 그리고 그 부분을 조각칼로 파내는 기법

　　㉡철화 기법 : 산화철을 안료로 사용 / 철회청자, 회청자, 화청자, 흑화청자

　　㉢진사 기법(동화) : 구리를 주성분으로 하는 안료 사용

　　㉣상감기법

　　　• 표면을 음각한 후 파인 부분에 백토나 자토를 채워 장식

　　　• 12~13C 집중 발달 : 고려 청자의 정수

　　　• 강진, 부안에서 생산(신안 앞바다 난파선 발견)

(2)분청 사기

①14~15C 초 유행(15C 후반부터 백자로 대체)

②표면에 백토를 바르고 그 위에 다양한 기법으로 장식

③장식 기법

　　㉠인화 : 문양이 새겨진 도장을 찍은 후 그 홈에 백토를 채워 장식

　　㉡조화 : 그릇 표면을 귀얄로 백토를 얇게 칠한 후 그 위에 뾰족한 도구로 그림을 그리는 것

　　㉢철화 : 산화철을 안료로 그림을 그리는 기법

ⓔ귀얄기법 : 귀얄(붓)로 백토만을 바르는 방법
　　ⓜ덤벙(담금, 분장) : 백토를 탄 물에 담그는 방법

(3)조선 백자(White porcelain)
　①경기도 광주 관요 유명
　②16C 이후 유행
　③장식 기법
　　㉠청화백자
　　　• 안료(회회청 / 토청 / 코발트)를 구하기 어려워 초기에는 사용 금지
　　　• 수량은 상대적으로 적음(주로 왕실용)
　　㉡철화백자(철사) : 산화철을 안료로 사용
　　㉢진사백자 : 구리를 안료로 사용
　　㉣철채백자 : 전면을 철분으로 바른 것
　　　☞ 매병 : 술, 꿀 저장 / 문병 : 술병 / 문호, 대호 : 꽃꽂이용

07. 수원화성

(1)개관
　①행궁은 1789년, 성곽은 1794~1796(2년 9개월)
　②성곽은 1970년대, 행궁은 1996~2003 복원
　③성곽은 5.7km, 4~6m, 48개의 건물
　④1997년 유네스코 등재

(2)정조의 등극(1776년) 후 행적
　①규장각, 장용영 등으로 점진적인 왕권 강화
　②1789년 사도세자 묘 이전, 화성 신도시 건립
　③화성을 교통, 경제의 중심도시로 발전시켜 서울의 상권에 대항한 새로운 상업세력 양성
　　(1790년 700호 거주)
　④만석거 등 저수지, 대유둔(시범농장) 통해 최신 농법 적용

(3)화성 건설 관련 : 정조의 애민사상
　①22직종 1, 840명 동원 / 징발이 아닌 모집 / 임금 지급
　②설계 : 정약용, 총책임 : 채제공
　③3가지 원칙 : 서두르지 말고, 화려하지 않게, 기초를 튼튼히
　④자재 조달은 민간 자재상으로부터 구매 : 신속 조달
　⑤거중기 등 첨단 기구 사용

⑥벽돌과 석재의 혼용

　18C 건설된 군사시설물로는 유일한 석재

(4)기록물

　화성 성역 의궤 : 공사 일정, 공사 참여자, 자재, 비용(복원의 근거 자료)

(5)성곽

　①4대문

　　㉠장안문 : 북문으로 정문 역할, 옹성 구조

　　㉡창룡문 : 동문, 옹성구조, 공사 실명제

　　㉢화서문 : 서문, 공사실명제, 보물

　　㉣팔달문 : 남문, 보물

　②장대

　　㉠서장대(화성장대) : 화성의 총 지휘소

　　㉡동장대(연무대) : 평소 군대 훈련 지휘소

　③치(성) : 성벽 일부 돌출시켜 좌우로 근접하는 적군 공격 시설 누각이 없음

　④鋪루 : 치(치성)위에 누각을 설치한 것(5개소)

　⑤砲루 : 포를 장착할 수 있다(5개소)

　⑥노대 : 쇠뇌를 쏠 수 있도록 구축한 진지(2곳)

　⑦각루 : 비교적 높은 위치의 돌출된 위치에 누각을 세워서 성곽 주변을 감시하거나 휴식을 취할 수 있도록 설치한 시설물(4곳) 동북각루(방화수류정)

　　㉠공심돈

　　㉡벽돌 사용, 총혈, 포혈 구비 / 정조의 관심 건물

　　㉢내부 계단을 통해 위층과 연결

　　㉣동북공심돈, 서북공심돈 복원 완료

- 3층 구조로 하부 치성(雉城)은 방형의 석재를 사용하였고 1층과 2층 외벽과 3층 하부는 전돌로 쌓았다. 1, 2층 각 면에는 6개의 총안(銃眼)이 있으며, 3층에는 여장(女墻)을 쌓고 같은 높이에 4개의 총안을 내었다. 3층 포루(鋪樓)는 정면 2칸, 측면 2칸의 팔작 기와지붕으로 벽면 위쪽의 판문에는 전안(箭眼 : 화살 구멍)이 설치되어 있다. 치성의 북측면과 서측면에는 각 2개소의 현안(懸眼)을 두어 성에 접근하는 적을 방어할 수 있도록 하였고, 하부는 성벽의 석재를 오목하게 "U"자형으로 가공하여 상부 전돌 현안과 연결되게 하였다.

　⑧적대 : 성문 좌우에 설치 / 성문 보호(치성과 구조 동일)

　⑨암문 : 비밀 문, 4곳 복원

⑩봉돈(봉수대) : 봉수대 + 포대
⑪여장(女墻, 성가퀴)
  ㉠성벽 위에는 군사들이 몸을 숨기고 적을 감시하거나 공격할 수 있는 낮은 담
  ㉡여장 하나를 1타로 표기하고 여장과 여장 사이의 일정간격 마다 활이나 총쏘기에 편리하
    도록위로 틈을 두어 타구라 함
⑫옹성 : 성문을 보호하는 작은 성, 항아리 모양
⑬해자 : 성 주위를 둘러 파낸 못

(6)행궁 - 지방에 임시로 머무는 궁
  ①신풍루
    ㉠화성행궁의 정문
    ㉡한 고조의 '풍 땅은 또 하나의 새로운 고향'
  ②봉수당
    ㉠화성행궁의 정전 / 화성 유수부의 동헌(장남헌)
    ㉡봉수당진찬도의 장소

(7)을묘원행(乙卯園幸) - 1795년 정조의 화성 방문 행사
  ①사도세자와 혜경궁 홍씨의 회갑연 중심, 현륭원 참배
  ②원행을묘정리의궤
    ㉠1795년 2월, 8일간 행차 기록
    ㉡청계천 벽화 : 정조대왕 능행반차도(광통교 부근을 지날 때 모습)
    ㉢화성행행도팔첩병(華城行幸圖八疊屛)
      • 능행도병풍이라고도 한다.
      • '화성성묘전배도(華城聖廟展拜圖)', '봉수당진찬도(奉壽堂進饌圖)',
        '낙남헌방방도(洛南軒放榜圖)', '낙남헌양로도(洛南軒養老圖)',
        '서장대야조도(西將臺夜操圖)', '득중정어사도(得中亭御射圖)',
        '환어행렬도(還御行列圖)', '한강주교환어도(漢江舟橋還御圖)'
  ③특이 사항
    ㉠1789년 주교사 설치, 배다리 건설(배 36척 연결)

(8)청계천 이모저모
  ①영조 때 청계천 준설 - 방산의 어원
  ②2005년 복원 완료 - 태평로~성동구 신답철교(5.8km)
  ③방산시장, 광장시장, 동대문시장 등 인접
  ④청계광장과 가장 가까운 다리는 모전교(복원된 다리는 22개)

제 3 절 무형문화재

01. 연극과 놀이

(1)인형극 : 꼭두각시놀음, 박첨지놀음, 홍동지놀음이라고 한다.

(2)가면극

　①하회별신굿탈놀이

　　㉠마을의 수호신인 성황님께 마을의 평화와 농사의 풍년 기원

　　㉡3년, 5년 혹은 10년 마다 거행

　　㉢안동 하회마을에서 500년 전부터 섣달 보름날 거행

　　㉣11개의 탈 사용

　②중부지방의 산대놀이, 양주별산대놀이, 송파산대놀이

　③경남 오광대 : 5명의 광대 출현

　　통영오광대, 고성오광대, 가산오광대(경남 사천)

　④부산 야류

　　동래야류, 부산 수영야류

　⑤황해도 봉산탈춤, 함경도 북청사자놀음, 황해도 강령탈춤

(3)민속놀이

　①줄다리기(유네스코 무형유산 등재)

　　㉠경남 창녕 영산줄다리기, 당진 송악읍 기지시줄다리기

　　㉡삼척 기줄다리기, 밀양 감내게줄다리기, 의령큰줄땡기기, 남해선구줄끗기(이하 지방무형문
　　　화재)

　②광주 칠석 고싸움놀이 : 풍요 기원, 정월대보름 전후

　③안동 차전놀이(동채싸움) : 정월대보름 전후

　④영산 쇠머리대기

　⑤남사당놀이

　　㉠40여명의 남자들로 구성된 유랑 연예인 / 꼭두쇠(우두머리)

　　㉡풍물, 버나(접시돌리기), 살판(땅재주), 어름(줄타기), 덧뵈기(가면극), 덜미(꼭두각시)

　　㉢서민층을 위한 공연으로 양반사회 풍자

　⑥밀양 백중놀이

(4)전통축제

　①강릉 단오제 : 산신제, 굿, 관노가면극, 그네, 씨름 등

　②경산 자인 단오제

02. 음악

(1)관련 용어

　①정악 : 상류층 및 궁중 음악(속악 : 서민 음악)

　　제례악, 연례악 등이 해당

　②아악 : 궁중음악

　③대취타 : 왕의 행차나 군대의 행진에 사용된 음악

　④산조 : 기악독주곡, 시나위 : 기악합주곡

(2)판소리

　①소리꾼 / 소리(노래), 아니리(말), 너름새(몸짓)

　②고수 / 추임새

　③12마당 중 5마당이 전승 / 춘향가, 심청가, 흥부가, 수궁가, 적벽가

　④서편제 vs 동편제 (* 중고제는 경기/충청)

	동편제	서편제
지역	운봉, 구례, 순창	광주, 나주, 보성, 고창
악조	우조	계면조
생성	19C 중	19C 말
악상	호령조	애원적
선율단락	강한 끝맺음	꼬리를 끎
속도	빠른 편	느린 편
기타	잔재주 없다, 무거운 발성	부침 많고, 잔가락 많음
계보	송만갑-김정문-박녹주- 박송희, 한농선	김창환-임방울-박초원- 조통달, 김수연, 최란수

(3)민요

　①경기지방 : 군밤타령, 닐리리야, 방아타령

　②강원도 : 정선아리랑, 한오백년

　③경상도 : 밀양아리랑, 쾌지나칭칭나네, 옹헤야

　④전라도 : 강강술래, 진도아리랑, 육자배기

　⑤제주도 : 제주 민요, 오돌또기, 이야홍타령

　⑥함경도 : 신고산타령

(4)농악

　①악기 : 꽹과리, 장구, 북, 징, 태평소, 나발, 피리, 대금(지휘자는 상쇠라고 불린다)

　②목적 : 행사의 분위기를 살린다

③2014년 유네스코 무형유산으로 지정

④사물놀이 : 북, 장구, 징, 꽹과리

(5)농요

①고된 농사일의 피로를 풀기 위한 노래

②고성 농요, 예천통명농요, 남도 들노래

(6)종묘제례악

①세종 때 창작, 보태평 / 정대업 연주

②유네스코 무형유산

(7)가곡

관현악 반주에 맞추어 시조시를 노래하는 성악곡

(8)가사

비교적 긴 가사체의 사설을 노래하는 성악곡(현악기 제외)

03. 종교 및 무속의식

(1)굿

①성격 : 종합예술(음악, 춤, 의복, 연극적 요소)

②종교적, 예술적, 민속적

③무당 : 강신무 / 세습무 (남자 무당 : 박수)

④대표적인 굿

㉠은산 별신제 : 부여 은산면, 풍요와 평화 기원, 백제 군사의 넋을 위로

㉡진도씻김굿 : 죽은 자의 원한을 씻어준다

㉢동해안별신굿(오락성), 남해안별신굿(진지) : 풍어와 안전 기원

㉣서해안 배연신굿 : 배주인이 벌이는 굿, 놀이적

㉤위도 띠뱃놀이 : 부안군, 용왕굿에서 띠배를 띄워보냄

㉥경기도 도당굿 : 서울과 인근 부천 등, 마을 굿

㉦서울 새남굿 : 망자천도굿, 궁중문화 요소, 유교/불교/무속 혼합

㉧제주칠머리당영굿등 : 바다의 평화와 풍어 기원, 해녀 신앙

(2)영산재

49재 의식, 극락왕생 기원, 서울 봉원사에서 거행

(3)수륙재

떠도는 영혼 위로하는 의식

04. 전통공예

(1)갓일
   ①갓을 만드는 작업
   ②총모자, 양태, 입자로 이루어져 있다.
   ③제주도, 통영이 유명

(2)나전장
   ①나전은 자개를 물체에 붙이는 것
   ②전복, 소라, 진주조개 + 옻칠(칠장) = 나전칠기
   ③경남 통영이 유명

(3)한산 모시 짜기
   시원한 여름 옷감, 유네스코 무형유산

(4)장도장
   호신용 칼 제작

(5)낙죽장
   대나무에 무늬 새기는 기술

(6)유기장 : 놋쇠로 그릇 등을 제작(주물로 만든 안성유기, 방짜로 만든 납청유기 유명)
   두석장 : 놋쇠로 장식을 만드는 장인

05. 유교 의식

(1)종묘제례
   ①정시제 1, 4, 7, 10월, 임시제 : 길흉사
   ②현재는 5월 첫째 일요일에 지낸다.

(2)석전대제
   문묘에서 지내는 제사로 2월과 8월에 지낸다.

(3)사직대제
   곡식 / 토지신에게 지내는 국가 제례, 9월 첫째 일요일 거행

06. 무용

(1)궁중 무용

①처용무 : 5인 참여 / 역신疫神(전염병) 퇴치 및 벽사僻邪

②춘앵무 : 효명세자 창작, 길이 여섯 자의 제한된 화문석(花文席) 위에서 한없이 느리게 추는 우아한 독무(獨舞)이다,

(2)민속무용

①살풀이춤 : 액을 풀어낸다

②승무 : 불교적 색채, 흰 장삼, 붉은 가사, 고깔

③승전무 : 경남 통영,

　북+칼, 충무공과 연관

④진주검무 : 여성들의 칼춤

⑤강강수월래 : 전라도 지방의 추석 민속놀이

⑥남무 : 기생들이 남자로 변장하여 추는 춤

(3)불교무용

바라춤, 나비춤, 법고춤

무용	분류 내용
궁중 무용	처용무, 검무, 춘앵무 등
민속 무용	승무, 살풀이춤, 한량무, 진주검무 등
승무	흰장삼, 붉은 가사, 흰 고깔

07. 향토술(전통주)

(1)국가무형문화재

①문배주 : 평안도, 문배나무 향기

②면천두견주 : 충남 당진, 진달래꽃

③경주교동법주 : 경주 교동, 최씨 집안 시작, 15도

(2)시도무형문화재

①전주 이강주 : 배즙, 생강, 계피 + 꿀, 25도

②한산 소곡주 : 충남 서천, 앉은뱅이술, 1500년 전통

③진도 홍주

(1) 관동 8경

　고성의 청간정(淸澗亭), 강릉의 경포대(鏡浦臺), 고성의 삼일포(三日浦), 삼척의 죽서루(竹西樓), 양양의 낙산사(洛山寺), 울진의 망양정(望洋亭), 통천의 총석정(叢石亭), 평해(平海)의 월송정(越松亭)

(2) 단양 8경

　1경(도담삼봉)/2경(석문) ↔ 5경(사인암) ↔ 8경(상선암) ↔ 7경(중선암) ↔ 6경(하선암) ↔ 3경(구담봉) ↔ 4경(옥순봉) ↔ (청풍문화재단지)

(3) 소쇄원(명승40호)

　① 전남 담양 소재
　② 조선 중기 양산보가 조성, 제월당, 광풍각
　③ 자연미와 인공미의 조화

제 5 절　민속문화재 / 사적

01. 민속 마을

(1) 안동 하회마을

　① 경북 안동, 중요민속문화재
　② 풍산 류씨 집성촌, 양반 가옥구조, 양진당, 충효당
　③ 북촌댁(중민), 하회별신굿탈놀이, 줄불 선유놀이

(2) 경주 양동마을

　① 경북 경주, 중요민속문화재
　② 월성 손씨 / 여강 이씨 집성촌, 배산임수
　③ 무첨당(보), 향단(보), 관가정(보), 낙선당(중민)

(3) 아산 외암마을

　① 충남 아산, 중요민속문화재
　② 고택, 초가집, 초가돌담 보존, 60여 가구가 살고 있음
　③ 참판댁(중민), 건재고택(중민), 병사댁, 감찰댁 등 택호가 있음

(4)성읍 민속마을

①제주 서귀포시, 중요민속문화재

②성곽, 동헌, 향교(대성전), 초가집

③고평오 가옥(중민), 이영숙 가옥(중민)

④돌하르방 12기

⑤민속놀이 : 마당질(도리깨), 달구질(땅 다지기), 촐베기(꼴 베기)

⑥민간 신앙 : 안할망당, 산신당, 상궁알당

⑦제주민요 : 오돌또기, 맷돌노래, 봉지가 등

(5)고성 왕곡마을

①강원도 고성군, 중요민속문화재

②함씨, 최씨 집성촌, 분지형

③북방식 한옥(ㄱ자 형태), 기와집과 초가집 혼재

④어머니 제사는 차남이 지내는 풍습, 인근에 송지호가 있음

(6)성주 한개마을

①경북 성주군, 중요민속문화재

②성산 이씨 집성촌, 배산임수

③첨경재, 세종대왕 왕자들의 태실이 인근에 있음

(7)봉화 닭실마을

①경북 봉화군, 안동 권씨 집성촌

②금계포란형의 풍수, 청암정과 석천계곡(명승)

③한과(전통 과자) 유명

(8)영주 무섬마을

①경북 영주시, 반남 박씨 / 예안 김씨 집성촌, 중요민속문화재

②물돌이 마을(하회마을, 회룡포, 청령포)

③해우당고택, 만죽재고택, 외나무다리(축제 10월)

02. 용인민속촌

(1)개관

①1974 개장

②경기도 용인시 / 서울에서 45km, 경부고속도로 이용하면 50분 거리

③다양한 유형의 전통 가옥 : 260채(일부는 이전, 일부는 신설)

(2)다양한 직업, 계층의 가옥
　　①남부 / 북부 농민 가옥 : 초가
　　②양반 가옥, 관사, 감옥, 점집

03. 3대 읍성

(1)서산 해미읍성
　　①충남 서산, 사적
　　②둘레 1.8km, 높이 5m 의 조선시대 석성, 서해안 방어 목적(왜구)
　　③동헌과 객사 복원, 천주교 신도 처형
　　④마애삼존불

(2)순천 낙안읍성
　　①전남 순천, 사적
　　②둘레 1.4km, 높이 4m 의 조선시대 석성
　　③동헌(관사), 초가집(주민 거주)
　　④임경업 장군 비, 팔미진(8가지 재료로 만든 백반)
　　⑤김빈길이 1397년 축성, 남부 지방 특유의 주거 양식

(3)고창읍성
　　①전북 고창, 사적 145
　　②둘레 1.7km, 높이 4~6m의 조선 초 석성, 야산에 쌓은 성
　　③옹성, 성 밟기 놀이, 선운사, 고인돌

04. 의류

(1)덕온공주 당의 : 중요민속문화재
(2)심동신 금관조복 : 중요민속문화재
(3)광해군 내외 및 상궁옷 : 중요민속문화재
(4)영조대왕 도포 : 중요민속문화재
(5)흥선대원군 기린흉배 : 중요민속문화재

05. 기타

(1)강릉선교장 : 조선 양반가의 저택 / 중요민속문화재

(2)청송 송소고택 : 중요민속문화재, 슬로시티

(3)태백산 천제단 : 중요민속문화재

(4)장승 : 지역의 경계, 이정표, 마을의 수호신, 돌하르방 포함

(5)솟대

  ①삼한시대 소도의 상징

  ②마을을 수호하고 풍농을 기원하는 의미

(6)방상시탈(중민 16)

  눈 4개, 궁중에서 나례나 장례에 사용되는 탈로 악귀를 쫓는 역할

(7)당산(서낭당)

  ①한 마을의 지킴이신을 모시는 영역

  ②나무, 돌, 작은 건물

(8)국사당의 무신도 : 중요민속문화재

제 6 절 사회적 자원

01. 향토 축제(문화관광축제)

(1)의의 : 향토색이 뚜렷하고 지역의 개성과 장점을 살린 축제

(2)2020-2021년 문화관광축제, 어디?

  강릉커피축제, 광안리어방축제, 담양대나무축제, 대구약령시한방문화축제, 대구치맥페스티벌, 밀양아리랑대축제, 보성다향대축제, 봉화은어축제, 산청한방약초축제, 서산해미읍성역사체험축제, 수원화성문화제, 순창장류축제, 시흥갯골축제, 안성맞춤남사당바우덕이축제, 여주오곡나루축제, 연천구석기축제, 영암왕인문화축제, 울산옹기축제, 원주다이내믹댄싱카니발, 음성품바축제, 인천펜타포트음악축제, 임실N치즈축제, 정남진장흥물축제, 정선아리랑제, 제주들불축제, 진안홍삼축제, 청송사과축제, 추억의충장축제, 춘천마임축제, 통영한산대첩축제, 평창송어축제, 평창효석문화제, 포항국제불빛축제, 한산모시문화제, 횡성한우축제 (※ 축제명 가나다순)

(3)서울 한성 백제 문화제 : 서울 송파구, 9~10월

(4)부산 광안리 어방축제 : 부산 수영구 광안리 해수욕장, 5월

(5)대구 약령시 한방문화축제 : 대구 약전골목, 5월

(6)인천 펜타포트 락 페스티발 : 인천 송도, 8월

(7)광주 추억의 7080 축제 : 광주 동구, 10월

(8)대전 효문화 뿌리 축제 : 대전 중구 효문화마을, 9월

(9)울산 옹기축제 : 울산 울주, 5월

(10)경기도 : 세종문화제(여주, 10월), 행주문화제(고양, 3월), 화성문화제(수원, 10월), 이천 쌀문화축제(10월), 이천도자기축제(4월), 인천소래포구축제(9월), 연천전곡리 구석기축제(5월)

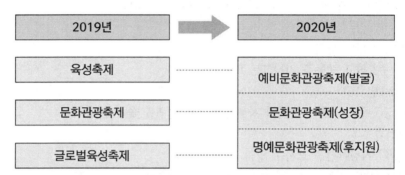

구분	예비문화관광축제	문화관광축제	명예관광축제
지원형태	간접	직접(정부 보조금)	간접
주기	2년 주기	등급 없이 2년 주기	지원 졸업 대상 축제 중 2~3개(예정)
지원범위	홍보, 컨설팅	축제기획, 홍보·마케팅, 축제역량강화	심층 컨설팅, 관광상품 개발, 개발수용태세 개선 등

*자료제공: 문화체육관광부

(11)강원도 : 강릉단오제(5월, 관노가면극), 소양강문화제(춘천, 개나리문화제, 9월), 춘천 마임축제(5월), 화천 산천어축제(1월), 횡성 한우축제(10월), 인제 빙어축제(1월), 율곡제(강릉, 10월)

(12)충청도 : 우륵문화제(충주, 10월), 난계국악축제(영동, 박연, 9월), 충주 세계무술축제(9월, 택견), 백제문화제(부여, 공주, 10월), 은산별신제(부여, 11월), 보령 머드축제(7월), 금산 인삼축제(10월)

(13)전라도 : 남원 춘향제(5월), 전남 남도문화제(9월), 함평 나비축제(5월), 김제 지평선축제(9월), 강진 청자문화제(8월), 무주 반딧불축제(8월), 순창 고추장 축제(10월), 담양 대나무 축제(5월)

(14)경상도 : 경주 신라 문화제(10월), 진주 개천제/남강 유등축제(10월), 문경 찻사발 축제(4월), 통영 한산대첩 축제(8월), 하동 야생차 축제(5월), 부산 기장 멸치축제(4월)

(15)제주도 : 성산일출축제(12월), 모슬포 방어축제(10월), 감귤축제(11월), 제주올레걷기축제(11월)

지역	주요 향토 축제
경기	세종 문화제, 행주 문화제, 화성 문화제 등
강원	강릉 단오제, 소양강 문화제, 춘천 마임축제 등
충청	우륵 문화제, 세계무술 축제, 백제 문화제 등
전라	함평 나비축제, 김제 지평선축제, 강진 청자문화제 등
경상	경주 신라 문화재. 진주 남강 유등 축제, 하동 야생차 축제 등
제주	성산 일출 축제, 유채꽃 큰 잔치 등

02. 전통혼례

(1) 순서

　①의혼(議婚) : 중매자가 혼사를 의논한다.

　②납채(納采) : 신랑집에서 신부집으로 신랑의 사주(四柱)를 보내며 혼인날을 청한다.

　③연길(涓吉) : 신부집에서 신랑집으로 혼인 날짜를 정해 알려준다.

　④납폐(納幣) : 신랑집에서 혼례 전날 신부집으로 신부용 혼수와 물목을 보낸다. 함진아비가 전달한다.

　⑤친영 : 혼례를 치르는 것을 말한다.

(2) 전안(奠雁)례 : 신랑이 기러기를 바친다.(천리에 순응, 절개를 지키고, 질서를 지키는 동물)

(3) 교배(交拜)례 : 신랑과 신부가 맞절을 한다.

(4) 합근(合巹)례 : 신랑과 신부는 서로 술잔을 나눈다.

　①신행(新行) : 신랑, 신부가 가마를 타고 신랑집으로 간다.

　②현구례(見舅禮) 현구고례(見舅姑禮) / 폐백 : 신부가 친정에서 준비한 음식으로 시부모와 시댁 사람들에게 인사

(5) 혼례상

　①청색과 홍색의 양초

　②소나무와 대나무 꽃병 : 굳은 절개

　③밤과 대추 : 장수와 다산

　④닭 한 쌍 : 악귀를 쫓는다.

(6) 신랑의 의복 : 사모관대, 신부 : 활옷(공주의 대례복)

03. 전통 풍습

(1) 설

　①설빔, 차례, 세배, 성묘, 세찬 / 세주 / 세화, 복조리, 소발(빠진 머리털 태우기)

　②수세 : 섣달 그믐날 밤 눈썹이 센다고 밤을 새우는 것

　③전통 놀이 : 널뛰기, 윷놀이, 연날리기

(2) 한식

　①찬 음식을 먹는다, 양력 4월초(청명)

　②개사초(떼입히기), 성묘, 제기차기

(3)단오

　①음력 5월 5일 / 수릿날, 천중절 / 양기가 가장 왕성한 달

　②단오선 / 그네타기 / 씨름 / 창포로 머리감기 / 천중부적

　③대추나무 시집보내기

　④강릉 단오제

(4)추석

　①음력 8.15 / 한가위, 가배일, 중추절

　②벌초, 차례, 강강술래(무8)

(5)동지 : 12.22 / 팥죽

(6)정월 대보름

　①음력 1월 15일, 예전엔 4대 명절에 포함

　②더위 팔기(상대방 이름 부르고 내 더위 사라), 귀밝이술(이명주), 호두/잣/밤 부럼 깨기(부스럼 없애기), 달집 태우기, 줄다리기, 지신밟기, 쥐불놀이 등

(7)기타 세시 풍속

　①상달 : 음력 10월, 먼 조상에게 제사, 안택굿

　②동짓달 : 음력 11월, 팥죽 먹기

　③섣달 : 음력 12월, 대청소

　④백중놀이 : 음력 7월 15일, 부처에게 공양재, 머슴날

제 7 절　　특산물

01. 경기도

(1)강화 : 인삼, 화문석(왕골로 꽃무늬 등을 놓아 짠 돗자리)

(2)이천 : 쌀, 도자기　　　　　(3)여주 : 도자기

(4)연평도 : 조기　　　　　　　(5)안성 : 유기 그릇

(6)성환 : 개구리 참외

02. 강원도

(1)강릉 : 초당 두부　　　　　(2)양양 : 송이

(3)횡성 : 한우

(4)속초 : 아바이순대(함경도 지방의 향토 순대), 오징어 순대

(5)춘천 : 닭갈비, 막국수, 옥

03. 충남

(1)금산 : 인삼

(2)논산 : 강경맛갈젓, 딸기

(3)논산 연산 : 오골계

(4)공주 : 밤

(5)한산 : 모시

(6)서산 : 어리굴젓

(7)청양 : 구기자

(7)보령 : 남포벼루

04. 경북

(1)영양 : 고추

(2)영덕 : 대게

(3)예천 : 누에가루

(4)울릉도 : 오징어, 호박엿

(5)청송 : 사과

(6)안동 : 간고등어

(7)상주 : 곶감

(8)풍기 : 인견, 인삼

05. 경남

(1)통영 : 나전칠기, 갓, 굴

(2)하동 : 재첩국

(3)거제도 : 멸치

(4)기장 : 미역

(5)진영 : 단감

(6)마산 : 아귀찜

06. 전남

(1)광양 : 매실

(2)보성 : 녹차

(3)담양 : 죽제품

(4)무등산 : 수박

(5)영광 : 굴비(이자겸 고사)

(6)완도, 고흥 : 김

(7)흑산도 : 홍어

(8)여수 : 돌산갓김치

(9)나주 : 배

(10)무안 : 양파

(11)진도 : 홍주

07. 전북

(1)고창 : 복분자

(2)남원 : 목기공예

(3)순창 : 고추장

(4)전주 : 태극선, 한지, 비빔밥, 콩나물국밥, 이강주

(5)전주 : 한과

(6)임실 : 된장, 치즈

(7)부안 : 죽염

08. 제주도

감귤, 한라봉, 갈치, 옥돔

시도	특구 명칭	지정 지역
서울(6)	명동, 남대문, 북창	명동, 회현동, 소공동 등
	이태원	용산구 이태원동 등
	동대문 패션타운	중구 광희동, 을지로 등
	종로/청계	종로구 종로, 서린동, 창신동 등원
	잠실	송파구 잠실동, 신천동 등
	강남 마이스	강남구 삼성동 무역센터 일대
부산(2)	해운대	해운대구 우동, 중동 등
	용두산/자갈치	중구 부평동, 광복동 등
인천	월미	중구 신포동, 연안동 등
대전	유성	유성구 봉명동, 구암동 등
경기(5)	동두천	동두천시 중앙동, 보산동 등
	평택시 송탄	평택시 서정동, 신장동 등
	고양	고양시 일산 등
	수원 화성	수원시 팔달구, 장안구 등
	통일동산	파주시 탄현면 성동리, 법흥리 일원
강원(2)	설악	속초시, 고성군, 양양군 등
	대관령	강릉시 ,동해시, 평창군, 횡성군 등
충북(3)	수안보 온천	충주시 수안보면 등
	속리산	보은군 등
	단양	단양군 단양읍, 매포읍 등
충남(2)	아산시 온천	아산시 음봉면 등
	보령 해수욕장	보령시 등
전북(2)	무주 구천동	무주군 등
	정읍 내장산	정읍시 내장지구, 용산지구
전남(2)	구례	구례군 등
	목포	북항, 유달산 등 해안선 주변 6개 권역
경북(4)	경주시	시내지구, 보문지구, 불국지구
	백암온천	울진군 온전면 등
	문경	문경시 등
	포항 영일만	영일대해수욕장, 송도해수욕장, 죽도시장
경남(2)	부곡온천	창녕군 부곡면 등
	미륵도	통영시 미수동, 봉평동 등
제주	제주도	제주도 전역(부속도서 제외)

제 9 절　카지노

17개 카지노 중, 강원랜드 카지노만 내국인 허용(나머지는 외국인만 대상)

시도	카지노 명칭
서울(3)	워커힐 카지노(파라다이스)
	세븐럭 카지노 서울 강남 코엑스점
	세븐럭 카지노 서울 강북 힐튼점
부산(2)	세븐럭 카지노 부산롯데점
	부산카지노지점(파라다이스)
인천	인천 카지노(파라다이스세가사미)
강원	알펜시아 카지노
대구	인터불고 대구카지노
제주(8)	더케이제주호텔 카지노
	제주 카지노(파라다이스)
	마제스타 카지노
	로얄 팔레스 카지노
	파라다이스카지노 제주 롯데
	제주 썬 카지노
	랜딩 카지노
	골든비치 카지노
강원	강원랜드 카지노 (* 내/외국인 대상)

제 10 절　안보관광

01. 임진각 : 경기도 파주, 망배단

02. 판문점 : 휴전선 공동경비구역

03. 도라산 전망대 : 경기도 파주

04. 비무장지대 : DMZ, 155마일, 248km, 남북 양쪽 2km

05. 땅굴 : 1~4땅굴, 고랑포, 철원, 판문점, 양구 등지

제11절 슬로우 시티

01. 개념
(1) '느림의 삶'을 추구하는 국제운동
(2) 패스트푸드에 반대해 시작된 여유식(슬로푸드) 운동의 정신을 확대
(3) '유유자적한 도시, 풍요로운 마을'이라는 뜻의 이탈리아 어 치타슬로의 영어식 표현

02. 가입 조건
(1) 인구 5만명 이하, 도시와 주변 환경을 고려한 환경정책 실시, 유기농 식품 생산과 소비, 전통 음식과 문화 보존
(2) 차량통행제한, 패스트푸드 추방

03. 전남 신안군 증도면(증도), 완도 청산면(청산도), 담양 창평면, 목포시(외달도, 달리도, 개항 문화거리)

04. 전북 전주시 한옥마을

05. 경북 상주시 함창읍/이안면/공검면, 청송군 주왕산면/파천면, 영양군 석보면

06. 경남 하동군 악양면, 김해시 봉하마을/화포천습지

07. 충북 제천시 수산면

08. 충남 예산군 대흥면, 태안군 소원면, 서천군 한산면

09. 경기도 남양주시 조안면

10. 강원도 영월군 김삿갓면, 춘천시 실레마을

제12절 컨벤션 센터

01. 서울 - COEX

02. 고양 - KINTEX

03. 부산 - BEXCO

04. 대구 - EXCO

05. 제주 - ICC

06. DCC(대전), CECO(창원)

1. 동굴의 생성원인이 용암굴에 해당되는 것을 모두 고른 것은?

> ㄱ. 만장굴   ㄴ. 고수굴
> ㄷ. 산방굴   ㄹ. 빌레못굴
> ㅁ. 협재굴

① ㄱ, ㄴ, ㄷ   ② ㄱ, ㄴ, ㄹ
③ ㄱ, ㄹ, ㅁ   ④ ㄷ, ㄹ, ㅁ

해설 용암굴은 주로 제주도에 있는데, 만장굴, 빌레못굴, 협재굴이 용암굴에 해당한다.
정답 ③

2. 모두 국립공원으로만 짝지어진 것은?

① 지리산, 월악산, 대암산   ② 월출산, 소백산, 무등산
③ 대둔산, 가야산, 덕유산   ④ 주왕산, 칠갑산, 내장산

해설 국립공원으로는 지리산, 월악산, 소백산, 무등산, 가야산, 덕유산, 주왕산, 내장산 등이 있다.
정답 ②

3. 관광 특구로 지정된 온천이 <u>아닌</u> 것은?

① 부곡온천   ② 수안보온천
③ 백암온천   ④ 이천온천

해설 관광 특구로 지정되지 않은 곳은 '이천온천'이다.
정답 ④

4. 12km에 걸친 계곡의 경치가 매우 아름다워 명승 제1호로 지정되었으며, 율곡 이이 선생에 의해 그 명칭이 유래된 명승지는?

① 상선암   ② 해금강
③ 소금강   ④ 울산암

해설 명승 제1호는 '소금강'이다.
정답 ③

5. 천연 보호 구역을 모두 고른 것은?

> ㄱ. 흑산도 ㄴ. 홍도
> ㄷ. 독도 ㄹ. 한라산
> ㅁ. 계룡산 ㅂ. 설악산

① ㄱ, ㄴ, ㄷ, ㄹ ② ㄱ, ㄴ, ㄷ, ㅁ
③ ㄴ, ㄷ, ㄹ, ㅁ ④ ㄴ, ㄷ, ㄹ, ㅂ

해설 천연 보호 구역은 홍도, 설악산, 한라산, 대암산, 향로봉, 독도, 성산일출봉, 문섬·범섬, 차귀도, 마라도, 우포늪이다.
정답 ④

6. 다음 설명에 해당하는 식물의 명칭과 천연기념물로 지정된 지역이 바르게 연결된 것은?

> 5월 초에 꽃이 피기 시작하여 한 달 정도 계속 피며, 꽃의 모습이 밥그릇에 소복이 담은 흰 쌀밥 같이 보인다 하여 이런 이름이 붙여졌다.

① 이팝나무 - 경남 김해 ② 조팝나무 - 경남 김해
③ 이팝나무 - 경기 수원 ④ 조팝나무 - 경기 수원

해설 흰쌀밥 같은 꽃이 피는 나무는 '이팝나무'로 경남 김해 등에 천연기념물로 지정되어 있다.
정답 ①

7. 관광객이 해설사의 도움 없이 독자적으로 관람 대상을 추적하면서 제시된 안내문에 따라 그 내용을 이해하도록 고안된 해설 기법은?

① 동행(walks) 해설 기법
② 담화(talks) 해설 기법
③ 매체 이용(gadgetry) 해설 기법
④ 길잡이 시설(self-guiding) 해설 기법

해설 관광객이 해설사 없이 독자적으로 관람하는 기법은 '길잡이 시설 해설 기법'이다.
정답 ④

8. 지리산 국립공원이 위치하고 있는 행정구역이 <u>아닌</u> 곳은?

① 전라북도 ② 전라남도
③ 경상북도 ④ 경상남도

9. 제주도에 위치한 동굴 관광 자원이 <u>아닌</u> 것은?

   ① 만장굴   ② 협재굴
   ③ 김녕굴   ④ 고수동굴

10. 서해안에 위치한 해수욕장이 <u>아닌</u> 것은?

    ① 몽산포 해수욕장   ② 무창포 해수욕장
    ③ 망양정 해수욕장   ④ 변산 해수욕장

11. 호수 관광 자원 중 인공 호수는?

    ① 시화호   ② 경포호
    ③ 송지호   ④ 영랑호

12. 관광 자원 분류 중 무형 관광 자원인 것은?

    ① 미술   ② 언어
    ③ 건축물   ④ 휴양지

13. 다음 중 우리나라의 천연기념물은?

    ① 진도 진돗개   ② 영월 선돌
    ③ 제주 서귀포 산방산   ④ 안동 만휴정 원림

> **해설** 진돗개는 천연기념물 53호이다.
> **정답** ①

14. 동굴이나 박물관 등 관광객이 많은 곳에 해설가가 고정 배치되어 해설 서비스를 제공하는 해설 기법은?

① 이동식 해설 기법
② 길잡이식 해설 기법
③ 정지식 해설 기법
④ 매체 이용 해설 기법

> **해설** 해설가가 고정 배치되어 해설하는 기법은 '정지식 해설 기법'이다.
> **정답** ③

15. 독도에 관한 설명으로 옳지 <u>않은</u> 것은?

① 독도는 크게 동도와 서도로 이루어져 있다.
② 독도는 천연기념물로 지정되어 있다.
③ 현재 독도 경비대원만이 거주하고 있다.
④ 현재 행정 구역은 경상북도 울릉군이다.

> **해설** 독도에는 독도 경비대원과 주민도 함께 거주하고 있다.
> **정답** ③

16. 충청남도에 소재한 온천으로 바르게 연결된 것은?

① 온양온천 - 수안보온천
② 온양온천 - 백암온천
③ 도고온천 - 덕산온천
④ 도고온천 - 덕구온천

> **해설** 충청남도에 소재한 온천은 온양온천과 도고온천, 덕산온천이다.
> **정답** ③

17. 국립공원으로 지정되어 있지 <u>않은</u> 곳은?

① 주왕산
② 월출산
③ 가야산
④ 팔공산

> **해설** 팔공산은 2023년 5월 팔공산 국립공원으로 승격되었다.
> **정답** 정답 없음

18. 제주특별자치도에 소재한 관광 자원이 <u>아닌</u> 것은?

① 소쇄원   ② 성읍민속마을

③ 추사적거지   ④ 정방폭포

> **해설** '소쇄원'은 전남 담양에 있는 조선 중기의 정원이다.
> **정답** ①

19. <겨울연가>의 촬영지로서 일본 등 방한 아시아권 관광객이 많이 찾는 한류 관광지는?

① 월미도   ② 남이섬

③ 강화도   ④ 태안

> **해설** 드라마 <겨울연가>의 촬영지는 강원도 남이섬이다.
> **정답** ②

20. 관동팔경에 해당하지 <u>않는</u> 것은?

① 청간정   ② 삼일포

③ 하선암   ④ 망양정

> **해설** '하선암'은 단양팔경 중의 하나이다.
> **정답** ③

21. 다음에서 설명하는 국립공원은?

> 광주광역시와 담양군·화순군에 위치한 산으로 천왕봉·지왕봉·인왕봉 등 3개의 바위봉으로 이루어져 있고, 서석대·입석대 등 이름난 기암괴석이 있다.

① 내장산 국립공원   ② 무등산 국립공원

③ 지리산 국립공원   ④ 월출산 국립공원

> **해설** 광주광역시 경계에 위치한 국립공원은 '무등산 국립공원'으로 2013년에 지정되었다.
> **정답** ②

22. 우리나라 동굴 관광 자원 중 천연기념물로 지정되지 <u>않은</u> 것은?

① 영월 고씨굴   ② 울진 성류굴

③ 단양 노동동굴   ④ 태백 용연굴

23. 한려해상 국립공원에 관한 설명으로 옳지 **않은** 것은?

① 경남 통영시와 전남 여수시에 걸쳐 있다.
② 우리나라 국립공원 중 면적이 가장 넓다.
③ 한산도의 '한'과 여수의 '여'를 따서 명명되었다.
④ 우리나라 최초의 해상 국립공원으로 지정되었다.

24. 관광 자원에 관한 설명으로 옳은 것은?

① 형태가 없는 무형재는 자원의 가치를 갖지 못한다.
② 관광 자원의 범위는 자연 자원과 유형적 자원으로 한정되어 있다.
③ 관광 자원은 관광객의 관광 욕구와 동기를 일으키는 매력성이 있어야 한다.
④ 관광 자원의 가치는 시대의 흐름과 관계없다.

25. 그 유역에 건설된 댐이 바르게 연결된 것을 모두 고른 것은?

ㄱ. 한강 유역 - 의암댐	ㄴ. 낙동강 유역 - 합천댐
ㄷ. 영산강 유역 - 담양댐	ㄹ. 섬진강 유역 - 동복댐

① ㄱ, ㄴ, ㄷ
② ㄱ, ㄴ, ㄹ
③ ㄴ, ㄷ, ㄹ
④ ㄱ, ㄴ, ㄷ, ㄹ

26. 우리나라 국립공원에 관한 설명으로 옳지 <u>않은</u> 것은?

① 산악형 18개소, 해상형 4개소, 사적형 1개소가 지정되었다.

② 최초의 국립공원은 지리산이다.

③ 국립공원의 지정권자는 문화체육관광부장관이다.

④ 경주는 사적형 국립공원이다.

> **해설** 국립공원의 지정권자는 환경부 장관이다.
> **정답** ③

27. 제주도의 전통 가옥에서 주로 곡류 등을 항아리에 넣어 보관하는 창고는?

① 고팡　　　　　　　　　② 우데기

③ 행랑채　　　　　　　　④ 정주간

> **해설** 제주도에서 창고는 '고팡'이라고 한다.
> **정답** ①

28. 단청에 쓰이는 다섯 가지 기본색으로 옳은 것은?

① 청색, 자색, 황색, 회색, 남색

② 청색, 녹색, 흑색, 백색, 남색

③ 청색, 적색, 흑색, 백색, 회색

④ 청색, 적색, 황색, 백색, 흑색

> **해설** 단청에는 흑색, 백색, 홍색(적색), 청색, 황색의 오방색을 사용한다.
> **정답** ④

29. 서원에 관한 설명으로 옳지 <u>않은</u> 것은?

① 조선 시대의 국립 교육 기관이다.

② 조선 최초의 사액서원은 소수서원이다.

③ 조선 최초의 서원은 백운동서원이다.

④ 흥선대원군은 서원 철폐령을 내렸다.

> **해설** '서원'은 사립 교육기관이다.
> **정답** ①

30. 온돌의 구조와 관련이 없는 것은?

① 고래   ② 그렝이

③ 부넘이   ④ 개자리

> **해설** '는 한옥의 기둥 제작 기법으로, 주춧돌의 표면을 그대로 두고 기둥 나무의 접촉면을 조각하여 주춧돌의 맞춘다.
> **정답** ②

31. 미래에 나타날 부처를 모신 건물로 일명 '용화전'이라고도 불리는 전각은?

① 미륵전   ② 대웅전

③ 관음전   ④ 팔상전

> **해설** '용화전'은 '미륵전'의 다른 이름이다.
> **정답** ①

32. 다음 설명에 해당하는 석탑은?

> 국보 제21호로, 간결하고 직선적인 선의 아름다움은 완전한 안정감을 갖추고 있다. 이 탑을 만들기 위해 고향을 떠나온 석공 아사달과 남편을 찾아온 그의 처 아사녀와의 슬픈 전설 때문에 일명 '무영탑'이라 부르고 있다.

① 익산 미륵사지석탑   ② 월정사 팔각구층석탑

③ 경주 불국사 삼층석탑   ④ 부여 정림사지 오층석탑

> **해설** 국보 제21호로 '무영탑'으로 불리는 탑은 '경주 불국사 삼층 석탑'이다.
> **정답** ③

33. 유네스코에 등재된 세계 기록 유산이 아닌 것은?

① 해인사 장경판전   ② 승정원일기

③ 일성록   ④ 동의보감

> **해설** '해인사 장경판전'은 유네스코 세계 문화유산이다.
> **정답** ①

34. 고인돌의 유적지로 유네스코에 등재된 지역이 <u>아닌</u> 것은?

① 인천광역시 강화군　　　　　　② 전라남도 화순군
③ 전라북도 고창군　　　　　　　④ 충청남도 부여군

해설 2000년에 고창·화순·강화 고인돌 유적이 유네스코 세계 문화유산으로 등재되었다.
정답 ④

35. 다음 설명에 해당하는 궁궐은?

> 사적 제123호로, 서울 종로구에 위치해 있다. 세종대왕이 선왕인 태종을 모시기 위해 지었
> 던 것을 성종 때 증축하였다. 일제 강점기에 유원지로 바뀌는 수모를 겪었으나, 1983년 이
> 후복원 사업을 통해 궁궐로서의 위상을 되찾게 되었다.

① 창덕궁　　　　　　　　　　　② 창경궁
③ 덕수궁　　　　　　　　　　　④ 경복궁

해설 사적 제123호로 일제 강점기에 유원지가 되었던 궁궐은 '창경궁'이다.
정답 ②

36. 불을 밝혀 놓고 밤샘하면서 설을 준비하는 대표적인 풍속은?

① 설빔　　　　　　　　　　　　② 수세
③ 세찬　　　　　　　　　　　　④ 세배

해설 설날의 풍속으로 밤을 새우는 것은 '수세'라고 한다.
정답 ②

37. 강릉 단오제의 행사내용으로 옳은 것은?

① 별신굿탈놀이　　　　　　　　② 수영야류
③ 관노 가면극　　　　　　　　　④ 남사당놀이

해설 '관노 가면극'은 강릉 단오제의 주요 행사 가운데 하나이다.
정답 ③

38. 궁중에서 나례나 장례 때 악귀를 쫓기 위해 사용했던 것으로, 네 개의 눈을 가진 탈은?

① 영노탈   ② 주지탈
③ 청계씨탈   ④ 방상시탈

해설 궁중에서 사용된 눈이 네 개인 탈은 '방상시탈'이다.
정답 ④

39. 우리나라 전통 무용의 일종인 민속무가 <u>아닌</u> 것은?

① 춘앵무   ② 승무
③ 살풀이춤   ④ 한량무

해설 '춘앵무'는 궁중 무용이다.
정답 ①

40. 판소리에 관한 설명으로 옳지 <u>않은</u> 것은?

① 고수의 장단에 맞추어 한 명의 소리꾼이 소리, 아니리, 너름새를 섞어 가며 구연(口演)한다.
② 지역적 특징에 따라 동편제, 서편제, 중고제로 구분된다.
③ 춘향가, 심청가, 적벽가, 수심가, 흥보가는 판소리 다섯 마당으로 정착되었다.
④ 독창성과 우수성을 세계적으로 인정받아 유네스코 지정 인류 무형 유산으로 등재되었다.

해설 〈수심가〉는 평안도의 민요이다.
정답 ③

41. 중요 민속자료로 지정된 민속마을이 <u>아닌</u> 것은?

① 경주 양동마을   ② 성읍 민속마을
③ 고성 왕곡마을   ④ 전주 한옥마을

해설 '전주 한옥마을'은 중요 민속자료가 아니며, 슬로우 시티에 해당한다.
정답 ④

42. 예로부터 널리 알려진 향토 특산물과 지역의 연결이 옳지 <u>않은</u> 것은?

① 고추 - 영양   ② 모시 - 한산
③ 목기 - 안성   ④ 삼베 - 안동

43. 지역과 향토주(鄕土酒)의 연결이 옳은 것은?

① 경주 - 교동법주 ② 전주 - 문배주
③ 대구 - 이강주 ④ 청도 - 홍주

44. 성벽 위에 설치하는 낮은 담장으로, 적으로부터 몸을 보호하고 적을 효과적으로 공격하기 위한 구조물은?

① 옹성 ② 여장
③ 적대 ④ 해자

45. 지역과 축제의 연결이 옳지 <u>않은</u> 것은?

① 함평 - 나비 축제 ② 여주 - 청자 문화제
③ 진도 - 영등 축제 ④ 문경 - 찻사발 축제

46. 다음 중 국립 박물관이 <u>아닌</u> 것은?

① 경주 박물관 ② 제주도 민속 자연사 박물관
③ 대구 박물관 ④ 부여 박물관

47. 지역과 특산물의 연결이 옳은 것은?

① 흑산도 - 명태 ② 한산 - 모시
③ 연평도 - 김 ④ 금산 - 도자기

> **해설** 한산은 모시로 유명하며, '모시짜기'가 유네스코 무형 유산으로 등재되었다.
> **정답** ②

48. 우리나라 전통 민속주 중 무형문화재가 <u>아닌</u> 것은?

① 경주 교동 법주   ② 안동 소주

③ 제주 막걸리   ④ 한산 소곡주

> **해설** 제주 막걸리는 무형문화재가 아니다.
> **정답** ③

49. 안동 하회마을에 관한 설명으로 옳지 <u>않은</u> 것은?

① 보물 양진당과 충효당이 있다.

② 하회란 물이 돌아서 흘러간다는 의미이다.

③ 류성룡 형제의 유적이 마을의 중추를 이루고 있다.

④ 안강 평야의 동쪽 구릉지에 위치하고 있다.

> **해설** 안강 평야에 위치한 마을은 경주 양동마을이다.
> **정답** ④

50. 정월 대보름에 행해지는 민속놀이가 <u>아닌</u> 것은?

① 줄다리기   ② 지신밟기

③ 백중놀이   ④ 관원놀음

> **해설** 백중놀이는 음력 7월 15일에 부처의 공양을 위해 행하던 불교의례이다.
> **정답** ③

51. 왕릉과 소재지의 연결이 옳지 <u>않은</u> 것은?

① 헌인릉 – 서울특별시

② 동구릉 – 경기도 구리시

③ 장릉(단종) – 강원도 영월군

④ 영릉(세종) – 경기도 고양시

> **해설** 세종의 능인 영릉은 경기도 여주시에 위치한다.
> **정답** ④

52. 다음 중 2013년 세계 기록 유산에 새롭게 등재된 것만 고른 것은?

ㄱ. 동의보감	ㄴ. 난중일기
ㄷ. 새마을 운동 기록물	ㄹ. 5·18 민주화 운동 기록물

① ㄱ, ㄴ ② ㄱ, ㄹ

③ ㄴ, ㄷ ④ ㄷ, ㄹ

해설 2013년에 세계 기록 유산에 등재된 것은 '난중일기'와 '새마을 운동 기록물'이다.

정답 ③

53. 조선 시대 도자기의 특징으로 옳지 <u>않은</u> 것은?

① 왕실에 백자를 공급하기 위해 사용원을 설치하였다.
② 고려 시대에 비해 실용성이 강조되었다.
③ 임진왜란 이후 분청사기는 쇠퇴하였다.
④ 주류를 이루는 것은 청자이다.

해설 청자가 주류를 이룬 시기는 고려 시대이다.

정답 ④

54. 우리나라의 세계 문화유산 지정 순서로 올바른 것은?

ㄱ. 양동마을	ㄴ. 종묘
ㄷ. 조선왕조 왕릉	

① ㄱ - ㄴ - ㄷ ② ㄱ - ㄷ - ㄴ

③ ㄴ - ㄷ - ㄱ ④ ㄷ - ㄴ - ㄱ

해설 세계 문화유산으로 1995년에 등재된 것은 종묘이다. 양동마을은 2010년, 조선 왕릉은 2009년에 등재되었다.

정답 ③

55. 단군왕검이 민족 만대의 영화와 발전을 위하여 춘추로 하늘에 제사를 올리던 제단은?

① 참성단 ② 선농단

③ 사직단 ④ 종묘

해설 단군왕검이 제사를 올리던 단은 강화의 '참성단'이다.

정답 ①

56. 다른 유적에서는 발견되지 않은 특이한 유물이 발견되거나, 다른 무덤과 차별화되는 특징을 가진 무덤은?

① 묘(墓)
② 총(塚)
③ 능(陵)
④ 분(墳)

해설 특이한 유물이 발견된 무덤에 접미사 '총'을 붙인다.
정답 ②

57. 하천을 이용하거나 성벽의 주변에 인공적으로 도랑을 파서 만든 성의 방어물은?

① 성문(城門)
② 옹성(甕城)
③ 돈대(墩臺)
④ 해자(垓字)

해설 성벽에 주위에 만든 인공적인 도랑은 '해자'이다.
정답 ④

58. 관현악 반주에 맞추어 시조 시를 노래하는 중요 무형문화재 제30호인 한국의 전통 성악곡은?

① 제례악
② 가곡
③ 민요
④ 농악

해설 시조 시를 노래하는 성악곡은 '가곡'이다.
정답 ②

59. 불교 제의식 때 추는 춤이 아닌 것은?

① 살풀이춤
② 나비춤
③ 바라춤
④ 법고춤

해설 '살풀이춤'은 무당이 굿을 할 때 추는 춤이다.
정답 ①

60. 우리나라의 세계 유산 중 무형 유산으로 등록되지 않은 것은?

① 아리랑
② 택견
③ 줄타기
④ 씨름

해설 유네스코 무형유산(등재 순서, 22건)
종묘 제례 및 종묘 제례악, 판소리, 강릉단오제, 남사당놀이, 강강술래, 영산재, 제주 칠머리당 영등굿, 처용무, 가곡, 대목장, 매사냥, 줄타기, 택견, 한산모시짜기, 아리랑, 김장문화, 농악, 줄다리기, 제주해녀문화, 씨름, 연등회, 한국의 탈춤

정답 정답 없음

---

61. 우리나라 전통 건축 양식 중 처마 끝의 하중을 기둥에 전달하고 장식적 의장을 더해 주는 부재는?

① 공포 ② 기단

③ 대들보 ④ 단청

해설 한옥에서 처마와 기둥을 연결하는 부분을 '공포'라고 한다.

정답 ①

---

62. 다음 중 은산 별신제의 설명으로 옳지 <u>않은</u> 것은?

① 3년에 1번씩 음력 1월 또는 2월에 열린다.
② 중요 무형문화재 제1호로 지정되어 있다.
③ 충청남도 부여군에서 열린다.
④ 마을사람들은 장군과 병사들을 위로한다.

해설 중요 무형문화재 제1호는 '종묘제례악'이다.

정답 ②

---

63. 조선 시대 궁궐의 명칭 설명으로 옳지 <u>않은</u> 것은?

① 정궁 - 왕의 침전 ② 서궁 - 대비의 침전

③ 동궁 - 후궁의 침전 ④ 중궁 - 왕비의 침전

해설 '동궁'은 왕세자의 침전이다.

정답 ③

---

64. 다음 석탑의 구성 요소에서 가장 꼭대기에 위치하는 것은?

① 찰주 ② 보륜

③ 복발 ④ 옥개석

해설 상륜부의 가장 꼭대기에는 '찰주'가 있다.

정답 ①

---

65. 여자가 혼인할 연령이 되면 올리던 성인례는?

① 관례　　　　　　　　　　　　② 혼례
③ 제례　　　　　　　　　　　　④ 계례

> **해설**　여자의 성인례는 '계례'라고 한다.
> **정답**　④

66. 비무장지대(DMZ)에 관한 설명 중 옳지 **않은** 것은?

① 1953년 휴전 협정에 따라 설정되었다.
② 비무장지대의 길이는 155마일(약 248km)이다.
③ 군사분계선을 기준으로 남북 양쪽 5km씩 설정되었다.
④ 보호종, 위기종 등 서식 동식물의 생태학적 보존가치가 매우 높다.

> **해설**　비무장지대는 휴전선인 군사분계선을 기준으로 남북 2km씩 설정되었다.
> **정답**　③

67. 슬로우 시티로 지정된 곳과 그 곳의 전통산업이 바르게 연결된 것은?

① 전남 신안군(증도면) - 황토사과, 민물어죽
② 경남 하동군(악양면) - 대봉곶감, 야생녹차
③ 전북 전주시(한옥마을) - 죽공예, 바이오산업
④ 충북 제천시(수산면) - 전통주, 태극선

> **해설**　슬로우 시티로 지정된 경남 하동은 곶감과 녹차로 유명하다.
> **정답**　②

68. 축제 개최 지역과 축제 명칭이 바르게 연결되지 **않은** 것은?

① 충주 - 세계무술축제　　　　　② 안동 - 국제탈춤페스티벌
③ 수원 - 화성문화제　　　　　　④ 무주 - 지평선축제

> **해설**　지평선 축제는 전북 김제에서 열린다.
> **정답**　④

69. 내국인의 출입이 허용된 카지노는?

① 파라다이스 카지노 워커힐　　　② 세븐럭 카지노 강남점

③ 강원랜드 카지노　　　　　　　④ 인터불고 대구 카지노

> **해설**　내국인 출입이 허용된 카지노는 강원도 정선의 강원랜드이다.
> **정답**　③

70. 창덕궁과 창경궁의 정문이 각각 바르게 연결된 것은?

① 광화문 － 대한문　　　　　　② 돈화문 － 홍화문

③ 광화문 － 홍화문　　　　　　④ 돈화문 － 건춘문

> **해설**　창덕궁의 정문은 '돈화문', 창경궁의 정문은 '홍화문'이다.
> **정답**　②

71. 전통 목조 건축물에 해당되는 것은?

① 유성룡 종가 문적　　　　　　② 백제금동대향로

③ 금동미륵보살반가상　　　　　④ 봉정사 극락전

> **해설**　목조 건축물은 '봉정사 극락전'이다.
> **정답**　④

72. 단청에 관한 설명 중 옳지 <u>않은</u> 것은?

① 황색, 적색, 청색 등의 다양한 색상을 사용한다.
② 단청의 목적은 건물의 미화와 보호이다.
③ 단청의 색상은 음양오행적 우주관에 기초하고 있다.
④ 단청은 조선 시대부터 사용되기 시작했다.

> **해설**　단청은 삼국 시대부터 사용되었다.
> **정답**　④

73. 한옥에 관한 설명 중 옳지 <u>않은</u> 것은?

① 전통 한옥은 2층 구조가 일반적이었다.

② 사랑채와 안채의 영역이 구분되었다.

③ 한식기와 등 자연재료로 마감된 전통적인 외관을 갖춘 건축물이다.

④ 한옥은 풍수지리를 바탕으로 배치되었다.

해설 한옥은 1층 구조가 일반적이다.

정답 ①

74. 우리나라 궁에 관한 설명으로 옳지 <u>않은</u> 것은?

① 경복궁은 '하늘이 내린 큰 복'이라는 뜻을 가진 궁이다.

② 창덕궁은 경복궁의 동쪽에 위치하여 창경궁과 더불어 동궐이라 불렸다.

③ 창경궁은 세조비 정희왕후, 예종 계비 안순왕후, 덕종비 소혜왕후 세 분을 모시기 위해 창건된 궁이다.

④ 덕수궁의 본래 이름은 인경궁이었다.

해설 덕수궁의 본래 이름은 '경운궁'이었다.

정답 ④

75. 원각사지 10층 석탑, 부석사 무량수전, 훈민정음, 석굴암 석굴의 공통점은?

① 국보   ② 보물

③ 천연기념물   ④ 중요 무형문화재

해설 석탑과 무량수전, 훈민정음, 석굴은 모두 유형문화재로 국보에 해당한다.

정답 ①

76. 문화재 유형별 제1호 대상 연결이 옳지 <u>않은</u> 것은?

① 국보 제1호 - 서울 숭례문

② 보물 제1호 - 서울 흥인지문

③ 천연기념물 제1호 - 서울 재동 백송

④ 중요 무형문화재 제1호 - 종묘제례악

해설 천연기념물 제1호는 '대구 도동 측백나무숲'이다.

정답 ③

77. 세계 기록 유산으로 바르게 연결된 것은?

① 직지심체요절 - 조선왕조의궤 ② 동의보감 - 강릉 단오제

③ 승정원일기 - 대동여지도 ④ 훈민정음 - 묘법연화경

> **해설** '강릉 단오제'는 세계 무형 유산이다. '대동여지도'와 '묘법연화경'은 유네스코 유산이 아니다.
> **정답** ①

78. 법보사찰로 국보 제52호 장경판전이 있는 사찰은?

① 송광사 ② 통도사

③ 법주사 ④ 해인사

> **해설** 삼보 사찰 가운데 법보 사찰은 팔만대장경이 있는 '해인사'이다.
> **정답** ④

79. 국가 지정 문화재 유형 중 보물에 해당되지 <u>않는</u> 것은?

① 경주 석빙고 ② 경주 불국사 다보탑

③ 옛 보신각 동종 ④ 서울 원각사지 대원각사비

> **해설** '경주 불국사 다보탑'은 보물이 아니라 국보 제20호이다.
> **정답** ②

80. 유네스코가 지정한 우리나라의 세계 문화유산은?

① 고창·화순·강화 고인돌 유적 ② 익산 미륵사지 석탑

③ 강릉 오죽헌 ④ 성덕대왕 신종

> **해설** 세계 문화유산은 고창, 화순, 강화의 고인돌 유적이다.
> **정답** ①

81. 판소리에 관한 설명으로 옳지 <u>않은</u> 것은?

① 판소리는 한 명의 소리꾼이 고수의 장단에 맞추어 이야기를 엮어가는 것이다.
② 판소리는 원래 궁궐에서 불리던 것인데 점차 하층민까지 퍼져 나갔다.
③ 판소리는 인류 무형 유산으로 지정되었다.
④ 전라도 동북 지역의 판소리는 동편제로, 서남 지역의 판소리는 서편제로 불린다.

해설 '판소리'는 원래 하층민 사이에서 불리다가 점차 궁궐까지 퍼져 나갔다.
정답 ②

82. 온돌에 관한 설명으로 옳은 것을 모두 고른 것은?

> ㄱ. 열의 전도·복사·대류를 이용한 난방 방식이다.
> ㄴ. 방바닥 밑의 구들장을 데워 방안을 따뜻하게 한다.
> ㄷ. 일본에서 유래되었다.
> ㄹ. 궁궐에서는 사용하지 않고 서민들만 이용한 난방 방식이다.

① ㄱ, ㄴ
② ㄱ, ㄹ
③ ㄴ, ㄷ
④ ㄷ, ㄹ

해설 '온돌'은 우리나라 고유의 난방이고, 서민만이 아니라 궁궐에서도 사용하였다.
정답 ①

83. 다음을 설명하는 중요 무형문화재는?

> 주로 추석날 밤에 여인들이 손을 잡고 둥그렇게 원을 그리며 집단으로 추는 춤이다. 노래는 앞사람의 앞소리에 따라 나머지 사람들이 뒷소리로 받는다.

① 처용무
② 강강술래
③ 봉산탈춤
④ 꼭두각시놀음

해설 추석날 밤에 여자들이 둥그렇게 추는 춤은 '강강술래'이다.
정답 ②

84. 다음에서 설명하는 박물관이 위치한 지역은?

> 한국 최초의 등대 박물관으로 등대원 생활관, 운항 체험실, 등대 유물관 등을 갖추고 있으며, 한국 등대의 발달사와 각종 해양 수산 자료를 볼 수 있는 곳이다.

① 울릉도
② 마라도
③ 포항
④ 여수

해설 최초의 등대박물관은 포항에 있다.
정답 ③

85. 유네스코 지정 한국 세계 유산의 연결로 옳지 <u>않은</u> 것은?

① 세계 문화유산 - 남한산성
② 세계 자연유산 - 제주 용암 동굴
③ 세계 인류 무형문화유산 - 매사냥
④ 세계 기록 유산 - 목민심서

해설 유네스코 세계 유산이 아닌 것은 '목민심서'이다.
정답 ④

86. 종묘에 관한 설명으로 옳지 <u>않은</u> 것은?

① 조선 시대 역대 왕과 왕비의 신주를 모신 왕가의 사당이다.
② 유네스코 세계 문화유산으로 지정되었다.
③ 왕의 생활공간 안에 만들어진 업무공간이다.
④ 유교적 전통인 제례 문화를 보여 주는 유교건축물이다.

해설 왕의 생활공간 안에 만들어진 업무 공간은 '편전'이다.
정답 ③

87. 유형별 국가 지정 문화재의 사례로 옳지 <u>않은</u> 것은?

① 명승 - 명주 청학동의 소금강　　② 천연기념물 - 경주 포석정지
③ 사적 - 수원 화성　　　　　　　④ 중요 무형문화재 - 종묘제례악

해설 '경주 포석정지'는 사적 제1호이다.
정답 ②

88. 민속 마을에 관한 설명으로 옳지 <u>않은</u> 것은?

① 안동 하회마을 - 풍산 유씨 종가 가옥, 양진당
② 경주 양동마을 - 세계 문화유산 등재, 월성손씨, 여강 이씨
③ 성읍 민속마을 - 제주도 표선면에 위치, 성곽, 동헌과 향교
④ 아산 외암마을 - 서민 가옥인 초가집으로만 구성, 성곽

해설 '아산 외암마을'은 양반 가옥도 남아 있다.
정답 ④

89. 목조 건축의 기법을 사용하여 만든 우리나라 최고(最古)의 석탑은?

① 익산 미륵사지석탑　　　　　② 분황사 석탑

③ 감은사지 삼층석탑　　　　　④ 불국사 삼층석탑

> **해설** 목조 건축 기법으로 조성한 가장 오래된 석탑은 백제 무왕 때 지어진 '익산 미륵사지석탑'이다
> **정답** ①

90. 다음 설명에 해당하는 탑은?

> 선덕여왕 12년(643)에 자장 율사의 권유로 외적의 침입을 막기 위해 탑을 지었는데, 각 층마다 적국을 상징하도록 하였으며, 백제의 장인 아비지에 의하여 645년에 완공되었다.

① 원각사지 십층석탑　　　　　② 황룡사 구층목탑

③ 불국사 삼층석탑　　　　　　④ 법주사 팔상전

> **해설** 선덕여왕 때 자장 율사의 권유로 지은 목탑은 '황룡사 구층 목탑'이다.
> **정답** ②

91. 경복궁에 관한 설명으로 옳지 <u>않은</u> 것은?

① 경복궁의 정전은 인정전이다.

② 사적 제117호로 서울특별시 종로구에 위치해 있다.

③ 임진왜란으로 소실되었다.

④ 조선 말기 고종 때 중건되었다.

> **해설** 경복궁의 정전은 '근정전'이다.
> **정답** ①

92. 우리나라 서원에 관한 설명으로 옳은 것을 모두 고른 것은?

> ㄱ. 영주 소수서원은 우리나라 최초의 사액서원이다.
> ㄴ. 안동 도산서원은 율곡 이이의 학문과 덕행을 추모하기 위해 설립되었다.
> ㄷ. 서원은 학문연구와 선현제향을 위해 설립된 공립 교육기관이다.
> ㄹ. 용인 심곡서원은 조광조의 학문과 덕행을 추모하기 위해 설립되었다.

① ㄱ, ㄴ　　　　　　　　　　② ㄱ, ㄹ

③ ㄱ, ㄴ, ㄷ　　　　　　　　④ ㄱ, ㄷ

93. 우리나라 산성에 관한 설명으로 옳은 것은?

① 남한산성은 북한산성과 함께 수도 한양을 지키기 위한 조선 시대 산성이다.
② 강화읍을 에워싸고 있는 강화산성은 조선시대에 축조되었다.
③ 고양 행주산성은 석성으로서 임진왜란 때 권율장군의 행주대첩으로 알려진 곳이다.
④ 칠곡 가산산성은 험한 자연 지세를 이용한 고려 후기의 축성기법을 보여주고 있는 산성
  이다.

해설 남한산성과 북한산성은 한양을 지키기 위한 산성이다.
정답 ①

94. 다음 설명에 해당하는 양식은?

전통 건축 양식 중 기둥 위에만 공포(拱包)를 배치하는 형식으로 봉정사 극락전, 부석사 무량수전, 수덕사 대웅전 등에 쓰인 건축 양식은?

① 다포(多包) 양식   ② 익공(翼工) 양식
③ 하앙공포(下昂拱包) 양식   ④ 주심포(柱心包) 양식

해설 기둥 위에만 공포를 배치하는 양식은 '주심포 양식'이다.
정답 ④

95. 조선 중기 문신인 서애 유성룡이 임진왜란 때의 상황을 기록한 사료는?

① 징비록   ② 일성록
③ 묘법연화경찬술   ④ 난중일기

해설 유성룡이 지은 임진왜란 기록은 '징비록'이다.
정답 ①

96. 연례악에 관한 설명으로 옳은 것은?

① 절에서 주로 제를 올릴 때 사용되는 음악

② 궁중 조하(朝賀)와 연향에 쓰이던 음악

③ 민속 음악에 속하는 기악 독주곡 형태의 음악

④ 무속 종교 의식에 사용하는 음악

해설 '연례악'은 궁중의 잔치에 사용된 음악이다.

정답 ②

97. 중요 무형문화재 제27호로 불교적인 색채가 강하며 주로 머리에는 흰 고깔을 쓰고, 흰장삼에 붉은 가사를 걸치고 추는 민속 무용은?

① 한량무 ② 살풀이춤

③ 춘앵무 ④ 승무

해설 불교 무용으로 흰 고깔을 쓰고 추는 춤은 '승무'이다.

정답 ④

98. 조선 시대 화가 신윤복에 관한 설명으로 옳지 <u>않은</u> 것은?

① 조선 시대의 3대 풍속 화가로 지칭된다.

② 선이 가늘고 유연하며 부드러운 담채 바탕에 원색을 즐겨 사용했다.

③ 〈미인도〉, 〈단오풍정〉, 〈뱃놀이〉 등의 대표작이 있다.

④ 영조의 어진을 그렸으며, 호는 단원이다.

해설 영조의 어진을 그렸고 호가 단원인 화가는 '김홍도'이다.

정답 ④

99. 중요 무형문화재 처용무에 관한 설명으로 옳은 것은?

① 춤의 내용은 음양오행설의 기본 정신을 기초로 하여 악운을 쫓는 의미가 담겨있다.

② 궁중 무용 중에서 유일하게 사자 형상의 가면을 쓰고 추는 춤이다.

③ 황해도 봉산 지방에서 전승되어 오던 가면극이다.

④ 경기 지방과 호남 지방에서 계승된 춤으로 '허튼춤'이라고도 한다.

해설 '처용무'는 음양오행에 따라 오방처용무로도 불린다.

정답 ①

100. 북청사자놀음에 관한 설명으로 옳지 <u>않은</u> 것은?

① 중요 무형문화재 제15호로 함경남도 북청 지방에서 정월 대보름에 행해지던 사자놀이이다.

② 연초에 잡귀를 쫓고 마을의 평안을 비는 행사로 널리 행해졌다.

③ 주제는 양반 계급에 대한 반감과 모욕, 파계승에 대한 풍자, 남녀 애정 관계에서 오는 가정의 비극 등이다.

④ 북청사자놀음에 쓰이는 가면은 사자·양반·꺾쇠·꼽추·사령 등이다.

> **해설** 북청사자놀음은 두 명이 추는 사자춤 위주의 민속놀이로, 양반 계급에 대한 반감, 파계승에 대한 풍자 등은 두드러지지 않는다.
>
> **정답** ③

제3과목

관광법규

Chapter 01
관광법규 기초 이론

01. 법의 분류

(1)공법

국가와 개인간 또는 국가기관 사이의 관계를 규율하는 법으로서 헌법, 행정법, 각종 소송법 등이 이에 해당한다.

(2)사법

개인간의 권리와 의무를 규율하는 법으로서 민법과 상법 등이 이에 속한다.

02. 법의 효력

(1)시간적 효력

①발생시기

일반적으로 시행일에 대한 규정이 없으면 공포한 날로부터 20일이 경과하면 효력이 발생한다.

②소멸시기

명시적으로 폐기하거나 그와 저촉되는 법이 제정될 경우 효력을 상실한다. 유효기간이 규정되어 있는 한시법일 경우 기간이 도래하면 소멸된다.

※ 법률 불소급의 원칙:법 시행 이전에 발생한 사건에 적용되지 않는다.

(2)지역적 효력

원칙적으로 우리나라 전역에 효력을 미치나 예외적으로 치외법권 지역(외국 공관, 외국군 기지)에는 미치지 못한다.

(3)대인적 효력

원칙적으로 대한한국 국민이면 어디에서나 효력이 미친다. 다만 주한외교관, 미합중국군대 구성원에 대해서는 제한적으로 적용된다.

03. 관광법규의 위치

(1)관광법규는 행정법에 속하며 관광분야에 특화된 법률이다.

(2)'행정'이란 공익을 실현하기 위해서 행정기관인 정부와 지방자치단체가 하는 모든 행위를 말하는데 그 중에서 관광법규는 관광행정과 관련한 부분을 규정한다.

(3)행정법은 행정기관 상호간의 관계 및 행정기관과 개인간의 관계를 규율하는 법이며 관광법규도 그와 같은 내용으로 구성되어 있다.

(4)관광법규에는 관광기본법,관광진흥법,기금법,국제회의산업법이 있으며 관광기본법이 관광법규 전체에 있어서 헌법과도 같은 역할을 한다.

제 2 절 관광법규의 현황

---

01. 관광법규의 존재 모습

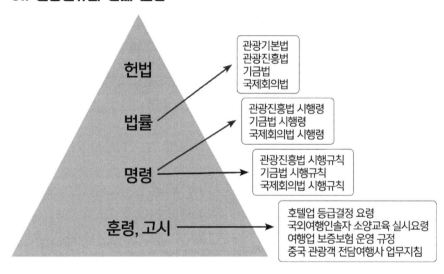

02. 관광법규의 수행 기관

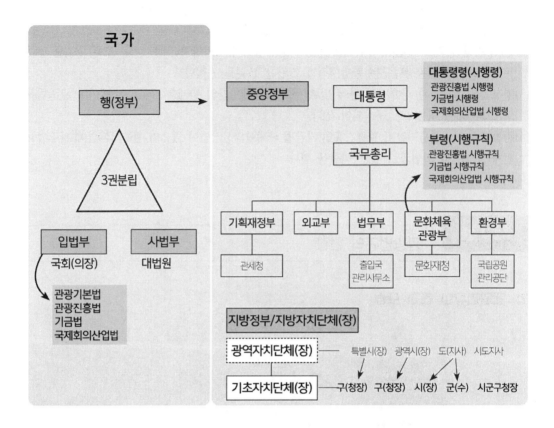

03. 관광법규의 내용상 특징

(1)행정기관은 지도,권고,명령,강제 등의 수단으로 행정목적을 달성한다.

(2)관광사업자를 평등하게 취급하며 공익을 우선시 한다.

(3)전문적이고 기술적인 면을 많이 내포하고 있다.

(4)행정기관에 자유재량을 많이 부여하고 있다.

(5)업무의 절차에 관한 규정이 많다.

(6)관광현상의 변화에 따라 규정의 신설,변경 및 폐기가 빈번하다.

04. 관광법규의 변천과정

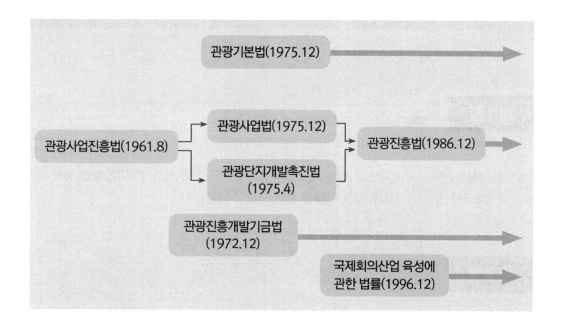

Chapter 02
관광기본법

제1절　개요

1975년 12월 31일부터 시행되었고 전문 15조로 구성되어 있다. 관광 행정의 기본방향을 제시하고 있고 관광법규에 있어서 헌법과 같은 역할을 한다고 볼 수 있다.

제2절　조문별 내용

01.제1조【목적】이 법은 관광진흥의 방향과 시책에 관한 사항을 규정함으로써 국제친선을 증진하고 국민경제와 국민복지를 향상시키며 건전한 국민관광의 발전을 도모하는 것을 목적으로 한다.

02.제2조【정부의 시책】정부는 이 법의 목적을 달성하기 위하여 관광진흥에 관한 기본적이고 종합적인 시책을 강구하여야 한다.

03.제3조【관광진흥 기본계획 수립】
(1)정부는 관광진흥의 기반을 조성하고 관광산업의 경쟁력을 강화하기 위하여 관광진흥에 관한 기본계획을 5년마다 수립·시행하여야 한다.
(2)기본계획에는 다음 각 호의 사항이 포함되어야 한다.
　①관광진흥을 위한 정책의 기본방향
　②국내외 관광여건과 관광 동향에 관한 사항
　③관광진흥을 위한 기반 조성에 관한 사항
　④관광진흥을 위한 관광사업의 부문별 정책에 관한 사항
　⑤관광진흥을 위한 재원 확보 및 배분에 관한 사항
　⑥관광진흥을 위한 제도 개선에 관한 사항
　⑦관광진흥과 관련된 중앙행정기관의 역할 분담에 관한 사항
　⑧관광시설의 감염병 등에 대한 안전·위생·방역 관리에 관한 사항
　⑨그 밖에 관광진흥을 위하여 필요한 사항

(3)기본계획은 국가관광전략회의의 심의를 거쳐 확정한다.

(4)정부는 기본계획에 따라 매년 시행계획을 수립·시행하고 그 추진실적을 평가하여 기본계획에 반영하여야 한다.

04. 제4조【연차보고】정부는 매년 관광진흥에 관한 시책과 동향에 대한 보고서를 정기국회가 시작하기 전까지 국회에 제출하여야 한다.

05. 제5조【법제상의 조치】국가는 제2조에 따른 시책을 실시하기 위하여 법제상·재정상의 조치와 그 밖에 필요한 행정상의 조치를 강구하여야 한다.

06. 제6조【지방자치단체의 협조】지방자치단체는 관광에 관한 국가시책에 필요한 시책을 강구한다.

07. 제7조【외국관광객의 유치】정부는 외국 관광객의 유치를 촉진하기 위하여 해외홍보를 강화하고 출입국 절차를 개선하며 그 밖에 필요한 시책을 강구하여야 한다.

08. 제8조【관광여건의 조성】정부는 관광여건을 조성을 위하여 관광객이 이용할 숙박·교통·휴식시설 등의 개선 및 확충, 휴일/휴가에 대한 제도개선 등에 필요한 시책을 강구하여야 한다.

09. 제9조【관광자원의 보호 등】정부는 관광자원을 보호하고 개발하는 데에 필요한 시책을 강구하여야 한다.

10. 제10조【관광사업의 지도·육성】정부는 관광사업을 육성하기 위하여 관광사업을 지도·감독하고 그 밖에 필요한 시책을 강구하여야 한다.

11. 제11조【관광종사자의 자질향상】정부는 관광에 종사하는 자의 자질을 향상시키기 위하여 교육훈련과 그 밖에 필요한 시책을 강구하여야 한다.

12. 제12조【관광지의 지정 및 개발】정부는 관광에 적합한 지역을 관광지로 지정하여 필요한 개발을 하여야 한다.

13. 제13조【국민관광의 발전】정부는 관광에 대한 국민의 이해를 촉구하여 건전한 국민관광을 발전시키는 데에 필요한 시책을 강구하여야 한다.

국민관광이란 국민이 일상 생활권을 벗어나 자력 또는 정책적인 지원으로 국내외를 여행하거나 체재하면서 관광하는 것을 말한다. 이에는 복지개념이 녹아들어 있다.

14. 제14조【관광진흥개발기금】정부는 관광진흥을 위하여 관광진흥개발기금을 설치한다.

15. 제16조【국가관광전략회의 】
(1)관광진흥의 방향 및 주요 시책에 대한 수립·조정, 관광진흥계획의 수립 등에 관한 사항을 심의·조정하기 위하여 국무총리 소속으로 국가관광전략회의를 둔다.
(2)국가관광전략회의의 구성 및 운영 등에 필요한 사항은 대통령령으로 정한다.
　①국가관광전략회의의 기능 : 아래 사항의 심의·조정
　　㉠관광진흥의 방향 및 주요 시책의 수립·조정
　　㉡관광진흥에 관한 기본계획의 수립
　　㉢관광 분야에 관한 관련 부처 간의 쟁점 사항
　②의장
　　㉠국무총리가 된다.
　　㉡안건을 선정하여 회의를 소집하고, 이를 주재한다.
　③구성원
　　기획재정부장관, 외교부장관, 법무부장관, 문화체육관광부장관 등
　④의사정족수 및 의결정족수
　　구성원 과반수의 출석, 출석 구성원 과반수 찬성
　⑤회의의 개최
　　연 2회, 반기에 1회씩 개최하는 것을 원칙
　⑥간사 : 문화체육관광부 제2차관

제 3 절　요약

01. 제정 및 시행 : 1975년 12월 31일

02. 구성 : 본문 15조 및 부칙

03. 내용 : 관광진흥을 위한 국가 및 행정기관의 의무 사항 규정

04. 세부 내용

(1)제정 목적
　국민경제, 국민복지 향상, 국제친선 증진, 국민관광 발전 도모
(2)기관별 의무
　①정부의 의무 : 관광진흥에 관한 기본적이고 종합적인 시책의 강구
　　㉠관광진흥 기본계획의 수립 : 5년 단위
　　㉡연차보고 : 정기국회가 시작하기 전까지 국회에 제출
　　㉢외국관광객의 유치 : 해외홍보를 강화, 출입국 절차 개선
　　㉣시설의 개선 : 숙박·교통·휴식시설 등의 개선 및 확충

　　ⓜ관광자원의 보호 및 개발
　　ⓗ관광사업의 지도·육성(지도 및 감독)
　　ⓢ관광종사자의 자질향상(교육훈련 등)
　　ⓞ관광지의 지정 및 개발
　　ⓩ국민관광의 발전
　　ⓒ관광진흥개발기금 설치
　　ⓣ국가관광전략회의 : 국무총리 소속

②국가의 의무 : 법제상/제정상 조치
③지방자치단체의 의무 : 국가시책에 필요한 시책 강구

Chapter 03
관광진흥법

01. 개요

(1)관광진흥법의 개요

〈관광진흥법〉은 1986년에 제정되었으며 본문 7장 86조로 구성되어 있고 제정 목적은 관광여건을 조성하고, 관광자원을 개발하며, 관광사업을 육성하고, 관광 진흥에 이바지하기 위함이다.

(2)관련 용어 정리

관광사업	관광객을 위하여 운송·숙박·음식·운동·오락·휴양 또는 용역을 제공하거나 그 밖에 관광에 딸린 시설을 갖추어 이를 이용하게 하는 업(業)을 말한다.
관광사업자	관광사업을 경영하기 위하여 등록·허가 또는 지정(이하 "등록 등")을 받거나 신고를 한 자를 말한다.
기획여행	여행업을 경영하는 자가 국외여행을 하려는 여행자를 위하여 여행의 목적지·일정, 여행자가 제공받을 운송 또는 숙박 등의 서비스내용과 그 요금 등에 관한 사항을 미리 정하고 이에 참가하는 여행자를 모집하여 실시하는 여행을 말한다.*
회원	관광사업의 시설을 일반 이용자보다 우선적으로 이용하거나 유리한 조건으로 이용하기로 해당 관광사업자와 약정한 자를 말한다.
소유자	단독 소유나 공유(共有)의 형식으로 관광사업의 일부 시설을 관광사업자로부터 분양 받은 자를 말한다.
관광지	자연적 또는 문화적 관광자원을 갖추고 관광객을 위한 기본적인 편의시설을 설치하는 지역으로서 이 법에 따라 지정된 곳을 말한다.
관광단지	관광객의 다양한 관광 및 휴양을 위하여 각종 관광시설을 종합적으로 개발하는 관광거점 지역으로서 이 법에 따라 지정된 곳을 말한다. *
민간개발자	관광단지를 개발하려는 개인이나 〈상법〉 또는 〈민법〉에 따라 설립된 법인
조성계획	관광지나 관광단지의 보호 및 이용을 증진하기 위하여 필요한 관광 시설의 조성과 관리에 관한 계획을 말한다.
지원시설	관광지나 관광단지의 관리·운영 및 기능 활성화에 필요한 시설

관광특구	외국인 관광객의 유치 촉진 등을 위하여 관광 활동과 관련된 서비스·안내 체계 및 홍보 등 관광여건을 집중적으로 조성할 필요가 있는 지역으로 지정된 곳
여행이용권	관광취약계층이 관광활동을 영위할 수 있도록 금액이나 수량이 기재된 증표
문화관광해설사	관광객에게 이해와 감상, 체험 기회를 제공하기 위하여 역사·문화·예술·자연 등 관광자원 전반에 대한 전문적인 해설을 제공하는 자를 말한다.

02. 관광사업의 개념

(1)그룹별 개념

①여행업	여행자 또는 운송시설·숙박시설 등 시설의 경영자(Principal) 등을 위하여 그 시설의 이용알선, 계약 체결의 대리, 여행에 관한 안내, 기타 여행 편의를 제공하는 업
②관광숙박업	㉠ 호텔업 : 관광객의 숙박에 적합한 시설을 갖추어 제공하거나 숙박에 딸리는 음식·운동·오락·휴양·공연 또는 연수 시설(이하 부대시설) 등을 함께 갖추어 이용하게 하는 업 ㉡ 휴양 콘도미니엄업(이하 콘도업) : 관광객의 숙박과 취사에 적합한 시설을 갖추어 이를 그 시설의 회원이나 소유자, 그 밖의 관광객에게 제공하거나 숙박에 딸리는 부대시설을 함께 갖추어 이를 이용하게 하는 업
③관광객 이용시설업	관광객을 위하여 음식·운동·오락·휴양·문화·예술 또는 레저 등에 적합한 시설을 갖추어 이를 관광객이 이용하게 하는 업
④국제회의업	대규모 관광 수요를 유발하는 국제회의(세미나·토론회·전시회 등)를 개최할 수 있는 시설을 설치·운영하거나 국제회의의 계획·준비·진행 등의 업무를 위탁받아 대행하는 업
⑤카지노업	주사위·트럼프·슬롯머신 등 특정한 기구 등을 이용하여 우연의 결과에 따라 특정인에게 재산상의 이익, 다른 참가자에게 손실을 주는 행위를 하는 업
⑥유원시설업	유기시설이나 유기기구를 갖추어 이를 관광객에게 이용하게 하는 업
⑦관광편의시설업	위 (1)~(6)의 관광사업 외에 관광 진흥에 이바지할 수 있다고 인정되는 사업이나 시설 등을 운영하는 업

(2)사업별 세부 개념

그룹명	세부 사업명		사업별 개념
여행업 (등록)	종합여행업		국내외를 여행하는 내국인 및 외국인을 대상
	국내외여행업		국내외를 여행하는 내국인을 대상
	국내여행업		국내를 여행하는 내국인을 대상
관광숙박업 (등록)	호텔업	관광호텔업	관광객의 숙박에 적합한 시설로 음식, 운동, 오락, 공연 또는 연수에 적합한 시설을 관광객에게 제공
		수상관광호텔업	수상에 구조물 or 고정된 선박 위의 숙박 시설
		한국전통호텔업	한국전통의 건축물 호텔
		가족호텔업	가족 단위 관광객에 적합한 시설로 취사도구 구비
		호스텔업	개별 관광객의 숙박에 적합 시설로 샤워장, 취사장 등의 편의시설 및 문화·정보 교류시설 구비
		소형호텔업	소규모의 숙박 시설
		의료관광호텔업	의료관광객의 숙박에 적합한 시설과 취사도구
	콘도업		관광객의 숙박과 취사에 적합한 시설로 회원이나 공유자, 그 밖의 관광객에게 제공
관광객 이용 시설업 (등록)	전문휴양업		휴양이나 여가 선용을 위하여 숙박시설이나 음식점 시설과 전문휴양시설 1곳 이상 갖추어야 한다.
	종합 휴양업	제1종 종합휴양업	숙박시설 또는 음식점시설을 갖추고, 전문휴양시설 중 두 종류 이상의 시설을 갖추거나 전문휴양시설 한 종류 이상과 종합유원시설업 시설을 갖추어야 한다.
		제2종 종합휴양업	관광숙박업 시설을 갖추고 전문휴양시설 중 2종류 이상의 시설을 갖추거나 전문휴양시설 1종류 이상과 종합유원시설업 시설을 갖추어야 한다.
	야영장업	일반야영장업	야영장비 설치 공간, 야영에 적합한 시설
		자동차야영장업	주차공간, 야영장비 설치 공간, 취사 시설
	관광 유람선업	일반관광유람선업	선박을 이용하여 관광
		크루즈업	숙박시설, 위락시설 등 편의시설을 갖춘 선박
	관광공연장업		공연시설을 갖추고 공연물을 공연, 식사와 주류
	외국인 관광 도시민박업		도시 지역에서 외국인에게 한국의 가정문화를 체험, 숙식 제공
	한옥체험업		숙박과 전통문화 체험
국제회의업 (등록)	국제회의시설업		국제회의를 개최할 수 있는 시설을 운영하는 업
	국제회의기획업		국제회의의 계획·준비·진행 등의 업무를 위탁받아 대행하는 업
카지노업(허가)			주사위·트럼프·슬롯머신 등 특정한 기구를 이용하여 우연의 결과에 따라 이익과 손실을 보게 하는 업

그룹명	세부 사업명	사업별 개념
유원시설업	종합유원시설업(허가)	안전성검사 대상 시설 6종류 이상
	일반유원시설업(허가)	안전성검사 대상 1종류 이상
	기타유원시설업(신고)	안전성검사 대상이 아닌 유기시설/기구
관광편의 시설업 (지정)	관광유흥음식점업	유흥주점영업의 허가, 한국전통분위기의 시설, 음식, 가무
	관광극장유흥업	유흥주점영업의 허가, 무도(舞蹈)시설
	외국인전용 유흥음식점업	유흥주점영업의 허가, 외국인이 이용하기 적합한 시설(주류, 음식, 가무)
	관광식당업	일반음식점영업의 허가, 특정국가의 음식
	관광순환버스업	관광객에게 시내와 그 주변 관광지를 정기적으로 순회하면서 관광할 수 있도록 하는 업
	관광사진업	외국인 관광객과 동행하며 기념사진을 촬영
	여객자동차터미널시설업	관광객이 이용하기 적합한 여객자동차터미널시설, 휴게시설· 안내시설 등 편익시설을 제공하는 업
	관광펜션업	숙박시설을 운영, 자연·문화 체험관광에 적합한 시설
	관광궤도업	궤도사업의 허가, 주변 관람과 운송에 적합한 시설
	관광면세업	관광객에게 면세물품을 판매
	관광지원서비스업	쇼핑,운수,숙박,음식점,문화/오락/레져스포츠,건설, 자동차임대,교육서비스 등

03. 관광사업 일반원칙

(1)관광사업자 결격사유
 ①관광사업자 유형
  ㉠관광사업의 등록 등을 받거나 신고를 한 자(등록, 허가, 지정, 신고를 마친 자)
  ㉡사업계획의 승인을 받은 자(관광숙박업 부분에서 상세설명)
 ②관광사업자 결격사유
  ㉠피성년후견인, 피한정후견인
  ㉡파산선고를 받고 복권되지 아니한 자
  ㉢〈관광진흥법〉에 따라 등록 등 또는 사업계획의 승인이 취소되거나 영업소가 폐쇄된 후 2년
   이 지나지 아니한 자
  ㉣〈관광진흥법〉을 위반하여 징역 이상의 실형을 선고 받고 그 집행이 끝나거나 집행을 받지
   아니하기로 확정된 후 2년이 지나지 아니한 자 또는 형의 집행유예 기간 중에 있는 자
 ③결격사유에 해당될 경우 처분권자(장관, 시도지사, 시군구청장/등록기관 등의 장)의 조치

⊙3개월 이내에 등록 등 또는 사업계획의 승인을 취소

ⓒ영업소를 폐쇄

ⓒ법인의 임원 중 그 사유에 해당하는 자가 있는 경우 3개월 이내에 그 임원을 바꾸어 임명한 때에는 결격사유 해제

(2)관광표지 부착 관련 금지 사항

①관광표지의 종류

관광사업장표지, 호텔등급표지, 관광식당표지, 관광사업등록증, 관광편의시설업 지정증

②관광사업자가 아닌 자에 대한 금지 사항

⊙관광사업자가 아니면 관광표지를 사업장에 붙이지 못한다.

ⓒ관광사업자가 아니면 다음의 행위를 할 수 없다.(위반할 경우 과태료 부과 대상)

ⓐ관광숙박업과 유사한 영업은 관광호텔이나 휴양콘도미니엄을 포함하는 상호를 사용할 수 없다.

ⓑ관광유람선업과 유사한 영업은 관광유람을 포함하는 상호를 사용할 수 없다.

ⓒ관광공연장업과 유사한 영업은 관광공연을 포함하는 상호를 사용할 수 없다.

ⓓ관광유흥음식점업, 외국인전용 유흥음식점업 또는 관광식당업과 유사한 영업의 경우 관광식당이 포함된 상호를 사용할 수 없다.

ⓔ관광극장유흥업과 유사한 영업의 경우 관광극장이 포함된 상호를 사용할 수 없다.

ⓕ관광펜션업과 유사한 영업의 경우 관광펜션이 포함된 상호를 사용할 수 없다.

ⓖ관광면세업과 유사한 영업의 경우 관광면세가 포함된 상호를 사용할 수 없다.

③관광사업자는 사실과 다르게 관광표지를 붙이거나 관광표지에 기재되는 내용을 사실과 다르게 표시 또는 광고하는 행위를 하여서는 아니 된다.

⊙위반 시 행정처분 : 시정명령, 사업정지, 사업취소

ⓒ인터넷 홈페이지에 공개

ⓒ사실과 다른 관광표지 제거 또는 삭제 조치

(3)관광시설의 타인 경영 및 처분 금지

①등록 등 기준에 포함되는 시설은 금지

⊙관광숙박업의 객실

ⓒ전문휴양업 개별 시설

ⓒ카지노업의 시설 및 기구

ⓔ안전성 검사 대상인 유기시설 및 기구

②관광숙박업의 객실은 타인 위탁 경영 가능. 단, 본인 명의 및 책임 부담

③부대시설은 처분(같은 용도로 사용 조건) 및 타인 경영이 가능

(4)관광사업의 양도와 양수에 따르는 법적인 효과

　①관광사업을 양수하거나 합병할 경우 또는 관광사업 시설의 전부를 인수한 자(경매, 압류 재산의 매각 등)는 관광사업자의 지위를 승계

　　㉠합병 후 존속하거나 설립되는 법인은 등록 등의 관광사업자의 권리와 의무를 승계한다.

　　㉡사업계획의 승인을 받은 경우도 승계한다.

　　㉢행정처분(개선명령, 정지, 취소)의 효과도 승계된다.

　　㉣분양이나 회원 모집을 한 경우에는 그 계약을 승계한다.

　②관광사업자의 지위를 승계한 자는 관할 등록기관 등의 장에게 1개월 이내에 신고

　③관광사업을 휴업하거나 폐업할 경우 관할 등록기관 등의 장에게 30일 이내에 통보

　　※ 6개월 미만의 유원시설업은 해당 기간이 끝나는 때에 폐업한 것으로 본다.

제 2 절　　등록

01. 등록의 개념과 절차

(1)등록의 개념

　등록이란 등록관청이 어떤 법률 사실이나 법률관계의 존재를 공적으로 증명하는 공증행위라고 할 수 있다. 원칙적으로 등록관청은 등록요건을 갖춘 자에게 등록을 거부할 수 없다.

(2)등록의 절차

　①등록 대상 사업과 담당 관청

　　㉠등록 대상 관광사업 : 여행업, 관광숙박업, 관광객 이용시설업, 국제 회의업

　　㉡등록관청 : 특별자치시장, 특별자치도지사(제주도), 시장, 군수, 구청장/시군구청장

　②제출 서류와 기재 사항

　　㉠신규 등록 시 제출 서류

　　　ⓐ등록신청서, 사업계획서, 신청인 사항(법인인 경우는 대표자와 임원)

　　　ⓑ부동산 소유/사용권 현황, 대차대조표(여행업, 국제회의 기획업)

　　　ⓒ보증보험 서류(회원 모집하려는 호텔과 콘도의 부동산에 저당권이 설정된 경우)

　　　ⓓ시설의 평면도, 배치도, 시설별 일람표(관광숙박업, 관광객이용시설업, 국제회의시설업)

　　㉡등록관청은 관광사업자 등록대장에 아래 사항을 기재한다.(관광숙박업의 경우)

　　　ⓐ관광사업자의 상호 또는 명칭, 대표자의 성명·주소, 사업장의 소재지(공통사항)

　　　ⓑ객실 수, 대지면적 및 건축연면적

　　　ⓒ신고를 하였거나 인·허가 등을 받은 것으로 의제되는 사항

　　　　ⓓ부대영업을 하기 위하여 다른 법령에 따라 인·허가 등을 받았거나 신고한 사항

　　　　ⓔ등급(호텔업만 해당)

　　　　ⓕ운영의 형태(분양 또는 회원 모집을 하는 콘도업 및 호텔업)

　③변경 사항 등록(중요 사항의 변경이 있을 경우)

　　㉠변경 등록 대상 사항

　　　ⓐ상호 또는 대표자 변경

　　　ⓑ객실 수 및 형태의 변경(호텔업만 해당)

　　　ⓒ부대시설의 위치, 면적, 종류 변경(호텔업, 콘도업)

　　　ⓓ사무실 소재지 변경 및 영업소 신설(여행업)

　　　ⓔ사무실 소재지 변경(국제회의기획업)

　　　ⓕ부지 면적의 변경, 시설의 설치 또는 폐지(야영장업)

　　　ⓖ사업계획의 변경 승인을 받은 사항

　　㉡변경 등록 기한 : 변경 사유 발생일로부터 30일 이내

　④등록 전 절차(등록심의위원회 심의)

　　㉠등록심의위원회 심의 대상 사업 : 관광숙박업, 종합휴양업, 전문휴양업, 국제회의시설업, 관광유람선업

　　㉡조직 구성(총 10명 이내)

　　　ⓐ위원장 : 부시장·부군수·부구청장,부지사

　　　ⓑ부위원장 : 위원장이 위원 중에서 지명

　　　ⓒ위원 : 신고 또는 인·허가 등의 소관기관의 직원

　　　ⓓ간사 1명

　　㉢의결 정족수 : 재적위원 2/3 이상 출석, 출석위원 2/3 이상 찬성

　　㉣심의 사항

　　　ⓐ등록기준 사항, 인허가 가능 여부 사항(인·허가 의제 사항)

　　㉤등록심의위원회의 심의를 거쳐 등록할 경우의 효과 : 인·허가 의제

　　　ⓐ숙박업, 목욕장업, 이미용업, 세탁업의 신고

　　　ⓑ식품접객업의 허가 또는 신고, 주류판매업의 면허 또는 신고

　　　ⓒ환전업무의 등록, 체육시설업의 신고, 해상레저활동의 허가

　　㉥시군구청장은 심의를 거쳐 등록을 한 때에는 지체 없이 신고 또는 인·허가 등의 소관 행정기관의 장에게 그 내용을 통보하여야 한다.

02. 사업별 등록 기준

(1)여행업

　①자본금 보유 의무 : 종합여행업 5천만 이상, 국내외여행업 3천만 이상, 국내여행업 1천5백만 이상 (다만, 2024년 7월 1일부터 2026년 6월 30일까지 제3조제1항에 따라 등록 신청하는

경우에는 750만원 이상으로 한다)
② 사무실의 소유권 or 사용권

(2)관광숙박업
  ①호텔업
    ㉠공통 사항 : 대지 및 건물의 소유권 또는 사용권 보유(회원 모집 시 소유권 보유), 외국인에게 서비스 제공 체제 갖출 것, 욕실이나 샤워시설 갖출 것.
    ㉡종류별 등록 조건
      ⓐ관광호텔 : 30실 이상, 욕실
      ⓑ수상관광호텔 : 30실 이상, 수상오염 방지 시설
      ⓒ가족호텔 : 30실 이상, 취사시설, 객실면적 19m² 이상
      ⓓ한국전통호텔 : 외관은 전통 가옥
      ⓔ호스텔 : 배낭여행객 등 개별관광객에 적합한 형태, 취사장, 내외국인에게 문화정보 교류 시설
      ⓕ소형호텔 : 20실~30실 미만, 부대시설 면적이 건축연면적의 50% 이하, 조식제공, 2종류 이상의 부대시설, 단란·유흥주점·사행행위시설 없을 것
      ⓖ의료관광호텔 : 20실 이상, 객실면적 19m² 이상, 취사시설, 의료기관시설과 분리될 것
        • 의료기관 : 전년도 환자 수 500명 초과(서울 3,000명)
        • 유치업자 : 전년도 환자 수 200명 초과
  ②콘도업
    ㉠객실 30실 이상, 취사 가능, 매점 또는 간이 매장, 문화체육공간 1개소 이상
      ⓐ다만, 2016년 7월 1일부터 2018년 6월 30일까지 또는 2024년 7월 1일부터 2026년 6월 30일까지 제3조제1항에 따라 등록 신청하는 경우에는 20실 이상으로 한다.
      ⓑ문화체육공간은 공연장·전시관·미술관·박물관·수영장·테니스장·축구장·농구장, 그밖에 관광객이 이용하기 적합한 문화체육공간을 1개소 이상 갖출 것.
      다만, 수개의 동으로 단지를 구성할 경우에는 공동으로 설치할 수 있으며, 관광지·관광단지 또는 종합휴양업의 시설 안에 있는 휴양콘도미니엄의 경우에는 이를 설치하지 아니할 수 있다.
    ㉡대지 및 건물의 소유권 또는 사용권 보유(분양 또는 회원 모집할 경우 대지 및 건물의 소유권 확보

(3)관광객 이용시설업
  ①전문휴양업
    ㉠숙박시설 또는 음식점 시설, 편의시설, 휴게시설
    ㉡전문휴양시설 중 1곳 : 민속촌, 해수욕장, 스키장, 골프장, 식물원, 수족관, 온천장 등

②제1종 종합휴양업

　㉠숙박시설 또는 음식점 시설

　㉡전문휴양시설 중 2종류 이상의 시설 또는 전문휴양시설 1종류 이상과 종합유원시설업 시설

③제2종 종합휴양업

　㉠관광숙박업 시설

　㉡전문휴양시설 중 2종류 이상의 시설 또는 전문휴양시설 1종류 이상과 종합유원시설업 시설

　㉢부지 50만㎡ 이상

　㉣회원 모집 가능

④야영장업 : 등급을 받을 수 있는 사업

　㉠등록 기준

　　ⓐ침수, 유실, 고립, 산사태, 낙석의 우려가 없는 안전한 곳에 위치할 것

　　ⓑ시설배치도, 이용방법, 비상시 행동요령 등을 잘 볼 수 있는 곳에 게시할 것

　　ⓒ비상시 긴급 상황을 이용객에게 알릴 수 있는 시설 또는 장비를 갖출 것

　　ⓓ야영장 규모를 고려하여 소화기를 적정하게 확보하고 눈에 띄기 쉬운 곳에 배치할 것

　　ⓔ긴급 상황에 대비하여 야영장 내부 또는 외부에 대피소와 대피로를 확보할 것

　　ⓕ비상시 대응요령을 숙지하고 개장되어 있는 시간에 상주하는 관리요원을 확보할 것

　　ⓖ건축물의 바닥면적의 합계가 전체면적의 100분의 10 미만일 것

　㉡안전/위생 기준

　　ⓐ야영용 천막 2개소 또는 100제곱미터마다 1개 이상의 소화기 비치

　　ⓑ야영장 내에서 들을 수 있는 긴급방송시설을 갖추거나 엠프의 최대출력이 10와트 이상
　　이면서 가청거리가 250미터 이상인 메가폰을 1대 이상 비치

　　ⓒ야영장 내에서 차량이 시간당 20킬로미터 이하의 속도로 서행하도록 안내판을 설치

　　ⓓ폭죽, 풍등의 사용과 판매를 금지하고, 흡연구역은 설치

　　ⓔ사업자는 문화체육관광부장관이 정하는 안전교육을 연 1회 이수

　　ⓕ야영장 내 숯 및 잔불 처리 시설을 별도의 공간에 마련하고, 1개 이상의 소화기와 방화
　　사 또는 방화수를 비치하여야 한다.

　　ⓖ정전에 대비하여 비상용 발전기 또는 배터리를 비치하여야 하고, 긴급상황 시 이용객에
　　게 제공할 수 있는 비상 손전등을 갖추어야 한다.

　　ⓗ야영장 입구를 포함한 야영장 내 주요 지점에 조명시설 및 CCTV를 설치, 이를 설치한
　　사실을 이용객이 알 수 있도록 게시하여야 한다.

　　ⓘ사업자는 중대사고(사망 또는 1주 이상의 입원치료 또는 3주 이상의 통원치료)가 발생한
　　경우에는 시군구청장에게 즉시 보고

　　ⓙ매월 1회 이상 안전점검 실시, 반기별로 시군구청장에 제출

　㉢종류별 기준

　　ⓐ일반야영장업 : 천막 1개당 15㎡ 이상, 하수도, 화장실, 긴급 상황 발생 시 수송차로

　　ⓑ자동차야영장업 : 1대당 50㎡ 이상, 상하수도, 전기시설, 취사시설, 화장실, 진입도로

1차로 이상(차량의 교행이 가능한 공간을 확보)

⑤관광유람선업

　㉠일반관광유람선업 : 숙박 또는 휴식 시설, 편의 시설, 수질오염방지 시설

　㉡크루즈업 : 일반관광유람선업 기준 충족, 20실 이상 객실, 2종 이상(체육, 쇼핑, 미용, 오락)

⑥관광공연장업

　㉠설치 가능 장소 : 관광지, 관광단지, 관광특구 내 또는 관광사업시설 내

　　※ 단, 실외관광공연장은 관광숙박업,전문휴양업,종합휴양업,국제회의업,유원시설업에만 가능

　㉡일반음식점 영업 허가, 무대 면적(실내외 공히 70m² 이상)

⑦외국인관광 도시민박업

　㉠건물의 연면적이 230m² 미만일 것

　㉡외국어 안내서비스가 가능한 체제를 갖출 것

　㉢소화기를 1개 이상 구비하고, 객실마다 단독경보형 감지기를 설치할 것

　㉣단독, 다가구, 연립, 다세대주택 및 아파트에서 가능

⑧한옥체험업

　㉠한옥일 것　　　　　　　　　　㉡숙박공간 연면적 230m² 미만

　㉢욕실 또는 샤워시설(숙박제공 시)　㉣영업시간내 관리자 근무

(4)국제회의업

　①국제회의 시설업

　　㉠회의·전시 시설(국제회의산업 육성에 관한 법률에서 상세히 다룸)

　　㉡부대시설 : 주차·휴식·쇼핑 시설

　②국제회의 기획업 : 자본금 5천만 원 이상, 사무실 소유권 또는 사용권

03. 여행업

(1)여행업자의 보증보험 등 가입 의무

　①목적 : 여행알선과 관련한 사고로 인하여 관광객에게 피해를 줄 경우 그 손해를 배상하기 위함.

　②가입 방법

　　㉠가입처(아래 셋 중 하나)

　　　ⓐ보증보험

　　　ⓑ한국관광협회중앙회의 공제

　　　ⓒ업종별(지역별) 관광협회에 영업보증금 예치

　　㉡가입 시기 : 사업을 시작하기 전

　　㉢기획여행을 실시하는 종합여행업 및 국내외여행업은 추가로 보증보험 등에 가입해야 한다.

　　㉣보증보험 등 가입금액(영업보증금 예치금액) 기준 : 직전 사업연도의 매출액 규모에 따른 차등 가입

ⓐ직전 사업연도의 매출액이 없는 사업개시 연도의 경우에는 직전 사업연도 매출액이 1억 원 미만인 경우에 해당하는 금액으로 한다.

ⓑ여행업과 함께 다른 사업을 병행하는 여행업자인 경우에는 매출액을 산정할 때에 여행업에서 발생한 매출액만으로 산정하여야 한다.

(단위 : 백만 원)

직전 사업연도 매출액	국내여행업	국내외여행업	종합여행업	기획여행(종합, 국내외여행업)	
1억 원 미만	20	30	50	200	200
1억 원 이상 5억 원 미만	30	40	65		
5억 원 이상 10억 원 미만	45	55	85		
10억 원 이상 50억 원 미만	85	100	150		
50억 원 이상 100억 원 미만	140	180	250	300	300
100억 원 이상 1,000억 원 미만	450	750	1,000	500	500
1,000억 원 이상	750	1,250	1,510	700	700

(2)여행업등록 결격사유

사기/횡령/배임으로 실형을 선고 받고 집행만료 후 2년 미경과 또는 집행유예기간

(3)기획여행 광고 시 표시해야 할 사항

①여행업의 등록번호, 상호, 소재지 및 등록관청
②기획여행명·여행일정 및 주요 여행지, 여행경비
③교통·숙박 및 식사 등 여행자가 제공받을 서비스의 내용
④최저 여행인원, 보증보험 등의 가입 또는 영업보증금의 예치 내용
⑤여행일정 변경 시 여행자의 사전 동의 규정
⑥여행목적지의 여행경보단계

(4)여행계약 체결 시 여행업자의 의무 사항

①서면으로 안전정보 제공 의무

㉠여권의 사용을 제한하거나 방문·체류를 금지하는 국가 목록 및 벌칙(여권법에 의거)
㉡외교부 해외안전여행홈페이지(www.0404.go.kr)에 게재된 여행목적지(국가 및 지역)의 여행경보단계 및 국가별 안전정보(긴급연락처를 포함함.)
㉢해외여행자 인터넷 등록 제도에 관한 안내
ⓐ해외여행자가 해외안전여행홈페이지에 신상정보·비상연락처·일정 등을 등록
ⓑ등록된 여행자에게 방문지의 안전정보를 메일로 발송
ⓒ등록된 여행자가 사건·사고에 처했을 때 소재지 파악이 용이함.

②여행계약서 및 보험가입 증명서류 교부 의무

③여행계약서에 명시된 숙식, 항공 등 여행일정(선택관광 일정)을 변경하는 경우
  ㉠일정을 시작하기 전에 여행자로부터 서면으로 동의를 받아야 함.(자필서명 포함)
  ㉡서면동의서에 명시될 내용 : 변경일시, 변경내용, 변경으로 발생하는 비용
  ㉢긴급상황으로 사전동의를 받지 못할 경우 : 사후에 서면으로 변경내용을 설명해야 함.

(5)여행경보제도
  ①개념
    ㉠외교부에서 여행·체류 시 특별한 주의가 요구되는 국가 및 지역에 경보를 지정하여 위험수준과 이에 따른 안전대책(행동지침)의 기준을 안내하는 제도
    ㉡해당 국가(지역)의 치안정세와 기타 위험요인을 종합적으로 판단하여 안전대책의 기준을 판단할 수 있도록 중·장기적 관점(1개월 단위 이상)에서 여행경보를 발령
  ②대상 : 해외 주재원, 출장자, NGO요원, 선교사, 여행자 등 해외에 체류할 예정이거나 체류하고 있는 모든 우리 국민들
  ③여행경보 단계별 행동 지침
    ㉠남색경보 : 여행 유의, 신변 안전 유의
    ㉡황색경보 : 여행자제 / 불필요한 여행 자제 / 신변 안전 특별 유의
    ㉢적색경보 : 출국권고 / 가급적 여행 취소, 연기 / 긴급용무가 아닌 한 출국
    ㉣흑색경보 : 여행 금지, 즉시 대피, 철수

(6)특별여행주의보
  ① 여행경보 2단계 이상, 3단계 이하에 준함
  ② 발령기간은 90일 이내 / 단기적인 위험 상황이 발생할 경우 발령

(7)국외여행인솔자(Tour Conductor)
  ①자격 요건(3개 중 하나)
    ㉠관광통역안내사 자격을 취득할 것
    ㉡여행업체에서 6개월 이상 근무 + 국외여행 경험 + 장관이 정하는 소양교육(15시간)
    ㉢관광고등학교나 전문대졸 이상의 교육과정을 이수한 자가 장관이 지정하는 교육기관에서 양성교육을 이수할 것(80시간)
  ②등록 및 자격증 발급 절차
    ㉠등록 및 자격증 발급 기관 : 장관(업종별 관광협회에 위탁)
    ㉡제출서류 : 관광통역안내사 자격증 또는 자격 요건을 갖추었음을 증명하는 서류 및 사진 2매
    ㉢자격증을 빌려주거나 빌려서도 안되고 이를 알선해서도 안됨(형사처벌)
    ㉣분실 또는 훼손된 경우 재발급 신청

04. 관광숙박업

(1)종류

　①호텔업

　　관광호텔업, 수상관광호텔업, 한국전통호텔업, 호스텔업, 소형호텔업, 가족호텔업, 의료관광
　　호텔업

　②콘도업

(2)사업계획 승인

　①목적

　　등록관청으로부터 사업계획을 미리 승인 받고 대규모 투자를 통한 건설을 함으로써 사업추
　　진에 따르는 불확실성을 미리 제거함.

　②대상 사업

　　㉠필수 사업 : 관광숙박업

　　㉡선택 사업 : 전문휴양업, 종합휴양업, 관광유람선업, 국제회의시설업

　③승인 절차

　　㉠사업계획 승인 관청 : 시군구청(등록관청과 동일)

　　㉡제출 서류

　　　ⓐ사업계획 승인 신청서, 신청인(법인은 대표자 및 임원)의 성명 및 주민번호

　　　ⓑ건설계획서 : 장소, 부지면적, 공사계획, 층별 면적 및 시설, 자금 조달 방법, 조감도

　　　ⓒ부동산 소유권 or 사용권 증명 서류

　　　ⓓ분양 및 회원 모집 계획서 개요(※ 분양 및 회원 모집을 할 경우에 제출)

　　㉢승인 기준

　　　ⓐ관계법령에 적합하고 자금 조달 능력과 방안이 있어야 함.

　　　ⓑ인접 도로 일정 기준 이상 : 폭 12미터 이상의 도로에 4미터 이상 연접(호스텔 및 소형
　　　　호텔 제외)

　　　ⓒ조경 면적은 대지 면적의 15% 이상, 인접 대지와 차단하는 수립대 조성할 것

　　　ⓓ연간 내국인 투숙객 수가 연간 수용가능 총 인원의 40% 이하일 것(의료관광호텔업)

　④사업 계획 승인 시 발생하는 인·허가 의제

　　㉠농지전용 허가, 산지전용 신고 및 허가, 입목벌채 허가

　　㉡사방지(砂防地) 지정 해제

　　㉢초지전용 허가, 하천공사 허가, 공유수면 점용 사용 허가

　　㉣사도개설 허가, 개발행위 허가(그린벨트 내), 분묘개장 허가

　⑤사업계획 승인 시설의 착공/준공 기한

　　1. 2011년 6월 30일 이전에 법 제15조에 따른 사업계획의 승인을 받은 경우

가. 착공기간: 사업계획의 승인을 받은 날부터 4년

나. 준공기간: 착공한 날부터 7년

2. 2011년 7월 1일 이후에 법 제15조에 따른 사업계획의 승인을 받은 경우. 다만, 2024년 7월 1일부터 2026년 6월 30일까지 해당 사업계획의 승인을 받은 경우에는 제1호 각 목의 기간에 따른다.

가. 착공기간: 사업계획의 승인을 받은 날부터 2년

나. 준공기간: 착공한 날부터 5년

⑥사업계획 승인 취소 사유

㉠관광사업자의 결격 사유에 해당될 때

㉡정당한 사유 없이 기간 내에 착공이나 준공을 하지 않을 때

㉢변경승인을 얻지 아니하고 사업계획을 임의로 변경한 경우

⑦사업계획 변경 시 변경승인을 받아야 되는 사유

㉠ 부지 및 대지 면적, 건축 연면적을 변경할 때에 그 변경하려는 면적이 당초 승인 받은 계획면적의 100분의 10 이상이 되는 경우

㉡객실 수 또는 객실 면적을 변경하려는 경우(콘도업만 해당)

㉢호텔업과 콘도업 간의 업종변경 또는 호텔업 종류 간의 업종 변경

(3)호텔업의 등급 결정

①의무 대상 호텔 : 호스텔을 제외한 모든 호텔업

②등급 결정권자 : 장관

③등급 결정 신청 시기

㉠호텔업 신규 등록 시 : 등록한 날로부터 60일 이내(신청 후 90일 이내 결정)

㉡유효기간이 만료되는 경우 : 유효기간 만료 전 150일부터 90일까지

㉢시설의 증개축, 서비스/운영실태 등의 변경에 따른 등급 조정사유가 발생한 경우 : 등급 조정사유가 발생한 날로부터 60일 이내

④등급 결정 기한 : 신청 후 90일 이내(재난으로 인한 위기경보 시 2년 이내 연장 가능)

⑤등급 결정 신청 및 판정 방법

㉠호텔은 희망하는 등급을 정하여 신청한다.

㉡평가하여 기준에 미달할 경우 등급 결정 보류 판정을 내린다.

㉢등급결정 보류의 통지를 받은 신청인은 그 보류의 통지를 받은 날부터 60일 이내에 신청한 등급과 동일한 등급 또는 낮은 등급으로 재신청을 하여야 한다.

㉣동일한 등급으로 호텔업 등급결정을 재신청하였으나 다시 등급결정이 보류된 경우에는 등급결정 보류의 통지를 받은 날부터 60일 이내에 신청한 등급보다 낮은 등급으로 등급결정을 신청하거나 등급결정 수탁기관에 등급결정의 보류에 대한 이의를 신청하여야 한다.

㉤이의 신청을 받은 등급결정 수탁기관은 신청일부터 90일 이내에 이의 신청에 이유가 있는지 여부를 판단하여 처리하여야 한다. 다만, 부득이한 사유가 있는 경우에는 60일의 범위에서 그 기간을 연장할 수 있다.

ⓗ이의 신청을 거친 자가 다시 등급결정을 신청하는 경우에는 당초 신청한 등급보다 낮은 등급으로만 할 수 있다.

ⓐ장관은 등급 결정 결과를 분기별로 문화체육관광부 홈페이지에 공표해야 한다.

⑥등급 결정을 위한 평가 요소

ⓐ서비스 상태   ⓑ객실 및 부대시설 상태   ⓒ안전관리 법령 준수 여부

05. 분양 및 회원 모집

①관광사업별 가능한 유형

ⓐ콘도업 : 분양 및 회원 모집

ⓑ호텔업 및 제2종 종합휴양업 : 회원 모집

②분양 및 회원 모집 가능 시기

ⓐ호텔업 : 등록 이후

ⓑ콘도업 및 제2종 종합휴양업

ⓐ공사공정률 20% 이상 진행

ⓑ공정률에 비례하여 모집할 수 있다.

ⓒ공정률을 초과하여 모집하려면 보증보험에 가입해야 한다.

제 3 절　　허가와 신고

01. 허가·신고의 개념과 관광사업

(1)허가

①개념 : 상대적으로 금지된 행위를 특정한 경우에 해제하여 적법하게 일정한 사실행위 또는 법률행위를 할 수 있게 하는 행정행위

②허가 대상 관광사업

ⓐ시군구청장의 허가 : 유원시설업 중 종합유원시설업 및 일반유원시설업

ⓑ문화체육관광부 장관의 허가 : 카지노업

(2)신고

①개념 : 국민이 법령에 따라 행정청에 일정한 사실을 진술·보고하는 행위를 뜻한다. 기재사항에 흠결이 없고 정해진 서류가 구비된 때에는 이를 수리하여야 한다.

②신고 대상 관광사업

ⓐ유원시설업 중 기타유원시설업(시군구청장에 신고)

02. 유원시설업

(1)종합유원시설업

　①허가 기준

　　㉠대지 1만㎡ 이상, 안전성 검사 유기기구 6종 이상

　　㉡발전시설, 의무시설, 안내소, 음식점 또는 매점

　②허가에 필요한 제출 서류

　　㉠허가 신청서, 영업시설 및 설비 개요서, 신청인 사항

　　㉡정관(법인인 경우), 시설검사 서류, 보험가입 증명 서류, 안전관리자 인적 사항

　　㉢안전관리계획서 : 안전점검 계획, 비상연락 체계, 비상 시 조치계획, 안전요원 배치 계획
　　　(단, 안전요원 배치계획은 물놀이형 시설의 경우만 해당)

　③변경 허가 : 중요 사항 변경 시

　㉠영업소 소재지 변경, 유기기구 신설·이전·폐기, 영업장 면적의 변경

　④변경 신고 : 경미한 사항 변경 시

　　㉠대표자 또는 상호의 변경, 검사대상 아닌 기구 수의 변경, 안전관리자 변경

　　㉡신고 기한 : 사유 발생일로부터 30일 이내

　⑤조건부 허가 : 시설/설비를 갖출 것을 조건으로 허가

　㉠종합유원시설업은 5년 이내, 일반유원시설업은 3년 이내

　㉡1년을 넘지 않는 범위에서 기간 연장 가능 : 불가항력 사유, 귀책사유 없이 부지 조성이
　　지연되거나 시설·설비의 설치가 지연될 때, 기술적인 문제로 지연될 때

　㉢시군구청장은 허가를 받은 자가 정당한 사유 없이 기간내에 허가 조건을 이행하지 아니하
　　면 그 허가를 즉시 취소하여야 한다.

　㉣기간 내에 허가 조건에 해당하는 필요한 시설 및 기구를 갖춘 경우 그 내용을 시군구청장
　　에게 신고하여야 한다.

(2)일반유원시설업

　①허가 기준

　　㉠안전성 검사 대상 기구 1종 이상

　　㉡안내소, 구급약 비치

　　②기타 사항 : 종합유원시설업과 동일

(3)기타유원시설업

　①시설 및 설비 기준

　　㉠안전성 검사 대상이 아닌 기구 1종 이상

　　㉡대지 40㎡ 이상, 구급약품

(4)안전성 검사

허가 전에 시군구청장으로부터 안전성 검사를 받아야 한다. 실제로는 검사 기관에 검사를 위탁한다. 안전성 검사에서 적합 판정을 받더라도 개선이 필요한 사항에는 개선을 권고할 수 있다.

①안전성 검사 대상일 경우

㉠허가 받은 연도의 다음 연도부터 연 1회 정기검사를 받아야 한다.

㉡10년 이상된 시설·기구 중 별도로 지정된 것만 반기 1회씩 받아야 한다.

㉢재검사를 받아야 하는 경우 : 부적합 판정을 받은 경우, 사고가 발생한 경우, 3개월 이상 정지한 경우

②안전성 검사 대상이 아닌 경우

㉠안전성 검사 대상이 아님을 확인하는 검사를 받아야 한다.

㉡최초 확인검사 이후 정기확인검사를 받아야 하는 시설·기구는 2년마다 정기검사를 받아야 한다.

㉢안전성 검사 결과 부적합으로 판정될 경우의 처리 : 운행중지 명령, 재검사,재확인검사 후 운행 권고

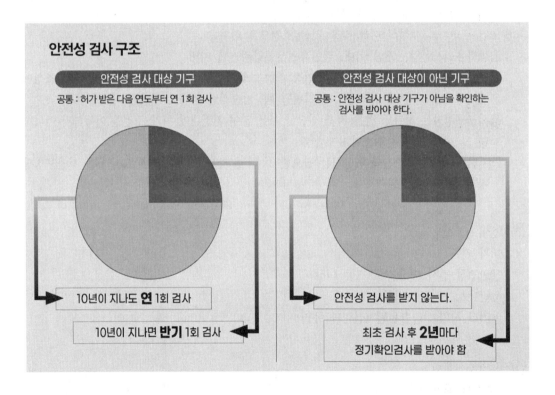

안전성 검사 구조

안전성 검사 대상 기구
공통 : 허가 받은 다음 연도부터 연 1회 검사

10년이 지나도 **연** 1회 검사
10년이 지나면 **반기** 1회 검사

안전성 검사 대상이 아닌 기구
공통 : 안전성 검사 대상 기구가 아님을 확인하는 검사를 받아야 한다.

안전성 검사를 받지 않는다.
최초 검사 후 **2년**마다 정기확인검사를 받아야 함

(5)유원시설업자 준수사항

①공통 사항

㉠이용 요금표, 준수사항 및 주의 사항 게시

㉡정신적, 신체적으로 부적합한 이용자에 대해서는 이용을 제한

ⓒ조명은 60 Lux 이상 유지

ⓔ화재 시 피난 방법 고지

ⓜ매일 1회 이상 안전점검 실시, 결과 기록·비치, 안전점검표시판 게시

② 종합 및 일반유원시설업

㉠안전관리자 배치

ⓐ배치 기준 : 유기기구 수에 비례하여 1~3명 이상

ⓑ안전관리자의 의무

- 안전운행 표준지침 작성, 안전관리계획 수립
- 매일 1회 이상 안전점검 실시, 결과 기록·비치, 안전점검표시판 게시
- 운행자, 유원시설 종사자에 대한 안전교육계획 수립 및 실시
- 장관이 실시하는 안전교육을 받아야 한다.
  - 사업장 배치 후 6개월 이내 수료
  - 이후는 2년에 1회(8시간)
  - 교육 내용 : 안전사고의 원인과 대응요령, 안전관리법령, 안전관리실무

㉡종사자에 대한 안전교육계획 수립 및 주 1회 이상 안전교육 실시(교육일지 비치)

㉢신규 채용 시 안전교육 4시간 이상 실시

㉣안전관리자가 안전교육을 받도록 해야 함.

③ 기타유원시설업

㉠사업자와 종사자는 안전행동요령을 숙지해야 한다.

㉡종사자에 대한 안전교육을 월 1회 이상 실시(교육일지 비치)

㉢최초 확인검사 이후 정기확인검사를 받아야 하는 시설·기구를 운영하는 사업자는 2년마다 4시간의 안전교육을 받아야 한다.

㉣신규 채용 시 안전교육 2시간 이상 실시

④ 물놀이형 유원시설업자의 안전·위생 기준

㉠어린이 이용 제한 조치, 음주자 이용 제한, 물 1일 3회 이상 여과기 통과

㉡간호사나 간호조무사 또는 응급구조사 1인 이상 배치

㉢일정한 수질 유지, 관리요원 배치, 수심 표시

㉣정원 또는 동시 수용가능 인원, 물의 순환 횟수, 수질검사 일자 및 결과 게시

㉤안전요원 배치 : 수심 100cm 이상은 660㎡당 최소 1인, 그 이하는 1,000㎡당 1인

㉥안전관리계획, 안전요원 교육프로그램, 안전 모니터링 계획을 수립해야 한다.

(6) 중대사고 발생 시 처리 절차

① 중대사고

㉠사망사고, 중상사고

㉡2주 이상 진단 부상자가 동시에 3명 이상

ⓒ1주 이상 진단 부상자가 동시에 5명 이상

ⓓ운행이 30분 이상 중단되어 인명구조가 필요한 경우

②사업자가 등록관청에 통보할 사항

㉠통보 방법 : 문서, 팩스 또는 전자우편으로 3일 이내

㉡통보 사항

ⓐ사고가 발생한 영업소의 명칭, 소재지, 전화번호 및 대표자 성명

ⓑ사고 발생 경위(사고 일시·장소, 사고 발생 시설·기구의 명칭 포함)

ⓒ조치 내용, 사고 피해자 인적 사항(이름, 성별, 생년월일 및 연락처)

ⓓ사고 발생 유기시설 또는 유기기구의 안전성검사의 결과 또는 안전성검사 대상에 해당
되지 아니함을 확인하는 검사의 결과

㉢등록관청의 조치 사항

ⓐ자료의 제출 요구(7일 이내 제출, 10일 이내 연장 가능) 및 현장조사 실시

ⓑ사용 중지, 개선·철거 명령(유원시설업자는 2개월 이내에 이의신청 가능)

(7)유원시설안전정보시스템 구축/운영

①장관의 업무

②포함 사항

㉠유원시설업 현황

㉡보험가입

㉢안전관리자 정보 등

(8)장애인의 편의제공

- 국가 및 지자체는 장애인을 위해 시설설치 및 편의시설 확충에 비용 지원

03. 카지노업

(1)허가 관련 사항

①허가의 종류 및 허가권자 : 허가는 신규허가, 변경허가, 조건부허가로 나눌 수 있으며, 허가
권자는 장관이다.

②신규 허가

㉠제출 서류

ⓐ허가 신청서, 신청인 내역, 정관(법인), 사업계획서, 부동산 소유 현황 등

ⓑ사업계획서 포함 사항 : 이용객 유치계획, 장기 수지전망, 인력 수급·관리 계획, 영업시
설의 개요(시설 및 기구)

㉡허가 요건

ⓐ일반 요건(공통 사항) : 사업계획서가 적정해야 하며 재정 능력 보유, 영업거래에 관한

내부통제 방안 수립, 기타 건전한 육성 위한 장관의 공고 기준 적합

ⓑ시설 및 위치

호텔업 시설일 경우	•국제공항·국제여객터미널이 있는 시도에 위치 또는 관광특구 내에 위치 •등급이 최상등급(없으면 차등급 호텔) •외래관광객 유치 실적이 장관 공고 기준에 부합
국제회의시설업의 시설	
여객선일 경우	•외국을 왕래하는 2만 톤급 이상으로 외국인 수송 실적이 장관의 공고 기준에 부합

ⓒ영업 시설 : 330m² 이상의 전용 영업장, 외국환 환전소 1곳 이상, 4종류 이상 영업 가능한 카지노기구, 카지노 전산 시설

ⓒ허가 제한

ⓐ신규 허가 이후 전국 단위 외래관광객 60만 명 이상 증가 시 2개 이내 허가 가능

ⓑ고려 사항 : 관광객 및 이용객 증가 추세, 기존업자 수용 능력, 외화획득 실적

ⓒ공공질서 및 카지노업의 건전한 발전 위해 허가 제한 가능

ⓓ허가 위한 공고 사항 : 허가 대상지역, 허가 가능업체 수, 허가 절차·방법, 세부 허가 기준

③변경 허가

㉠제출 서류 : 변경허가 신청서, 변경계획서

㉡변경 허가 사유

ⓐ대표자 또는 영업소 소재지 변경, 동일 구내로의 영업장소 위치 변경, 면적 변경

ⓑ영업 시설 1/2 이상의 변경·교체, 전산시설(검사 대상 시설)의 변경·교체

ⓒ영업 종류의 변경

㉢변경 신고 사유 : 시설·기구의 1/2 미만 변경·교체, 상호나 영업소의 명칭 변경

④조건부 허가

㉠1년 기간 이내 카지노업의 시설 기준에 적합한 시설·기구를 갖출 것을 조건으로 허가하는 것으로 정당한 사유 없이 기간 내 미이행 시 허가를 즉시 취소한다.(1차례, 6개월 이내 연장 가능)

㉡기간 내에 허가조건에 해당하는 시설·기구를 갖춘 경우에 장관에게 신고해야 한다.

(2)카지노 사업자 결격 사유

장관은 허가를 받은 자가 다음 중 어느 하나에 해당되면 허가를 취소해야 한다.

①19세 미만인 자, 폭력행위 등 처벌에 관한 법률 위반으로 형이 확정된 자(범죄 조직)

②조세 포탈, 외국환 거래법 위반으로 형이 확정된 자

③금고 이상의 실형을 선고 받고 집행이 끝나거나 집행을 아니 하기로 확정된 후 2년이 지나지 않은 자

④금고 이상의 형 집행유예 중인 자, 선고 유예 중인 자

⑤법인의 임원 중 상기에 해당되는 자가 있는 법인(3개월 이내 교체 시 사업 가능)

(3)카지노업의 영업 종류

카지노 영업의 종류는 20가지로, 룰렛, 바카라, 블랙잭, 비디오게임, 슬롯머신, 타이사이 등이 있다. 카지노 사업자는 영업 종류별 영업 방법 및 배당금 관련 사항을 장관에게 미리 신고해야 한다.

(4)카지노 사업자의 준수 사항

장관은 사행심 유발 방지 및 공익을 고려하여 지도와 명령을 할 수 있다. 카지노 사업자의 준수 사항은 다음과 같으며, 준수 사항을 위반할 경우에는 대부분 형사적 처벌(징역 or 벌금)이 가해진다.

①법령에 위배되는 카지노기구를 설치하거나 사용하는 행위

②카지노기구를 변조하거나 변조한 기구를 사용하는 행위

③허가 받은 전용영업장 외에서 영업하는 행위

④내국인을 입장시키는 것(해외이주자는 가능)

⑤지나친 광고나 선전을 하는 행위

⑥영업종류에 해당하지 아니하는 영업을 하거나 영업방법 및 배당금에 관한 신고를 하지 아니하고 영업하는 행위

⑦매출액을 누락시키는 행위, 19세 미만인 자를 입장시키는 것

⑧정당한 사유 없이 연간 60일 이상 휴업하는 행위(휴업 또는 폐업할 경우 신고해야 한다)

(5)영업준칙 및 사용자 준수사항

①공통사항

㉠1일 최소 영업시간은 8시간

㉡최소배당율 : 이론배당율 75%(5% 이상 차이가 날 경우 검사 기관 통보)

㉢내기금액 한도액의 표시, 종사원 게임 참여 불가 등 금지 사항

㉣출입금지 조치 : 배우자, 직계혈족이 문서로써 요청할 경우 및 카지노사업자가 정하는 출입금지 대상자(영업질서 유지 및 이용자의 안전)

㉤기록의 유지 의무, 집전함 부착

②폐광지역 카지노 사업자의 영업준칙

㉠회원용과 일반용 영업장 구분(회원용에만 주류 판매 가능)

㉡오전 6~10시 영업 금지, 자금대여 금지

㉢주요지점에 폐쇄회로 TV 설치

㉣사망 및 폭력사고 발생 시 장관에 즉시 보고

㉤머신게임의 최고 한도는 1회에 2천원, 테이블게임 10만원 이하(단 1/2 범위 30만원 이하)

㉥이용자의 비밀보장, 배우자 또는 직계존비속이 요청할 경우/공공기관이 공익목적으로 요청할 경우 자료를 제공할 수 있다.

㉦회원용 영업장의 운영방법 및 영업장 출입일수는 규정을 정해 미리 장관의 승인을 받아야

한다.

③이용자 준수사항

카지노 사업자의 신분확인 요청에 응해야 한다.

(6)카지노 사업자의 관광진흥개발기금(이하 기금) 납부 의무

①납부액 범위 : 총매출액의 10% 이내에서 매출액 규모에 따라 차등 징수한다.

※ 총매출액 : 받은 금액 - 지불한 금액

②매출액별 납부액(초과누진세율)

㉠10억 이하 : 1%

㉡10억~100억 이하 : 1천만 원 + (총매출 - 10억) × 5%

㉢100억 초과 : 4억 6천 + (총매출 - 100억) × 10%

③납부 기한 및 절차

㉠사업자는 3월말까지 감사보고서가 포함된 재무제표를 장관에 제출해야 한다.

㉡장관은 4월 30일까지 납부액을 고지해야 한다. 이에 대해 사업자는 30일 이내에 이의 제기가 가능하고, 15일 이내에 이의 제기에 대한 결과가 통지되어야 한다.

㉢2회 분할 납부 가능 : 6월 30일, 9월 30일

㉣기한 내 미납 시 10일 이상 기간 정해 독촉한다. 그래도 미납할 경우, 국세체납처분절차에 따라 처리한다.

㉤납부연기 신청

ⓐ사유 : 매출액 감소

ⓑ납부기한의 45일전까지 신청

ⓒ1년이내 1차례 연기(기금운용위원회의 심의)

※ 카지노 용어

콤프	카지노 사업자가 고객 유치를 위해 카지노 고객에게 무료로 숙식, 교통서비스, 골프비용, 물품(기프트카드 포함), 기타 서비스 등을 제공하는 것을 말한다.
크레딧	카지노 사업자가 고객에게 게임 참여를 조건으로 칩스로 신용 대여하는 것을 말한다.
칩스	카지노에서 베팅에 사용되는 도구를 말한다.
카운트룸	드롭박스의 내용물을 계산하는 계산실을 말한다.
고객관리대장	카지노 영업장에 출입한 사실이 있는 고객에 한정하여 고객의 이름, 여권번호, 국적, 유효기간 등의 기록을 유지하여 입장을 원활하게 하기 위한 장부를 말한다.
뱅크롤	영업준비금을 말한다.
베팅금액한도표	1회 베팅가능 최저액과 최고액을 표시한 표를 말한다.
드롭박스	게임테이블에 부착된 현금함을 말한다.
드롭	드롭박스 내에 있는 현금, 수표, 유가증권 등의 내용물을 말한다.
전문모집인	카지노 사업자와 일정한 계약을 맺고 카지노 사업자의 판촉을 대행하여 게임의 결과에 따라 수익을 분배하는 등의 행위를 하는 자, 또는 법인 등을 말한다.
머신게임	슬롯머신(Slot Machine) 및 비디오게임(Video Game)을 말한다.

제 4 절 · 지정

01. 지정 대상 관광사업

지정 대상 관광사업		관광 편의시설업
지정 기관별 구분	지역별 관광협회의 지정	관광식당업, 관광사진업, 여객자동차터미널시설업
	시군구청장의 지정	그 외 관광 편의시설업

※ 세부 지정 기준

업종	지정 기준
관광유흥음식점업 (유흥주점 허가)	㉠건물은 연면적이 특별시의 경우에는 330m² 이상, 그 밖의 지역은 200m² 이상으로 한국 적 분위기를 풍기는 아담하고 우아한 건물일 것 ㉡관광객의 수용에 적합한 다양한 규모의 방을 두고 실내는 고유의 한국적 분위기를 풍길 수 있도록 서화·문갑·병풍 및 나전칠기 등으로 장식할 것 ㉢영업장 내부의 노랫소리 등이 외부에 들리지 아니하도록 방음장치를 갖출 것
관광극장유흥업 (유흥주점 허가)	㉠건물 연면적은 1,000m² 이상으로 하고, 홀면적(무대면적을 포함한다)은 500m² 이상으로 할 것 ㉡관광객에게 민속과 가무를 감상하게 할 수 있도록 특수조명장치 및 배경을 설치한 50m² 이상의 무대가 있을 것 ㉢영업장 내부의 노랫소리 등이 외부에 들리지 아니하도록 방음장치를 갖출 것
외국인전용 유흥음식점업 (유흥주점 허가)	㉠홀면적(무대면적을 포함한다)은 100m² 이상으로 할 것 ㉡홀에는 노래와 춤 공연을 할 수 있도록 20m² 이상의 무대를 설치하고, 특수조명 시설 및 방음 장치를 갖출 것
관광식당업 (일반음식점 허가)	㉠인적 요건 ⓐ한국 전통음식 : 〈국가기술자격법〉에 따른 해당 조리사 자격증 소지자 ⓑ외국의 전문음식을 제공하는 경우 다음의 요건 중 1개 이상의 요건 구비자를 둘 것 • 해당 외국에서 전문조리사 자격을 취득한 자 • 해당 조리사 자격증 소지자로서 해당 분야 경력이 2년 이상인 자 • 해당 외국에서 6개월 이상의 조리교육을 이수한 자 ㉡최소 한 개 이상의 외국어로 병기된 메뉴판을 갖추고 있을 것 ㉢출입구가 각각 구분된 남·녀 화장실을 갖출 것
관광순환버스업	㉠안내방송 등 외국어 안내서비스가 가능한 체제를 갖출 것
관광사진업	㉠사진촬영기술이 풍부한 자 및 외국어 안내서비스가 가능한 체제를 갖출 것
여객자동차터미널 시설업	㉠인근 관광지역 등의 안내서 등을 비치하고, 인근 관광자원 및 명소 등을 소개하는 관광안 내판을 설치할 것

관광펜션업	⑦자연 및 주변환경과 조화를 이루는 4층 이하의 건축물일 것 ⓒ객실이 30실 이하일 것 ⓒ취사 및 숙박에 필요한 설비를 갖출 것 ⓔ바비큐장 등 주인의 환대가 가능한 1종류 이상의 이용시설 ⓜ숙박시설 및 이용시설에 대하여 외국어 안내표기를 할 것
관광궤도업	⑦자연 또는 주변 경관을 관람할 수 있도록 개방되어 있거나 밖이 보이는 창을 가진 구조일 것 ⓒ안내방송 등 외국어 안내서비스가 가능한 체제를 갖출 것
관광지원서비스업	다음 어느 하나에 해당할 것 ⑦관광관련 매출비중이 50% 이상 ⓒ관광지 또는 관광단지에서 사업장 운영할 것 ⓒ한국관광품질인증을 받았을 것 ⓔ우수관광사업으로 선정된 사업일 것 ⓜ공통사항 : 관광객의 안전을 확보할 것
관광면세업	⑦외국어 안내 서비스가 가능한 체제를 갖출 것 ⓒ한 개 이상의 외국어로 상품명 및 가격 등 관련 정보가 명시된 전체 또는 개별 안내판을 갖출 것 ⓒ주변 교통의 원활한 소통에 지장을 초래하지 않을 것

제 5 절　관광사업자단체 및 관광종사원

01. 관광사업자단체

(1)설립 목적

　관광사업자단체는 관광사업의 건전한 발전을 도모하고, 회원의 권익을 증진하고, 정보를 교환하기 위해 설립된 단체를 말한다.

(2)단체의 종류

　①한국관광협회중앙회

　　⑦설립 절차

　　　ⓐ장관의 허가

　　　ⓑ지역별 관광협회 및 업종별 관광협회의 대표자 3분의 1 이상의 발기인이 정관을 작성하여 지역별 관광협회 및 업종별 관광협회의 대표자 과반수가 참가한 창립총회의 의결을 거쳐야 함.

　　　ⓒ〈관광진흥법〉상 설립된 법인으로 설립등기를 함으로써 성립

ⓓ회원 : 업종별/지역별 관광협회, 업종별 위원회, 특별회원(면세점협회 등)

ⓔ정관 포함 사항 : 목적, 명칭, 사무소 소재지, 회원 및 총회 사항, 임원 사항, 업무, 회계, 해산

ⓛ목적 사업

ⓐ관광사업 발전 위한 업무   ⓑ정부 수탁 사업

ⓒ관광안내소 운영   ⓓ관광통계작성

ⓔ관광종사원의 교육 및 사후관리   ⓕ관광사업 진흥에 필요한 조사, 연구, 홍보

ⓖ회원 공제 사업 : 장관의 허가사항

- 허가를 받기 위해서는 공제규정을 첨부하여 장관에게 신청
- 공제 규정 포함 사항 : 실시방법, 공제계약, 공제분담금 및 책임준비금 산출방법(공제 규정 변경 시에는 장관의 승인 필요)
- 공제사업의 내용 : 사업행위와 관련된 사고공제 및 배상, 업무상 재해를 입은 종사원 보상, 회원의 경제적 이익 도모
- 준수 사항 : 매 사업연도 말에 그 사업의 책임준비금 계상 및 적립, 회계분리

ⓒ기타 사항은 민법의 사단법인 규정을 준용함.

②업종별 관광협회

㉠설립 절차 : 장관의 허가

㉡설립 단위 : 전국을 단위로 설립

㉢회원사 : 한국일반여행업협회(KATA), 한국카지노업관광협회, 한국휴양콘도미니업경영협회, 한국 외국인관광시설협회, 한국종합유원시설협회, 한국MICE협회 등

㉣주요 업무 : 장관 또는 지자체의 위탁 업무 수행

③지역별 관광협회

㉠설립 절차 : 시도지사의 설립허가

㉡설립 단위 : 시도(특별시,광역시,도,특별자치도,특별자치시), 필요시 지부를 둘 수 있다.

㉢주요 업무 : 장관 또는 지자체의 위탁 업무 수행

㉣시도지사는 조례에 따라 예산으로 지원 가능

(3)법적 지위 관련

장관, 시·도지사 또는 시군청장으로부터 위탁받은 업무와 관련하여 관광협회의 임직원이 뇌물을 주고받았을 경우에는 임직원을 공무원으로 간주하여 처벌한다.

02. 관광종사원

(1)관광종사원 관련 자격 시험

①자격 종류별 시험 현황

　　ⓐ합격 기준

　　　ⓐ필기시험 : 매 과목 4할 이상, 평균 6할 이상

　　　ⓑ면접시험 : 총점의 6할 이상

　　ⓒ면접시험은 필기시험 및 외국어 시험에 합격한 자에 대하여 시행하며, 외국어 시험은 응시
　　원서 마감일로부터 2년 이내에 실시한 시험을 인정한다.

자격 종류	응시자격	시험 종류	
		필기시험/외국어시험	면접시험
관광통역안내사	제한 없음.	국사, 자원, 개론, 법규 (영어 외 12개 외국어)	국가관, 사명감, 전문 지식, 응용능력, 예의, 품성, 성실성, 논리성, 의사발표 정확성
국내여행안내사	제한 없음.	국사, 자원, 개론, 법규	
호텔경영사	•호텔관리사 자격 취득 후 관광호텔에 서 3년 이상 경력 •4성급호텔의 임원 경력 3년 이상	법규, 호텔회계론, 호텔 인사/조직관리론, 호텔 마케팅론 (영어,일,중)	
호텔관리사	•호텔서비스사 자격 또는 조리사로서 3년 이상 경력 •관광고등 2년 이상 과정 •관광전공 전문대 졸 또는 대졸	법규, 개론, 호텔관리론 (영어,일,중 택일)	
호텔서비스사	제한 없음.	법규, 호텔실무(영어, 일어, 중국어 중 1)	

②시험 면제

　　ⓐ면제 대상 과목 : 외국어 또는 필기과목

자격 종류	외국어	필기과목 중 면제 대상
관광통역안내사	•전문대 이상에서 외국어 3년 이상 강의 •외국 근무 or 유학 4년 이상 •중고등에서 5년 이상 강의	•전문대 이상 관광 전공자 : 법규, 개론 •60시간 이상 실무교육 이수 : 법규, 개론 •자격증 소지자가 타 외국어에 응시 : 전체
국내여행안내사		•전문대 이상 관광 전공자 : 전체 •여행안내와 관련된 업무 2년 이상 : 전체 •고등학교에서 관광분야 학과 이수자 : 전체

　　ⓒ필기와 외국어 시험에 합격하고 면접 시험에 불합격한 자에 대해서는 다음 회 시험에만 필
　　기 및 외국어 시험 면제

③시험 시행

　　ⓐ시험 실시 주기 : 연 1회 이상(호텔경영사는 격년)

　　ⓒ시험 실시 공고 : 시행 90일 전 일간신문에 시험 실시를 공고

ⓒ시행 기관 : 한국산업인력공단에서 출제, 시행, 채점, 합격자 공고를 담당하며 합격자 명단을 한국관광공사와 관광협회중앙회에 통보한다.

④합격자 등록 및 자격증 교부
　㉠자격별 수탁 기관(장관이 업무를 위탁)
　　ⓐ관광통역안내사, 호텔경영사, 호텔관리사 : 한국관광공사
　　ⓑ국내여행안내사, 호텔서비스사 : 한국관광협회중앙회
　㉡등록 및 교부 절차
　　ⓐ시험에 합격한 자는 장관에게 등록 신청
　　ⓑ등록신청서와 사진 2매 제출
　　ⓒ등록기관은 결격사유가 없는 자에 한하여 관광종사원으로 등록하고 관광종사원 자격증을 발급한다.
　　ⓓ자격증을 분실한 자는 재발급을 신청할 수 있다.

(2)관광종사원의 근무 내용
　①관광통역안내사
　　㉠외국인 관광객을 대상으로 하는 여행업자는 관광통역안내의 자격을 가진 사람을 관광안내에 종사하게 해야 한다.
　　㉡관광통역안내의 자격이 없는 사람은 외국인 관광객을 대상으로 하는 여행업에 종사하여 관광안내를 할 수 없다.(위반 시 과태료 부과)
　　㉢관광안내를 하는 경우에는 자격증을 패용해야 한다.(위반 시 과태료 부과)
　②기타 관광종사원
　　㉠등록기관의 장은 관광사업자에게 자격을 가진 자가 종사하도록 권고할 수 있다.
　③관광종사원의 금지 사항 : 관광종사원은 다른 사람에게 관광종사원 자격증을 빌려주거나 빌려서는 안되며 이를 알선해서도 안된다.

(3)관광종사원에 대한 행정처분
　①처분권자
　　㉠장관 : 관광통역안내사, 호텔경영사, 호텔관리사
　　㉡시도지사 : 국내여행안내사, 호텔서비스사
　②사유별 처분 내용(자격 취소, 6개월 이내 자격 정지)
　　㉠거짓 기타 부정한 방법으로 자격 취득 : 반드시 자격 취소
　　㉡관광사업자의 결격 사유에 해당할 경우 : 자격 취소(자격 취득 시의 결격사유에도 해당)
　　　ⓐ피한정후견인, 피성년후견인

ⓑ파산선고를 받고 복권되지 아니한 자

ⓒ이 법을 위반하여 징역 이상의 실형을 선고 받고 그 집행이 끝나거나 집행을 받지 아니하기로 확정된 후 2년이 지나지 아니한 자

ⓓ이 법을 위반하여 형의 집행유예 기간 중에 있는 자

ⓒ직무 수행하는데 부정이나 비위 사실이 있는 경우 : 자격정지 또는 자격취소

  ⓐ세부 기준

  • 1차 위반 : 자격 정지 1개월

  • 2차 위반 : 자격 정지 3개월

  • 3차 위반 : 자격 정지 5개월

  • 4차 위반 : 자격 취소

ⓒ자격증을 대여한 경우 : 반드시 자격 취소(형사처벌 별도)

③장관은 다음 어느 하나에 해당하는 사람에 대하여는 그 시험을 정지 또는 무효로 하거나 합격결정을 취소하고, 그 시험을 정지하거나 무효로 한 날 또는 합격결정을 취소한 날부터 3년간 시험응시자격을 정지한다.

㉠부정한 방법으로 시험에 응시한 사람

㉡시험에서 부정한 행위를 한 사람

제 6 절 관광진흥법령상의 의무이행 확보수단

01. 개선명령 등

(1)개념과 종류

개념	관광사업자가 법에 규정된 의무사항을 준수하도록 유도하며 만약 위반할 경우에는 불이익을 줌으로써 의무이행을 강제하는 기능을 가진 행정기관의 조치
처분권자	관할 등록기관 등의 장(장관, 시도지사, 시군구청장)
종류	시설·운영의 개선 명령(시정 명령), 사업의 일부 또는 전부의 정지(6개월 이내), 등록 등의 취소

(2)개별 기준(예시)

①외국인 관광객을 대상으로 하는 여행업자는 관광통역안내의 자격을 가진 자를 관광안내에 종사하게 해야 한다.

1차 위반	시정 명령	2차 위반	사업 정지 15일
3차 위반	취소		

②무등록 국외여행인솔자를 종사하게 할 경우

1차 위반	사업 정지 10일	2차 위반	사업 정지 20일
3차 위반	사업 정지 1개월	4차 위반	사업 정지 3개월

③여행업자가 보험, 공제, 영업보증금을 예치하지 않을 경우

1차 위반	시정 명령	2차 위반	사업 정지 1개월
3차 위반	사업 정지 2개월	4차 위반	취소

④호텔등급 결정 신청을 하지 않을 경우

1차 위반	시정 명령	2차 위반	사업 정지 10일
3차 위반	사업 정지 20일	4차 위반	취소

⑤카지노사업자가 영업준칙을 위반할 경우

1차 위반	시정 명령	2차 위반	사업 정지 10일
3차 위반	사업 정지 1개월	4차 위반	사업 정지 3개월

02. 폐쇄조치

개념	폐쇄조치는 물리적인 강제력을 사용하여 영업을 하지 못하도록 조치하는 행위이다.
폐쇄 사유	㉠ 허가 또는 신고 없이 영업을 할 경우 ㉡ 허가의 취소 또는 사업 정지 명령을 받고도 계속 영업하는 경우
조치 사항	폐쇄 사유에 해당할 경우 폐쇄 조치를 취해야 한다. 폐쇄 조치로는 간판이나 영업표지물 제거, 불법 영업소라는 게시물 부착, 시설물·기구를 사용하지 못하게 봉인 등이 있다.

03. 과징금 부과

(1)개념과 사유

①개념 : 법적 의무 위반에 대해 공익의 보호를 이유로 사업을 유지하게 하고 그 대신에 이익을 박탈하는 행정제재금(부당이득에 대한 환수조치)이다. 한도는 2천만원이다.

②가중 또는 감경 사유(1/2 범위)

㉠고려 사유 : 사업자의 사업 규모, 사업지역의 특수성, 위반행위의 정도, 위반 횟수

㉡가중하더라도 최대 2천만 원

③개별 기준(예시)

㉠외국인 관광객을 대상으로 하는 여행업자는 관광통역안내의 자격을 가진 자를 관광안내에 종사하게 해야 한다. 이를 어길 경우 800만 원(일반 여행업)

㉡여행업자가 안전정보 제공 의무 위반 시 500만 원(일반), 300만 원(국외)

㉢여행업자가 사전 동의 없이 여행일정 변경 시 800만 원(일반), 400만 원(국외), 200(국내)

㉣카지노사업자가 영업준칙을 지키지 않을 때 2,000만 원

④납부 기한

㉠20일 이내(분할 납부 불가)

㉡기간내 납부하지 않을 경우 국세체납처분 또는 지방행정제재/부과금의 징수 등에 관한 법률에 따라 징수한다.

제 7 절 행정벌

01. 행정벌의 종류

행정형벌	행정법상의 의무위반이나 의무불이행에 대한 형사적인 제재로서 징역, 금고, 구류, 벌금, 과료 등이 있으며 형법이 적용된다.
행정질서벌	행정상의 질서위반에 대하여 금전으로 제재를 가하는 행정법상 의무이행 확보 수단의 하나로 '과태료'가 이에 해당한다. 과태료는 형벌이 아니므로 원칙적으로 형법이 적용되지 않는다.

02. 행정형벌

〈관광진흥법〉상의 행정형벌의 내용은 징역과 벌금이다.

(1)위반 행위별 벌칙

①5년 이하의 징역 또는 5천만 원 이하의 벌금

㉠허가 없이 카지노업을 경영한 자

㉡카지노사업자의 규정 위반

ⓐ법령에 위반되는 기구 설치 또는 사용하는 행위

ⓑ기구나 시설의 변조 또는 그것을 사용하는 행위

②3년 이하의 징역 또는 3천만 원 이하의 벌금

㉠등록 없이 여행업, 관광숙박업, 제2종 종합휴양업, 국제회의업 경영한 자

㉡허가 없이 유원시설업을 경영한 자

㉢등록하지 않거나 사업계획의 승인을 받지 않고서 시설을 분양하거나 회원을 모집한 자

ⓔ유기시설 또는 유기기구에 대해 사용 중지·개선 또는 철거의 명령을 위반한 자

③2년 이하의 징역 또는 2천만 원 이하의 벌금(카지노사업자전용)

㉠사업정지처분을 위반하여 영업을 한 자

㉡개선명령(시정명령)을 위반한 자

㉢변경허가를 받지 아니하거나 변경신고를 하지 아니하고 영업을 한 자

㉣검사를 받지 아니 하거나 검사 결과 공인기준에 맞지 아니한 카지노기구 이용

㉤지위승계신고를 하지 아니하고 영업을 한 자

㉥카지노업자 준수 사항 위반자

ⓐ허가 받은 전용영업장 외에서 영업하는 행위

ⓑ내국인을 입장시키는 것(해외이주자는 가능)

ⓒ지나친 광고나 선전을 하는 행위

ⓓ영업종류에 해당하지 아니하는 영업을 하거나 영업방법 및 배당금에 관한 신고를 하지 아니하고 영업하는 행위

ⓔ매출액 누락시키는 행위

ⓕ19세 미만인 자를 입장시키는 행위

㉦뇌물을 주고받는 경우

㉧등록을 하지 아니하고 야영장업을 경영한 자

④1년 이하의 징역 또는 1천만 원 이하의 벌금

㉠유원시설업의 신고를 하지 않고 영업을 한 자

㉡유원시설업의 변경허가나 변경신고를 하지 아니한 자

㉢안전성 검사를 받지 아니하고 유기시설, 유기기구를 설치한 자

㉣물놀이형 유원시설업자의 안전·위생기준을 위반한 경우 관할 등록기관 등의 장이 발한 시정명령을 위반한 자

㉤고의로 여행계약을 위반한 경우에 대해 내린 개선명령을 위반한 자

㉥법령을 위반한 유기시설·유기기구의 부분품(部分品)을 설치하거나 사용한 자

㉦조성계획의 시행 규정에 위반하여 조성사업을 한 자

㉧국외여행인솔자 자격증의 대여,빌린 자,알선 자

㉨관광종사원 자격증의 대여,빌린 자,알선 자

㉩관광지 지정구역 내에서 건축/형질변경 등의 행위를 무허가로 한 자 또는 원상회복명령을 불이행한 자

03. 과태료

(1)개념 : '과태료'는 행정상의 질서위반에 대하여 금전으로 제재를 가하는 행정법상 의무이행 확보 수단의 하나인 행정질서벌에 속한다. 과태료의 부과권자는 등록기관 등의 장이다.

(2) 과태료의 부과 기준

① 개별 기준

㉠ 500만 원 이하의 과태료

ⓐ 유원시설업자의 중대사고 통지 의무 위반(1차 100만 원, 2차 200만 원, 3차 이상 위반 시 300만 원)

ⓑ 관광통역안내의 자격이 없는 사람이 여행업에 종사하여 외국관광객을 대상으로 관광안내를 할 경우(1차 150만 원, 2차 300만 원, 3차 이상 위반 시 500만 원)

㉡ 100만 원 이하의 과태료

ⓐ 관광사업자가 아닌 자의 관광표지 부착규정 위반자

ⓑ 카지노사업자가 영업준칙을 준수하지 않을 경우(1차 100만 원, 2차 100만 원, 3차 이상 위반 시 100만 원)

ⓒ 한국관광 품질인증을 받은 자가 아니면서 인증표지 또는 이와 유사한 표지를 하거나 한국관광 품질인증을 받은 것으로 홍보한 경우

ⓓ 유원시설업의 안전관리자가 교육을 받지 않을 경우

ⓔ 유원시설업자가 안전관리자가 교육을 받도록 조치하지 않은 경우

ⓕ 관광통역안내사가 자격증을 패용하지 않고 관광안내를 하는 경우(1차 3만 원, 2차 3만 원, 3차 이상 위반 시 3만 원)

제 8 절　관광의 발전

01. 관광특구

(1) 개념

관광특구란, 외국인 관광객의 유치 촉진 등을 위하여 관광 활동과 관련된 관계법령의 적용이 배제되거나 완화되고, 관광 활동과 관련된 서비스·안내 체계 및 홍보 등 관광여건을 집중적으로 조성할 필요가 있는 지역으로, 〈관광진흥법〉에 따라 지정된 곳을 말한다. 1993년에 도입된 제도로 1994년 8월에 해운대, 유성, 설악, 경주, 제주도가 처음으로 지정되었다.

(2) 지정신청 및 지정

외국인 관광객을 늘리기 위해 관광 관련 서비스 및 안내홍보 활동 등을 강화할 필요가 있는 장소를 시군구청장이 지정의 신청을 하고 시도지사가 지정한다.

① 지정 요건

㉠ 연간 외국인 관광객 10만 명 이상(서울 50만 명)

㉡ 지역 내 각종 시설 보유

ⓐ공공편익시설 : 화장실, 주차장 등

ⓑ관광안내시설, 숙박시설(1종류 이상)

ⓒ휴양/오락시설 : 민속촌, 온천탕, 동굴자원, 박물관 등(1종류 이상)

ⓓ접객시설 : 관광공연장, 관광유흥음식점 등

ⓔ상가시설 : 백화점, 재래시장 등(1종류 이상)

ⓒ관광활동과 무관한 토지가 10% 초과하지 않을 것

ⓔ지역이 서로 분리되어 있지 않을 것

(3)관광특구 진흥계획

　①절차 : 시군구청장이 수립하며 계획수립과 관련하여 필요한 경우 주민의 의견을 들을 수 있다.

　②계획에 포함되어야 하는 사항

　　㉠외국인 관광객을 위한 관광편의시설의 개선에 관한 사항

　　㉡특색 있고 다양한 축제, 행사, 그 밖에 홍보에 관한 사항

　　㉢관광객 유치를 위한 제도 개선에 관한 사항

　　㉣관광특구를 중심으로 주변지역과 연계한 관광코스의 개발에 관한 사항

　　㉤관광 질서 확립 및 서비스 개선 사항

　　　ⓐ범죄예방, 바가지요금, 퇴폐행위, 호객행위 근절 대책

　　　ⓑ관광불편신고센터의 운영계획

　　　ⓒ종사원에 대한 교육계획

　　　ⓓ토산품 등 관광 상품 개발계획

　③시군구청장은 5년마다 계획의 타당성을 검토하고 필요한 조치를 취한다.

(4)지원 : 국가나 지방자치단체는 관광특구의 진흥을 위해 필요한 지원을 할 수 있다. 장관은 관광특구 안의 필요한 시설에 대해 기금을 대여 또는 보조할 수 있다.

(5)관광특구에 대한 평가 및 조치

　①평가 : 시도지사는 관광특구진흥계획의 집행상황을 연 1회 평가한다. 시도지사가 평가할 경우 1개월 이내 장관에게 보고한다. 시도지사는 우수한 관광특구에 대해서는 필요한 지원을 할 수 있다.

　②시도지사의 조치

　　㉠지정요건에 3년 연속 미달하여 개선의 여지가 없다고 판단 : 지정 취소

　　㉡추진실적이 미흡하며 개선권고를 3회 이상 이행하지 아니할 경우 : 지정 취소

　　㉢추진실적이 미흡할 경우 : 지정 면적의 조정 또는 투자 및 사업계획 개선 권고

　③장관의 조치

　　㉠3년마다 평가 실시

　　㉡우수한 특구에는 지원

ⓒ시도지사에게 지정취소,면적조정,개선권고 등 필요한 조치를 요구할 수 있다.
- 시도지사는 1개월 이내에 조치계획을 장관에게 보고한다.

(6)다른 법률에 대한 특례
①식품위생법 : 영업제한에 관한 규정이 적용되지 않는다.
②건축법
㉠180일 이내 공지(공터) 사용 가능
㉡대상 상업 : 관광숙박업, 국제회의업, 종합여행업, 관광공연장업, 관광식당업, 여객자동차
터미널시설업, 관광면세업
③도로교통법 : 시도경찰서장 또는 경찰서장에게 차마(車馬) 및 노면전차의 도로통행금지 또는
제한조치 요청 가능

02. 관광개발

(1)관광개발기본계획(기본계획)
관광개발기본계획은 장관이 10년마다 수립한다. 기본계획에는 다음과 같은 사항들이 포함되어야
한다.(5년마다 재검토,개선정비)
①포함 사항
㉠전국의 관광 여건 및 관광 동향
㉡전국의 관광 수요와 공급에 관한 사항
ⓒ관광권역 설정 사항
㉣관광권역별 관광개발의 기본방향에 관한 사항
㉤관광자원의 보호·개발·이용·관리에 관한 기본적인 사항
②절차적 사항
㉠시·도지사는 관광 개발사업에 관한 요구서를 장관에게 제출한다.
㉡장관은 수립된 기본계획을 확정하여 공고하려면 관계 부처의 장과 협의한다.
ⓒ기본계획이 확정되면 공고한다.

(2)권역별 관광개발계획(권역계획)
권역별 관광개발계획은 시도지사가 5년마다 수립한다. 권역계획에는 다음과 같은 사항들이 포
함되어야 한다.
①권역계획의 수립기준(수립지침) : 장관이 작성하여 시도지사에게 통지
㉠기본계획과 권역계획의 관계
㉡권역계획의 기본사항과 수립절차
ⓒ권역계획의 수립시 고려사항 및 주요항목

②포함 사항

　　㉠권역의 관광 여건 및 동향

　　㉡권역의 관광 수요와 공급 사항

　　㉢관광지 및 관광단지 조성·정비·보완 사항

　　㉣관광지 및 관광단지 실적평가에 관한 사항

　　㉤관광자원의 보호·개발·이용·관리에 관한 사항

　　㉥환경보전에 관한 사항

　　㉦관광지 연계에 관한 사항

　　㉧관광사업의 추진에 관한 사항

③절차적 사항

　　㉠둘 이상의 시도에 걸치는 지역이 하나의 권역계획에 포함되는 경우 협의가 성립되지 않을
　　시 장관이 지정하는 시도지사가 수립한다.

　　㉡장관의 조정과 관계 행정기관의 장과의 협의를 거쳐 확정하여야 한다.(변경 시에도 동일한
　　절차)

　　㉢경미한 사항의 변경을 위해서는 장관의 승인을 받으면 된다.

　　　ⓐ권역의 관광여건 및 동향

　　　ⓑ권역의 관광수요와 공급 사항

　　　ⓒ관광사업의 추진에 관한 사항

　　　ⓓ환경보전에 관한 사항

　　　ⓔ관광자원의 보호·이용 및 관리 등에 관한 사항

　　　ⓕ관광지 등의 면적의 축소

　　　ⓖ관광지 등의 면적의 100분의 30 이내의 확대

　　　ⓗ지형여건 등에 따른 관광지 등의 구역 조정(그 면적의 100분의 30 이내)이나 명칭 변경

　　㉣시·도지사는 권역계획이 확정되면 그 요지를 공고한다.

(3)관광지 및 관광단지 개발

　①개념

　　㉠관광지

　　ⓐ자연적 또는 문화적 관광자원을 갖추고 관광객을 위한 기본적인 편의시설을 설치하는 지
　　　역으로서 〈관광진흥법〉에 의거하여 지정된 곳

　　ⓑ공공편익시설(화장실, 주차장, 통신·전기시설, 상하수도, 관광안내소)

　　㉡관광단지

　　　ⓐ관광객의 다양한 관광 및 휴양을 위하여 각종 관광시설을 종합적으로 개발하는 관광거
　　　　점지역으로서 〈관광진흥법〉에 의거하여 지정된 곳

　　　ⓑ공공편익시설, 숙박시설, 운동오락시설 또는 휴양문화시설(접객 및 지원시설은 임의 시설)

　　　ⓒ50만㎡ 이상

②관광지 등의 지정권자
　　㉠지정권자 : 시도지사
　　㉡지정 신청자 : 시군구청장
③조성계획의 신청과 승인
　　㉠승인권자 : 시도지사
　　㉡승인 신청자
　　　　ⓐ관광지 : 시군구청장
　　　　ⓑ관광단지 : 시군구청장, 관광단지개발자

(4)관광지 등 지정의 실효 및 취소 등
　　㉠지정고시 후 2년 이내에 조성계획의 승인신청이 없으면 지정의 효력 상실
　　㉡조성계획의 승인을 받아 승인고시된 날로부터 2년 이내에 사업에 착수하지 않으면 조성계획
　　　의 승인의 효력 상실(이로부터 2년 이내 조성계획의 승인 신청이 없으면 지정의 효력 상실)
　　㉢시도지사의 승인 취소 또는 개선 명령 : 민간개발자가 사업중단 등으로 환경/미관을 해칠 경우
　　㉣위 ㉠, ㉡의 경우 부득이한 사유로 인해 1년의 범위에서 1차례 연장 가능

(5) 입장료 징수와 사용
　　㉠ 징수대상 범위 및 금액은 조례로 정한다
　　㉡ 지역사랑상품권을 통해 관광객에게 환급할 경우 지자체는 비용을 지원할 수 있다

03. 관광 진흥과 홍보

(1)국제기구와 협력 증진
　①목적 : 관광정보 획득 및 활용, 관광 통한 국제 친선 도모
　②장관은 업무의 원활한 수행 위해 관광사업자, 관광사업자단체,한국관광공사(이하 관광사업자
　　등)에 필요사항을 권고,조정할 수 있다.

(2)관광 통계
　　장관과 지자체장은 관광 진흥과 홍보를 위해 국내외의 관광 통계를 작성할 수 있다. 이 경우
　　공공기관, 연구소, 법인, 단체, 민간기업, 개인 등에 협조를 요청할 수 있으며, 통계 작성 범위
　　는 다음과 같다.

•한국을 방문하는 외국관광객 행태	•국민의 관광 행태
•관광사업자 경영 사항	•관광지 및 관광단지 현황 및 관리

(3)관광 홍보

장관과 시도지사는 관광홍보 활동을 조정하거나 관광 선전물을 심사할 수 있고 필요한 사항을 지원할 수 있다. 장관과 시도지사가 관광사업자 등에게 관광홍보를 위해 권고·지도할 수 있는 사항은 다음과 같다.

•해외관광시장에 대한 정기적인 조사	•관광홍보물 제작	•관광안내소 운영

그리고 지자체장, 관광사업자, 관광지·관광단지의 조성계획 승인을 받은 자는 관광 홍보를 위한 옥외광고물을 설치하는 것이 가능하다.

(4)장관과 지자체장의 관광자원 개발

①목적

관광객의 유치, 관광복지의 증진 및 관광 진흥 도모를 위해 장관과 지자체장은 관광자원을 개발한다.

②사업 내용

㉠문화, 체육, 레저 및 산업시설 등의 관광자원화 사업

㉡해양관광의 개발 산업 및 자연생태의 관광자원화 사업

㉢관광 상품의 개발에 관한 사업

㉣국민의 관광복지 증진에 관한 사업

㉤유휴자원을 활용한 관광자원화 사업

(5)관광산업의 국제협력 및 해외진출 지원

①장관은 다음 사업을 지원할 수 있다.

㉠국제전시회의 개최 및 참가 지원

㉡외국자본의 투자유치

㉢해외마케팅 및 홍보활동

㉣해외진출에 관한 정보제공

㉤수출 관련 협력체계의 구축

②장관은 필요한 비용을 보조할 수 있다.

(6)장관의 관광산업 진흥 사업

장관은 관광산업의 활성화를 위하여 다음 사업을 추진할 수 있다.

①관광산업 발전을 위한 정책·제도의 조사·연구 및 기획

②관광 관련 창업 촉진 및 창업자의 성장·발전 지원

③관광산업 전문인력 수급분석 및 육성

④관광산업 관련 기술의 연구개발 및 실용화

⑤지역에 특화된 관광 상품 및 서비스 등의 발굴·육성

(7)외국인 의료관광 활성화를 위한 장관의 조치 사항

①의료관광(Medical Tourism)의 개념

의료관광은 의료기관에서 수술, 진료 등을 받을 때 환자와 그 동반자가 의료서비스와 병행하여 관광하는 것을 말한다.

②구체적인 사항

㉠장관은 외국인 의료관광 유치·지원 관련 기관에 기금을 대여, 보조할 수 있다.

※ 대상 기관 : 의료법에 따라 등록한 외국인환자유치의료기관, 유치업자, 한국관광공사, 사업추진 실적 있는 기관 중 장관이 고시하는 기관

㉡전문 인력 양성 교육기관 중에서 우수 전문기관이나 우수 교육 과정을 선정하여 지원한다.

㉢국내외에 외국인 의료관광을 유치하기 위한 안내센터를 운영한다.

㉣지자체장, 외국인환자 유치 의료기관, 유치업자와 공동으로 해외 마케팅을 추진한다.

(8)지역 축제의 관광자원화

장관은 지역축제에 대한 실태조사와 평가를 할 수 있으며, 지역축제의 통폐합 등을 포함한 그 발전 방향에 대해 지자체장에게 의견을 제시하거나 권고할 수 있다. 또한 장관은 지역의 관광자원을 개발하기 위해 우수한 지역축제를 문화관광축제로 지정하여 지원할 수 있다.

①문화관광축제 지정 기준

㉠축제의 특성 및 콘텐츠

㉡운영 능력

㉢관광객 유치 효과 및 경제적 파급 효과

②지정절차

㉠개최자는 시도지사를 거쳐 장관에게 지정 신청

③지원 : 장관은 예산의 범위에서 지원

(9)스마트관광산업의 지원

장관과 지자체장은 관광과 IT를 융합하여 관광객에게 맞춤형 서비스 제공

①사업추진 사항

㉠정책/제도의 조사, 연구

㉡창업촉진 및 창업자 지원

㉢기술연구 개발 및 전문인력 양성

(10)장애인 관광 활동 지원

국가 및 지방자치단체는 장애인의 여행 기회를 확대하고 장애인의 관광 활동을 장려·지원하기 위하여 관련시설을 설치하는 등 필요한 시책을 강구하여야 한다. 그리고 국가 및 지방자치단체는 장애인의 여행 및 관광 활동 권리를 증진하기 위하여 장애인의 관광 지원 사업과 장애인 관광 지원 단체에 대하여 경비를 보조하는 등 필요한 지원을 할 수 있다.

(11)관광취약계층의 관광복지 증진 시책 강구

①국가 및 지방자치단체의 의무

㉠관광취약계층의 여행 및 관광 활동 장려하기 위한 시책 강구

㉡여행이용권의 지급 및 관리 위한 전담기구 지정

②장관은 여행이용권을 문화이용권 등과 통합하여 운영할 수 있다.

※ 관광취약계층

- 국민기초생활보장법상 수급자
- 차상위계층 중의 자활급여수급자,장애수당수급자,장애인아동수급자,장애인연금수급자, 한부모가족지원법 상 지원대상자(차상위계층 : 중위소득의 50% 이하)

(12)문화관광해설사

①장관 및 지자체장의 역할

㉠장관은 양성 및 활용계획을 수립, 지자체장은 운영 계획을 수립

㉡장관 또는 지자체장은 인증을 받은 교육과정을 이수한 자를 해설사로 선발하여 활용할 수 있다.

㉢장관 또는 지자체장은 예산의 범위에서 해설사의 활동에 필요한 비용 지원한다.

②해설사 교육기관의 인증

㉠교육과정을 개설하여 운영하려는 자는 교육프로그램과 교육과정의 인증을 한국관광공사에 신청해야 한다.

㉡교육과정 인증 기준

ⓐ교육 과목 : 기본소양 20시간, 전문지식 40시간, 현장실무 40시간

ⓑ선발 방법 : 이론 70%, 실습 30%로 평가하고 각각 70점 이상 득점자 중에서 전체 점수 가 높은 사람 순으로 선발, 3개월 이상의 실무수습 후 자격 부여

(13)지속가능한 관광 활성화

①장관은 에너지·자원의 사용을 최소화하고 기후 변화에 대응하며, 환경 훼손을 줄이고 지역주 민의 삶과 균형을 이루며 지역경제와 상생발전할 수 있는 지속가능한 관광자원의 개발을 장 려하기 위해 정보제공 및 재정지원 등 필요한 조치를 강구해야 한다.

②특별관리지역 지정

㉠시도지사 또는 시군구청장이 지정(장관은 지정권고 가능)

㉡지정 목적 : 수용범위 초과로 인한 자연환경훼손, 주민피해 최소화

㉢조례로 정하되 공청회 통해 주민의 의견 들어야 한다.

㉣방문제한조치 가능하며 이에 위반할 경우 과태료 부과

㉤결정되면 고시해야 하며 안내판을 설치해야 한다.

(14)관광체험프로그램 개발

장관 또는 지자체장은 관광체험프로그램을 개발할 수 있다.(장애인 배려 의무)

(15)지역관광협의회 설립

①개요

㉠설립 단위 : 광역 및 기초자치단체 단위

㉡설립 절차 : 지자체장의 허가

㉢참가 범위 : 관광사업자, 관광관련 사업자, 관광 관련 단체, 주민 등

㉣설립 형태 : 법인

㉤운영 경비 조달 : 회원의 회비, 사업 수익금, 지자체장의 지원

②업무 내용

㉠지역의 관광수용태세 개선 업무

㉡지역 관광 홍보 및 마케팅 지원 업무

㉢관광사업자, 관광 관련 사업자, 관광 관련 단체에 대한 지원

㉣수익사업 및 지자체 위탁 업무

③기타 사항

㉠협의회의 설립 및 지원 등에 필요한 사항은 해당 지방자치단체의 조례로 정한다

㉡필요한 경비는 회원이 납부하는 회비와 사업 수익금 등으로 충당하며, 지방자치단체의 장
은 경비의 일부를 예산의 범위에서 지원할 수 있다.

㉢이 법에 규정된 것 외에는 「민법」 중 사단법인에 관한 규정을 준용한다.

(16)한국관광 품질인증

①개요

관광객의 편의를 돕고 관광서비스의 수준을 향상시키기 위하여 관광사업 등을 대상으로 품
질인증을 해 주는 제도

②인증 기관 : 장관(한국관광공사에 위탁)

③인증 대상 사업

㉠야영장업 　　　　　　㉡외국인관광 도시민박업

㉢관광식당업 　　　　　　㉣한옥체험업

㉤관광면세업 　　　　　　㉥공중위생관리법에 따른 숙박업

㉦외국인관광객면세판매장 　㉧일반음식점

④인증 기준

㉠관광객 편의를 위한 시설 및 서비스를 갖출 것

㉡관광객 응대를 위한 전문 인력을 확보할 것

㉢사업장 안전관리 방안을 수립할 것

㉣해당 사업의 관련 법령을 준수할 것

⑤인증의 유효기간 : 3년(인증서가 발급된 날부터)

⑥인증 사업자에 대한 지원

㉠관광진흥개발기금의 대여 또는 보조

ⓛ국내 또는 국외에서의 홍보

ⓒ시설등의 운영 및 개선을 위하여 필요한 사항

⑦인증 취소

ⓝ거짓이나 그 밖의 부정한 방법으로 인증을 받은 경우

ⓛ인증 기준에 적합하지 아니하게 된 경우

⑧기타

ⓝ한국관광 품질인증을 받은 자는 인증표지를 하거나 그 사실을 홍보할 수 있다.

ⓛ한국관광 품질인증을 받은 자가 아니면 인증표지 또는 이와 유사한 표지를 하거나 한국관광 품질인증을 받은 것으로 홍보하여서는 아니 된다(위반시과태료)

ⓒ인증기준에 부적합하여 인증이 불가할 경우 신청인에게 그 결과와 사유를 알려주어야 한다.

⑨사업별 세부 인증 기준

구 분	필 수 사 항
외국인관광 도시민박업, 한옥체험업	- 객실, 침구, 욕실, 조리시설에 대한 청결 수준이 보통(5단계 평가 시 3단계) 이상일 것
관광면세업	- 내국인 출입이 가능할 것 - 품질보증서 등을 구비할 것 - 외국인관광객에게 부가가치세 등을 환급해 줄 수 있는 설비를 갖추고 관련 정보를 제공할 것
숙박업	- 관광객 응대를 위한 안내 데스크가 개방형 구조일 것 - 주차장에 가림막 등 폐쇄형 구조물이 없을 것 - 시간제로 운영하지 않을 것 - 청소년 보호를 위해 성인방송 제공을 제한할 것 - 요금표를 게시할 것 - 객실, 침구, 욕실, 조리시설에 대한 청결 수준이 보통(5단계 평가 시 3단계) 이상일 것
외국인관광객 면세판매장	- 내국인 출입이 가능할 것 - 품질보증서 등을 구비할 것 - 외국인관광객에게 부가가치세 등을 환급해 줄 수 있는 설비를 갖추고 관련 정보를 제공할 것
일반음식점	- 청결수준이 3단계 이상 - 남녀화장실 분리 - 원산지표기 준수 - 1개이상 외국어로 표기된 메뉴판 제공

(17)일과 휴양의 연계관광산업의 육성

ⓝ지역관광과 기업의 일·휴양연계제도 연계하여 관광인프라 조성

ⓛ장관과 지자체장은 지원한다

보칙

01. 보조금

(1)개요

①장관은 보조금을 지급할 수 있다.

(지자체는 그 지역의 관광사업자와 관광사업자 단체에 보조금을 지급)

②지급 대상 : 관광에 관한 사업을 하는 지자체, 관광사업자 단체, 관광사업자

③보조금 신청 위한 서류 : 신청서, 사업개요 및 효과, 사업자의 자산과 부채 현황, 사업 공정 계획, 총사업비 및 보조금 산출내역, 사업의 경비 중 보조금으로 충당하는 부분 외의 경비 조달 방법

④지급 시기 : 원칙적으로 사업완료 전에 보조금을 지급해야 한다. 그러나 필요한 경우 사업완료 후에 지급하는 것도 가능하다.

(2)보조금 수급자의 의무

①사업추진 실적 보고

②사업계획을 변경, 폐지 또는 사업을 중지하려는 경우 장관의 승인 필요

③신고 사항 : 성명이나 주소를 변경한 경우, 정관이나 규약을 변경한 경우, 해산하거나 파산한 경우, 사업을 시작하거나 종료한 경우

④목적 외의 용도로 사용할 수 없다.

(3)보조금의 지급 취소·정지·반환

거짓이나 부정한 방법으로 신청했거나 받은 경우, 보조금의 지급 조건을 위반한 경우에는 보조금 지급 결정 취소, 보조금 지급 정지, 일부 또는 전부의 반환 사유가 된다.

02. 권한 위임

(1)개념

'위임'이란 상급 행정관청이 자신의 권한을 하급관청에게 넘겨주는 것을 말한다. 권한을 위임 받은 관청은 자기의 명의와 책임으로 권한을 행사하게 된다.

(2)권한 위임의 형태

①장관은 권한을 시도지사에게 위임할 수 있다.

②시도지사는 시장, 군수, 구청장에게 재위임할 수 있다.(장관의 승인 필요)

03. 장관의 업무 위탁

(1)개념

　'위탁'이란 행정관청이 해야 할 사무를 행정관청이 아닌 자(수탁자)에게 의뢰하는 것으로 행정
　관청은 수탁자에 대해 지도와 감독을 하게 된다.

(2)기관별 업무 위탁 내역

　①한국관광공사

　　㉠호텔등급결정　　　　　　　　　　　　　　㉡한국관광 품질인증 및 취소

　　㉢관광통역안내사, 호텔경영사, 호텔관리사 등록·자격증 교부

　　㉣문화관광해설사의 양성교육과정 인증

　②관광협회중앙회

　　국내여행안내사, 호텔서비스사의 등록·자격증 교부

　③업종별관광협회 : 국외여행인솔자의 등록 및 자격증 교부

　④지역별 관광협회 : 관광식당업, 관광사진업, 여객자동차터미널시설업의 지정

　⑤한국산업인력공단 : 관광종사원 자격 시험

(3)수탁 기관의 의무 : 수탁 기관은 업무를 수행한 경우 분기별로 종합하여 장관 또는 시도지사에
　게 보고한다.

04. 청문

청문은 불리한 처분을 신중히 부과하기 위한 안전장치의 역할을 한다. 관할 등록기관 등의 장이
청문을 거쳐야 하는 처분은 다음과 같다.

(1)관광사업의 등록 등의 취소

(2)사업계획 승인의 취소

(3)관광종사원 자격의 취소

(4)한국관광 품질인증의 취소

(5)조성계획 승인의 취소

(6)국외여행인솔자 자격의 취소

(7)카지노기구의 검사 등의 위탁취소

05. 보고와 검사

(1)지자체장이 장관에게 보고할 사항

①관광사업의 등록 및 사업계획의 승인 현황(새해 10일 이내 보고)

②관광지 등의 지정 및 조성계획 승인 현황(즉시 보고)

(2)등록기관 등의 장의 검사 권한

　①관광사업자(단체)에게 해당 사업에 관하여 보고 또는 서류 제출 명령할 수 있다.

　②관광사업자(단체)의 사무소, 영업소 등에 출입하여 장부·서류를 검사할 수 있다. 이 경우 해당 공무원은 권한을 표시하는 증표를 휴대해야 한다.

06. 수수료

(1)개념

　수수료란 국가나 공공단체가 특정인을 위해 서비스를 제공한 경우에 그에 대한 보상으로 징수하는 금액

(2)예시

　①관광사업자의 지위승계 신고 : 20,000원

　②관광종사원의 등록 신청 : 5,000원

　③관광종사원 자격증 재발급 : 3,000원

　④관광숙박업의 등급결정 신청 : 장관이 고시

　⑤관광사업 신규 등록 : 30,000원(외국인 도시민박업 20,000원)

　⑥사업계획 승인 신청 : 50,000원

　⑦관광편의시설업의 지정 신청 : 20,000원

　⑧관광사업자의 지위승계 신고 : 20,000원

　⑨관광종사원 자격시험 응시 : 20,000원

Chapter 04
관광진흥개발기금법

제1절   개요

〈관광진흥개발기금법〉은 1972년 12월에 시행되었었고, 본문 13조로 구성되어 있다. 관광사업의 효율적 발전과 관광 통한 외화수입의 증대를 위해 제정되었다.

제2절   기금의 조성 및 관리

01. 기금의 재원

(1) 정부 출연금(1973년부터 1982년까지 총 401억 출연)

(2) 카지노사업자 납부금

(3) 기금 운용 수익금

(4) 관세법에 따른 보세판매장 특허수수료의 100분의 50

(5) 출국 납부금

① 납부 대상자 : 공항과 항만을 통해 출국하는 자

② 납부 금액 : 공항 7천 원, 항만 1천 원

③ 납부 대상 제외자

㉠ 외교관, 승무원, 12세 미만인 어린이

㉡ 입양 어린이와 호송인, 외국군인 및 군무원(한국주재)

㉢ 입국 거부되어 출국하는 자, 강제 출국 외국인

㉣ 공항 통과 여객 중 불가피한 상황으로 보세구역을 벗어난 후 출국하는 여객

ⓐ 항공기 탑승이 불가능하여 당일이나 그 다음날 출국하는 경우

ⓑ 공항이 폐쇄되거나 기상악화로 인한 출발 지연

ⓒ 항공기의 고장, 납치, 긴급환자 발생 등으로 불시착한 경우

ⓓ 관광을 목적으로 보세구역을 벗어난 후 24시간 이내에 다시 돌아오는 경우

④ 납부금 부과·징수업무 위탁

㉠ 여객선 : 지방해양수산청장, 항만공사

ⓒ항공기 : 공항운영자(인천국제공항공사, 한국공항공사)
⑤납부금에 대한 이의 제기 : 60일 이내 신청, 장관은 15일 이내 결과 통지

02. 기금의 관리

(1)관리 주체
①기금을 관리하는 주체는 장관
②장관은 매년 국가재정법에 따라 기금운용계획안을 수립(위원회의 심의)
③기금의 지출한도액 배정 시에는 기획재정부장관 및 한국은행총재에게 통보

(2)민간전문가 고용
①구성 : 10명 이내, 계약기간 원칙적 2년(1년 단위로 연장 가능)
②업무 : 기금의 집행·평가·결산 및 여유자금 관리
③경비는 기금에서 사용

(3)기금운용위원회
①구성
㉠위원장 포함 10명 이내(위원장은 문체부 1차관)
㉡위원(장관의 임명 또는 위촉) : 기획재정부, 문체부 고위공무원, 관광 단체·연구기관의 임원, 공인회계사
㉢간사 1명
②업무 : 기금의 운용에 관한 사항 심의
③운영
㉠회의는 위원장이 소집하며, 재적위원 과반 출석 및 출석위원 과반 찬성으로 의결
㉡위원장은 위원회를 대표하고, 위원회의 사무를 총괄한다.
㉢위원장이 부득이한 사유로 직무를 수행할 수 없을 때에는 위원장이 지정한 위원이 그 직무를 대행한다.
④위원 해임·해촉 사유
㉠심신장애로 인하여 직무를 수행할 수 없게 된 경우
㉡직무와 관련된 비위사실이 있는 경우
㉢직무태만, 품위손상 등의 부적합 사유
㉣위원 스스로 직무를 수행하는 것이 곤란하다고 의사를 밝히는 경우

(4)여유자금 운용
①금융기관 및 체신관서에 예치
②국·공채 등 유가증권 매입

③기타 금융상품 매입

03. 기금의 회계

(1)회계 기관

　①구성

　　㉠기금 수입 징수관, 기금 재무관, 기금 지출관, 기금 출납 공무원

　　㉡장관이 임명 시에는 감사원장, 기획재정부 장관, 한국은행총재에게 통보

　②담당 업무

　　㉠기금의 수입과 지출에 관한 사무

　　㉡한국은행에 기금계정 설치(기금 지출관이 담당)

　　㉢결산보고 : 다음 해 2월말까지 기획재정부 장관에 제출

　　㉣회계연도 : 정부의 회계연도를 따른다.

04. 기금의 용도

(1)대여

　① 대여할 수 있는 사항

　　㉠호텔 등 관광시설의 건설 또는 개수(改修)

　　㉡관광을 위한 교통수단의 확보 또는 개수

　　㉢관광사업의 발전을 위한 기반시설의 건설 또는 개수

　　㉣관광지, 관광단지, 관광특구의 관광편의시설의 건설 또는 개수

　②수행 기관 : 한국산업은행이 장관으로부터 대하(貸下)받은 기금으로 대여(貸與)한다.

　③결정 절차 : 장관은 위원회의 심의와 기획재정부 장관과 협의를 거쳐서 대하이자율 및 대여
　　이자율을 결정한다.

(2)대여 또는 보조

　①국외여행자 관광교육 및 관광정보 제공사업

　②국내외 관광안내체계 개선 및 관광홍보사업

　③관광사업 종사자 및 관련자 교육훈련사업

　④국민관광 진흥사업 및 외래관광객 유치 지원사업

　⑤관광상품 개발 및 지원사업

　⑥관광지, 관광단지, 관광특구의 공공편익시설 설치사업

　⑦국제회의 유치 및 개최사업,

　⑧장애인 등 소외계층에 대한 국민관광 복지 사업

　⑨전통관광자원 개발 및 지원사업

⑩감염병 확산으로 인한 관광사업자의 경영위기 극복 지원사업

⑪기타 관광사업의 발전 위한 사업

　㉠여행업자나 카지노업자가 해외지사 설치할 때

　㉡관광사업체 운영의 활성화

　㉢관광진흥에 기여하는 문화예술사업

　㉣지자체 또는 관광단지개발자 등의 관광지 및 관광단지 조성 사업

　㉤관광 관련 국제기구의 설치

　㉥관광지, 관광단지, 관광특구의 시설의 조성

(3)경비 보조

　한국문화관광연구원, 한국관광연구원 등과 같이 관광 정책에 관하여 조사, 연구하는 법인의 기본 재산을 형성하고, 조사 연구 사업을 하는 데에 경비를 보조한다.

(4)출자

　①출자 : 사업을 영위하기 위한 자본을 내는 것을 말한다.

　②출자 목적 : 민간자본의 유치가 필요한 경우 출자할 수 있다.

　③출자할 수 있는 사항

　　㉠관광지 및 관광단지의 조성사업

　　㉡국제회의시설의 건립 및 확충사업

　　㉢관광사업에의 투자를 목적으로 하는 투자조합

　　㉣집합투자기구, 사모집합투자기구, 부동산투자회사 등의 관광지·관광단지의 조성 사업 및 국제회의 시설건립·확충사업

(5)신용보증을 통한 대여를 활성화하기 위하여 예산의 범위에서 다음 각 호의 기관에 출연할 수 있다.

　①「신용보증기금법」에 따른 신용보증기금

　②「지역신용보증재단법」에 따른 신용보증재단중앙회

(6)목적 외 사용 금지

　기금을 받은 자는 지정된 목적 외로 사용 하지 못한다. 만약 이를 어길 경우에는 대여 또는 보조를 취소하고 회수한다.

다음의 사유에 해당할 경우, 기금 대여 신청이 거부되거나 또는 대여가 취소된다.

01. 거부·취소 사유

(1)거짓이나 부정한 방법으로 신청하거나 대여를 받은 경우

(2)잘못 지급된 경우

(3)등록 등의 취소로 기금의 대여 자격을 상실한 경우

(4)등록이나 사업계획의 승인을 받지 못하여, 기금을 대여 받을 때 지정된 목적사업을 수행할 수 없을 경우

(5)대여 조건을 이행하지 않을 경우

02. 대여 취소 시 조치 사항

(1)기금의 전부 또는 일부를 회수한다.

(2)기금의 반환 통지를 받은 자는 2개월 이내에 반환해야 한다.

03. 대여 및 보조일로부터 5년 이내에 기금을 받을 수 없는 자

(1)목적 외의 용도로 사용한 자

(2)거짓이나 부정한 방법으로 기금을 대여 받거나 보조받은 자

(3)5년의 기산점은 대여금 또는 보조금의 지급일이다.

Chapter 05
국제회의산업 육성에 관한 법률

제1절 총칙

01. 법의 구성 및 제정 목적

〈국제회의산업 육성에 관한 법률〉은 1996년 12월부터 시행되었으며, 본문은 총 18조로 구성되어 있다. 국제회의의 유치를 촉진하고, 원활한 개최를 지원하며, 국제회의 산업을 육성하고 진흥함으로써 관광산업의 발전과 국민경제의 향상을 목적으로 한다.

02. 용어의 정의

(1) 국제회의
　① 개념 : 상당수의 외국인이 참가하는 회의(세미나, 토론회, 전시회 등 포함)로서, 대통령령으로 정하는 종류와 규모에 해당하는 것
　② 개최 기관의 유형별 기준
　　㉠ 국제기구, 기관 또는 법인·단체가 개최하는 회의로서 다음 요건을 모두 갖춘 회의
　　　ⓐ 3개국 이상의 외국인 참가
　　　ⓑ 회의 참가자가 100명 이상이고 외국인 50명 이상
　　　ⓒ 2일 이상 진행
　　㉡ 국제기구, 기관, 법인 또는 단체가 개최하는 회의일 경우
　　　ⓐ 「감염병의 예방 및 관리에 관한 법률」 제2조제2호에 따른 제1급감염병 확산으로 외국인이 회의장에 직접 참석하기 곤란한 회의로서 개최일이 문화체육관광부장관이 정하여 고시하는 기간 내일 것
　　　ⓑ 회의 참가자 수, 외국인 참가자 수 및 회의일수가 문화체육관광부장관이 정하여 고시하는 기준에 해당할 것

(2) 국제회의시설
　① 개념 : 회의시설, 전시시설 및 부대시설로서 대통령령으로 정하는 종류와 규모에 해당 하는 것
　② 시설별 기준
　　㉠ 전문회의시설

ⓐ2천 명 이상 수용 가능한 대회의실 보유

ⓑ30명 이상 수용 가능한 중소회의실 10실 이상

ⓒ옥내외를 합쳐 전시면적 2천m² 이상 확보

ⓛ준회의시설

ⓐ200명 이상 수용 가능한 대회의실 보유

ⓑ30명 이상 수용 가능한 중소회의실 3실 이상

ⓒ전시시설

ⓐ전시면적 2천m² 이상 확보

ⓑ30명 이상 수용 가능한 중소회의실 5실 이상

ⓔ부대시설 : 음식점시설, 주차시설, 휴식 시설, 숙박시설, 판매시설(전문회의시설 또는 전시시설에 부속된 것)

(3)국제회의산업

국제회의 유치와 개최에 필요한 국제회의 시설 및 서비스 관련 산업(관광진흥법에서는 국제회의시설업과 국제회의기획업으로 분류)

(4)국제회의도시

장관이 지정한 국제회의산업 육성 및 진흥을 위한 도시

(5)국제회의산업 육성기반

국제회의시설, 전문인력, 국제회의정보 등 국제회의의 유치 및 개최 위한 기초 역량(인프라)

(6)국제회의복합지구

국제회의시설 및 국제회의집적시설이 모여 있는 지역으로서 이 법에 의해 지정된 지역

(7)국제회의집적시설

국제회의복합지구 안에서 국제회의시설의 집적화 및 운영 활성화에 기여하는 숙박시설, 판매시설, 공연장 등 대통령령으로 정하는 종류와 규모에 해당하는 시설로서 이 법에 따라 지정된 시설

제 2 절 국가와 장관의 의무

01. 국가의 책무

국가는 국제회의산업의 육성·진흥을 위하여 필요한 계획의 수립 등 행정상·재정상의 지원 조치를 강구하여야 한다. 국가의 지원 조치에는 국제회의 참가자가 이용할 숙박시설, 교통시설 및 관광 편의시설 등의 설치·확충 또는 개선을 위하여 필요한 사항이 포함되어야 한다.

02. 장관의 권한과 의무

(1) 국제회의 전담조직 지정
　① 기능 : 국제회의산업의 진흥을 위해 각종 사업을 수행
　② 전담조직의 업무
　　㉠국제회의 유치 및 개최 지원
　　㉡국제회의산업의 국외 홍보
　　㉢관련정보의 수집 및 배포
　　㉣전문인력의 교육 및 수급
　　㉤지자체에서 설치한 전담조직에 대한 지원 및 상호협력
　③ 국제회의시설을 보유한 지방자치단체의 장은 전담조직을 설치·운영할 수 있으며, 그에 필요한 비용의 전부 또는 일부를 지원할 수 있다.

(2) 국제회의산업육성기본계획(기본계획) 수립 및 연도별 국제회의산업육성시행계획(시행계획) 수립
　① 기본계획의 내용
　　㉠국제회의의 유치와 촉진　　　　㉡원활한 개최
　　㉢필요한 인력의 양성　　　　　　㉣시설의 설치와 확충
　　㉤국제회의시설의 감염병 등에 대한 안전/위생/방역 관리에 관한 사항
　② 기본계획의 수립 주기 : 5년 마다
　③ 절차 사항
　　㉠장관은 국제회의산업육성기본계획의 수립과 변경 시, 관련 기관 또는 단체 등의 의견을 들어야 한다.
　　㉡기본계획의 추진실적을 평가하여 결과를 기본계획 수립에 반영한다.

(3) 국제회의산업 육성기반의 조성 사업
　① 추진 절차 : 장관은 관계 중앙행정기관의 장과 협의하여 추진한다.
　② 추진 사업별 지원 가능한 세부 사업

추진 대상 사업	지원할 수 있는 세부 사업
국제회의 시설의 건립	- 시설건립/운영, 시설의 국외홍보사업
전문인력의 양성	- 교육/훈련 사업 - 교육과정의 개발/운영 - 현장실습 기회 제공 사업
국제협력의 촉진	- 국제협력 위한 조사/연구 - 전문인력 및 정보의 국제교류 - 외국의 기관/단체의 국내 유치 - 국제회의 관련한 국제행사에 참여 - 외국의 관련기관/단체에 인력 파견
국제회의 정보와 통계의 수집/분석/유통	- 정보의 수집/분석 - 정보의 가공/유통 - 정보망의 구축/운영 - 자료의 발간/배포
전자국제회의 기반 구축	- 정보통신망을 통한 사이버공간에서의 국제회의 개최 사업 - 관리체제의 개발 및 운영 -국내외 기관간의 협력 사업
국외홍보산업	
전담조직의 육성	

③사업시행기관 : 장관은 아래의 기관에게 육성기반의 조성사업을 실시하게 할 수 있다.
　　㉠국제회의 전담조직
　　㉡국제회의도시
　　㉢한국관광공사
　　㉣대학교 및 국제회의산업의 육성과 관련된 업무를 수행하는 단체·법인

(4)국제회의도시의 지정
　①지정권자 : 특별시장, 광역시장, 시장이 신청하고, 장관이 지정한다.
　②지정 기준
　　㉠국제회의시설을 보유한 특별시, 광역시, 시
　　㉡국제회의산업육성 계획 수립
　　㉢편의시설 보유(숙박시설, 교통시설, 교통안내체계 등)
　　㉣도시나 주변에 풍부한 관광자원이 있을 것(외래관광객 규정 ×)
　　☞ 장관은 지역간의 균형적 발전을 고려해야 한다.
　③국제회의도시에 대한 우선 지원 : 국제회의도시는 기금법상 대여, 보조의 용도에 해당하는
　　사업 및 국제회의산업법상 재정 지원 대상 사업에 대해서 우선적으로 지원을 받는다.
　④지정 신청시 제출서류
　　㉠국제회의시설의 보유현황 및 이를 활용한 국제회의산업육성에 관한 계획 수립
　　㉡숙박,교통,교통안내체계 등 국제회의 참가자를 위한 편의시설현황 및 확충계획

ⓒ지정대상도시 또는 그 주변의 관광자원의 현황 및 개발계획

ⓔ국제회의 유치계획,실적

제 3 절 국제회의복합지구 및 국제회의집적시설

01. 국제회의복합지구

(1)취지

국제회의 관련 시설의 복합화, 집적화를 통해 국제회의 산업의 국제 경쟁력을 높여 국제회의의 유치 경쟁력을 강화하고, 국제회의 개최의 효과와 실익을 높이기 위함이다.

(2)지정권자

시도지사

①지정 기준

㉠지정 대상 지역 내에 전문회의시설이 있을 것

㉡지정 대상 지역 내에서 개최된 회의에 참가한 외국인이 국제회의복합지구 지정일이 속한 연도의 전년도 기준 5천 명 이상이거나 국제회의복합지구 지정일이 속한 연도의 직전 3년 간 평균 5천 명 이상일 것

㉢지정 대상 지역에 아래 시설이 각 1개 이상 있을 것

ⓐ관광숙박업의 시설(100실 이상의 객실)

ⓑ대규모점포

ⓒ공연장(300석 이상)

㉣지정 대상 지역이나 그 인근 지역에 교통시설·교통안내체계 등 편의시설 보유

㉤지정 면적은 400만 제곱미터 이내

㉥국제회의복합지구 육성·진흥계획을 수립할 것(장관의 승인 필요)

ⓐ국제회의복합지구의 명칭, 위치 및 면적

ⓑ국제회의복합지구의 지정 목적

ⓒ국제회의시설 설치 및 개선 계획

ⓓ국제회의집적시설의 조성 계획

ⓔ회의 참가자를 위한 편의시설의 설치·확충 계획

ⓕ해당 지역의 관광자원 조성·개발 계획

ⓖ국제회의복합지구 내 국제회의 유치·개최 계획

ⓗ관할 지역 내의 국제회의업 및 전시사업자 육성 계획

㉦그 밖에 국제회의복합지구의 육성과 진흥을 위하여 필요한 사항

※ 시·도지사는 계획에 대하여 5년마다 그 타당성을 검토

※ 중요사항(위치, 면적, 지정 목적)이 변경될 경우 장관의 승인이 필요

②지정 해제(장관의 승인)

　시·도지사는 사업의 지연, 관리 부실 등의 사유로 지정목적을 달성할 수 없는 경우 국제회의복합지구 지정을 해제할 수 있다.

③공고 의무

　지정, 지정 변경 또는 지정 해제의 경우 관보, 일간신문 또는 인터넷 홈페이지에 공고해야 하며 장관에게 통보해야 한다.

④부담금의 감면 : 국가 및 지방자치단체

　㉠감면 대상 : 국제회의복합지구 안에 있는 국제회의시설 및 국제회의집적시설

　㉡감면 내역

　　ⓐ개발부담금　　　　　　　　ⓑ교통유발부담금

　　ⓒ대체산림자원조성비　　　　ⓓ농지보전부담금

　　ⓔ대체초지조성비

⑤기타 사항

　㉠지방자치단체의 장은 〈국토의 계획 및 이용에 관한 법률〉 제51조에 따른 지구단위계획구역으로 지정하고 용적률을 완화하여 적용할 수 있다.

　㉡국제회의복합지구는 〈관광진흥법〉에 따른 관광특구로 본다.

02. 국제회의집적시설

(1)지정권자

　국제회의집적시설은 지자체 또는 시설업자가 신청하고, 장관이 시·도지사와 협의를 거쳐 지정하게 된다. 그리고 국제회의집적시설의 지정 및 해제에 필요한 사항은 장관이 정하여 고시한다.

(2)관련 절차

①대상 시설

　㉠관광숙박업의 시설로서 100실 이상의 객실을 보유한 시설 (「관광진흥법」 제19조제1항에 따라 같은법 시행령 제22조제2항의 4성급 또는 5성급으로 등급결정을 받은 호텔업의 경우에는 30실) 이상의 객실을 보유한 시설

　㉡〈유통산업발전법〉에 따른 대규모 점포

　㉢〈공연법〉에 따른 공연장으로서 300석 이상의 객석을 보유한 공연장

②지정 기준

㉠국제회의복합지구 내에 있을 것

㉡시설 내에 외국인 이용자를 위한 안내체계와 편의시설을 갖출 것

㉢국제회의복합지구 내 전문회의시설과 업무제휴협약 체결되어 있을 것

㉣지정 신청 당시 설치가 완료되지 아니한 시설을 국제회의집적시설로 지정 받은 자는 그 설치가 완료된 후 조건을 갖추었음을 증명할 수 있는 서류를 제출한다.

③지정 해제

장관은 국제회의집적시설이 지정요건에 미달하는 때에는 시·도지사의 의견을 듣고 그 지정을 해제할 수 있다.

④공고

국제회의집적시설을 지정하거나 지정을 해제한 경우 이를 공고해야 한다.

03. 장관의 재정 지원

(1)재원 및 지원 내용

장관은 출국납부금의 10% 이내에서 재정 지원에 사용한다. 장관은 해당되는 사업에 필요한 비용의 전부 또는 일부를 지원할 수 있다. 사업의 추진상황을 고려하여 나누어 지급한다. 단, 필요하면 한꺼번에 지급할 수 있다.

(2)지원 사항

①국제회의의 유치·개최자 지원

장관은 국제회의 유치 및 개최의 지원에 관한 업무를 국제회의전담조직에 위탁한다. 국제회의 유치·개최에 관한 지원을 받으려면 전담조직의 장에게 서류를 제출해야 한다. 제출해야 하는 서류는 신청서, 유치·개최 계획서, 유치·개최 실적, 지원 세부내용이다.

②전담조직의 운영

③국제회의산업 육성기반 조성사업(사업시행기관이 실시)

④국제회의복합지구의 육성·진흥을 위한 사업

⑤국제회의집적시설에 대한 지원 사업

(3)지원금을 받은 자의 의무

지원금을 받은 자는 별도의 계정을 설치하고, 사업 종료 후 1개월 이내에 장관에게 실적을 보고해야 한다. 그리고 지원금을 용도 이외에 사용하지 말아야 한다.

1. 우리나라의 행정기관에 대한 설명으로 맞지 <u>않는</u> 것은?

　① 관광 관련 업무의 주무부서는 문화체육관광부이고 그 수장은 장관이다.

　② 시·도지사가 시·군·구청장을 임명한다.

　③ 특별시·광역시·도를 광역자치단체라고 하며 시군구는 기초자치단체라고 한다.

　④ 제주도지사는 서귀포시장을 임명한다.

　정답　②

2. 관광법규가 속한 부분이 <u>아닌</u> 것은?

　① 공법　　　　　　　　　　　② 실체법

　③ 행정법　　　　　　　　　　④ 절차법

　정답　④

3. 여행업을 경영하려는 자는 시군구청에 등록을 해야 한다. 서울 용산구 효창동에서 여행업을 하려는 자는 어느 기관에 등록을 해야 하는가?

　① 서울시　　　　　　　　　　② 용산구

　③ 서울시관광협회　　　　　　④ 효창동주민센터

　정답　②

4. 다음의 관광 관련 법 중에서 가장 먼저 제정된 법은?

　① 관광단지개발촉진법　　　　② 관광진흥개발기금법

　③ 관광기본법　　　　　　　　④ 관광사업진흥법

　정답　④

5. 다음 중 관광법규의 특징이 <u>아닌</u> 것은?

① 강제성 　　　　　　　　② 경제성
③ 공익 우선 　　　　　　　④ 행정기관 우월성

정답 ②

6. 관광법규의 규율 범위가 <u>아닌</u> 것은?

① 관광사업의 질서 유지 　　② 행정기관의 관광행정 규율
③ 행정기관과 관광사업자의 법률관계 　④ 관광사업자간의 법률관계

정답 ④

7. 다음 중 관광행정의 주체에 해당되지 <u>않는</u> 것은?

① 관광사업자 　　　　　　　② 시도지사
③ 시군구청장 　　　　　　　④ 한국관광공사

정답 ①

8. 관광기본법에서 규정한 내용이 <u>아닌</u> 것은?

① 관광지 지정 및 개발 　　　② 문화재 보호
③ 외국관광객 유치 　　　　　④ 관광종사자 자질 향상

정답 ②

9. 관광기본법의 내용과 <u>틀린</u> 것은?

① 관광진흥계획 수립 의무 　② 해외여행의 권장
③ 지방자치단체의 협조 　　　④ 국민관광의 발전

정답 ②

10. 정부의 외국관광객 유치 위한 시책에 해당하는 것은?

① 무료 여행객 초청　　　　　　② 출입국 절차 개선

③ 국내 홍보 강화　　　　　　　④ 해외원조 확대

정답 ②

11. 관광진흥에 관한 기본적이고 종합적인 시책을 강구해야 하는 곳은?

① 국회　　　　　　　　　　　② 정부

③ 한국관광공사　　　　　　　④ 국가

정답 ②

12. 관광진흥기본계획 및 시행 계획은 어디에서 수립하는가?

① 문화체육관광부　　　　　　② 국무총리

③ 정부　　　　　　　　　　　④ 국회

정답 ③

13. 정부가 강구할 시책이 <u>아닌</u> 것은?

① 건전한 국민관광을 발전시키는 데 필요한 시책을 강구해야 한다.

② 관광에 적합한 지역을 국립공원으로 지정하여 개발해야 한다.

③ 관광종사자의 자질을 향상시키기 위해 교육훈련을 실시해야 한다.

④ 관광자원을 보호하고 개발하는데 필요한 시책을 강구해야 한다.

정답 ②

14. 관광진흥에 관한 기본적이고 종합적인 시책을 추진하기 위해 법제상,제정상의 조치를 강구해야 하는 곳은?

① 국가　　　　　　　　　　　② 국회

③ 대법원　　　　　　　　　　④ 대통령

정답 ①

15. 다음 중 지방자치단체에 속하지 <u>않는</u> 것은?

① 경기도   ② 영등포구

③ 가평군   ④ 한국관광협회중앙회

정답 ④

16. 시장·군수·구청장은 기초자치단체장이라고 한다. 이에 속하지 <u>않는</u> 것은?

① 경기도 양평군수   ② 대구 수성구청장

③ 고양시 덕양구청장   ④ 경북 칠곡군수

정답 ③

17. 정부가 강구할 시책에 해당되지 <u>않는</u> 것은?

① 법제상의 조치   ② 관광지 개발

③ 관광자원 보호   ④ 국민관광의 발전

정답 ①

18. 정부는 매년 관광진흥에 관한 시책과 동향에 대한 보고서를 정기국회가 시작하기전까지 어디에 제출하여야 하는가?

① 국무총리   ② 대통령

③ 문화체육부장관   ④ 국회

정답 ④

19. 관광기본법의 목적을 달성하기 위해 국가가 해야 하는 일은?

① 관광진흥계획의 수립   ② 관광지 지정 및 개발

③ 법제상,제정상의 조치   ④ 관광진흥개발기금의 설치

정답 ③

20. 관광기본법상 외국 관광객 유치를 촉진하기 위하여 정부가 강구해야 할 시책으로 명시된 것을 모두 고른 것은?

ㄱ. 저가 여행상품 개발	ㄴ. 해외 홍보의 강화
ㄷ. 출입국 절차의 개선	ㄹ. 관광사업의 지도·감독

① ㄱ, ㄴ   ② ㄴ, ㄹ

③ ㄴ, ㄷ   ④ ㄷ, ㄹ

정답 ③

---

21. 관광기본법의 시행일은?

① 1972.12.31   ② 1975.12.31.

③ 1976.7.20   ④ 1978.12.31.

정답 ②

---

22. 관광기본법의 목적이 <u>아닌</u> 것은?

① 국민복지 향상   ② 국민경제 향상

③ 국제친선 증진   ④ 대중관광 진흥

정답 ④

---

23. 국가관광전략회의에 대한 설명으로 옳지 <u>않은</u> 사항은?

① 관광진흥의 방향 및 주요시책의 수립과 조정을 담당한다.

② 대통령이 의장을 맡아 회의를 주도한다.

③ 회의는 연 2회, 반기 1회 실시함을 원칙으로 한다.

④ 간사는 문화체육관광부 제2차관이 담당한다.

정답 ②

---

24. 관광진흥법의 목적이 <u>아닌</u> 것은?

① 국민관광의 발전   ② 관광여건 조성

③ 관광자원 개발   ④ 관광사업 육성

정답 ①

25. 관광객을 위하여 음식·운동·오락·휴양·문화·예술 또는 레저 등에 적합한 시설을 갖추어 이를 관광객에게 이용하게 하는 업은?

① 관광객 이용시설업 ② 관광 편의시설업
③ 유원시설업 ④ 관광숙박업

정답 ①

26. 다음 중 여행업의 종류에 해당되지 <u>않는</u> 것은?

① 국내외여행업 ② 해외여행업
③ 종합여행업 ④ 국내여행업

정답 ②

27. 국내외를 여행하는 내국인 및 외국인을 대상으로 하는 여행업은?

① 국내외여행업 ② 기획여행업
③ 종합여행업 ④ 국내여행업

정답 ③

28. 관광객 이용시설업에 속하지 <u>않는</u> 것은?

① 관광공연장업 ② 자동차 야영장업
③ 종합휴양업 ④ 관광유흥음식점업

정답 ④

29. 관광객의 숙박과 취사에 적합한 시설을 갖추어 이를 그 시설의 회원이나 공유자, 그 밖의 관광객에게 제공하는 사업은?

① 호텔업 ② 종합휴양업
③ 야영장업 ④ 휴양콘도미니엄업

정답 ④

30. 호텔업에 속하지 <u>않는</u> 것은?

① 한국전통호텔업　　　　　　　② 호스텔업
③ 한옥체험업　　　　　　　　　④ 의료관광호텔업

정답 ③

31. 관광객 이용시설업에 속하지 <u>않는</u> 것은?

① 일반야영장업　　　　　　　　② 관광극장유흥업
③ 일반관광유람선업　　　　　　④ 외국인관광 도시민박업

정답 ②

32. 국제회의를 개최할 수 있는 시설을 운영하는 사업은?

① 국제시설업회의　　　　　　　② 국제회의기획업
③ 회의시설국제업　　　　　　　④ 국제회의시설업

정답 ④

33. 다음 중 유원시설업의 종류에 해당되지 <u>않는</u> 것은?

① 일반유원시설업　　　　　　　② 제2종 유원시설업
③ 종합유원시설업　　　　　　　④ 기타유원시설업

정답 ②

34. 배낭여행객에 접합한 시설로 취사장이 갖춰진 호텔업에 한 종류는?

① 가족호텔업　　　　　　　　　② 호스텔업
③ 소형호텔업　　　　　　　　　④ 유스호스텔업

정답 ②

35. 관광편의시설업에 속하지 <u>않는</u> 것은?

① 관광공연장업　　　　　　　　② 관광극장유흥업
③ 관광펜션업　　　　　　　　　④ 관광식당업

정답 ①

36. 관광진흥법령상 관광사업자 A와 관광사업자가 아닌 B 및 C가 다음과 같이 상호를 사용하여 영업을 하고 있다. 이 법령에 위배되는 것은?

> ㄱ. A는 관광숙박업으로 '만국관광호텔'이라는 상호를 사용하고 있다.
> ㄴ. B는 관광펜션업으로 '추억관광펜션'이라는 상호를 사용하고 있다.
> ㄷ. C는 관광공연장업으로 '기쁨관광공연'이라는 상호를 사용하고 있다.

① ㄱ, ㄴ
② ㄱ, ㄷ
③ ㄴ, ㄷ
④ ㄱ, ㄴ, ㄷ

정답 ③

37. 관광사업자가 아닌 자가 상호에 포함하여 사용할 수 없는 명칭에 해당하지 <u>않은</u> 것은?

① 관광펜션업과 유사한 영업 : 관광펜션
② 관광사진업과 유사 영업 : 관광사진
③ 관광유람선업과 유사 : 관광유람
④ 관광공연장업과 유사 : 관광공연

정답 ②

38. 다음 중 관광객 이용시설업에 해당하지 <u>않는</u> 것은?

① 유원시설업
② 한옥체험업
③ 크루즈업
④ 관광공연장업

정답 ①

39. 다음 중 관광숙박업에 해당되지 <u>않는</u> 것은?

① 가족호텔업
② 콘도업
③ 관광펜션업
④ 한국전통호텔업

정답 ③

40. 관광객의 숙박에 적합한 시설을 갖추어 제공하거나 숙박에 딸리는 음식·운동·오락·휴양·공연 또는 연수 시설 등을 함께 갖추어 이를 이용하게 하는 업은?

① 관광객이용시설업
② 휴양콘도미니엄업
③ 호텔업
④ 한옥체험업

정답 ③

41. 다음 중 등록 대상인 관광사업에 해당되지 <u>않는</u> 것은?

① 호텔업
② 종합유원시설업
③ 관광객 이용시설업
④ 국제회의업

정답 ②

42. 관광진흥법령상 관광객 이용시설업에 해당하는 것을 모두 고른 것은?

ㄱ. 크루즈업	ㄴ. 전문휴양업
ㄷ. 관광공연장업	ㄹ. 일반야영장업

① ㄴ, ㄷ
② ㄷ, ㄹ
③ ㄱ, ㄴ, ㄹ
④ ㄱ, ㄴ, ㄷ, ㄹ

정답 ④

43. 다음 중 타인에 의한 위탁 경영이 가능한 시설은?

① 카지노업의 시설 및 기구
② 관광숙박업의 객실
③ 전문휴양업 개별 시설
④ 안전성 검사 대상인 유기시설 및 기구

정답 ②

44. 관광사업자의 결격사유에 해당될 때 등록기관등의 장이 취하는 조치가 <u>아닌</u> 것은?

① 사업 정지
② 등록 등 취소
③ 사업계획의 승인 취소
④ 영업소 폐쇄

정답 ①

45. 관광사업의 등록 위한 자본금으로 <u>틀린</u> 것은?

① 종합여행업 : 5천만 원
② 국내여행업 : 2천만 원
③ 국내외여행업 : 3천만 원
④ 국제회의 기획업 : 5천만 원

정답 ②

46. 의료관광호텔의 등록 기준이 <u>아닌</u> 것은?

① 객실 20실 이상

② 객실 면적 19㎡ 이상

③ 취사 시설

④ 유치업자의 경우 전년도 손님 유치실적이 500명 이상

> **정답** ④

47. 국제회의 시설업의 등록 기준에 속하지 <u>않는</u> 것은?

① 회의시설 및 전시시설　　　② 쇼핑시설

③ 음식시설　　　　　　　　　④ 휴식시설

> **정답** ③

48. 다음 관광사업 중 등록심의위원회의 심의 대상 사업이 <u>아닌</u> 것은?

① 관광숙박업　　　　　　　　② 국제회의 시설업

③ 관광공연장업　　　　　　　④ 종합휴양업

> **정답** ③

49. 다음 관광사업 중 등록심의위원회 심의 대상 사업이 <u>아닌</u> 것은?

① 일반관광유람선업　　　　　② 호텔업

③ 종합유원시설업　　　　　　④ 전문휴양업

> **정답** ③

50. 다음 중 회원 모집만 가능한 관광사업은?

① 호텔업　　　　　　　　　　② 카지노업

③ 콘도업　　　　　　　　　　④ 전문휴양업

> **정답** ①

51. 등록심의위원회에 관한 사항으로 맞는 것은?

① 인허가 여부 사항을 심의한다.
② 재적 과반수 출석과 출석 과반수 찬성으로 의결
③ 9명 이내로 구성된다.
④ 구청장이 위원장이 된다.

정답 ①

52. 다음 관광사업과 행정절차가 바르게 연결된 것은?

① 카지노업 – 등록
② 야영장업 – 허가
③ 외국인관광 도시민박업 – 지정
④ 관광공연장업 – 등록

정답 ④

53. 다음 중 신고 대상인 업종은?

① 관광면세업
② 관광식당업
③ 관광궤도업
④ 기타유원시설업

정답 ④

54. 식물원과 동물원을 가지고 있고 음식점,편의시설,휴게시설을 가진 A는 어떤 관광사업으로 등록할 수 있는가?

① 전문 휴양업
② 종합유원시설업
③ 제1종 종합휴양업
④ 제2종 종합휴양업

정답 ③

55. 크루즈업의 등록기준으로 틀린 것은?

① 일반관광유람선업의 등록기준을 충족할 것
② 객실 20실 이상 보유
③ 외국인에게 서비스 제공 체제 갖출 것
④ 체육,미용,오락,쇼핑 시설 중 2종류 이상

정답 ③

56. 관광진흥법령상 등록기준에 별도로 객실 수에 대한 기준이 있는 호텔업을 모두 고른 것은?

ㄱ. 수상관광호텔업	ㄴ. 한국전통호텔업
ㄷ. 가족호텔업	ㄹ. 호스텔업

① ㄱ, ㄴ   ② ㄱ, ㄷ

③ ㄴ, ㄹ   ④ ㄷ, ㄹ

정답 ②

57. 다음 관광사업 중 회원을 모집하거나 분양할 수 있는 사업이 <u>아닌</u> 것은?

① 호텔업   ② 종합유원시설업

③ 제2종 종합휴양업   ④ 콘도업

정답 ②

58. 소형호텔의 등록기준 중 <u>틀린</u> 사항은?

① 객실은 20실 이상 30실 미만

② 2종 이상의 부대시설을 보유

③ 조식제공은 임의사항

④ 부대시설의 면적합계가 건축 연면적의 50% 이하

정답 ③

59. 외국인관광 도시민박업으로 지정 받기 위한 기준에 해당되지 <u>않는</u> 것은?

① 한 종류 이상의 전통문화 체험에 적합한 시설을 갖추고 있을 것

② 객실마다 단독경보형 감지기를 설치

③ 건물의 연면적이 230제곱미터 미만일 것

④ 소화기를 1개 이상 구비할 것

정답 ①

60. 한옥체험업으로 등록하기 위한 기준에 해당하지 <u>않는</u> 것은?

① 숙박체험에 이용되는 공간의 연면적이 230제곱미터 미만일 것
② 한옥을 관리할 수 있는 관리자를 영업시간 동안 배치할 것
③ 객실마다 단독경보형 감지기 및 일산화탄소 경보기 설치하기
④ 객실이 30실 이하일 것

정답 ④

61. 여행업을 경영하기 위한 행정절차는?

① 등록   ② 허가
③ 신고   ④ 지정

정답 ①

62. 여행업자가 여행객의 피해를 보상하기 위해 할 수 있는 조치가 <u>아닌</u> 것은?

① 관광협회중앙회 공제 가입   ② 보증보험 가입
③ 업종별 관광협회에 영업보증금 예치   ④ 부동산 담보

정답 ④

63. 기획여행을 실시하려는 자가 광고할 경우 표시해야 할 사항이 <u>아닌</u> 것은?

① 주요 여행지   ② 여행 경비
③ 최대 여행인원   ④ 영업보증금 예치 내용

정답 ③

64. 국외여행인솔자(Tour Conductor) 자격 요건이 <u>아닌</u> 것은?

① 여행업체 6개월 이상 근무/해외여행 경험/ 소양교육 받은 자(15시간)
② 여행사 경영자
③ 관광통역안내사 자격 취득자
④ 장관이 지정하는 교육기관에서 양성교육을 80시간 이수한 자

정답 ②

65. 다음 중 외교부의 여행경보단계와 그 내용이 틀리게 연결된 것은?

① 흑색 경보 – 여행 금지
② 남색 경보 – 여행 유의
③ 적색 경보 – 출국 권고
④ 황색 경보 – 여행 중지

정답 ④

66. 여행업자는 여행일정을 변경할 경우에 여행자에게 어떤 초치를 취해야 하는가?

① 사전에 구두 동의를 받아야 한다.
② 여행 종료 후 구두로 동의를 받으면 된다.
③ 사후에 서면 동의를 받아야 한다.
④ 사전에 자필로 서명된 동의서를 받아야 한다.

정답 ④

67. 외교부의 영사콜센터에서 지원하는 업무에 관한 설명 중 잘못된 것은?

① 해외 대형재난 발생 시 가족 등의 안전확인 접수 및 현지 안전정보 안내
② 신속해외송금 지원
③ 해외 사건·사고 접수 및 조력
④ 해외 긴급 상황 시 영어로만 통역서비스 제공

정답 ④

68. 여행계약과 관련하여 여행업자가 제공해야 할 안전정보에 해당하지 <u>않는</u> 것은?

① 해외여행자 인터넷 등록 제도
② 여행목적지의 여행경보단계 및 국가별 안전정보
③ 여행목적지의 날씨정보
④ 여권의 사용을 제한하거나 방문·체류를 금지하는 국가 목록 및 벌칙

정답 ③

69. 기획여행 광고 시 표시해야 할 사항이 <u>아닌</u> 것은?

① 여행사의 자본금
② 교통,숙박,식사 등 여행자가 받을 서비스 내용
③ 목적지 여행경보단계
④ 보증보험 가입 내용

정답 ①

70. 다음 여행경보제도에 관한 설명으로 <u>잘못된</u> 것은?

① 해외에 체류하고 있는 국민들에게만 해당된다.
② 해당 국가(지역)의 치안정세와 기타 위험요인을 종합적으로 판단할 수 있게 도와준다.
③ 중·장기적 관점(1개월 단위 이상)에서 여행경보를 지정·공지해 준다.
④ 4단계로 구분하여 대응방안을 제시해 준다.

정답 ①

71. 부산광역시 중구 광복동에서 여행업을 경영하려는 자는 어디에 등록해야 하는가?

① 광복동사무소　　　　　　　② 중구청
③ 부산광역시　　　　　　　　④ 문화체육관광부

정답 ②

72. 직전년도 매출액이 150억인 종합여행업에 등록된 여행사가 가입해야 할 보증보험의 금액은 얼마 이상인가?

① 12억 5천　　　　　　　　② 7억 5천
③ 10억　　　　　　　　　　④ 15억 1천

정답 ③

73. 국내외여행업 여행사가 기획여행을 하려면 추가로 가입해야 할 보증보험은?(전년도 매출액 7억)

① 1억　　　　　　　　　　② 3억 5천
③ 2억　　　　　　　　　　④ 5억

정답 ③

74. 다음 여행경보단계별 해외여행예정자가 취해야 할 조치가 <u>아닌</u> 것은?

① 황색경보 - 여행필요성 신중검토　　② 적색경보 - 가급적 여행 취소

③ 흑색경보 - 즉시 대피　　　　　　　④ 남색경보 - 신변안전 특별유의

정답 ④

75. 여행업자가 여행계약을 체결할 경우의 의무로 적절하지 <u>않은</u> 것은?

① 해당 여행지에 대한 안전정보를 서면으로 제공

② 동행하는 여행객의 인적사항

③ 여행계약서 및 보험가입 증명서류 제공

④ 여행일정을 변경할 경우에는 사전에 여행자로부터 서면으로 동의를 받아야 한다.

정답 ②

76. 다음 중 반드시 사업계획의 승인을 받아야 하는 업종은?

① 국제회의 시설업　　　　　　　　　② 전문휴양업

③ 관광숙박업　　　　　　　　　　　　④ 종합휴양업

정답 ③

77. 호텔업을 경영하려는 자는 사업계획을 작성하여 누구의 승인을 받아야 하는가?

① 시도지사　　　　　　　　　　　　　② 호텔업협회

③ 시군구청장　　　　　　　　　　　　④ 장관

정답 ③

78. 다음 중 사업계획의 승인을 받을 수 있는 관광사업에 해당하지 <u>않는</u> 것은?

① 국제회의 시설업　　　　　　　　　② 전문휴양업

③ 크루즈업　　　　　　　　　　　　　④ 종합유원시설업

정답 ④

79. 사업계획 승인을 받으면 인허가 대상 사항들이 의제되는 효과가 발생한다. 이에 해당되지 <u>않는</u> 것은?

① 입목벌채 허가　　　　　　　　② 이미용업 인허가

③ 사도개설 허가　　　　　　　　④ 건축금지제한 규정 배제

정답 ②

80. 다음 중 사업계획의 승인 요건이 <u>아닌</u> 것은?

① 인접지대와 차단하는 수림대 조성할 것

② 폭 10미터 이상의 도로에 4미터 이상 연접할 것

③ 소음시설은 지하층에 배치할 것

④ 의료관광호텔은 연간 내국인 투숙객 수가 연간 수용가능 총인원의 40% 이하일 것

정답 ②

81. 다음 중 사업계획 승인 시설의 착공/준공 기한으로 맞는 것은?

① 승인 후 1년내 착공, 착공후 3년내 준공　② 승인 후 2년내 착공, 착공후 4년내 준공

③ 승인 후 2년내 착공, 착공후 5년내 준공　④ 승인 후 3년내 착공, 착공후 5년내 준공

해설　1. 2011년 6월 30일 이전에 법 제15조에 따른 사업계획의 승인을 받은 경우
　　　가. 착공기간: 사업계획의 승인을 받은 날부터 4년
　　　나. 준공기간: 착공한 날부터 7년
　　2. 2011년 7월 1일 이후에 법 제15조에 따른 사업계획의 승인을 받은 경우. 다만, 2024년 7월 1일부터 2026
　　　년 6월 30일까지 해당 사업계획의 승인을 받은 경우에는 제1호 각 목의 기간에 따른다.
　　　가. 착공기간: 사업계획의 승인을 받은 날부터 2년
　　　나. 준공기간: 착공한 날부터 5년

정답 정답 없음

82. 호텔업의 등급 심사 사유가 <u>아닌</u> 것은?

① 등급결정 후 2년 경과　　　　　② 서비스 및 운영실태 변경

③ 시설 증축　　　　　　　　　　④ 호텔 신규 등록

정답 ①

83. 호텔의 등급 심사의 평가 기준이 <u>아닌</u> 것은?

① 고객 만족도
② 객실 및 부대시설 상태
③ 안전관리 법령 준수
④ 서비스 상태

정답 ①

84. 다음 중 변경된 호텔평가 제도의 내용 중 <u>틀린</u> 것은?

① 장관은 등급결정 결과에 관한 사항을 공표할 수 있다.
② 심사는 철저한 공개 심사이다.
③ 신청된 등급으로 기준 미달일 경우 등급결정 보류 판정을 내린다.
④ 두 번 연속 등급보류 판정을 받으면 한 단계 낮은 등급으로 신청해야 한다.

정답 ②

85. 분양 또는 회원모집을 할 수 있는 관광사업이 <u>아닌</u> 것은?

① 호텔업
② 크루즈업
③ 휴양 콘도미니엄업
④ 제2종 종합휴양업

정답 ②

86. 다음 관광숙박업의 회원모집 및 분양과 관련하여 <u>틀린</u> 것은?

① 콘도업은 공정율 20% 이상부터 분양이 가능하다.
② 회원모집을 위해서는 건물과 대지의 소유권이 필수적이다.
③ 호텔업은 등록 이후에 회원모집이 가능하다.
④ 콘도업은 회원모집만 가능하다.

정답 ④

87. 호텔 등급 결정의 신청을 하지 않아도 되는 호텔업은?

① 호스텔업
② 수상관광호텔업
③ 가족호텔업
④ 소형호텔업

정답 ①

88. 다음 중 신고 대상인 업종은?

① 기타유원시설업   ② 카지노업

③ 일반유원시설업   ④ 종합유원시설업

정답 ①

89. 물놀이형 유기시설 및 기구의 안전 및 위생 기준의 내용과 <u>다른</u> 것은?

① 간호사 또는 간호조무사 또는 응급구조사 배치

② 물 1일 5회 이상 여과기 통과

③ 수심 1미터 이상은 660㎡당 최소 1인의 안전요원을 배치해야 한다.

④ 정원이나 동시 수용가능 인원을 게시해야 한다.

정답 ②

90. 다음 중 유기시설의 안전관리자의 의무 중 <u>틀린</u> 것은?

① 매일 1회 이상 안전점검을 실시한다.   ② 안전관리계획을 수립한다.

③ 장관이 실시하는 안전교육을 받아야 함   ④ 매주 1회 이상 안전교육 실시

정답 ④

91. 다음 중 허가 대상인 사업이 <u>아닌</u> 것은?

① 2종 종합휴양업   ② 카지노

③ 일반유원시설업   ④ 종합유원시설업

정답 ①

92. 중대사고 발생할 경우 법령에 따른 조치 사항이 <u>아닌</u> 것은?

① 유원시설업자는 3일 이내에 시군구청장에게 반드시 통보해야 한다.

② 시군구청장이 자료의 제출 요구시 7일 이내에 반드시 제출해야 한다.

③ 시군구청장은 조사 결과 시설의 사용중지,개선,철거명령을 내릴 수 있다.

④ 시군구청장의 명령에 대해 유원시설업자는 2개월 이내에만 이의 신청 가능하다.

정답 ②

93. 중대사고 발생 시 유원시설업자가 시군구청장에게 통보해야 할 사항에 포함되지 <u>않는</u> 것은?

① 조치 내용
② 사고 원인 분석 결과
③ 사고 발생 경위
④ 사고 피해자의 인적 사항

정답 ②

94. 조건부 허가 기간을 연장할 수 있는 사유에 해당하지 <u>않는</u> 것은?

① 불가항력 사유
② 귀책사유 없이 부지조성이 지연될 때
③ 기술적인 문제가 발생할 경우
④ 사업자의 자금난

정답 ④

95. 유기시설의 안전성검사 결과 등록관청이 취할 수 있는 조치에 해당하지 <u>않는</u> 것은?

① 철거 명령
② 개선 권고
③ 재검사 후 운행 권고
④ 운행중지 명령

정답 ①

96. 다음 중 중대사고에 해당하지 <u>않는</u> 것은?

① 운행이 30분 이상 중단되어 인명구조가 필요한 경우
② 사망 또는 중상 사고
③ 1주 이상 진단 부상자 5명 이상
④ 2주 이상 진단 부상자 2명 이상

정답 ④

97. 유원시설안전정보시스템과 관련한 설명 중 <u>잘못된</u> 것은?

① 유원시설업의 현황이 포함된다.
② 사업자의 보험가입 현황이 입력된다.
③ 시도지사가 구축한다.
④ 안전관리자 사항도 관리한다.

정답 ③

98. 카지노업의 신규 허가 관련 사항으로 <u>틀린</u> 것은?

① 전국단위 외래관광객 60만명 이상 증가시 2개 이내에서 허가가 가능하다.
② 관광호텔업 시설일 경우 호텔의 위치가 관광단지내에 있으면 가능하다.
③ 외래관광객 유치실적이 장관의 공고 기준에 부합해야 한다.
④ 여객선의 경우는 2만톤급 이상이어야 한다.

정답 ②

99. 카지노 사업의 신규허가를 위해 장관이 고려해야 할 사항에 속하지 <u>않는</u> 것은?

① 크루즈선 입항횟수　　　　　② 기존 카지노업자의 수용 능력
③ 기존 카지노업자의 총 외화획득실적　　④ 외래 관광객 증가 추세

정답 ①

100. 카지노업의 허가를 받기 위해서는 사업계획서를 제출해야 한다. 포함되지 <u>않는</u> 사항은?

① 건설계획서　　　　　　② 영업시설의 개요
③ 장기 수지 전망　　　　　④ 이용객 유치 계획서

정답 ①

101. 카지노업의 허가를 받기 위해 갖추어야 할 시설 및 기구에 대한 설명으로 <u>틀린</u> 것은?

① 330제곱미터 이상의 전용 영업장　　② 4종류 이상 영업 가능한 카지노기구
③ 외국환 환전소 2곳 이상　　　　　④ 기준에 적합한 전산시설

정답 ③

102. 카지노업의 조건부 허가와 관련된 사항으로 <u>잘못된</u> 것은?

① 기간은 1년 이내이다.
② 정당한 사유 없이 기간내 미이행시 허가를 취소한다.
③ 6개월 이내 1차례 연장 가능
④ 기간내에 조건을 이행시 장관에게 통지해야 한다.

정답 ④

103. 다음 중 카지노업자의 금지 행위에 속하는 것이 <u>아닌</u> 것은?

① 해외이주자를 입장시키는 행위
② 전용영업장 외에서 영업을 하는 행위
③ 지나친 광고나 선전을 하는 행위
④ 정당한 사유 없이 60일 이상 휴업하는 행위

정답 ①

104. 카지노사업자가 해서는 안 될 행위로 그 내용이 <u>틀린</u> 것은?

① 법령에 위배되는 카지노기구를 설치하는 행위
② 카지노기구를 변조하는 행위
③ 신고하지 않은 영업방법으로 영업하는 행위
④ 매출액을 부풀리는 행위

정답 ④

105. 카지노업의 영업준칙으로 <u>틀린</u> 것은?

① 1일 최소 영업시간은 6시간이다.
② 종업원은 게임에 참가할 수 없다.
③ 이론 배당률은 75% 이다.
④ 내기금액의 한도를 표시해야 한다.

정답 ①

106. 폐광지역 카지노 사업자의 영업준칙으로 <u>틀린</u> 것은?

① 회원용과 일반용을 구분해야 한다.
② 사고 발생시 도지사에게 보고한다.
③ 자금을 대여하지 못한다.
④ 오전 6시부터 10시까지 영업이 금지된다.

정답 ②

107. 카지노사업자는 관광진흥개발기금을 납부한다. 다음 중 <u>틀린</u> 사항은?

① 총매출액의 10% 이내에서 차등 납부한다.
② 매출액이 10억 이하일 경우 1% 납부한다.
③ 매출액이 50억일 경우 10% 납부한다.
④ 2회에 걸쳐 분할 납부할 수 있다.

정답 ③

108. 관광진흥법상 인정된 카지노의 종류가 <u>아닌</u> 것은?

① 키노 　　　　　　　　　　　② 홀라
③ 빅휠 　　　　　　　　　　　④ 블랙잭

정답 ②

109. 매출액이 1500억일 경우 카지노업자의 납부액은 얼마인지 바르게 계산한 것은?

① 1500억 × 1%
② 4억 6천 + (1500억 -100) × 5%
③ 4억 6천 + (1500억-1000억) × 10%
④ 4억 6천 + (1500억-100억) × 10%

정답 ④

110. 다음 카지노 용어별 설명이 <u>틀린</u> 것은?

① 뱅크롤 : 영업준비금
② 콤프 : 카지노 고객에게 무료로 제공되는 서비스
③ 칩스 : 고객에게 제공되는 과자류
④ 머신게임 : 슬롯머신 및 비디오게임

정답 ③

111. 카지노 사업자의 기금 납부 관련하여 <u>틀린</u> 사항은?

① 카지노업자가 기한내 미납시 15일 이상의 기간을 정해 독촉해야 한다.
② 납부액에 대한 이의 제기는 30일 이내에 해야 한다.
③ 카지노업자는 3월말까지 감사보고서를 장관에 제출해야 한다.
④ 장관은 4월 30일까지 납부액을 고지해야 한다.

정답 ①

112. 카지노 사업자의 기금의 납부기한 연기와 관련하여 <u>틀린</u> 사항은?

① 납부기한의 45일 전까지 연기를 신청해야한다.
② 납부연기 사유는 매출액감소로 인한 경영악화의 경우이다.
③ 연기기간은 1년 이내이고 2차례까지 가능하다.
④ 기금운용위원회의 심의를 거쳐야 한다.

정답 ③

113. 폐광지역 카지노 사업자의 영업준칙으로 적절한 것은?

① 일반용 영업장에서만 주류를 제공할 수 있다.
② 주요지점에 폐쇄회로 TV를 설치해야 한다.
③ 카지노 이용자의 비밀은 보장해야 하며 배우자 이외에는 자료를 제공할 수 없다.
④ 출입자의 신분을 확인해야 하며 출입금지 대상자는 장관이 결정한다.

정답 ②

114. 카지노업자가 해서는 안 될 행위가 <u>아닌</u> 것은?

① 입장객의 신분확인을 요청하는 행위
② 정당한 사유 없이 연간 60일 이상 휴업하는 행위
③ 지나친 광고나 선전을 하는 행위
④ 내국인을 입장시키는 것

정답 ①

115. 장관이 카지노 사업자의 신규 허가를 위해 공고할 사항에 포함되지 <u>않는</u> 것은?

① 허가 가능업체 수 　　② 허가 대상지역
③ 허가 게임 수 　　④ 세부 허가 기준

정답 ③

116. 다음 중 시군구청장이 지정하는 관광사업이 <u>아닌</u> 것은?

① 관광순환버스업 　　② 관광극장유흥업
③ 관광식당업 　　④ 관광펜션업

정답 ③

117. 다음 중 관광편의시설업에 속하지 <u>않는</u> 것은?

① 관광공연장업 　　② 관광극장유흥업
③ 관광유흥음식점업 　　④ 관광사진업

정답 ①

118. 다음 관광 편의시설업 중 지역별 관광협회로부터 지정 대상인 업종이 <u>아닌</u> 것은?

① 관광식당업
② 관광사진업
③ 여객자동차터미널시설업
④ 관광면세업

정답 ④

119. 특정국가의 음식을 전문적으로 제공하는 사업은 무엇인가?

① 외국인 전용 유흥음식점업
② 관광식당업
③ 관광유흥음식점업
④ 관광공연장업

정답 ②

120. 다음 중 일반음식점업의 허가를 받은 자가 할 수 있는 사업은 무엇인가?

① 외국인 전용 유흥음식점업
② 관광식당업
③ 관광유흥음식점업
④ 관광극장유흥업

정답 ②

121. 다음 중 한국전통 분위기의 시설을 설치하여 음식과 가무를 즐길 수 있는 사업은?

① 외국인 전용 유흥음식점업
② 관광식당업
③ 관광유흥음식점업
④ 관광공연장업

정답 ③

122. 다음 중 관광식당업의 지정 요건에 해당되지 <u>않는</u> 것은?

① 해당 조리사 자격증 소지자로서 해당 분야 경력이 3년 이상인 자
② 외국 전문 음식점일 경우 해당 외국에서 전문조리사 자격을 취득한 자를 둘 수 있다.
③ 해당 외국에서 6개월 이상 조리교육을 이수한 자는 가능하다.
④ 최소한 한 개 이상의 외국어로 병기된 메뉴판을 갖출 것

정답 ①

123. 관광펜션업의 지정기준으로 맞는 것은?

① 주인의 환대가 가능한 2종류 이상의 이용시설
② 자연 및 주변환경과 조화를 이루는 4층 이하 건축물
③ 취사,숙박 및 운동에 필요한 시설을 갖출 것
④ 객실이 30실 이하일 것

정답 ④

124. 다음 중 관광편의시설업의 종류가 <u>아닌</u> 것은?

① 관광극장유흥업
② 외국인 전용 유흥음식점업
③ 야영장업
④ 관광사진업

정답 ③

125. 관광편의시설업으로 지정받기 위한 지정기준으로 <u>틀린</u> 사항은?

① 관광지원서비스업 : 관광객의 안전을 확보할 것
② 관광궤도업 : 2개 외국어 안내서비스가 가능한 체재를 갖출 것
③ 여객자동차터미널업 : 인근 관광자원,명소 등을 소개하는 관광안내판을 설치할 것
④ 관광순환버스업 : 안내방송 등 외국어 안내서비스가 가능한 체제를 갖출 것

정답 ②

126. 관광면세업의 지정조건에 속하지 <u>않는</u> 것은?

① 1개 이상의 외국어로 상품정보 제공해야 한다.
② 외국어 안내 서비스 체계를 갖춰야 한다.
③ 손님이 휴식을 취할 수 있는 휴게실과 화장실을 갖춰야 한다.
④ 주변 교통의 원활한 소통에 지장을 주지 않아야 한다.

정답 ③

127. 관광지원서비스업으로 지정받기 위한 지정조건에 속하지 <u>않는</u> 것은?

① 관광지 또는 관광특구에서 사업장 운영할 것
② 한국관광품질인증을 받았을 것
③ 우수관광사업으로 선정된 사업일 것
④ 관광관련 매출비중이 50% 이상일 것

정답 ①

128. 다음 중 지역별관광협회를 둘 수 <u>없는</u> 지역은?

① 제주도　　　　　　　　　② 세종시
③ 수원시　　　　　　　　　④ 울산시

정답 ③

129. 다음 중 설립시 장관의 허가 대상이 <u>아닌</u> 것은?

① 인천시관광협회　　　　　② 한국관광협회중앙회
③ 한국일반여행업협회　　　④ 한국종합유원시설업협회

정답 ①

130. 협회가 공제사업의 허가를 받을 때 첨부해야 할 공제규정에 포함되는 사항이 <u>아닌</u> 것은?

① 사업의 실시 방법　　　　② 공제 분담금 및 책임준비금 산출 방법
③ 공제 계약　　　　　　　④ 여유자금 운영 방법

정답 ④

131. 협회의 공제사업에 포함되지 <u>않는</u> 것은?

① 종사원의 복지와 교육　　　② 회원의 경제적 이익 도모
③ 업무상 재해를 입은 종사원 보상　　④ 사업행위와 관련된 사고 공제 및 배상

정답 ①

132. 협회의 업무가 <u>아닌</u> 것은?

① 문화관광해설사의 양성 및 활용계획수립
② 관광안내소 운영
③ 관광사업 진흥에 필요한 조사, 연구, 홍보
④ 관광종사원에 대한 교육과 사후관리

정답 ①

133. 서울에서 국외여행인솔자로 등록하려는 자는 어느 기관에 등록신청을 해야 하는가?

① 서울관광협회
② 업종별 관광협회
③ 한국관광협회중앙회
④ 한국관광공사

정답 ②

134. 관광사업자 단체에 관한 사항으로 법령과 일치하지 <u>않는</u> 것은?

① 업종별 관광협회는 전국단위로 설립할 수 있다.
② 지역별 관광협회는 특별시·광역시·도 및 특별자치도를 단위로 설립하되, 필요하다고 인정되는 지역에는 지부를 둘 수 있다.
③ 업종별 관광협회는 시·도지사의 설립허가를, 지역별 관광협회는 문화체육관광부장관의 설립허가를 받아야 한다.
④ 지역별 관광협회 및 업종별 관광협회는 관광사업의 건전한 발전을 위하여 관광업계를 대표하는 한국관광협회중앙회를 설립할 수 있다.

정답 ③

135. 관광종사원 면접시험의 평가 사항이 <u>아닌</u> 것은?

① 전문지식과 응용능력
② 융통성과 임기응변
③ 예의, 품행, 성실성
④ 국가관, 사명감

정답 ②

136. 관광종사원의 자격을 취소하거나 6개월 이내 정지시킬 수 있는 사유와 관련된 설명 중 틀린 것은?

① 거짓 기타 부정한 방법으로 자격 취득한 경우에는 반드시 취소해야 한다.

② 관광사업자의 결격 사유에 해당할 경우에는 취소해야 한다.

③ 직무 수행하는데 부정이나 비위 사실 발생 시 자격정지만 가능하다.

④ 자격증을 대여한 경우에는 반드시 취소해야 한다.

정답 ③

137. 관광종사원과 관련한 법령의 내용과 <u>다른</u> 것은?

① 외국인 관광객을 대상으로 하는 여행업자는 관광통역안내의 자격을 가진 사람을 관광안내에 종사하게 해야 한다.

② 다른 사람에게 자격증을 대여할 수 없다.

③ 관광통역안내의 자격이 없는 사람이라도 외국인 친구를 위해 관광안내를 할 수 있다.

④ 관광통역안내사가 내국인 관광객을 안내할 경우에도 자격증을 패용해야 한다.

정답 ④

138. 관광종사원으로서 직무를 수행함에 있어 부정 또는 비위사실이 있을 경우 2차 위반 시의 행정처분은?

① 시정 명령   ② 자격정지 1월
③ 자격정지 3월   ④ 자격 정지 5월

정답 ③

139. 호텔 경영사가 직무와 관련하여 부정행위를 하였다. 1차 위반시 처분과 처분권자는?

① 자격정지 1월/장관   ② 시정 명령/장관
③ 자격정지 1월/시도지사   ④ 자격정지 3월/시도지사

정답 ①

140. 장관이 위탁한 기관과 위탁된 권한이 **잘못** 연결된 것은?

① 지역별 관광협회 : 관광식당업,관광사진업의 지정 및 지정취소에 관한 권한
② 업종별 관광협회 : 국외여행인솔자의 등록 및 자격증 발급에 관한 사항
③ 한국관광공사 : 관광통역안내사,호텔경영사의 등록 및 자격증 발급에 관한 사항
④ 한국관광협회중앙회 : 국내여행안내사,호텔관리사의 등록 및 자격증 발급에 관한 사항

정답 ④

141. 관광진흥법상 관광종사원에 관한 설명으로 **틀린** 것은?

① 관광종사원 자격증을 분실한 경우 재발급을 신청할 수 있다.
② 문화체육관광부장관은 관광종사원의 자격시험에 합격한 후 등록신청을 한 자에게 결격사유가 없으면 관광종사원 자격증을 내줄 수 있다.
③ 부정한 방법으로 시험에 응시한 사람은 3년간 시험응시자격을 정지한다.
④ 관광종사원의 자격을 취득하려는 자는 문화체육관광부장관이 실시하는 시험에 합격한 후 문화체육관광부장관에게 등록하여야 한다.

정답 ②

142. 관광진흥법령상 관광종사원에 대한 자격취소의 처분 권한이 시도지사에게 있는 것은?

① 관광통역안내사   ②호텔경영사
③ 호텔서비스사   ④ 국외여행인솔자

정답 ③

143. 다음 중 관광종사원에게 행정처분을 할 수 있는 사유가 **아닌** 것은?

① 직무 수행하는데 부정이나 비위 사실이 있는 자
② 자격증을 분실한 경우
③ 부정한 방법으로 자격 취득한 자
④ 자격증을 대여한 경우

정답 ②

144. 관광종사원 자격시험에 대한 설명으로 틀린 것은?

① 모든 시험은 매년 1회 이상 실시한다.

② 시험에서 부정한 행위를 한 사람은 시험을 정지 또는 무효로 하거나 합격 결정을 취소한다.

③ 면접시험은 필기시험 및 외국어시험에 합격한 자에 대하여 시행한다.

④ 면접시험에 불합격한 자는 다음 회의 시험에만 필기와 외국어시험을 면제 받는다.

정답 ①

145. 다음 중 관광통역안내사의 법적인 의무가 아닌 것은?

① 자격증 패용　　　　　　　　② 자격증 대여 금지

③ 직무 수행에 부정이나 비위 행위 금지　④ 여행사에 취업 의무

정답 ④

146. 관광종사원과 그 관광종사원에 대한 처분권자가 바르게 연결된 것은?

① 관광통역안내사 : 시·도지사　　　② 호텔경영사 : 한국관광공사 사장

③ 국내여행안내사 : 시·도지사　　　④ 호텔서비스사 : 한국관광협회중앙회장

정답 ③

147. 관광사업자가 법령을 위반할 경우 해당 관청은 다음의 처분을 할 수 있다. 해당되지 않는 것은?

① 운영의 개선을 명할 수 있다.

② 사업의 일부나 전부를 6개월 이내 정지시킬 수 있다.

③ 자격을 정지시킬 수 있다.

④ 사업의 등록 등을 취소할 수 있다.

정답 ③

148. 관광사업자가 되기 위해서는 등록, 허가, 지정, 신고 중의 하나의 행정절차를 경유해야 한다. 또한 일정한 관광사업은 사업계획의 승인을 받아야 한다. 행정절차와 처분권자가 잘못 연결된 것은?

① 사업계획의 승인 - 시도지사　　② 지정 - 시군구청장 또는 지역별 관광협회

③ 신고 - 시군구청장　　　　　　④ 허가(카지노) - 장관

정답 ①

149. 외국인 관광객을 대상으로 하는 여행업자는 관광통역안내의 자격을 가진 자를 관광안내에 종사하게 해야 한다. 이를 어길 경우의 처분에 해당하는 <u>않는</u> 것은?

① 1차 위반 : 시정 명령
② 2차 위반 : 사업정지 15일
③ 3차 위반 : 등록취소
④ 4차 위반 : 사업정지 60일

정답 ④

150. 등록하지 않은 국외여행인솔자를 사용한 여행사에 대한 행정처분 중 <u>틀린</u> 것은?

① 1차 위반 : 사업정지 10일
② 2차 위반 : 사업정지 20일
③ 3차 위반 : 사업정지 1개월
④ 4차 위반 : 등록취소

정답 ④

151. 등록기관 등의 장은 2천만 원 이하의 과징금을 부과할 수 있다. <u>틀린</u> 사항은?

① 과징금 금액의 2분의 1 범위에서 가중 또는 경감할 수 있다.
② 사업자의 사업규모, 위반행위의 정도, 위반횟수 등을 고려하여 가중 또는 경감한다.
③ 가중하더라도 최대 금액은 3천만 원이다.
④ 사업 정지 처분으로 인해 공익을 해칠 우려가 있으면 과징금으로 대신할 수 있다.

정답 ③

152. 외국관광객을 대상으로 하는 여행업자가 관광통역안내의 자격을 갖추진 못한 자를 관광안내에 종사하게 할 경우의 과징금은 얼마인가? (종합여행업)

① 200만원
② 300만원
③ 500만원
④ 800만원

정답 ④

153. 등록기관등의 장은 사업자가 다음의 행위를 할 경우 사업장을 폐쇄할 수 있다. 그 사유에 해당되지 <u>않는</u> 것은?

① 등록하지 않고 영업을 할 경우
② 신고 없이 영업을 할 경우
③ 허가가 취소되거나 사업정지명령을 받고 계속 영업할 경우
④ 허가 없이 영업을 할 경우

정답 ①

154. 사업장을 폐쇄할 경우에 취할 수 있는 조치 사항이 <u>아닌</u> 것은?

① 불법영업소라는 게시물 부착　　　② 간판이나 영업표지물 제거
③ 출입금지 명령　　　　　　　　　　④ 시설물 및 기구를 사용하지 못하게 봉인

정답 ③

155. 등록 등 또는 사업계획의 승인이 취소되었거나 영업소가 폐쇄된 경우 몇 년이 지나야 관광사업을 다시 시작할 수 있는가?

① 1년　　　　　　　　　　　　　② 2년
③ 3년　　　　　　　　　　　　　④ 5년

정답 ②

156. 카지노 사업자가 19세 미만자를 입장시켰을 경우의 처벌은?

① 1년/1천만 원 이하　　　　　② 2년/2천만 원 이하
③ 3년/3천만 원 이하　　　　　④ 5년/5천만 원 이하

정답 ②

157. 다음 중 벌칙이 가장 무거운 것은?

① 유원시설업의 변경 신고 하지 않고 영업할 경우
② 안전성 검사 받지 않고 유기 기구 설치한 경우
③ 공인 기준에 맞지 않은 카지노 기구를 이용하여 영업한 경우
④ 관광사업자가 아니면서 관광표지를 사업장에 붙인 경우

정답 ③

158. 3년 이하의 징역 또는 3천만원 이하의 벌금에 처해지는 사유가 <u>아닌</u> 것은?

① 신고하지 않고 유원시설업 경영한 자
② 등록 없이 여행업, 관광숙박업, 제2종 종합휴양업, 국제회의업 경영한 자
③ 등록이나 사업계획의 승인을 받지 않고서 시설을 분양하거나 회원을 모집한 자
④ 유기시설 또는 유기기구에 대해 사용중지·개선 또는 철거의 명령을 위반한 자

정답 ①

159. 2년 이하의 징역 또는 2천만원 이하의 벌금에 처해지는 사유가 <u>아닌</u> 것은?

　① 등록을 하지 아니하고 야영장업을 경영하는 행위
　② 카지노사업자가 매출액을 누락시키는 행위
　③ 카지노사업자가 내국인을 입장시키는 행위
　④ 카지노사업자가 기구나 시설을 변조하는 행위

정답 ④

160. 카지노 사업자가 영업준칙을 위반할 경우의 1차 적발시의 과태료는 얼마인가?

　① 50만원　　　　　　　　② 80만원
　③ 100만원　　　　　　　　④ 30만원

정답 ③

161. 숙박업을 경영하는 갑돌이는 관광숙박업으로 등록하지 않고서 갑돌이관광호텔이라는 표지를 붙이고 영업을 하고 있다. 해당 등록기관등의 장이 취할 수 있는 조치는?

　① 벌금 부과　　　　　　　② 과징금 부과
　③ 과태료 부과　　　　　　④ 영업정지 명령

정답 ③

162. 다음 중 과태료 부과 사유에 해당되지 <u>않는</u> 것은?

　① 카지노사업자의 영업준칙 위반한 경우
　② 안전관리자의 교육 이수 의무 위반한 경우
　③ 국외인솔자 자격증을 대여한 경우
　④ 한국관광 품질인증을 받은 자가 아니면서 인증표지 또는 이와 유사한 표지를 하거나 한국관광 품질인증을 받은 것으로 홍보한 경우

정답 ③

163. 다음의 위반사항과 위반 차수별 과태료가 틀리게 짝지어진 것은?(1차,2차,3차)

① 유원시설업자의 중대사고 통지 의무 위반(100,200,300)
② 카지노사업자의 영업준칙 위반(100,100,100)
③ 관광통역안내사의 자격증 패용 의무 위반(3,5,10)
④ 무자격자가 외국인 관광객 대상으로 관광안내 업무 수행할 경우(150,300,500)

정답 ③

164. 다음 중 과태료 부과 사유에 해당되지 않는 것은?

① 유원시설업자가 중대사고를 통지하지 않았을 경우
② 유원시설업자가 안전관리자가 교육을 받도록 조치하지 않은 경우
③ 관광사업자가 아니면서 관광표지 부착규정 위반한 경우
④ 관광종사원이 자격증을 대여한 경우

정답 ④

165. 관광특구의 지정요건에 적합하지 않는 것은?

① 연간 외국관광객 10만명 이상(서울 50만)
② 지역 내 접객,상가,휴양,숙박,오락,공공편익시설 등 보유
③ 관광활동과 무관한 토지가 10% 초과하지 않을 것
④ 주변에 관광자원이 풍부할 것

정답 ④

166. 관광특구의 지정권자는?

① 시군구청장
② 장관
③ 시도지사
④ 한국관광공사 사장

정답 ③

167. 시군구청장은 관광특구진흥계획의 타당성 검사를 몇 년마다 실시하는가?

① 5년
② 3년
③ 1년
④ 10년

정답 ①

168. 관광특구진흥계획에 포함되어야 하는 관광질서 확립 및 서비스개선 사항에 포함되지 <u>않는</u> 것은?

① 범죄예방,바가지 요금,퇴폐행위 등 근절 대책

② 관광상품 판촉계획

③ 종사원에 대한 교육계획

④ 관광불편신고센터 운영계획

정답 ②

169. 관광특구진흥계획에 필수적으로 포함되어야 하는 사항이 <u>아닌</u> 것은?

① 제도 개선 사항   ② 주변지역과 연계한 관광코스 개발 사항

③ 지역민의 의견 청취   ④ 축제, 홍보 관련 사항

정답 ③

170. 시도지사는 관광특구진흥계획의 집행상황을 몇 년마다 실시하는가?

① 10년   ② 3년

③ 5년   ④ 1년

정답 ④

171. 시도지사는 관광특구의 운영상황을 평가하여 필요한 조치를 취할 수 있다. <u>틀린</u> 것은?

① 추진실적이 미흡할 경우 지원금을 환수할 수 있다.

② 추진실적이 미흡하여 개선권고를 3회 이상 미이행할 경우 지정을 취소할 수 있다.

③ 추진실적이 미흡할 경우 지정 면적을 조정하거나 사업계획의 개선을 권고할 수 있다.

④ 지정요건에 3년 연속 미달하여 개선의 여지가 없다고 판단되면 지정을 취소할 수 있다.

정답 ①

172. 관광특구로 지정되면 다른 법률에 대한 특례가 적용된다. 이에 해당하지 <u>않는</u> 것은?

① 심야영업 가능   ② 행정처분 기준 완화

③ 차마車馬의 도로통행금지 가능   ④ 60일 이내 공지 사용 가능

정답 ②

173. 관광특구 지정시 관광특구 전체 면적 중 임야, 농지 등 관광활동과 직접적인 관련성이 없는 토지의 비율이 몇 %를 초과해서는 안 되는가?

① 10%
② 5%
③ 15%
④ 20%

정답 ①

174. 관광지 등의 조성계획을 승인하는 자는?

① 시군구청장
② 시도지사
③ 장관
④ 관광협회

정답 ②

175. 기본계획과 권역계획은 각각 몇 년마다 수립해야 하는가?

① 5년/1년
② 5년/3년
③ 10년/3년
④ 10년/5년

정답 ④

176. 기본계획 수립 시 포함되어야 하는 사항이 아닌 것은?

① 관광권역 설정 사항
② 관광사업의 추진 사항
③ 전국의 관광 수요와 공급 사항
④ 전국의 관광여건과 동향 사항

정답 ②

177. 충남과 전북에 걸쳐 있는 대둔산을 포함한 권역별 관광개발계획을 수립하고자 할 경우 양 도지사 간에 합의가 이루어지지 않으면 누가 수립하는가?

① 장관
② 충남 도지사
③ 장관이 지정하는 도지사
④ 전북 도지사

정답 ③

178. 권역별 관광개발계획에 포함되는 사항이 <u>아닌</u> 것은?

① 관광지 및 관광단지 조성, 정비 사항
② 관광권역 설정 사항
③ 관광자원의 보호, 개발, 이용, 관리에 관한 사항
④ 권역의 관광수요, 공급 사항

정답 ②

179. 관광개발기본계획 수립 시 포함되어야 하는 사항이 <u>아닌</u> 것은?

① 관광자원의 보호/개발/이용/관리에 관한 기본적인 사항
② 환경보전에 관한 사항
③ 관광권역별 관광개발의 기본방향에 관한 사항
④ 전국의 관광수요와 공급에 관한 사항

정답 ②

180. 관광지 및 관광단지의 지정 신청자와 지정권자는?

① 시군구청장 - 시도지사
② 시도지사 - 장관
③ 공공법인 - 장관
④ 공공법인 - 시도지사

정답 ①

181. 관광단지의 조성계획의 승인을 신청할 수 있는 자에 포함되지 <u>않는</u> 자는?

① 구청장
② 시도지사
③ 한국관광공사
④ 민간개발자

정답 ②

182. 장관과 지자체장의 관광통계의 작성 범위에 해당되지 <u>않는</u> 것은?

① 외래 방한 관광객 행태
② 국민의 관광 행태
③ 관광사업자 경영사항
④ 관광특구 현황

정답 ④

183. 장관은 지역의 우수한 지역축제를 문화관광축제로 지정하고 지원할 수 있다. 다음 중 지정 기준에 해당되지 <u>않는</u> 것은?

① 축제의 국제성　　　　　　　② 축제의 특성/콘텐츠
③ 운영 능력　　　　　　　　　④ 관광객 유치 효과 및 경제적 파급효과

> **정답** ①

184. 의료관광 활성화를 위해 장관은 유치/지원 기관에 기금을 대여 또는 보조할 수 있다. 유치/지원관련 기관에 속하지 <u>않는</u> 것은?

① 한국관광공사　　　　　　　　② 관광협회중앙회
③ 외국인 환자 유치 의료기관　　④ 외국인 환자 유치업자

> **정답** ②

185. 문화관광해설사를 양성하는 교육과정에 속하지 <u>않는</u> 과목은?

① 기본소양　　　　　　　　　　② 전문지식
③ 관광법규　　　　　　　　　　④ 현장실무

> **정답** ③

186. 관광진흥법상 외국인 의료관광 활성화를 위한 장관의 지원 사항으로 옳지 <u>않은</u> 것은?

① 장관은 의료관광 전문인력 양성기관 중에서 우수기관을 선정하여 지원할 수 있다.
② 장관은 유치안내센터를 설치하여 운영할 수 있다.
③ 장관은 지자체장, 유치의료기관, 유치업자와 공동으로 해외마케팅사업을 추진할 수 있다.
④ 장관은 의료관광호텔의 외국인 환자 유치를 위해 기금을 지원할 수 있다.

> **정답** ④

187. 지역관광협의회의 업무에 해당되지 <u>않는</u> 것은?

① 지역 관광 홍보 및 마케팅 지원 업무　② 지역의 관광수용태세 개선 업무
③ 해외관광 촉진 업무　　　　　　　　　④ 관광사업자 등에 관한 지원 업무

> **정답** ③

188. 관광진흥법상 여행이용권의 지급 대상은?

① 관광취약계층   ② 관광종사원

③ 관광사업자   ④ 여행전문가

정답 ①

189. 관광진흥법상 장애인의 여행 기회를 확대하고 장애인의 관광 활동을 장려·지원하기 위하여 관련 시설을 설치하는 등 필요한 시책을 강구하여야 하는 주체는?

① 국가 및 장애인고용공단   ② 국가 및 지방자치단체

③ 국가와 시도지사   ④ 장애인고용공단 및 지방자치단체

정답 ②

190. 일반음식점업이 한국관광 품질인증을 받기 위한 인증기준에 해당하지 <u>않는</u> 것은?

① 남녀화장실이 분리되고 원산지표기 준수할 것

② 주차장에 가림막 등 폐쇄형 구조물이 없을 것

③ 청결수준이 3단계 이상일 것

④ 1개 이상 외국어로 표기된 메뉴판을 제공할 것

정답 ②

191. 장관과 지자체장이 관광객의 유치, 관광복지의 증진 및 관광 진흥을 위하여 추진할 수 있는 사업에 속하지 <u>않는</u> 것은?

① 유휴자원을 활용한 관광자원화사업

② 국제전시회의 개최 및 참가 지원

③ 문화, 체육, 레저 및 산업시설 등의 관광자원화사업

④ 관광상품의 개발에 관한 사업

정답 ②

192. 지역관광협의회에 관한 설명으로 <u>잘못된</u> 것은?

① 협의회의 설립 및 지원 등에 필요한 사항은 조례로 정한다.

② 관광진흥법에 규정된 것 외에는 민법의 사단법인에 관한 규정을 준용한다.

③ 지역 내 관광진흥을 위한 이해 관련자가 고루 참여하여야 하며 법인으로 한다.

④ 협의회를 설립하려는 자는 시도지사의 허가를 받아야 한다.

> **정답** ④

193. 장관과 지자체장이 관광객의 유치, 관광복지의 증진 및 관광 진흥을 위하여 추진할 수 있는 사업에 속하지 <u>않는</u> 것은?

① 문화, 체육, 레저 및 산업시설 등의 관광자원화 사업

② 해양관광의 개발, 자연생태의 관광자원화사업

③ 문화재 발굴 사업

④ 국민의 관광복지 증진에 관한 사업

> **정답** ③

194. 지역축제를 관광자원화 하기 위해 장관이 취하는 조치와 거리가 <u>먼</u> 것은?

① 지역축제의 실태조사와 평가　　② 지역축제의 통폐합 권고

③ 우수축제의 선정 및 지원　　　　④ 지역축제의 차별적 지원

> **정답** ④

195. 장관이 스마트관광산업의 지원을 위해 추진해야 할 사업에 속하지 <u>않는</u> 것은?

① 창업촉진 및 창업자 지원　　　　② 전문인력 양성

③ 기술연구 개발　　　　　　　　　④ 관광시설의 정비

> **정답** ④

196. 지속가능한 관광 활성화 위한 특별관리지역의 지정과 관련한 내용으로 거리가 <u>먼</u> 것은?

① 수용범위 초과로 인한 자연환경훼손, 주민피해 최소화가 목적이다.
② 시도지사 또는 시군구청장이 지정하고 장관의 승인을 받아야 한다.
③ 지정하기 위해서는 공청회 통해 주민의 의견 들어야 한다.
④ 지정된 지역에는 방문제한조치 가능하며 이에 위반할 경우 과태료를 부과할 수 있다.

정답 ②

197. 한국관광 품질인증 위한 인증기준에 해당하지 <u>않는</u> 것은?

① 관광객 편의를 위한 시설 및 서비스를 갖출 것
② 사업장 안전관리 방안을 수립할 것
③ 해당 사업의 관련 법령을 준수할 것
④ 관광객 홍보를 위한 인터넷홈페이지를 관리할 것

정답 ④

198. 한국관광 품질인증과 관련하여 법령과 일치하지 <u>않는</u> 것은?

① 거짓이나 그 밖의 부정한 방법으로 인증을 받은 경우 인증 취소된다.
② 한국관광 품질인증을 받은 자가 아니면 인증표지 또는 이와 유사한 표지를 하거나 한국관광 품질인증을 받은 것으로 홍보하여서는 아니 된다.
③ 장관은 인증 사업자에 대해 관광진흥개발기금의 대여 또는 보조할 수 있다.
④ 인증의 유효기간은 3년이며 인증사업자는 국내에서만 홍보할 수 있다.

정답 ④

199. 숙박업이 한국관광 품질인증을 받기 위한 인증기준에 해당하지 <u>않는</u> 것은?

① 요금표를 외국어로 게시할 것
② 관광객 응대를 위한 안내 데스크가 개방형 구조일 것
③ 청소년 보호를 위해 성인방송 제공을 제한할 것
④ 시간제로 운영하지 않을 것

정답 ①

200. 다음 중 한국관광 품질인증 대상 사업에 해당하지 <u>않는</u> 것은?

① 일반음식점업
② 외국인관광객면세판매장
③ 관광펜션업
④ 숙박업(공중위생관리법)

정답 ③

201. 장관이 한국관광공사에 위탁하는 업무가 <u>아닌</u> 것은?

① 한국관광품질인증 및 취소
② 호텔경영사 등록 및 자격증 교부
③ 관광식당업 지정
④ 문화관광해설사 양성교육과정 인증

정답 ③

202. 장관이 협회에 위탁하는 것은?

① 호텔관리사 등록
② 관광사진업 지정
③ 국내여행안내사 등록
④ 관광펜션 지정

정답 ③

203. 다음 중 관할등록기관등의 장이 청문을 실시해야 되는 사항이 <u>아닌</u> 것은?

① 관광사업의 등록 취소
② 과징금의 부과
③ 사업계획의 승인 취소
④ 관광종사원 자격의 취소

정답 ②

204. 다음 중 기관별 장관의 위탁업무의 연결이 바르지 <u>않은</u> 것은?

① 업종별 관광협회-국외여행인솔자 등록
② 지역별 관광협회-관광순환버스업 지정
③ 한국관광공사-호텔관리사 등록
④ 협회-국내여행안내사 등록

정답 ②

205. 다음 중 등록기관등의 장이 청문을 실시해야 할 경우에 해당되지 <u>않는</u> 것은?

① 조성계획 승인의 취소
② 문화관광해설사 양성 교육프로그램 인증 취소
③ 보조금 지급 결정 취소
④ 국외여행인솔자 자격의 취소

정답 ③

206. 다음 중 관광법령에서 정하는 사유별 수수료가 <u>틀린</u> 것은?

① 관광편의시설업 지정 신청 : 30,000원 ② 관광종사원 자격증 재발급 : 3,000원
③ 사업계획 승인 신청 : 50,000원 ④ 관광종사원의 등록 신청 : 5,000원

정답 ①

207. 다음 중 관광법령에서 정하는 사유별 수수료가 <u>틀린</u> 것은?

① 관광종사자 자격시험 응시 : 30,000원 ② 관광사업자의 지위승계 신고 : 20,000원
③ 여행업 등록 신청 : 30,000원 ④ 관광사업 변경 등록 : 15,000원

정답 ①

208. 다음 중 부산광역시장의 권한에 속하지 <u>않는</u> 것은?

① 부산관광협회에 대한 허가권 ② 관광종사원에 대한 행정처분권
③ 종합유원시설업 허가권 ④ 관광특구 지정권

정답 ③

209. 관광진흥개발기금의 재원이 <u>아닌</u> 것은?

① 관세법에 따른 보세판매장 특허수수료의 100분의 50
② 기금운용수익금
③ 카지노업자 납부금
④ 공항이용료

정답 ④

210. 출국납부금 면제자에 해당되지 <u>않는</u> 자는? (공항의 경우)

① 5세 미만 어린이 　　　　　　　② 승무원
③ 강제 출국 외국인 　　　　　　　④ 외국 군인(한국주둔)

정답 ①

211. 공항과 항만의 경우 납부금은 각각 얼마인가?

① 5천원, 천원 　　　　　　　　　② 1만원, 2천원
③ 1만원, 1천원 　　　　　　　　　④ 1만 5천원, 5천원

정답 ③

212. 5살인 영수는 올해 엄마와 함께 항공기와 여객선으로 각각 1번씩 일본을 다녀왔다. 영수의 엄마가 영수를 위해 낸 출국납부금은 총 얼마인가?

① 1,000원 　　　　　　　　　　② 10,000원
③ 11,000원 　　　　　　　　　　④ 20,000원

정답 ②

213. 홍길동씨는 3살인 딸 진희와 함께 부산에서 배를 타고 오사카에 갔다가 돌아올 때는 항공기를 타고 입국했다. 홍길동씨는 총 얼마의 출국납부금을 지불했나?

① 1,000원 　　　　　　　　　　② 11,000원
③ 21,000원 　　　　　　　　　　④ 22,000원

정답 ①

214. 관광진흥개발기금법령상 공항통과 여객으로서 보세구역을 벗어난 후 출국하는 여객 중 출국납부금의 납부제외 대상에 해당하지 <u>않는</u> 경우는?

① 항공기의 고장·납치, 긴급환자 발생 등 부득이한 사유로 항공기가 불시착한 경우
② 기상이 악화되어 항공기의 출발이 지연되는 경우
③ 항공기 탑승이 불가능하여 어쩔 수 없이 당일이나 그 다음 날 출국하는 경우
④ 사업을 목적으로 보세구역을 벗어난 후 24시간 이내에 보세구역으로 들어오는 경우

정답 ④

215. 기금법상 장관이 출국납부금의 부과 및 징수 업무를 위탁할 수 있는 자가 <u>아닌</u> 것은?

① 공항운영자 ② 지방해양수산청장
③ 항만공사 ④ 한국관광공사

정답 ④

216. 기금의 관리 책임자는 누구인가?

① 한국관광공사 사장 ② 문체부 장관
③ 기획재정부 장관 ④ 한국은행총재

정답 ②

217. 기금을 대여할 수 있는 용도에 해당되지 <u>않는</u> 것은?

① 관광을 위한 교통수단의 확보 또는 개수 ② 국제회의시설의 건립
③ 관광사업의 발전 위한 기반시설의 건설 ④ 관광지 편의시설의 건설

정답 ②

218. 기금을 대여하거나 보조할 수 있는 사업에 해당되지 <u>않는</u> 것은?

① 국내외 관광안내체계 개선사업 ② 관광종사자 교육훈련 사업
③ 문화재 관리 사업 ④ 국제회의 유치 및 개최사업

정답 ③

219. 관광진흥개발기금의 기금계정은 어디에 설치하나?

① 기업은행 ② 한국산업은행
③ 한국은행 ④ 국세청

정답 ③

220. 기금의 대여나 보조를 받을 수 있는 사업에 해당되지 <u>않는</u> 것은?

① 관광상품 개발 및 지원사업

② 관광단지 조성사업

③ 장애인 등 소외계층에 대한 국민관광 복지사업

④ 관광사업체 운영의 활성화

정답 ②

221. 기금의 대여 업무를 수행하는 기관은?

① 한국은행 ② 기업은행

③ 한국산업은행 ④ 국세청

정답 ③

222. 기금을 출자할 수 있는 사항에 해당하지 <u>않는</u> 것은?

① 국제회의 시설 건립사업

② 국제회의 유치 및 개최사업

③ 관광사업에 투자를 목적으로 한 투자조합

④ 관광지/관광단지 조성사업

정답 ②

223. 기금의 여유자금의 운용 방법에 해당되지 <u>않는</u> 것은?

① 회사채 매입 ② 국공채 매입

③ 금융상품 매입 ④ 은행 예치

정답 ①

224. 관광진흥개발기금법령상 국내 공항과 항만을 통하여 출국하는 자로서 기금의 납부대상자가 **아닌** 자를 모두 고른 것은?

ㄱ. 외교관여권이 있는 자	ㄴ. 국비로 강제 추방되는 자
ㄷ. 선박을 이용하는 7세 어린이	ㄹ. 항공기를 이용하는 1세 어린이
ㅁ. 국내 주둔하는 미군 군인	ㅂ. 오키나와에 주둔하는 미군 군무원

① ㄱ, ㄴ, ㄷ, ㅁ
② ㄱ, ㄴ, ㄹ, ㅁ
③ ㄱ, ㄹ, ㅁ
④ ㄱ, ㄹ, ㅁ, ㅂ

정답 ②

225. 국제회의산업 육성에 관한 법률의 제정목적과 거리가 **먼** 것은?

① 관광산업의 발전
② 국민관광의 활성
③ 국민경제의 향상
④ 국제회의의 원활한 개최 지원

정답 ②

226. 국제기구에 가입한 기관이 개최하는 회의로 국제회의의 요건에 해당되지 **않는** 것은?

① 회의 참가자가 300명 이상일 것
② 5개국 이상의 외국인 참가
③ 2일 이상 진행될 것
④ 외국인은 100명 이상일 것

정답 ③

227. 국제기구, 기관, 법인, 또는 단체 개최 회의일 경우 2022.6.30.일까지 적용되는 국제회의의 요건이 **아닌** 것은?

① 참가자가 총 100명 이상일 것
② 1일 이상 진행될 것
③ 외국인 참가자가 50명 이상일 것
④ 온라인 참가는 참가자 수에 포함되지 않는다.

정답 ④

228. 전문회의시설이 갖추어야 할 요건이 **아닌** 것은?

① 200명 이상 수용 가능한 식당
② 2천명 이상 수용 가능한 대회의실
③ 30명 이상 수용 가능한 중소회의실 10실 이상
④ 전시면적 2천㎡ 이상

정답 ①

229. 준회의시설이 갖추어야 할 대회의실의 수용인원은?

① 100명 이상   ② 200명 이상

③ 500명 이상   ④ 1000명 이상

정답 ②

230. 국제회의 전시시설이 갖추어야 할 중소회의실의 수는?

① 3실 이상   ② 5실 이상

③ 6실 이상   ④ 10실 이상

정답 ②

231. 다음 중 국제회의시설의 종류가 <u>아닌</u> 것은?

① 준전시시설   ② 전문회의시설

③ 준회의시설   ④ 전시시설

정답 ①

232. 국제회의시설의 부대시설이 <u>아닌</u> 것은? (단, 전문회의시설 또는 전시시설에 부속된 것임)

① 주차시설   ② 판매시설

③ 음식점 시설   ④ 쇼핑시설

정답 ④

233. 국제회의 전담조직의 업무가 <u>아닌</u> 것은?

① 국제회의의 유치 및 개최 지원   ② 국제회의산업의 국내 홍보

③ 국제회의 전문인력의 교육   ④ 국제회의 관련 정보의 수집 및 배포

정답 ②

234. 국제회의도시로 지정할 경우의 지정기준이 <u>아닌</u> 것은?

① 국제회의시설을 보유한 특별시, 광역시, 시
② 편의시설을 보유할 것
③ 도시나 주변에 풍부한 관광자원이 있을 것
④ 외래관광객 10만 명 이상일 것

정답 ④

235. 장관은 국제회의 유치 및 개최의 지원 업무를 누구에게 위탁할 수 있는가?

① 시도지사　　　　　　　　② 국제회의도시
③ 국제회의 전담조직　　　　④ 시장군수구청장

정답 ③

236. 국제회의도시를 지정할 수 있는 기관은?

① 대통령　　　　　　　　　② 시도지사
③ 국무총리　　　　　　　　④ 장관

정답 ④

237. 장관은 국제회의산업 육성을 위해 국외여행자의 출국납부금의 얼마 한도에서 지원할 수 있는가?

① 100분의 5　　　　　　　② 100분의 30
③ 100분의 10　　　　　　④ 100분의 20

정답 ③

238. 국제회의복합지구 내의 국제회의시설 및 국제회의집적시설에 대해 감면하는 부담금에 속하지 <u>않는</u> 것은?

① 개발부담금　　　　　　　② 농지보전부담금
③ 교통유발부담금　　　　　④ 환경부담금

정답 ④

239. 시설, 인력, 체제, 정보 등 국제회의 유치/개최 위한 기초 역량을 무엇이라고 하는가?

① 국제회의 산업
② 국제회의시설
③ 국제회의산업 육성기반
④ 국제회의산업 정보력

정답 ③

240. 국제회의산업법의 목적으로 옳은 것은?

① 관광을 통한 외화수입 증대
② 국제친선 증진, 국민복지 향상
③ 관광산업의 발전과 국민경제의 향상
④ 관광여건의 조성과 관광자원 개발

정답 ③

241. 국제회의산업 육성기반의 구축을 위해 장관이 추진해야 할 사업에 속하지 <u>않은</u> 것은?

① 국제회의산업에 관한 국외홍보사업
② 국제협력 촉진 사업
③ 전자국제회의 기반구축사업
④ 관광자원 개발 사업

정답 ④

242. 국제회의복합지구의 지정기준에 속하지 <u>않은</u> 것은?

① 전문회의시설이 있을 것
② 교통시설·교통안내체계 등 편의시설 보유
③ 국제회의복합지구 육성·진흥계획 수립
④ 지정면적은 400만 제곱미터 이상일 것

정답 ④

243. 국제회의집적시설의 지정 대상에 해당되지 <u>않는</u> 시설은?

① 유통산업발전법에 따른 대규모점포
② 100실 이상의 관광숙박업의 시설
③ 식품위생법에 따른 대규모 식당(500석 이상)
④ 공연법에 따른 공연장(500석 이상)

정답 ③

244. 국제회의집적시설로 지정 받기 위한 기준에 해당하지 <u>않은</u> 것은?

① 해당 시설과 복합지구 내 전문회의시설 간의 업무제휴 협약이 체결되어 있을 것
② 해당 시설이 관광특구 내에 있을 것
③ 해당 시설이 복합지구 내에 있을 것
④ 해당 시설 내에 외국인 이용자를 위한 안내체계와 편의시설을 갖출 것

정답 ②

245. 국제회의복합지구와 국제회의집적시설의 지정권자가 바르게 짝지어진 것은?

① 시도지사 – 장관
② 시군구청장 – 장관
③ 시군구청장 – 시도지사
④ 장관 – 시도지사

정답 ①

246. 장관이 국제회의산업 육성기반의 조성과 관련된 국제회의 정보의 공급 및 활용/유통을 촉진하기 위하여 지원할 수 있는 사업이 <u>아닌</u> 것은?

① 정보망의 구축/운영
② 정보의 가공/유통
③ 관리체제의 개발 및 운영
④ 전문인력 및 정보의 국제교류

정답 ④

247. 장관은 기금법에 따른 국외 여행자의 출국납부금 총액의 100분의 10에 해당하는 금액의 범위에서 국제회의산업의 육성재원을 지원할 수 있다. 장관이 지원할 수 있는 사업에 해당하지 <u>않는</u> 것은?

① 국제회의 참가자 국내관광 지원
② 국제회의산업 육성기반 조성사업
③ 국제회의복합지구의 육성·진흥을 위한 사업
④ 국제회의집적시설에 대한 지원 사업

정답 ①

1. 관광기본법상 다음 ( )에 들어갈 내용은?

   > 관광진흥의 방향 및 주요 시책에 대한 수립·조정, 관광진흥계획의 수립 등에 관한 사항을 심의·조정하기 위하여 국무총리 소속으로 (   )를 둔다.

   ① 지역관광협의회   ② 국가관광전략회의
   ③ 한국관광협회중앙회   ④ 한국문화예술위원회

   정답 ②

2. 관광진흥법령상 관광객 이용시설업의 종류가 <u>아닌</u> 것은?

   ① 관광공연장업   ② 관광유람선업
   ③ 외국인관광 도시민박업   ④ 여객자동차터미널시설업

   정답 ④

3. 관광진흥법상 '관광단지'에 관한 정의이다. ( )에 들어갈 내용은?

   > 관광객의 다양한 관광 및 휴양을 위하여 각종 관광시설을 종합적으로 개발하는 (   ) 지역으로서 이 법에 따라 지정된 곳

   ① 관광 거점   ② 복합 시설
   ③ 관광 진흥   ④ 관광 촉진

   정답 ①

4. 관광진흥법령상 지역별 관광협회에 지정/지정취소의 권한이 위탁된 관광편의시설업은?

   ① 관광유흥음식점업   ② 관광식당업
   ③ 관광펜션업   ④ 관광순환버스업

   정답 ②

5. 관광진흥법상 '한국관광 품질인증' 대상 사업이 <u>아닌</u> 것은?

① 휴양 콘도미니엄업
② 한옥체험업
③ 외국인관광 도시민박업
④ 야영장업

정답 ①

6. 관광진흥법령상 의료관광호텔업의 등록기준에 충족된 것은?

① 객실별 면적이 15제곱미터
② 욕실이나 샤워시설을 갖춘 객실이 30실
③ 다른 외국인환자 유치 의료기관의 개설자 또는 유치업자와 공동으로 등록
④ 외국인환자 유치 의료기관의 개설자가 설립을 위한 출연재산의 100분의 20을 출연

정답 ②

7. 관광진흥법령상 관광통역안내사 자격을 취득한 사람이 다른 사람에게 그 자격증을 대여경우에 그 자격을 취소할 수 있는 처분권자는?

① 한국관광협회중앙회장
② 시장·군수·구청장
③ 시·도지사
④ 문화체육관광부장관

정답 ④

8. 관광진흥법령상 카지노사업자에게 금지되는 행위를 모두 고른 것은?

> ㄱ. 내국인을 입장하게 하는 행위
> ㄴ. 19세 미만인 자를 입장시키는 행위
> ㄷ. 정당한 사유 없이 그 연도 안에 30일간 휴업하는 행위

① ㄱ, ㄴ
② ㄱ, ㄷ
③ ㄴ, ㄷ
④ ㄱ, ㄴ, ㄷ

정답 ①

9. 관광진흥법상의 관광사업 중 특별자치시장·특별자치도지사·시장·군수·구청장에게 등록하는 관광사업을 모두 고른 것은?

> ㄱ. 여행업   ㄴ. 관광숙박업   ㄷ. 유원시설업   ㄹ. 관광객 이용시설업
> ㅁ. 관광편의시설업   ㅂ. 국제회의업

① ㄱ, ㄴ, ㄷ, ㄹ   ② ㄱ, ㄴ, ㄹ, ㅂ
③ ㄱ, ㄷ, ㅁ, ㅂ   ④ ㄴ, ㄷ, ㅁ, ㅂ

정답 ②

10. 기획여행을 실시하는 자가 광고하려는 경우 표시하여야하는 사항을 모두 고른 것은?

> ㄱ. 인솔자명   ㄴ. 여행업의 등록번호   ㄷ. 여행경비   ㄹ. 최저 여행인원
> ㅁ. 기획여행명

① ㄱ, ㄴ, ㄹ   ② ㄱ, ㄷ, ㄹ
③ ㄴ, ㄷ, ㅁ   ④ ㄴ, ㄷ, ㄹ, ㅁ

정답 ④

11. 관광진흥법령상 관광사업자 A와 관광사업자가 아닌 B 및 C가 다음과 같이 상호를 사용하여 영업을 하고 있다. 이 법령에 위배되는 것은? (단, 타법은 고려하지 않음)

> ㄱ. A는 관광숙박업으로 '만국관광호텔'이라는 상호를 사용하고 있다.
> ㄴ. B는 관광펜션업으로 '추억관광펜션'이라는 상호를 사용하고 있다.
> ㄷ. C는 관광공연장업으로 '기쁨관광공연'이라는 상호를 사용하고 있다.

① ㄱ, ㄴ   ② ㄱ, ㄷ
③ ㄴ, ㄷ   ④ ㄱ, ㄴ, ㄷ

정답 ③

12. 유원시설업의 변경허가를 받지 아니하고 영업을 한 자에 대한 벌칙기준은?

① 1년 이하의 징역 또는 1천만 원 이하 벌금
② 2년 이하의 징역 또는 2천만 원 이하 벌금
③ 3년 이하의 징역 또는 3천만 원 이하 벌금
④ 5년 이하의 징역 또는 5천만 원 이하 벌금

정답 ①

13. 관광진흥법령상 과징금에 관한 설명으로 옳은 것은?

① 등록의 취소를 갈음하여 과징금을 부과할 수 있다.

② 위반의 정도가 심한 경우 5천만원의 과징금을 부과할 수 있다.

③ 과징금은 분할하여 낼 수 있다.

④ 과징금을 내야 하는 자가 납부기한까지 내지 아니하면 국세 체납처분의 예 또는 「지방 행정제재·부과금의 징수 등에 관한 법률」에 따라 징수한다.

정답 ④

14. 관광진흥법령상 '관광사업자 단체'에 관한 설명으로 옳은 것은?

① 업종별 관광협회는 업종별로 업무의 특수성을 고려하여 전국을 단위로 설립할 수 있다.

② 관광사업자, 관광 관련 사업자, 관광 관련 단체, 주민 등은 공동으로 지역의 관광진흥을 위하여 지역별 또는 업종별 관광협회를 설립할 수 있다.

③ 지역별 관광협회는 문화체육관광부장관의 설립허가를 받아야 한다.

④ 지역관광협의회는 관광사업의 건전한 발전을 위하여 관광업계를 대표하는 한국관광협회 중앙회를 설립할 수 있다.

정답 ①

15. 관광진흥법령상 관광숙박업의 사업계획 변경승인을 받아야 하는 경우를 정한 규정이다. (　　)에 들어갈 내용으로 옳은 것은?

> 부지 및 대지 면적을 변경할 때에 그 변경하려는 면적이 당초 승인받은 계획면적의 (　　) 이상이 되는 경우

① 100분의 3　　　　　　　　② 100분의 5

③ 100분의 7　　　　　　　　④ 100분의 10

정답 ④

16. 다음 중 호텔업의 등록을 한 자가 등급결정을 신청해야 하는 호텔업은 모두 몇 개인가?

> 관광호텔업, 수상관광호텔업, 한국전통호텔업, 가족호텔업, 소형호텔업, 의료관광호텔업

① 3　　　　　　　　　　　② 4

③ 5　　　　　　　　　　　④ 6

17. 관광진흥법령상 관광특구에 관한 설명으로 옳은 것은?

① 관광특구로 지정하기 위해서는 임야·농지·공업용지 또는 택지의 비율이 관광특구전체면적의 20%를 초과하지 아니하여야 한다.

② 문화체육관광부장관은 관광특구진흥계획을 수립하고 시행하여야 한다.

③ 문화체육관광부장관은 관광특구의 활성화를 위하여 관광특구에 대한 평가를 3년마다 실시하여야 한다.

④ 관광특구는 외국인 관광객 수가 대통령령으로 정하는 기준 이하이어야 한다.

정답 ③

18. 관광진흥법령상 특별관리지역에 관한 설명으로 옳지 <u>않은</u> 것은?

① 특별관리지역의 지정권한은 문화체육관광부장관이 갖는다.

② 특별관리지역으로 지정하려면 수용 범위를 초과한 관광객의 방문으로 자연환경이 훼손되거나 주민의 평온한 생활환경을 해칠 우려가 있어 관리할 필요가 있다고 인정되어야 한다.

③ 특별관리지역에 대하여는 조례로 정하는 바에 따라 관광객 방문시간 제한 등 필요한 조치를 할 수 있다.

④ 특별관리지역을 지정·변경 또는 해제하려는 경우에는 해당 지역의 주민을 대상으로 공청회를 개최해야 한다.

정답 ①

19. 관광진흥법상 '500만 원 이하'의 과태료의 부과 대상에 해당하는 자는?

① 등록을 하지 아니하고 여행업을 경영한 자

② 관광사업자가 아닌 자가 문화체육관광부령으로 정하는 관광표지를 사업장에 붙인 자

③ 관광통역안내의 자격이 없는 자가 외국인 관광객을 대상으로 하는 안내를 한 경우

④ 문화체육관광부령으로 정하는 영업준칙을 지키지 아니한 카지노사업자

정답 ③

20. 관광진흥개발기금법령상 기금운용위원회에 관한 설명으로 옳은 것은?

   ① 기금의 운용에 관한 종합적인 사항을 심의하기 위하여 국무총리 소속으로 기금운용위원회를 둔다.
   ② 기금운용위원회는 위원장 1명을 포함한 10명 이내의 위원으로 구성한다.
   ③ 위원장은 문화체육관광부장관이 된다.
   ④ 기금운용위원회의 조직과 운영에 필요한 사항은 문화체육관광부령으로 정한다.

   정답 ②

21. 관광진흥개발기금법상 '거짓이나 그 밖의 부정한 방법으로 대여를 신청한 경우 또는 대여를 받은 경우'에 관한 제재로 옳지 <u>않은</u> 것은?

   ① 장관은 기금의 대여를 신청한 자에 대하여 그 대여 신청을 거부한다.
   ② 장관은 기금의 대여를 받은 자에 대하여 그 대여를 취소한다.
   ③ 장관이 지출된 기금을 회수할 때는, 지출된 기금의 전부를 회수하여야 한다.
   ④ 기금을 대여받은 날부터 3년 이내에 기금을 대여 받을 수 없다.

   정답 ③, ④

22. 관광진흥개발기금법령상 국내 공항과 항만을 통하여 출국하는 자로서 관광진흥개발기금의 납부면제자에 해당하지 <u>않는</u> 사람은?

   ① 선박을 이용하는 4세 어린이
   ② 외국에 주둔하는 외국의 군인
   ③ 국외로 입양되는 어린이의 호송인
   ④ 「출입국관리법」제46조에 따른 강제퇴거 대상자 중 국비로 강제 출국되는 외국인

   정답 ②

23. 국제회의산업 육성에 관한 법령상 국제회의시설에 관한 설명으로 옳지 <u>않은</u> 것은?

   ① 전문회의시설은 30명 이상 수용할 수 있는 중·소회의실이 10실 이상 있어야 한다.
   ② 준회의시설은 200명 이상의 인원을 수용할 수 있는 대회의실이 있어야 한다.
   ③ 전시시설은 옥내와 옥외의 전시면적을 각각 2천 제곱미터 이상 확보하고 있어야 한다.
   ④ 전문회의시설에 부속된 음식점시설은 부대시설이다.

   정답 ③

24. 국제회의산업 육성에 관한 법률상 국제회의복합지구에 관한 설명으로 옳지 <u>않은</u> 것은?

① 국제회의복합지구의 지정권자는 시·도지사이다.

② 시·도지사는 국제회의복합지구 육성·진흥계획을 시행하여야 한다.

③ 문화체육관광부장관은 사업의 지연, 관리 부실 등의 사유로 지정목적을 달성할 수 없는 경우 국제회의복합지구 지정을 해제할 수 있다. 이 경우 시·도지사의 승인을 받아야 한다.

④ 이 법에 따라 지정된 국제회의복합지구는 「관광진흥법」 제70조에 따른 관광특구로 본다.

정답 ③

25. 국제회의산업 육성에 관한 법률상 국제회의산업육성기본계획(이하 '기본계획'이라한다.)의 수립에 관한 설명으로 옳지 <u>않은</u> 것은?

① 기본계획은 5년마다 수립·시행하여야 한다.

② 기본계획에는 국제회의에 필요한 인력의 양성에 관한 사항이 포함되어 있어야 한다.

③ 지방자치단체의 장과 관련된 기관의 장은 문화체육관광부장관이 수립한 기본계획에 따라 연도별 국제회의산업육성시행계획을 수립·시행하여야 한다.

④ 문화체육관광부장관은 기본계획의 추진실적을 평가하고, 그 결과를 기본계획의 수립에 반영하여야 한다.

정답 ③

1. 관광기본법상 관광진흥에 관한 기본계획에 포함되어야 하는 사에 속하지 <u>않은</u> 것은?

① 국내외 관광여건과 관광 동향에 관한 사항
② 관광진흥을 위한 기반 조성에 관한 사항
③ 관광진흥을 위한 제도 개선에 관한 사항
④ 남북관광 교류 및 진흥에 관한 사항

정답 ④

2. 관광진흥개발기금법상 기금의 용도로 옳지 <u>않은</u> 것은?

① 국립공원에서의 자연생태계 보호
② 관광을 위한 교통수단의 확보 또는 개수(改修)
③ 호텔을 비롯한 각종 관광시설의 건설 또는 개수
④ 관광사업의 발전을 위한 기반시설의 건설 또는 개수

정답 ①

3. 국제회의산업 육성에 관한 법률상 (   )에 들어갈 용어로 옳은 것은?

(   )(이)란 국제회의시설, 국제회의 전문인력, 전자국제회의체제, 국제회의 정보 등 국제회의의 유치·개최를 지원하고 촉진하는 시설, 인력, 체제, 정보 등을 말한다.

① 국제회의산업 육성기반   ② 국제회의복합지구
③ 국제회의집적시설   ④ 국제회의 전담조직

정답 ①

4. 관광숙박업의 사업계획 변경에 관한 승인을 받아야 하는 경우가 <u>아닌</u> 것은?

① 부지 및 대지 면적을 변경할 때에 그 변경하려는 면적이 당초 승인받은 계획면적의 100분의 10 이상이 되는 경우

② 건축 연면적을 변경할 때에 그 변경하려는 연면적이 당초 승인받은 계획면적의 100분의 10 이상이 되는 경우

③ 호텔업의 경우 객실 수 또는 객실면적을 변경하려는 경우

④ 변경하려는 업종의 등록기준에 맞는 경우로서, 호텔업과 휴양 콘도미니엄업간의 업종변경 또는 호텔업 종류 간의 업종 변경

정답 ③

5. 관광진흥법령상 카지노업의 허가를 받으려는 자가 문화체육관광부장관에게 제출하여야 하는 사업계획서에 포함되어야 하는 사항이 <u>아닌</u> 것은?

① 장기수지 전망   ② 인력수급 및 관리계획

③ 카지노영업소 이용객 유치계획   ④ 외국인 관광객의 수용 가능 인원

정답 ④

6. 관광진흥법령상 여객자동차터미널시설업의 지정 및 지정취소에 관한 권한이있는기관은?

① 지역별 관광협회   ② 한국관광공사

③ 문화체육관광부장관   ④ 시장·군수·구청장

정답 ①

7. 기획여행을 실시하는 자가 광고를 하려는 경우 표시하여야 하는 사항이 <u>아닌</u> 것은?

① 여행경비와 최저 여행인원

② 기획여행명·여행일정 및 주요 여행지

③ 인솔자의 관광통역안내사 자격 취득여부

④ 여행일정 변경 시 여행자의 사전 동의 규정

정답 ③

8. 관광진흥법령상 카지노업의 허가를 받으려는 자가 갖추어야 할 시설 및 기구의 기준에 해당하지 **않는** 것은?

① 1개 이상의 외국환 환전소
② 660제곱미터 이상의 전용 영업장
③ 문화체육관광부장관이 정하여 고시하는 기준에 적합한 카지노 전산시설
④ 카지노업의 영업종류 중 네 종류 이상의 영업을 할 수 있는 게임기구 및 시설

정답 ②

9. 관광진흥법상 한국관광협회중앙회 설립의 허가권자는?

① 대통령
② 시·도지사
③ 문화체육관광부장관
④ 시장·군수·구청장

정답 ③

10. 관광진흥법령상 관광통계의 작성 범위로 명시되지 **않은** 것은?

① 관광사업자의 경영에 관한 사항
② 관광지와 관광단지의 현황 및 관리에 관한 사항
③ 외국인 방한(訪韓) 관광객의 관광행태에 관한 사항
④ 해외관광지에서 발생한 내국민피해에 관한 사항

정답 ④

11. 관광진흥법령상 관광사업에 관한 설명으로 옳지 **않은** 것은?

① 국제회의기획업: 대규모 관광 수요를 유발하는 국제회의의 계획·준비·진행 등의 업무를 위탁받아 대행하는 업
② 국제회의시설업: 대규모 관광 수요를 유발하는 국제회의를 개최할 수 있는 시설을 설치하여 운영하는 업
③ 관광공연장업: 식품위생 법령에 따른 유흥주점 영업의 허가를 받은 자가 무도(舞蹈)시설을 갖추어 노래와 춤을 감상하게 하거나 춤을 추게 하는 업
④ 한국전통호텔업: 한국전통의 건축물에 관광객의 숙박에 적합한 시설을 갖추거나 부대시설을 함께 갖추어 관광객에게 이용하게 하는 업

정답 ③

12. 관광사업자가 아닌 자가 상호에 포함하여 사용할 수 없는 명칭으로 옳지 <u>않은</u> 것은?

① 관광펜션업과 유사한 영업의 경우 관광펜션
② 관광사진업과 유사한 영업의 경우 관광사진
③ 관광유람선업과 유사한 영업의 경우 관광유람
④ 관광공연장업과 유사한 영업의 경우 관광공연

정답 ②

13. 관광진흥법상 관광의 진흥 등에 관한 설명으로 옳지 <u>않은</u> 것은?

① 문화체육관광부장관은 관광에 관한 정보의 활용과 관광을 통한 국제 친선을 도모하기 위하여 관광과 관련된 국제기구와의 협력 관계를 증진하여야 한다.
② 지방자치단체의 장은 관광통계를 작성하기 위하여 필요하면 실태조사를 하거나, 개인에게 협조를 요청할 수 있다.
③ 문화체육관광부장관은 여행과 관광의 특성을 살리기 위하여 여행이용권을 「문화예술진흥법」에 따른 문화이용권과 통합하여 운영해서는 안 된다.
④ 국가는 장애인의 여행 및 관광 활동 권리를 증진하기 위하여 장애인 관광 지원 단체에 대하여 경비를 보조할 수 있다.

정답 ③

14. 장관이 문화관광축제의 지정 기준을 정할 때 고려하는 사항으로 명시되지 <u>않은</u> 것은?

① 축제의 운영능력　　　　　　② 지역주민 참여도
③ 축제의 특성 및 콘텐츠　　　④ 관광객 유치 효과 및 경제적 파급효과

정답 ②

15. 관광진흥법상 지역관광협의회(이하 "협의회"라 한다)에 관한 설명으로 옳은 것은?

① 협의회가 수행하는 업무에는 지방자치단체로부터 위탁받은 업무가 포함된다.
② 협의회의 설립은 허가사항이 아니라 신고사항이다.
③ 협의회의 법적 성질은 권리능력 없는 사단이다.
④ 협의회는 수익사업을 해서는 안 된다.

정답 ①

16. 관광진흥법령상 '한국관광 품질인증' 대상 사업에 해당하는 것은?

① 야영장업
② 전문휴양업
③ 관광공연장업
④ 관광유람선업

정답 ①

17. 관광진흥법상 문화체육관광부장관의 관광개발기본계획에 포함되는 사항이 <u>아닌</u> 것은?

① 전국의 관광 여건과 관광 동향(動向)에 관한 사항
② 관광권역(觀光圈域)의 설정에 관한 사항
③ 관광자원 보호·개발·이용·관리 등에 관한 기본적인 사항
④ 권역의 관광 수요와 공급에 관한 사항

정답 ④

18. 관광진흥법령상 관광지 및 관광단지로 지정·고시된 지역에서 원칙적으로 허가를 받아야 할 수 있는 행위로 명시되지 <u>않은</u> 것은?

① 토지분할
② 농작물의 경작
③ 가설건축물의 건축
④ 죽목(竹木)을 베어내거나 심는 행위

정답 ②

19. 서울특별시에서 관광특구로 지정되기 위하여 필요한 외국인 관광객 수는?

① 10만 명 이상
② 30만 명 이상
③ 50만 명 이상
④ 100만 명 이상

정답 ③

20. 관광진흥개발기금법상 관광진흥개발기금(이하 "기금"이라 한다)에 관한 설명으로 옳지 <u>않은</u> 것은?

① 회계연도는 정부의 회계연도에 따르지 아니한다.
② 기금은 문화체육관광부장관이 관리한다.
③ 기금의 운용에 따라 생기는 수익금은 기금 조성의 재원(財源)이 될 수 있다.
④ 기금은 민간자본의 유치를 위하여 필요한 경우 관광사업에 투자하는 것을 목적으로 하는 투자조합에 출자(出資)할 수 있다.

정답 ①

21. 관광진흥개발기금이 대여하거나 보조할 수 있는 사업을 모두 고른 것은?

ㄱ. 국제회의의 유치 및 개최사업   ㄴ. 관광 관련 국제기구의 설치사업
ㄷ. 장애인에 대한 국민관광 복지사업   ㄹ. 관광사업 종사자에 대한 교육훈련사업

① ㄱ, ㄹ   ② ㄱ, ㄴ, ㄷ
③ ㄴ, ㄷ, ㄹ   ④ ㄱ, ㄴ, ㄷ, ㄹ

정답 ④

22. 관광진흥개발기금법상 관광진흥개발기금의 목적 외의 사용 금지 등에 관한 설명으로 옳은 것은?

① 문화체육관광부장관은 기금의 대여를 받은 자가 거짓으로 대여를 받은 경우 그 대여를 취소하고 지출된 기금의 전부 또는 일부를 회수한다.

② 거짓으로 기금을 대여받은 자는 해당 기금을 대여받은 날부터 10년 이내에 기금을 대여받을 수 없다.

③ 대여받은 기금을 목적 외의 용도에 사용하였을 때에 그 대여를 취소할 수는 없다.

④ 기금을 보조받은 자가 지정된 목적 외의 용도에 기금을 사용할 경우 관할 행정청에 신고해야 하며, 그 신고가 수리된 후 그 기금을 사용할 수 있다.

정답 ①

23. 다음은 국제회의산업 육성에 관한 법령상 국제회의가 되기 위한 요건에 관한 설명이다. (   )에 들어갈 내용으로 옳은 것은?

국제기구에 가입하지 아니한 기관 또는 법인·단체가 개최하는 회의로서 다음의 요건을 모두 갖춘 회의
- 회의 참가자 중 외국인이 (ㄱ)명 이상일 것
- (ㄴ)일 이상 진행되는 회의일 것

① ㄱ: 100, ㄴ: 2   ② ㄱ: 150, ㄴ: 2
③ ㄱ: 150, ㄴ: 3   ④ ㄱ: 200, ㄴ: 3

정답 ②

24. 국가가 국제회의복합지구 육성·진흥사업을 원활하게 시행하기 위하여 국제회의복합지구의 국제회의시설 및 국제회의집적시설에 대하여 관련 법률에서 정하는 바에 따라 감면할 수 있는 부담금을 모두 고른 것은?

> ㄱ. 「산지관리법」에 따른 대체산림자원조성비
> ㄴ. 「학교용지 확보에 관한 특례법」에 따른 학교용지부담금
> ㄷ. 「농지법」에 따른 농지보전부담금
> ㄹ. 「도시교통정비 촉진법」에 따른 교통유발부담금

① ㄱ, ㄴ, ㄷ ② ㄱ, ㄴ, ㄹ
③ ㄱ, ㄷ, ㄹ ④ ㄴ, ㄷ, ㄹ

정답 ③

25. 국제회의도시의 지정 등에 관한 설명으로 옳지 <u>않은</u> 것은?

① 장관은 국제회의도시를 지정하는 경우 지역 간의 균형적 발전을 고려하여야 한다.
② 국제회의시설이 있고, 이를 활용한 국제회의산업 육성에 관한 계획이 있어야 한다.
③ 지정대상 도시 또는 그 주변에 풍부한 관광자원이 있어야 한다.
④ 장관은 국제회의도시의 지정 또는 지정취소를 한 경우 그 내용을 고시할 필요는 없다.

정답 ④

제4과목

관광학개론

Chapter 01
관광 기초 이론

제 1절   관광 및 관광객의 개념

01. 관광의 어원

(1)동양

①중국 주나라 주역 '觀國之光 利用賓于王' / 관국지광 이용빈우왕

  (외국의 문물을 파악하여 식견이 풍부해지면 모든 나라의 왕으로부터 귀빈으로 대우 받는다.)

②신라 최치원의 계원필경 '관광육년'(당나라에 6년 유학했다)

③고려사절요 '관광상국'(송나라에 와서 선진문물을 배워라)

④정도전의 삼봉집 중의 '관광집'(고려말 이수인의 중국견문록의 제목)

⑤조선왕조실록 '관광방'(조선 초기 한성의 12방 중의 하나)

⑥열하일기,서유견문 등

  ☞ 문물을 견학하고 돌아온다.

(2)서양

①Tour는 라틴어 Tornus(도르래,회전)에서 유래 : 돌다/순회하다의 의미

②1811년 영국의 The Sporting Magazine 에서 Tourism 처음 사용

③처음에는 이민자에 상대되는 '비이민자'의 의미로 사용됨

02. 관광의 정의

(1)쉴레른 : 1911, 외국인의 유입/체재/유출의 형태를 가진 현상(경제적 관점)

(2)볼만 : 1931, 일시여행설(일시적으로 떠나고 체재하는 것, 행동론적 관점)

(3)오글리비 : 1933, 귀환예정소비설(1년을 넘지 않고,관광지에서 금전 소비, 금전은 관광지에서 취득한 것이 아닐 것, 경제적 관점 강조)

(4)글릭스만 : 1935, 어떤 지역에서의 일시적인 체재를 통해 형성되는 지역 주민들과의 관계 형성의 모습(사회적 측면 강조)

(5)UNWTO : 위락, 휴가, 스포츠 등을 목적으로 24시간 이상,1년 이하의 기간 동안 외국을 방문하는 것

(6)김진섭 : 생활의 변화를 추구하고자 하는 욕구를 충족하기 위해 일상을 떠나 다른 자연 및 문화 환경하에서 적극적으로 행하는 일련의 활동

03. 관광과 관련된 인접 용어

(1)여행(Travel) : Travail(노동, 수고)에서 유래하였고 장거리이며 비교적 소액의 경비로 이루어지며 목적이나 동기는 불문

(2)Excursion : 구경 위한 당일여행

(3)Tour : 단기적, 목적적인 구경

(4)Trip : 짧은 여행(business trip)

(5)Sightseeing : 경치 감상 여행

(6)Journey : 비교적 장거리 육상여행

(7)Expedition : 탐험, 조사 여행

(8)Cruise : 선박 주유여행

(9)Voyage : 바다에서 하는 긴 여행

(10)Pilgrimage : 순례여행

(11)Junket : 공공경비로 하는 호화여행

(12)위락(Recreation) : 육체적/정신적인 회복을 위한 적극적인 활동(놀이,오락)

(13)여가(Leisure) : 생계를 위한 필요성이나 의무가 따르지 않고 스스로 즐거움을 얻기 위한 활동이나 그 시간

　①기능 : 휴식, 기분 전환, 자기 실현

　②현대인의 여가 증대 원인 : 경제적 여유, 삶을 즐기자는 가치관 등

04 관광객의 개념

(1)ILO(국제노동기구,1937) : 24시간이나 그 이상의 기간 동안 거주지가 아닌 다른 나라를 방문하는 사람 / 최초의 정의

(2)OECD(경제협력개발기구)

　①국제관광객 : 24시간 이상,6개월 이내의 기간 동안 체재하는 자

　②일시 방문객 : 24시간 이상,3개월 이내의 체재자

③당일관광객 : 24시간 미만의 여행자

(3)UNWTO(세계관광기구) : '관광을 목적으로 여행하는 자'로 정의하며 관광객 통계에 포함되는
  자와 포함되지 않는 자를 구분
  ①통계에 포함되는 자
    ㉠관광객 : 다양한 목적으로 여행하고 방문국에서 1박 이상 체재
    ㉡당일 방문자 : 선박,기차 등의 승객 및 승무원으로서 당일 관광 후 떠남
  ②통계에 포함되지 않는 자
    ㉠국경통근자, 군인, 외교관, 이민자, 영사, 방랑자, 망명자, 취업 목적 입국자, 일시 거주자,
    공항 내에서 통과자(transit passenger)

제 2 절　관광의 구조

01. 관광의 주체

관광욕구와 관광동기를 통해 관광행동을 하는 관광의 소비자이다.
'평소 잉카문명에 대해 관심이 많았던 현철이는 페루의 마추픽추에 가보고 싶어 했는데(a) 마침
페루에서 결혼식을 거행할 친구로부터 초청을 받았다'(b). 그래서 현철이는 페루의 마추픽추를 방
문했다(c). 여기에서 a 부분이 관광욕구에 해당하며 b 부분이 관광동기, c 부분이 관광행동에 해
당한다.

(1)관광욕구 및 관광동기
  ①매슬로우의 욕구 단계 : 관광욕구는 5단계 중 자아실현의 욕구에 해당

  ②글릭스만의 관광동기 분류
    ㉠심리적 동기 : 사향심,종교,교유(관념적 원인)

ⓒ정신적 동기 : 지식,견문,환락(관념적 원인)

ⓒ신체적 동기 : 치료,보양,운동(물리적 원인)

ⓔ경제적 동기 : 사업,쇼핑(물리적 원인)

③토마스의 분류(1984)

㉠교육/문화적 동기 : 견문 확대

ⓒ휴양/오락적 동기 : 일상 탈출,정신적 위안

ⓒ망향적(종족 지향적) 동기 : 고향 방문, 친척/친구 방문

ⓔ기타 동기 : 스포츠,모험,종교,건강 등

④매킨토시의 분류

㉠신체적 동기 : 휴식,운동

ⓒ문화적 동기 : 문화적인 견문 확대

ⓒ사회적(대인적) 동기 : 친구,친지,새로운 사람을 만나기 위함

ⓔ지위 향상적 동기 : 개인의 발전,사회적 지위 향상

(2)관광행동의 결정 요인

①사회적 요인 : 가족, 준거집단, 사회계층, 하위문화

②개인적 요인 : 개성, 태도, 성격, 학습, 지각

③Push 요인 : 관광객 자신의 내적인 요인에 의해 관광행동으로 연결

(건강, 호기심, 취미, 스트레스, 경제적 여유)

④Pull 요인 : 관광객체의 매력에 이끌려 관광하는 것(멋진 경관, 역사성, 예술성)

(3)관광객 유형

①안전지향형(Psychocentric) : 잘 알려진 관광지, 패키지상품 선호

②모험지향적(Allocentric) : 새로운 목적지, 장거리 여행 선호

③중간형(Midcentric)

(4)관광객의 의사결정 과정

자극~동기유발~태도결정~관광행동~재방문욕구

02. 관광의 객체

관광의 대상이 되며 관광의 공급자이다. 관광자원 및 관광시설이 이에 해당한다.

(1)관광자원 : 문화적/자연적/사회적/산업적/위락 자원

(2)관광시설 : 숙박시설, 교통시설, 쇼핑시설, 편의시설 등

03. 관광의 매체

관광주체와 객체를 연결시켜 주는 역할을 담당한다. 관광사업자들이 담당하고 있는 분야이며 행정

기관도 일정부분에서 관련기능을 수행한다.

(1)공간적 매체 : 교통/운송시설

(2)시간적 매체 : 숙박시설, 휴게시설

(3)기능적 매체 : 여행업, 가이드, 쇼핑센터

(4)복합적인 관광매체 : 크루즈(교통,숙박,오락,쇼핑)

제 3 절   관광의 발전사

01. 고대 그리스와 로마

(1)그리스 : 신앙,체육,요양 중심의 관광/민가에서 숙박(환대 hospitalitas)

(2)로마 :

　① 종교, 예술, 요양, 식도락(gastronomia, 포도주와 식사) 관광 성행

　② 관광 발전 요인 : 치안 유지, 도로 정비, 화폐 경제, 관광사업 등장(숙박)

　③ 간이식당 Taberna, 숙박+식사 Popina 발전

02. 중세 유럽

(1)관광의 암흑기, 십자군 원정 : 동방에 대한 지식과 관심 증대

(2)종교관광 위주 : 성지순례(예루살렘, 로마)

03. 근대 유럽

(1)Grand Tour(교양관광)

　①유행 시기 : 17C~19C초

　②주체 : 영국을 중심으로 한 유럽 상류층의 젊은 남성

　③목적지 : 프랑스, 이태리 등

　④목적 : 교육, 교양(가정교사가 수행)

　⑤여행기간 : 2~3년

(2)산업혁명(1760년대) 및 과학기술의 발달에 따라 여행 증가

(3)1840년 증기기선 영업 시작

(4)1841년 여행 알선업 : 토마스쿡 / 열차를 빌려 포괄단체여행 실시

(5)1850년 그랜드호텔(고급호텔의 대명사)

(6)1897년 리츠호텔(체인호텔의 효시)

(7)최초의 여객기 : 1930년대 출현

04. 근대 미국

(1)스타틀러 : 버팔로에 스타틀러 호텔 오픈(1908)
(2)2차대전 후 힐튼에 의해 미국호텔은 대형화/근대화

05. 관광의 발전단계

Tour 시대 ~ Tourism 시대 ~ Mass Tourism 시대 ~ Social Tourism 시대
(~1830)   (1840~1945,상업화)   (1945~, 대중화)   (1980 ~, 사회복지 지향)
(Social Tourism 시대 다음으로 New Tourism 시대를 포함시키기도 한다.)

06 우리나라 관광발전사

(1)숙박시설 : 고려시대부터 역, 여사, 원 발달

년대	주요 사건
1888	최초 호텔 : 인천 대불호텔
1899	경인선 철도 개통, 경부선 철도(1905), 경의선(1906)
1902	서울 최초 호텔 : 손탁호텔
1950	1954 : 교통부에 관광과 설치, 1957년 : IUOTO에 가입
1960	1961 : 관광사업진흥법 제정 1962 : 통역안내원 자격시험 실시, 국제관광공사 설립 1963 : 관광과 → 관광국으로 승격 1967 : 최초 국립공원 지정 1968 : 경인고속도로 개통
1970	1970 : 경부고속도로 개통, 호텔등급제 시행 1972 : 관광진흥개발기금법 제정 1974 : 경부 보문단지 개발 1975 : 관광기본법 제정, 관광산업을 국가전략사업으로 지정, UNWTO 설립 1978 : 제주 중문단지 개발, 외래관광객 100만 돌파
1980	1982 : 한국관광공사 설립/야간통행금지 해제 1986 : 관광진흥법 제정, 서울 아시안 게임 1988 : 서울 올림픽 1989 : 해외여행 완전 자유화
1990	1992 : 한중 수교 1994 : 관광특구제도 시행, 관광업무 문체부로 이관 1995 : 폐광지역개발지원에 관한 특별법 제정 1996 : 국제회의산업진흥법 제정 1998 : 금강산관광 개시(여객선), 최초로 정기 크루즈 개시
2000	2000 : 정선 강원랜드 개장 2002 : 월드컵, 부산 아시안게임

년대	주요 사건
	2003 : 금강산 육로관광 개시(2008 중단)
	2005 : 해외 여행객 1000만 돌파
2010	2010 : G20 정상회의
	2012 : 외래관광객 1천만명 돌파
	2014 : 인천 아시안 게임, 2018 : 평창 동계올림픽

제 4 절　관광사업

01. 관광사업의 주체

(1)민간기업이 주도하며 영리추구가 주된 목적이다.

(2)공기업도 일정부분 관광사업에 관여한다(예: 한국관광공사의 카지노 사업)

02. 특성

(1)사업주체 및 사업내용의 복합성

(2)입지의존성 : 사업장소 선정이 중요

(3)변동성 : 사회, 경제, 자연적 요인에 의해 사업이 영향을 받는다.

(4)공익성, 서비스성, 비저장성

03. 관광사업의 종류

현재 관광진흥법상 38개 사업이 규정되어 있으며 그 외에도 직간접으로 관광객을 대상으로 서비스를 제공하는 많은 사업들이 있다.

제 5 절　관광의 효과

01. 긍정적 효과

(1)경제적 효과

　①국제수지 개선(외화획득)

　②국민소득 증대

③지역사회개발

④조세 수입 증대

⑤고용 증대

⑥승수효과 발생

　관광객이 금전을 소비하면 그 돈이 연쇄적으로 생산유발 효과 발생

　(3.2~4.3배 생산유발 효과 발생 : (Checki Report)

⑦외화가득율이 높다.

　㉠외화가득율 $= \dfrac{국제관광수입 - (국제관광선전비 + 면세품구입가격)}{국제관광수입} \times 100$

　㉡외화가득율이란 특정품목이 외화획득에 기여하는 정도를 나타내는 지표로서 관광을 제조업 상품과 비교할 경우 관광의 외화가득율이 더 높다.

(2)국제친선 도모 : 상호 이해 증진, 평화 증진, 국제교류 활발

(3)사회적 효과 : 여성지위 향상, 교육기회 확대

(4)문화적 효과 : 외국의 문화수준 인식 제고, 역사유적 보존/보호

(5)환경적 효과 : 관광자원의 보호와 복원, 환경정비와 보전, 환경에 대한 인식증대

02. 부정적 효과

(1)경제적 : 물가 상승, 외화 유출, 경제 종속, 기형적인 산업구조

(2)사회적 : 범죄율 상승, 지역주민과의 갈등, 가족구조 해체

(3)문화적 : 고유 문화 상실, 전통문화 상품화

(4)환경적 : 환경 파괴, 오염 유발

제 6 절　관광의 새로운 경향(대안관광, Alternative Tourism)

01. 개관

(1)1980년 이후 대두

(2)대중 관광의 문제점(자연과 문화 파괴, 환경오염 증가, 범죄 증가)을 해결하려는 노력의 산물

(3)공통 개념

①관광은 소규모로, 관광객의 능동적인 참여

②지역주민과의 교류

③지역민이 경제적인 이익 향유

④자연환경에 영향 최소화

(4)형태

생태관광, 연성관광, 녹색관광, 책임관광, Low Impact Tourism, Ethnic Tourism, 공정여행, 지속가능한 관광 등

02. 생태관광

(1)등장 배경

①대중관광으로 인한 과도한 개발에 따른 환경 파괴와 지역문화 상실에 따른 반성으로 대두
②'인간도 자연의 한 부분으로서 생태계를 구성하고 있다'는 개념에서 출발
③동식물의 생태나 자연경관의 관찰 활동이 중심이지만 자연환경의 보전활동이 포함되는 경우가 많다.

(2)개념

①환경을 보호하고 지역주민들의 복지를 고려하는 책임 있는 여행
②UNWTO : 자연관광의 한 형태로서 환경보호와 자연에 관하여 방문자를 교육시키는 데 가장 많은 배려를 하는 관광
③기본 요소
  ㉠최소한의 환경적 영향
  ㉡현지문화에 최소 영향 및 최대 존중
  ㉢현지 주민들에게 경제적 편익이 돌아가야 자연자원 보전에 기여
  ㉣자연으로부터 받은 혜택을 통해 인간성 회복

03. 녹색관광(Green Tourism)

(1)농촌, 어촌 및 산촌지역의 자연과 문화를 체험하는 체재형 관광형태
(2)다양한 활동을 포함(경작, 채취, 가축 돌봄 체험)

04. Rural Tourism

(1)도시생활자들이 농촌지역에서의 여가관광 활동
(2)농촌이 간직한 전통문화, 자연과의 교류 등을 체험하며 지친 심신 회복
(3)농협에서 진행하는 FarmStay가 이에 속함

05. 지속가능한 관광(Sustainable Tourism)

(1)'지속가능한 개발'이라는 개념에 근거(1987년 세계환경개발위원회)
  (미래세대의 밥그릇을 빼앗지 않으면서 현세대의 밥그릇을 채우는 것)
(2)환경의 보호를 고려한 적정한 관광개발로 관광이 영속적으로 가능하도록 한다.

(3)기본 요소

①관광개발은 지역의 자연, 사회, 문화적 환경에 해를 가하지 않아야 함

②관광자원은 미래를 위해 보존 + 현세대에게는 편익 제공

③관광의 편익은 지역사회에도 돌아가야 한다.

06. 연성관광(Soft Tourism)

지역주민과의 상호 이해, 문화적 전통 존중, 환경보전 달성

07. 책임 관광(Responsible Tourism)

전통의 파괴, 자연환경 훼손, 희귀한 자원을 남용하는 행위를 하지 않는 관광

08. Ethnic Tourism

(1)소수 민족의 문화를 체험하는 관광의 형태

(2)인류문화의 다양성을 인정하며 보존에 기여한다.

09. 공정여행(Fair Travel)

(1)현지인 착취, 환경오염을 지양하며 현지인의 이익을 고려한 여행

(2)여행사 직원 처우, 현지 지역민의 경제적 이익, 윤리적인 소비, 현지인과 교류, 문화존중, 관광
지의 동물학대/인권 유린 시정, 사회를 위한 기부 등을 추구하는 관광의 형태

(3)공정 무역(fair trade)의 이념과 일맥상통

제 7 절 국제관광기구

01. 국제연합(UN)

(1)1967년을 국제관광의 해로 지정

(2)'관광은 모든 사람, 모든 국가의 정부가 찬양하고 권장할 가치가 있는 기본적이고 가장 바람직한
인간 활동'

(3)'관광은 평화의 여권' 표어 채택(Tourism is a passport to peace)

02. 세계관광기구(UNWTO, United Nations World Tourism Organization)

(1)각국의 정부기관이 회원으로 가입

(2)IUOTO 가 1975년에 개편되어 설립

(3)153개국 가입, 본부는 스페인 마드리드

(4)우리나라는 1957년 IUOTO에 가입, UNWTO에는 1975년에 자동 전환가입,

(5)총회는 2년마다 개최, 통계자료 발간, 교육. 조사/연구 등 활동

(6)2001년 일본과 공동으로 총회 개최 및 2011년에 단독으로 개최

(7)9월 27일을 세계관광의 날로 제정(1979)

※ 마닐라 선언
- 1980.9 UNWTO 마닐라 총회
- 관광은 세계 평화을 위해 중요하며, 선진국과 개도국의 경제격차를 줄일 수 있고 전 인류의 자주, 평화, 자유를 보장한다.
- 관광활동은 인간존엄성의 정신에 입각하여 보장되어야 하며 세계평화에 기여한다.
- 여행의 자유와 관광복지정책의 필요성, 출입국 절차 간소화, 유적지 보호, 휴일 보장 등 주장

03. 아시아태평양 관광협회(PATA, Pacific Asia Travel Association)

(1)1951년에 설립, 본부는 태국 방콕

(2)아태지역 관광 진흥 활동, 구미관광객 유치 위한 마케팅 활동이 목적

(3)73개국 800여개의 관광기관 및 사업자 가입

(4)연차총회, 관광교역전, 관광자원 보호활동

(5)1965,1979,1994,2004년에 한국에서 총회 개최

(6)2017년 한국관광공사의 'Korea Visits You'가 마케팅 캠페인 부문 PATA Grand Awards 수상

04. 미주여행업협회(ASTA, American Society of Travel Agents)

(1)1931년 설립, 미주지역 여행업자의 권익보호와 전문성 제고를 목적

(2)140여개국 2만여의 회원

(3)상반기에는 해외 Int'l Desti. Expo, 하반기에는 미국 내 The Trade Show 개최

(4)1983년 서울, 2007년 제주에서 총회를 개최

05. 세계여행업자협회(WATA, World Association of Travel Agents)

(1)1949년에 설립되었고 스위스 제네바에 본부

(2)100여개국 이상으로부터 회원 가입, 1도시 1 여행업자 가입

(3)Master Key(연보) 발행

06. 세계여행관광협의회(WTTC, World Travel & Tourism Council)

(1)유망한 100여개 업계 리더들이 회원

(2)관광산업의 사회적 인지도를 증진

(3)1990년 설립되었고 본부는 런던에 소재
(4)세계관광정상회의 개최

07. SKAL(건강,우정,장수,행복)

(1)1934년 설립, 본부는 스페인 토레몰리노스
(2)관광업계 중진들의 친선 모임, 관광업계 종사자 2만여 명 가입

08. 동아시아관광협회(EATA, East Asia Travel Association)

09. 아시아관광마케팅협회(ATMA, Asia Travel Marketing Association)

10. 기타 : OECD, APEC, ASEAN

Chapter 02
여행업

제 1 절 여행업 일반

01. 여행업의 정의

여행자와 여행관련 사업자(숙박, 교통 등) 사이에서 여행자를 위해 예약, 알선, 수배 등의 여행서비스를 제공하고 일정한 대가를 받는 업

※ Principal : 숙박, 교통, 식당 등의 기업(소재공급업자)

02. 여행업의 역할

(1)여행자를 대신하여 교통, 숙박 기타 여행관련 서비스를 수배
(2)여행자를 위해 정보를 제공
(3)여행의 전 과정에 편의를 제공
(4)항공권, 여행상품 등의 판매
(5)여권이나 비자 대행 업무

03. 여행업의 성격

(1)자본 투자 적고 소규모의 운영자금 소요
(2)계절/기후 등 자연적 영향 및 정치/경제/사회적 영향을 많이 받는다.
(3)인적 자원에 대한 의존도 큼 : 직원의 업무능력이 중요
(4)경쟁이 심하고 상품의 모방이 쉽다.
(5)외국과의 거래가 빈번하여 국제적이며 공익적인 사업이다.

04. 여행업 활용의 장점

(1)여행의 제반 준비에 대한 불안감 해소
(2)유용한 정보를 제공 받을 수 있다.
(3)예약 및 수배에 따르는 시간과 비용을 절약할 수 있다.
(4)여행경비를 줄일 수 있다(패키지 상품)

05. 여행업의 발전

(1)1841년 영국의 토마스 쿡은 금주대회 참석자들 대상으로 철도여행 실시하였고 1855년에 파리의 박람회 참가자를 대상으로 국제여행 기획했다.

(2)쿡의 법칙

①교통기관과 숙박시설은 고정비의 비율이 높기 때문에 이용자를 늘리면 1인당 비용 낮출 수 있다.

②요금을 낮추면 관광수요 증대(관광수요는 가격탄력적이다)

③단체할인요금제를 채택하면 모두가 만족

(3)관광진흥법상의 여행업 종류

①종합여행업 : 국내외, 내외국인 대상 / 자본금 5천만 이상

②국내외여행업 : 국내외, 내국인 대상 / 자본금 3천만 이상

③국내여행업 : 국내, 내국인 대상 / 자본금 1.5천만 이상

06. 여행의 형태

(1)피스톤형 : 서울 ~ 속초 ~ 서울

(2)스푼형 : 서울 ~ 속초 ~ 양양 ~ 속초 ~ 서울

(3)안전핀형 : 서울 ~ 경주 ~ 포항 ~ 울산 ~ 서울

(4)텀블린형 : 서울~속초~울진~포항~부산~목포~군산~인천~서울

(긴 여행기간, 소비 규모 큼)

07. 여행의 분류

(1)목적에 의한 분류

①겸목적 : 두 가지 이상의 목적(출장,회의,연구,사업 등)

②순목적 : 풍물감상,견문확대,휴양,요양,수학여행 등

(2)기획자에 의한 분류

①주최여행(기획여행) : 여행 일정, 경비 등을 미리 정하여 참가자를 모집하는 여행

㉠ 비수기에 수요를 창출할 수 있다.

㉡ 저렴한 여행이 가능하다.

㉢ 숙박 및 교통 등 미리 예약함으로 품질관리 가능하다.

㉣ 여행객은 여러 회사의 상품을 비교할 수 있다.

㉤ 대량 인원의 여행으로 인건비 절감 효과

②공최여행 : 여행자 단체와 사전 협의 후 결정하여 실시하는 여행

③주문여행 : 여행자 단체의 주문에 따라 여행일정을 작성하고, 그 여정에 따른 조건 및 여행비를 산정하여 형성되는 여행

(3)안내조건에 의한 분류

    ①I.C.T(Inclusive Conducted Tour) : 안내원이 전 여행기간 동안 안내하는 방식으로 Foreign Escorted Tour라고도 함

    ②I.I.T(Inclusive Independent Tour) : 출발 시에 안내원을 동반하지 않고 목적지에서 현지 가이드의 안내를 받는 방식(local guide system)

    ③ FIT(Foreign Independent Tour) : 가이드 없는 개별 여행

(4)출입국 수속 여부에 의한 분류

    ①기항지 상륙여행(Shore Excursion) : 일시 상륙 허가 얻어 여행(72시간 이내)

    ②입국 여행

(5)여행의 방향에 의한 분류

    ①내국인의 국내 여행 : Domestic

      * 인트라바운드(Intrabound) : 내국인과 국내거주 외국인의 국내여행

    ②외국인의 국내여행 : 인바운드(Inbound)

    ③내국인의 국외여행 : 아웃바운드(Outbound)

    ④외국에 거주하는 사람이 제3국으로 여행갈 경우

      (한국의 철수는 A국에 거주하고 있는 정훈이가 B국에 여행 다녀왔다고 연락을 받았다. 이 경우 철수의 입장에서 정훈이는 Overseas Tourism을 다녀왔다고 이야기할 수 있다)

    ⑤역내관광(Intra-Regional) : 일정한 지역내 관광

    ⑥역외관광(Inter-Regional) : 다른 지역으로의 관광(중동지역에서 동남아로)

    ⑦인바운드와 아웃바운드의 비교

구분	인바운드	아웃바운드
영업/판매업무	외국 대상 판매	내국인 대상 판매
수배업무	국내 숙박,관광지	해외 숙박,교통,식사
안내업무	관광통역안내사	T/C,현지 가이드
항공권 예약/발권	X	항공권 발권 업무 수행
수속 보조	X	여권,비자 수속 보조
정산업무	여행 종료 후 경비 지출 보고	

(6)다양한 여행(관광)의 종류

    ①Package Tour : 주최여행/기획 여행

    ②Series Tour : 동일한 여행을 정기적으로 하는 여행

    ③Convention Tour : 국제회의 전후에 하는 여행

    ④Charter Tour : 여객기를 전세 내어 하는 여행

⑤Incentive Tour : 포상(보상) 여행으로 주로 기업체에서 우수직원에 대한 보상 차원에서 실시한다.

⑥Interline Tour : 항공회사가 가맹 Agency(여행사)의 임직원 대상으로 실시

⑦Familiarization Tour(Fam Tour) : 관광지 홍보를 위해 지방자치단체나 항공사 등이 여행업자나 기자, 가이드 등을 초대하여 여행지를 시찰하게 하는 여행

⑧Dark Tour : 역사적인 비극의 현장을 여행하며 교훈을 얻는 여행

⑨Option Tour : 일정에 없는 여행으로 현지에서 여행자와 협의하여 진행한다.

⑩Special Interest Tour(SIT) : 특수목적관광 또는 특별관심관광, 탐조관광, 사파리 관광, 식도락 관광 등이 해당한다.

08. 여행업 수익 구성

(1)여행상품 판매 수익 : 기본적인 수입원

(2)상품 판매 대행 수수료, 선택관광 판매수수료, 쇼핑 알선 수수료

(3)여행소재 공급업자로부터 받는 수수료, 서류 발급 수속 대행 수수료

09. 여행 상품

(1)구성 요소

교통, 숙박, 식음료, 관광지, 쇼핑, 가이드, 보험

(2)여행상품의 특징

①무형의 상품으로 재고 보유 불가능

②계절과 요일에 따른 수요 변동이 심하다.

③개인별 효용차가 크다(상품가치의 주관성)

④상품의 품질이 일정하지 않다(이질성)

⑤복수의 동시 소비가 불가능하다

⑥모방하기 쉬워 차별화 어렵다.

(3)여행상품의 가격 결정 요소

①여행 조건 : 기간, 숙박, 교통, 식사, 방문지, 단체의 규모 등

②계절(성수기와 비수기 구별), 환율

(4)여행상품 유통 구조

①생산자 직접 판매(직판) Vs 대리점 경유하여 판매(간판)

②점포판매/방문판매/인터넷판매/홈쇼핑판매

10. 여행업의 변화 경향

(1)소비자의 욕구의 다양화,전문화,세분화 : SIT, DIY(do it yourself)
(2)온라인 여행시장이 성장 : Expedia(미), Viator(미), Webjet(호), STA(영)
(3)개별 여행시장이 확대 : FIT 확대 / 단체여행객 감소
(4)실버계층의 여행 증가
(5)인수/합병 통한 외형 성장
(6)해외 온라인여행사의 점유율 증대
(7)국내 직판여행사의 점유율 증대

11. 여행업 사업자의 법적 의무

(1)보증보험 등 가입 의무
　①목적 : 여행알선과 관련한 사고로 인하여 관광객에게 피해를 줄 경우 그 손해를 배상하기 위함
　②가입처(택1)
　　㉠보증보험
　　㉡한국관광협회중앙회의 공제
　　㉢업종별(지역별) 관광협회에 영업보증금 예치
　③가입 시기: 사업을 시작하기 전
　④기획여행을 실시할 경우 추가로 보증보험 등에 가입해야 한다.
　　(일반여행업 및 국외여행업이 대상)
　⑤보증보험 등 가입금액 기준
　　직전 사업연도의 매출액 규모에 따른 차등 가입

(2)기획여행 광고시 표시해야 할 사항
　①여행업의 등록번호, 상호, 소재지 및 등록관청
　②기획여행명·여행일정 및 주요 여행지, 여행경비
　③교통·숙박 및 식사 등 여행자가 제공받을 서비스의 내용
　④최저 여행인원, 보증보험 등의 가입 또는 영업보증금의 예치 내용
　⑤여행일정 변경 시 여행자의 사전 동의 규정
　⑥여행목적지의 여행경보단계

(3)여행계약 체결 시 여행업자의 의무 사항
　①서면으로 안전정보 제공 의무
　　㉠여권의 사용을 제한하거나 방문·체류를 금지하는 국가 목록 및 벌칙
　　㉡외교부 해외안전여행홈페이지(www.0404.go.kr)에 게재된 여행목적지(국가 및 지역)의
　　　여행경보단계 및 국가별 안전정보

ⓒ해외여행자 인터넷 등록 제도에 관한 안내

ⓐ해외여행자가 해외안전여행홈페이지에 신상정보·비상연락처·일정 등을 등록

ⓑ등록된 여행자에게 방문지의 안전정보를 메일로 발송

ⓒ등록된 여행자가 사건·사고에 처했을 때 소재지 파악이 용이

②여행계약서 및 보험가입 증명서류 교부 의무

③여행계약서에 명시된 숙식, 항공 등 여행일정(선택관광 일정)을 변경하는 경우 일정을 시작하기 전에 여행자로부터 서면으로 동의를 받아야 함(자필서명 포함)

㉠서면동의서에 명시될 내용 : 변경일시, 변경내용, 변경으로 발생하는 비용

㉡사전동의를 받지 못할 경우 : 사후에 서면으로 변경내용을 설명해야 함

(4)여행경보제도

①외교부에서 여행·체류시 특별한 주의가 요구되는 국가 및 지역에 경보를 지정하여 위험수준과 이에 따른 안전대책(행동지침)의 기준을 안내하는 제도

②해당 국가(지역)의 치안정세와 기타 위험요인을 종합적으로 판단하여 안전 대책의 기준을 판단할 수 있도록 중·장기적 관점(1개월 단위 이상)에서 발령

③해외 주재원, 출장자, NGO요원, 선교사, 여행자 등 해외에 체류할 예정이거나 체류하고 있는 모든 우리 국민들을 대상으로 발령

④여행경보단계별 행동 지침

㉠남색 경보 : 여행 유의 / 신변 안전 유의

㉡황색 경보 : 여행자제 / 불필요한 여행 자제 / 신변 안전 특별 유의,

㉢적색 경보 : 출국권고 / 가급적 여행 취소, 연기 / 긴급용무가 아닌 한 출국

㉣흑색 경보 : 여행 금지 / 즉시 대피 또는 철수

(5)특별여행주의보

①여행경보 2단계 이상, 3단계 이하에 준함

②발령기간은 90일 이내 / 단기적인 위험 상황이 발생할 경우 발령

(6)신속해외송금제도

우리 국민이 소지품 분실, 도난 등 예상치 못한 사고로 일시적으로 궁핍한 상황에 처하여 현금이 필요할 경우 국내 지인이 외교부 계좌로 입금하면 현지 대사관 및 총영사관에서 해외여행객에게 긴급 경비를 현지화로 전달하는 제도. 신속해외송금제도를 이용하려면 가까운 대사관 및 총영사관에서 신청하거나 영사콜센터 상담을 통해 이용할 수 있다. 이용한도는 3천불이다. 달러화, 엔화, 유로화, 파운드화로 지급하며 불가피할 경우 현지화폐가 사용될 수도 있다.

01. 업무 내용

(1)수속 업무 보조 : 여권과 비자 수속 업무 보조

(2)판매 업무 : 여행상품,항공권,숙박권 등 판매

(3)수배 업무 : 현지의 호텔,버스,식당,관광지 등 수배/예약(지상수배)

(4)국외여행 인솔 업무 : 국외여행인솔자 자격자

(5)기획개발 업무 : 여행상품 개발

(6)항공예약 및 발권업무

(7)정산 및 관리

* 국외여행인솔자 자격 요건(3개 중 하나)
  - 관광통역안내사 자격을 취득할 것
  - 여행업체에서 6개월 이상 근무하고, 국외여행 경험이 있으며, 장관이 정하는 소양교육을 이수할 것(15시간)
  - 관광고등학교나 전문대졸 이상의 교육과정을 이수한 자가 교육장관이 지정하는 교육기관에서 양성교육을 이수할 것(80시간)

02. 여행에 필요한 서류

• 여권, 비자, 예방접종증명서(Yellow Card or Vaccination Card)

(PVS : Passport, Visa , Shot)

(1)여권의 종류

①일반여권(단수여권/복수 여권)

②관용 여권 : 공무원의 공무상 해외 여행시

③외교관 여권

※ 여행증명서(travel certificate) : 여권을 분실할 경우 현지의 대사관/영사관에서 발급 받아 여행을 계속할 수 있다. 유효기간 1년

(2)비자 종류

①목적에 의한 분류

㉠입국 비자(entry Visa) : 해당국에 입국을 주목적으로 하며 관광비자, 상용비자, 방문비자, 유학비자, 취업비자, 영주비자 등이 있다.

㉡통과 비자(transit Visa) : 단기간 또는 72시간 체류 시 현지 공항에서 발급

②사용횟수에 의한 분류

㉠단수 비자 : 유효기간 내 1회 입국 가능

ⓒ복수 비자 : 유효기간 내 횟수에 상관없이 입국 가능

③직무에 의한 분류

일반 비자, 공용 비자, 외교 비자

※ 무사증체류(Transit Without Visa)

– 경유지에서 비자 없이 입국하여 통과 또는 관광할 수 있는 제도

– 조건

• 제 3국으로 여행할 수 있는 항공권 소지

• 제 3국으로 여행할 수 있는 여행서류 구비

• 입국목적이 단순한 통과 또는 관광

• 상호 국가간에 외교관계 수립

④쉥겐협약

유럽 내 국가간 자유이동에 관한 협약 : 우리나라 국민은 180일간 90일 이내 체류 가능(영국, 아일랜드 제외)

03. 여행 일정(Itinerary) 작성

(1)사전 파악 사항 : 여행 목적, 여행 시기 및 기간, 여행경비, 여행경험 유무

(2)구성 요소: 여행기간 및 일자, 시간, 관광지, 교통편, 숙박, 식사, 쇼핑 일정

04. 지상 수배

(1)개념 : 여행목적지에서 호텔,교통,식사,관광 등에 대한 예약

(2)지상 수배 서비스 제공자 : 지상 수배업자(Land Operator) 현지 수배 기능, 정보 수집/제공 기능, 상담 기능, 견적 기능

(3)수배 업무의 원칙

①정확성 : 정확한 기록,의사소통을 명확하게 한다

②신속성 : 우선순위를 정하여 신속하게 처리

③경제성 : 비용을 최소화

④수배 사항 재확인 및 대안 마련

05. 여행상품 가격 산출

(1)비용 내역

①운임 : 항공운임 또는 여객선운임)

②지상 경비(Land Fee)

숙박비, 식사비 , 지상 교통비(전세 버스), 관광비, 세금 등

③기타 비용

㉠여행경비 포함 비용 : 보험료, T/C 경비, 가방 Tag 비용

ⓒ여행경비 불포함 비용 : 여권/비자 수속비용, 예방주사대
(2)상품 가격산출

　운임 + 지상경비 + 기타비용 + 마진

06. 출입국 절차

(1)출국(CIQ)

　①탑승수속 → 세관신고 → 보안검색 → 출국심사 → 검역 → 탑승
　　(Customs Clearance)　　　　　　(Immigration) (Quarantine)
　②Fast Track Service : 신속한 출국을 지원하는 제도(노약자, 기업인 대상)
　③자동 출입국 심사서비스(SES) : 복수여권 가능
(2)입국(QIC) : 검역(Quarantine) → 입국심사(Immigration) → 세관신고(C.C)
(3)AIPS(Advance Passenger Information System) : 사전입국심사제도

07. 수화물

(1)수화물의 구분

　①휴대 수화물(Carry-on Baggage)
　　(가로x세로x높이의 합이 115 cm 이내, 10~15kg 내외)
　②위탁 수화물(Checked Baggage) : 항공사의 책임하에 운송
　　Baggage Polling : 단체여행객에 대해 개별 고객별로 수하물을 처리하지 않고 단체여객의
　　허용총량을 기준으로 수하물을 처리하는 것

(2)수화물의 운송가능 여부

　①운송이 절대 불가한 물품(폭발 위험물, 독극물)
　　ⓒ에어로졸, 스프레이 페인트, 70도 이상의 술, 소화기
　　ⓒ불꽃, 화염 등 불꽃 제조품, 딱성냥, 곽성냥
　　ⓒ인화성 액체 연료
　　ⓒ가스 및 가스 용기, 기타 위험물(공기가 1/3 이상 주입된 공)
　②위탁 운송이 가능한 물품
　　ⓒ도검류, 총기류, 스포츠 용품, 공구류, 액체류
　　　총포, 도검, 화약류 등은 허가를 받고 항공사에 신고한 후 가능
　　ⓒ전동휠체어, 무술용 무기, 호신용 스프레이(인당 1개,100㎖이하)
　　ⓒ액체류 : 1인당 품목당 500㎖(0.5kg), 총 2ℓ(2kg)까지 가능
　③기내 휴대 가능 물품
　　ⓒ체온계와 온도계는 개인용 1개까지 허용
　　ⓒ드라이아이스(2.5kg이내)
　　ⓒ리튬 또는 리튬 이온 전지(2개 가능), 전자담배

㉣라이터 및 안전성냥 1개

㉤액체성 물품은 품목당 100㎖ 이내, 가로/세로 20cm 크기의 지퍼백에 넣어 밀봉시키면 가능
  (1인당 1개의 지퍼백 허용)

㉥라켓류, 휴대용 면도기, 와인 코르크 따개, 젓가락, 포크, 등산용 스틱

㉦휠체어, 자동세제동기, 노약자 지팡이, 의료용 5kg 이하 산소통

08. 출국 시 제한사항

(1)미화 1만불 초과 시 세관 신고(1만~2만달러 과태료, 2만 초과 형사 처벌)

(2)출국 후 재반입하는 고가품은 출국 전 세관에 신고

(3)출국 시 면세점에서 구매할 수 있는 한도 : 무제한(2022.3 ~)

※ 2가지 유형의 면세점
  - 사전 면세점 : 관세청 관리, 기존의 면세점 / 출국장 20개, 시내 13개
    (관세, 부가가치세와 개별소비세가 모두 면제되는 상품)
  - 사후 면세점(외국인 대상) : 국세청 관리, 부가세와 개별소비세만 면제. 즉시면세제도 시행

09. 입국 시 면세 범위

(1)1인당 면세 금액 : 해외에서 취득한(무상 포함) 물품의 총액 $600 한도
  (두 개 이상의 물품의 합계가 600불을 초과할 경우 고세율 품목부터 기본면세 범위 적용)

(2)허용 물품 : 양주 1리터/$400 이하 1병, 엽궐련 50개비, 전자담배 니코틴 20㎖, 궐련 200개
  비, 기타 담배 250g, 향수 60㎖
  ①19세 미만에게는 주류 및 담배의 경우 면세 혜택 없음
  ②400불을 초과하는 주류에는 전체가액에 대해 과세
  ③우범여행자 및 쿠리어는 주류 60달러까지 면세

Chapter 03
호텔업

01. 호텔업의 정의

관광객의 숙박에 적합한 시설을 갖추어 제공하거나 숙박에 딸리는 음식·운동 오락·휴양·공연 또는 연수 시설 등을 함께 갖추어 이용하게 하는 업

02. 호텔업의 발전 과정

(1)유럽
　①Inn의 시대 : 로마~중세(최소한의 시설)
　②그랜드 호텔 시대 : 19세기 부유층의 사교장
　　㉠1807 독일 바덴바덴의 바디셰 호프(온천지)
　　㉡1850 파리의 그랜드 호텔
　　㉢1897 리츠 호텔(세자르 리츠)
　　㉣1899 칼튼 호텔(영국)

(2)미국
　①1829 Tremont House(보스턴) : 로비 설치,지배인 제도 도입(근대호텔의 원조)
　②1897 Waldorf Astoria(뉴욕) : 근대적인 호텔회계 확립
　③상용(商用)호텔(Commercial Hotel, Business Hotel) : 1908 Statler Hotel
　　㉠일반 대중이 부담할 수 있는 가격으로 세계 최고의 서비스를 제공, 원가 절감, 경영 효율 추구
　　㉡1달러 50센트에 욕실 딸린 객실 제공
　④2차 세계대전 이후 대형화 및 체인화
　　㉠1950년대 힐튼 등장
　　　ⓐ호텔 체인화(Chain) : 위탁경영(Management Contract)완성
　　　ⓑ전문음식점 설치, 호텔경영 계수 관리, 능률주의(종업원 동작 연구)
　　㉡Kemmons Wilson의 Holiday Inn(모텔) 등장
　　　ⓐ세계 최대의 체인조직
　　　ⓑ자동차 이용 인구 폭발 추세 활용

ⓒ서비스 최소화 통한 낮은 요금

(3)우리나라 숙박업
　①최초 호텔 : 인천 대불호텔(1888)
　②최초 서양식 호텔 : 손탁호텔(1902)
　③최초 상용 호텔 : 반도호텔(1936,현 롯데호텔)
　④최초 현대적인 호텔 : 워커힐(1963, 쉐라톤 호텔과 프랜차이즈 계약)

03. 호텔업의 특징

(1)인적 서비스에 대한 의존도가 높다.(전문화된 인력 필요)
(2)초기 투자규모 크다.
(3)시설의 조기 노후화
(4)고정자산 비중이 높다.(80~90%)
(5)호텔상품은 저장 불가능(생산과 소비가 동시, 비분리성)
(6)수요가 계절에 민감하다.(비수기 가격 할인)

제 2 절　호텔의 분류

01. 관광진흥법에 의한 분류

종류	등록 조건
관광 호텔	• 30실 이상, 욕실
수상관광호텔	• 30실 이상, 수상오염 방지 시설
가족호텔	• 30실 이상, 취사시설, 객실면적 19㎡ 이상
한국전통호텔	• 외관은 전통 가옥
호스텔	• 배낭여행객 등 개별관광객에 적합 • 취사장, 내외국인에게 문화정보 교류 시설
소형호텔	• 20실~30실, 부대시설 면적이 건축연면적의 50% 이하, 조식제공 • 2종류 이상의 부대시설, 단란/유흥 주점/사행행위시설 없을 것
의료관광호텔	• 20실 이상, 객실면적 19㎡ 이상, 취사시설, 의료기관시설과 분리될 것 • 의료기관 : 전년도 환자수 500명 초과(서울 3,000명) • 유치업자 : 전년도 실적 200명 초과
공통 사항	• 대지 및 건물의 소유권 또는 사용권 보유(회원 모집시 소유권 보유) • 외국인에게 서비스 제공 체제 갖출 것, 욕실이나 샤워시설

02. 장소에 의한 분류(입지)

(1)씨티 호텔 : 도시 중심지 소재
(2)메트로폴리탄호텔 : 대도시에 위치한 대형호텔
(3)Suburban 호텔 : 도시에서 떨어진 호텔/가족단위 자동차 이용
(4)Country 호텔 : 산간호텔 / 마운틴 호텔
(5)Air Port 호텔 : 공항 근처/ Airtel이라고도 한다.

03. 이용 목적에 의한 분류

(1)상용호텔(Commercial) : Businness 호텔
(2)Convention 호텔 : 회의를 위한 대규모 호텔
(3)Resort 호텔 : 휴양,관광지의 호텔
(4)카지노 호텔

04. 숙박기간에 의한 분류

(1)Transient 호텔 : 단기 체재, 일반적인 호텔
(2)Residential 호텔 : 1주일 이상 체재, 식사와 음료 제공
(3)Permanent 호텔 : 장기 체류

05. 요금 지불 방식에 의한 분류

(1)미국식 요금(American plan, Full Pension) : 객실 요금 + 하루 세끼 식대 포함
(2)변형된 미국식(Modified American Plan, Demi Pension) : 객실 요금 + 두끼
(3)대륙식 요금(Continental Plan) : 객실 요금 + 조식
(4)유럽식 요금(European Plan) : 객실 요금만 지불
(5)Dual Plan : American Plan과 European Plan 중에서 고객이 선택한다.

06. 경영형태에 의한 분류

(1)단독 경영(개별 경영) : 호텔이 독자적으로 경영하는 형태(자본과 경영이 일치)
(2)체인(chain) 호텔
　①위탁경영방식 : 경영 노하우를 가진 호텔이 계약을 통해 다른 호텔을 경영하는 방식으로 소유와 경영이 분리된다(Hilton 방식).

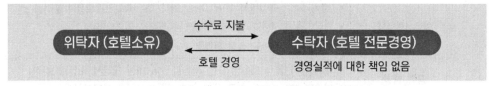

　②프렌차이징(franchising) : 경영기술을 보유한 특허권자(franchiser)가 가맹점

(franchisee)에게 브랜드사용권과 경영노하우를 제공하고 수수료를 받는다.

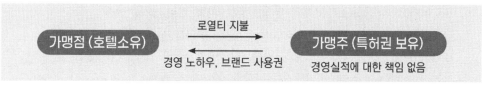

(3)리퍼럴 호텔 : 독립호텔들이 상호 연합하여 운영하는 공동경영방식으로 경영의 독립성은 유지된다.

(4)자본제휴(Joint Venture) : 공동 투자하여 호텔을 운영

제 3 절   호텔의 조직별 업무

01. 호텔의 주요 조직

(1)총지배인 : 호텔의 최고 경영자

(2)객실 부분

　①객실의 예약, 판매, 객실 청소, 현관서비스 담당

　②객실정보시스템(Front Office System) 사용

(3)식음료 부분

　①식당, 라운지, 커피숍 등 식음료의 판매 담당

　②식당, 음료과, 조리과, 연회과 등으로 구성

(4)부대사업 부분

　오락, 헬스장, 위락시설 담당

(5)관리 부분

　①총무, 인사, 회계 등 담당

　②일반관리시스템(Back Office System) 사용

※ Front of House : 고객과 직접 접촉하는 부서로 프론트데스크, 유니폼서비스, 식당 등이 해당된다.

　 Back of House : 고객접점 부서를 지원하는 부서로 관리부분과 주방이 이에 해당한다.

02. 객실 부문의 구성 및 업무

(1)업무 내용

　①프론트 데스크

　　예약처리, 객실배정, 체크인/체크아웃, 환전업무, 정보 전달 기능

②유니폼 서비스

　㉠도어맨(Door man) : 고객의 영접, 전송, 차량 정리, 교통 안내

　㉡벨맨(Bell man) : 수화물 이동, 시설 안내, 수화물 보관, Paging Service

　㉢컨시어지(Concierge) : 관광지 안내, 항공예약, 공연 안내, VIP 영접 등

③객실 관리(House Keeping) : 객실상품을 생산하는 부서

　㉠객실의 청소, 기구와 비품의 관리, 린넨류 세탁/보급, Lost & Found

　㉡House Keeper(청소 manager), Room Maid(청소 담당), House Man(고장 수리),
　　Linen Woman(린넨류 담당)

　㉢Turn-down service : 침대를 정리하여 손님이 바로 사용하기 편하게 해주는 서비스

(2)객실의 종류

①Single room : 싱글베드가 1개 있는 방

②Double room : 2인용 침대가 1개 있는 방

③Twin room : 1인용 침대 2개 있는 객실.

④Triple room : 싱글베드가 3개 또는 싱글베드 2개에 Extra 침대 1개 추가

⑤Quard room : 트리플 룸에 Extra 침대 추가

⑥Studio room : 더블이나 트윈 룸에 소파형의 침대가 있는 객실

⑦Connecting room : 나란한 객실 2개가 내부의 문을 통해 연결되어 상호 왕래가 가능한 객실

⑧Adjoining room : 서로 이웃한 방

⑨Suite room : 침실에 거실 겸 응접실이 딸린 호화 객실

※ 객실 관련 용어

－ Blocking room : 예약된 방

－ On change room : 정비가 필요한 방

－ Trunk room : 손님의 화물을 장기간 보관할 수 있는 방

－ House use room : 호텔에서 사무실로 사용하는 객실(판매 불가)

－ Outside room : 외부 경관을 즐길 수 있는 방

－ Inside room : 막혀서 외부 경관을 즐길 수 없는 방

(3)객실 요금의 종류

①공표 요금(Tariff)

　㉠호텔이 객실요금을 설정하여 이를 담당행정기관에 공식적인 신고절차를 마치고 호텔에서
　　공시하는 기본요금

　㉡Full Charge, Full Rate, Rack Rate, 팸플릿 가격이라고도 하며 할인되지 않은 정상적인
　　요금

②특별 요금

　㉠Complimentary rate : 무료 요금, 콤프(Comp)라고 한다.

ⓛ할인 요금(Discount rate)

 ⓐSingle rate : 트윈룸을 제공하고 싱글룸 가격으로 받는 경우

 ⓑSeason off rate : 비수기 판촉 위한 할인 가격(객실점유율 높이기)

 ⓒCommercial rate : 특정한 기업체에 일정한 비율로 할인해 주는 것

 ⓓGroup rate : 단체 고객을 유치하기 위한 할인 제도

③기타 요금

 ㉠Midnight charge : 한밤중에 도착하거나 다음날 새벽에 도착하였을 경우 부과하는 객실 요금

 ㉡Hold room charge : 고객이 수하물(手荷物)을 객실에 그냥 두고 가는 경우나 고객이 객실을 예약하고 호텔에 도착하지 않았을 때 부과하는 객실요금

 ㉢Over charge(late check-out charge) : 오후 2시 이후 퇴실할 경우 50% 부과

 ㉣Part day charge (day use) : 객실의 시간 사용에 대해 부과하는 요금 (예, 온천지 호텔)

 ㉤Cancellation charge : 고객의 일방적인 예약취소에 따른 요금

03. 식음료 부문의 구성 및 업무

(1)인적 구성

①Manager, Head waiter, Assistant waiter

②Bus boy (식당에서 웨이터를 돕는 접객보조원으로 식사 전후 식탁 정돈)

(2)아침 식사의 종류

①American Breakfast(미국식) : 커피, 쥬스, 빵, 달걀, 감자

②Continental Breakfast(대륙식) : 커피, 주스, 빵

③English Breakfast : 미국식 + 생선 요리

④Viena Breakfast : 간단한 달걀요리와 롤빵, 커피나 우유

(3)Full course(정식)

①Appetizer → Soup → Fish → Entrée → Roast → Salad → Dessert → Beverage

②Hors D'oeuvre(오르되브르, 오드볼)

 ㉠서양 요리의 전채(Appetizer와 동일한 기능)

 ㉡먹기 좋고 주요리와 어울려야 하며 짠맛, 신맛으로 위액의 분비를 촉진하는 기능을 한다.

 ㉢달팽이(Escargots), 굴, 캐비야, canape 등이 일반적이다.

③Entrée : 주요리로 소고기 등심 또는 안심이 제공된다.

 ㉠안심(Tenderloin) : Chateaubriand, Tournedos, Filet mignon

 ㉡등심(Sirloin) : Minute Steak, New York Cut

 ㉢뒷다리 : Round Steak

(4)음식 제공 방식에 의한 분류

①American service(Plate) : 주방에서 접시에 담아 전달한다.

②Russian service : 큰 접시에 담아 고객에게 보여준 후, 작은 접시로 배분

③French service(Cart,Gueridon) : 주방에서 고객이 요구하는 종류의 음식과 그 재료를 Cart에 싣고 고객의 테이블까지 와서 고객이 보는 앞에서 직접 조리를 하여 제공한다.

④English service(Silver) : 큰 쟁반에 담아와 테이블에서 나눠 준다.

⑤Counter service : 조리과정을 보며 주방장과 상호교류 가능, 카운터를 식탁으로 사용한다. 일식당, Bar, Lunch Counter가 이에 해당한다.

⑥Room Service : 고객의 요청으로 객실에 음료나 식사를 배달

(5)식당의 종류

①Dining Room : 점심과 저녁을 제공하는 식당

②Grill : 최고의 일품요리를 서비스하는 식당

③Cafeteria : 셀프서비스 방식으로 배식하는 대형 식당

④Snack : 간이 음식 파는 곳

⑤Buffet : 손님이 진열된 음식 중에서 직접 골라 먹는 식당

(6)주류의 종류

①알코올 유무

㉠Soft drink : 커피, 홍차 등 알코올성분 없는 음료

㉡Hard drink : 포도주, 위스키, 샴페인 등 알코올 함유

②술의 종류

㉠발효주(양조주) : 포도주, 맥주, 막걸리

㉡증류주 : 위스키, 보드카(감자),브랜디(포도주),진(향이 가미된 증류주)

㉢혼성주(리큐어/Liqueur) : 과일, 향신료, 씨앗, 꽃 등을 위스키 등에 섞어서 만든 술 (Vermouth : 포도주에 향료를 넣어 우려 만든 술)

㉣발포주(스파클링 와인) : 샴페인, 이탈리아 스푸만테(spumante), 스페인 카바(cava), 독일 젝트(sekt)

㉤칵테일 : short drink(알코올 + 알코올), long drink(알코올 + 비알콜)

㉥강화주 : 포트 와인(포도주 + 코냑)

㉦와인의 종류 : Sweet 와인, Dry 와인

③국가별 포도주 산지(포도주명)

㉠프랑스 : 보르도,샹파뉴,부르고뉴,메독

㉡독일 : 라인,모젤

㉢이태리 : 치안티,소아베,피에몬테,토스카나

ⓔ스페인 : 셰리

ⓜ포르투칼 : 포르토

④식사 전후

㉠식전주(Aperitif) : Vermouth, Sherry

ⓛ식사 중 : 생선요리에는 백포도주, 육류에는 적포도주

ⓒ식사 후 : 브랜디, 위스키

(7)Table Setting

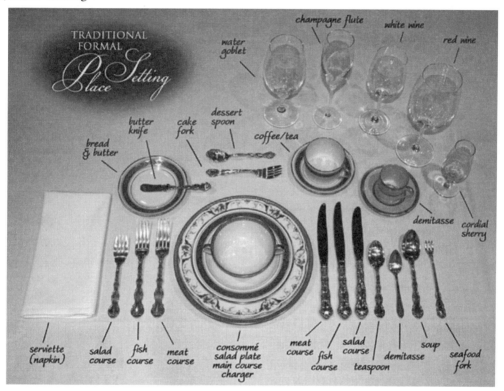

제 4 절   용어 정리

01 Go Show : 예약하지 않고 오는 손님

02 Walk in Guest : 예약하지 않고 와서 투숙하는 손님

03 No Show : 예약했던 손님이 예약을 취소하지도 않고 오지도 않는 경우

04 Turn away service : 객실이 부족하여 손님을 타 호텔로 안내해주는 서비스

(1)경우의 수 : 호텔의 초과예약, 예약카드 누락, 불예측 상황 발생

(2)처리 방안 : 정중히 양해를 구하고 다른 호텔로 예약, 1박의 50%와 교통비 부담, 비슷하거나 수준이 높은 호텔로 안내

05 Skipper : 미정산 도망자

06 Pass Key : 한 층의 객실 전부를 열수 있는 열쇠

07 Master Key : 전체를 다 열 수 있는 열쇠

08 Grand Master Key : 이중 잠금 방을 열수 있는 열쇠

09 Castor : 탁자위의 조미료의 총칭

10 Decanting : 포도주의 찌꺼기를 제거하기 위해 다른 병에 따르는 것

11 Garnish : 칵테일 장식

12 Doily : 식탁 위의 1인용 소형 깔개

13 Amenity : 공짜로 제공되는 소모품

14 Catering : 출장 연회

15 Corkage Charge : 외부 반입 음료에 부가하는 요금

16 Jockey service : 주차 서비스, Valet Service

17 Make up : 객실 청소

18 SPATT : VIP 고객 인식표

19 Vintage : 포도의 생산 연도

20 Do not disturb : 객실을 청소하지 않아도 된다는 표시

21 Crib, Baby bed, Cot : 아기 침대

22 Center piece : 식탁의 중앙장식물(꽃꽂이, 꽃다발 등)

23 Walk a Guest : 고객을 타 호텔로 안내하는 것

24 Table D'hote : 요리의 종류와 순서가 미리 결정되어 있는 차림표(Full Course)

25 A la Carte : 고객의 주문에 의해 제공되는 일품요리

26 Gratin : 치즈,버터 등을 요리표면에 뿌린 뒤 오븐에 넣어 굽는 방법

27 Grilling : 석쇠를 이용하여 직접 열을 조리하는 방법

28 Roasting : 오븐에 넣어 열로 조리하는 방법

29 Blanching : 야채를 순간적으로 데치는 방법

Chapter 04
항공운송업

01. 항공운송업의 정의

항공기를 이용하여 승객이나 화물을 운송하는 사업

02. 항공운송업의 구성요소

(1)항공기, 공항, 항공 노선(운항권)
(2)공항의 기본 시설
  ①활주로(runway) : 이착륙
  ②유도로(taxiway) : 활주로와 주기장 연결로
  ③주기장(apron) : 승객의 상하차/정비 위한 공간
  ④관제시설

03. 항공운송업의 특징

(1)저장이 불가능한 상품
(2)고속성, 안전성, 정시성, 쾌적성, 공공성(국제성)
(3)대규모 자본 투자 필요, 경기에 민감하고 계절성이 강하다.

04. 항공운송업의 도전과제

(1)사회 환경의 변화에 영향을 받기 쉽다.
(2)공항의 정비 상황 및 기상조건 등 운항의 제약이 많다.
(3)고도의 안정성이 요구된다.
(4)경쟁이 치열하다.

01. 우리나라 항공업의 발전

(1)조선항공사업사(1936) ~ 대한민국항공사(KNA,1948)
(2)민간항공사의 발전 : 대한항공공사(1962) ~ 대한항공(1969)

02. 항공사 간의 업무제휴

(1)목적 : 시장 확대 및 고객서비스 향상을 위해 대형 항공사들이 제휴를 통해 초대형그룹을 형성
(2)제휴 그룹 현황
　①Star Alliance : 아시아나, 중국국제항공, 심천항공, 루프트한자, 유나이티드 항공
　②Sky Team : 대한항공, 동방항공, 남방항공, 에어프랑스, 델타항공
　③One World : 일본항공, 케세이퍼시픽, 브리티시, 카타르항공, 아메리칸
　④U-FLY Alliance : 홍콩익스프레스, 럭키 에어, 우루무치항공, 이스타항공
(3)협력의 내용
　①Code Sharing(Share)
　　㉠A 항공사가 B 항공사의 특정 운영 노선의 좌석을 임대하여 판매하는 것으로 자사의 운항
　　　편처럼 자사코드 및 비행편수를 부여한다.
　　㉡승객의 입장에서 장점
　　　ⓐ항공편의 선택의 폭이 넓어진다.
　　　ⓑ목적지까지 편리한 연결편 활용 가능하다.
　　　ⓒ라운지 이용 범위 확대
　②상용고객 우대제 적용(마일리지 보너스)
　③객실 승무원 교환
　④원자재 공동 구매 및 공동 마케팅

03. 저비용 항공사(LCC / Low Cost Carrier)

(1)특징
　①기존의 대형항공사(FSC, full service carrier)에 대항해 등장
　②기내 서비스를 최소화하여 비용을 낮춘 중소형 항공사
　③단일 기종 항공기 사용, point to point 노선, 단일 좌석 클래스
　④좌석 지정 없음, 허브 공항 대신 2급 공항 이용
※ FSC의 특징 : Spoke & Hub 방식으로 운행

(2)해당 항공사
①한국 : 제주항공(7C), 진에어(LJ), 에어부산(BX), 이스타(ZE), 티웨이(TW), 에어 서울(RS), 플라이강원, 에어프레미아, 에어로케이
②외국 : 사우스웨스트 에어라인, 버진 아메리카(미), 에어 아시아(말련), Jet Star(호주), 피치 항공(일본)

제3절 예약 및 전산시스템

01. 좌석 등급 및 코드

(1)First Class : F
(2)Business Class : C
(3)Economy Class : Y

02. 예약 관리

(1)예약제도 최초 도입 항공사 : 내덜란드 KLM

(2)탑승률(Load Factor) : 항공사의 손익에 직결되는 요소

(3)초과 예약(Over Booking)
①예약 취소 및 No Show 대비하여 판매가능 좌석을 초과하여 예약을 접수하는 것.
②전년도 통계 고려하며 계절과 요일에 따라 다르다. (Over sales와는 다르다)

(4)예약전산시스템 : CRS(Computerized Reservation System)
①아메리칸 항공(1964년 Sabre), 유나이티드 항공(Apollo)
②기능 : 좌석예약,정보조회,호텔예약,고객관리,여행상품 정보 제공
③지역별 시스템
㉠유럽 : Galileo, Amadeus
㉡미국 : Apollo, Sabre, World span
㉢한국 : Topas(대한항공), Sabre(아시아나)
④GDS(Global Distribution System) : CRS의 지역별 통합

(5)PNR(Passenger Name Record) : 여객단위로 예약하고 정보 관리

01. 항공운송관련 국제협약

(1)바르샤바 협약(1929)
　　①국제항공운송 규칙 제정(항공운송의 유한 책임)
　　②항공사 책임 : 위탁 수하물(1kg당 20불), 휴대 수하물(kg당 400불)

(2)2개 국가 간 항공협정의 최초 : 미국과 영국 간의 버뮤다 협정(1946)

(3)1944년 시카고 협약 : 5가지 하늘의 자유 규정
　　①자유 영공 통과
　　②자유 기술적 착륙권
　　③자국에서 타국으로 운송
　　④타국에서 자국으로 운송
　　⑤타국에서 제3국으로 운송(Beyond Right)
　　　※ Cabotage(타국 내 구간운송)는 금지

(4)미국의 항공사 규제 완화법(Deregulation Act, 1978)

(5)몬트리올 협약(1999) : 항공업자의 책임 강화(한국은 2007년 가입)

02. 국제 기구

(1)국제항공운송협회(IATA, Int'l Air Transport Association)
　　①1945년 쿠바 하바나에서 설립, 캐나다 몬트리올에 본부
　　②130여 개국 270여 항공사 가입
　　③항공운임 결정, 서비스 조건/운송절차/대리점 규정 정립
　　④항공사코드(2자리), 공항코드(3자리) 부여
　　⑤항공사간 Interline 판매대금 정산 위해 IATA Clearing House 운영
　　⑥산하 기관 : 대리점 관리 위원회(AAB), 대리점 심사위원회(AIB)

(2)국제 민간 항공 기구 (ICAO, Int'l Civil Aviation Organization)
　　①시카고 협약에 따라 1947년에 국제연합의 산하기구로 설립
　　②본부는 몬트리올, 각 국가 정부가 회원, 191개국 참여
　　③민간항공의 발전과 안전 도모, 항공기술 촉진
　　④항공사코드(3자리), 공항코드(4자리) 부여

제 5 절 용어 정리

01 상용고객 우대제도(Mileage System) : 승객의 탑승실적에 따라 마일리지를 누적하여 그 실적에 따라 무료여행권 등 혜택을 제공하는 제도(아메리카 항공이 시초)

02 Stretcher 승객 : 앉아 있기 불편하여 간이 침대에 누워서 여행하는 여객

03 Payload : 유상 탑재량(승객, 화물, 우편물 등의 중량)

04 No Record Passenger : 예약을 확정했으나 예약기록이 없는 경우

05 ABC(ABC World Airway Guide System) : 전세계 항공회사 정기편 시간표

06 OAG(Official Airline Guide) : 전세계 항공 시간표에 따른 운임, 통화 등 여행에 필요한 자료 수록된 간행물, 공항별 최소 연결시간 및 공항시설 수록

07 Lavatory : 화장실

08 Galley : 기내 주방

09 Overhead bin : 선반

10 Slide : 탈출 미끄럼대

11 Turbulence : 기류변화로 인한 흔들림

12 Cabin crew : 기내 승무원(Cockpit crew : 조종사)

13 MCT(Minimun Connecting Time) : 최소 연결시간

14 PIR : 수하물 분실 보고서

15 Transit : 비행기에서 내렸다가 동일한 비행기에 다시 탑승하는 것

16 Transfer : 다른 비행기로 갈아 타는 것

17 BSP(Bank Settlement System) : 항공회사와 대리점의 정산시스템

18 Bulkhead seat : 칸막이 앞 좌석

19 World Tracer : 수하물 추적 시스템

20 Unaccompanied Minor : 만5세~만12세 미만의 어린이를 보호자 없이 탑승시킬 경우 항공사가 도착지의 인수자에게 인계 시까지 책임진다.

21 Airport Representative : 호텔 직원 중 호텔을 방문하는 VIP 고객 등 특별대우고객을 대상으로 공항에서 Pick-up 서비스를 제공하며 호텔에 도착하기까지 최대한 서비스를 제공하는 공항담당 직원

※국내 항공사 코드

항공사	IATA	ICAO
대한항공	KE	KAL
아시아나	OZ	AAR
제주항공	7C	JJA
에어부산	BX	ABL
진에어	LJ	JNA
이스타항공	ZE	ESR
티웨이항공	TW	TWB
에어서울	RS	ASV

Chapter 05
위락 / 레크레이션 시설업

관광객 이용시설업

관광객을 위하여 음식·운동·오락·휴양·문화·예술 또는 레저 등에 적합한 시설을 갖추어 이를 관광객에게 이용하게 하는 업

01. 전문휴양업의 기준

(1)관광객의 휴양이나 여가 선용을 위하여 시설을 제공
(2)숙박시설 또는 음식점 시설을 갖추고 편의시설, 휴게시설을 보유
(3)전문휴양시설 중 1곳 : 민속촌,해수욕장,스키장,골프장,식물원,수족관,온천장 등

02. 제1종 종합휴양업의 기준

(1)숙박시설 또는 음식점 시설
(2)전문휴양시설 중 2 종류 이상의 시설 또는 전문휴양시설 1 종류 이상과 종합유원시설업 시설
(3)해당 업체 : 비발디파크, 남이섬, 한국민속촌, 부곡하와이 등

03. 제2종 종합휴양업의 기준

(1)관광숙박업 시설 보유
(2)전문휴양시설 중 2 종류 이상의 시설 또는 전문휴양시설 1 종류 이상과 종합유원시설업 시설
(3)부지 50만㎡ 이상
(4)회원모집가능
(5)해당 업체 : 용평리조트, ㈜무주덕유산리조트, 보광휘닉스파크 등

※ 리조트
리조트는 휴양 및 휴식을 취하면서 각종 스포츠나 여가 활동을 즐기는 체류형 휴양 시설을 말한다. 숙박, 식음료, 오락, 스포츠, 쇼핑 시설을 갖춘 종합단지로 대표적인 휴양 시설로는 스키, 골프, 수영, 테니스 등이 있으며 숙박시설로는 호텔, 콘도미니엄 등이 있다. 리조트는 유형별로 스키리조트, 골프리조트, 마리나리조트, 온천리조트 등으로 나눌 수 있다. 리조트는 관광진흥법상의 전문휴양시설 및 종합휴양시설에 해당한다고 보면 되겠다.

04. 야영장업

(1)공통기준

　①침수, 유실, 고립, 산사태, 낙석의 우려가 없는 안전한 곳에 위치할 것

　②시설배치도, 이용방법, 비상시 행동요령 등을 잘 볼 수 있는 곳에 게시할 것

　③비상시 긴급상황을 이용객에게 알릴 수 있는 시설 또는 장비를 갖출 것

　④야영장 규모를 고려하여 소화기를 적정하게 확보하고 눈에 띄기 쉬운 곳에 배치할 것

　⑤긴급 상황에 대비하여 야영장 내부 또는 외부에 대피소와 대피로를 확보할 것

　⑥비상시 대응요령을 숙지하고 개장되어 있는 시간에 상주하는 관리요원 확보할 것

(2)종류별 기준

　①일반야영장업 : 천막 1개당 15㎡ 이상, 하수도, 화장실, 긴급상황 발생 시 수송 차로

　②자동차야영장업 : 1대당 50㎡이상, 상하수도, 전기시설, 취사시설, 화장실, 진입도로 1차로

　　이상(교행 가능 공간 확보)

05. 관광유람선업

(1)일반관광유람선업 : 숙박 또는 휴식시설, 편의 시설, 수질오염방지 시설

(2)크루즈업

　①일반관광유람선업 기준 충족

　②20실 이상 객실, 2종 이상 시설(체육, 쇼핑, 미용, 오락 중)

06. 관광공연장업

(1)관광객을 위하여 적합한 공연시설을 갖추고 공연물을 공연하면서 관광객에게 식사와 주류를

　판매하는 업

(2)설치 가능 장소 : 관광지, 관광단지, 관광특구 내 또는 관광사업시설 내

　(단, 실외관광공연장은 관광숙박업, 전문/종합휴양업, 국제회의업, 유원시설업에만 가능)

(3)일반음식점 영업 허가,무대 면적(실내 100㎡ 이상, 실외 70㎡ 이상)

07. 외국인관광 도시민박업

(1)도시지역의 주민이 자신이 거주하고 있는 주택을 이용하여 외국인 관광객에게 한국의 가정문

　화를 체험할 수 있도록 적합한 시설을 갖추고 숙식 등을 제공하는 업

(2)건물의 연면적이 230㎡ 미만일 것

(3)외국어 안내서비스가 가능한 체제를 갖출 것

(4)소화기를 1개 이상 구비하고, 객실마다 단독경보형 감지기를 설치할 것

(5)단독, 다가구, 연립, 다세대주택 및 아파트에서 가능

유기시설이나 유기기구를 갖추어 관광객에게 이용하게 하는 업

01. 종합유원시설업

(1)허가 기준
　　①대지 1만㎡ 이상, 안전성 검사 유기기구 6종 이상
　　②발전시설, 의무시설, 안내소
　　③음식점 또는 매점
(2)허가 위한 제출서류
　　①허가 신청서, 영업시설 및 설비 개요서, 신청인 사항
　　②정관(법인인 경우), 시설검사서류, 보험가입 증명 서류, 안전관리자 인적 사항
　　③안전관리계획서(안전점검 계획, 비상연락체계, 안전요원 배치계획 등)
　　　(단, 안전요원 배치계획은 물놀이형 시설의 경우만 해당)
(3)변경 허가 : 중요 사항 변경 시 영업소 소재지 변경, 유기기구 신설/이전/폐기, 영업장 면적의
　　변경
(4)변경 신고 : 경미 사항 변경시
　　①대표자 또는 상호의 변경, 검사대상 아닌 기구의 수의 변경, 안전관리자 변경
　　②신고 기한 : 사유 발생일로부터 30일 이내
(5)조건부 허가 : 시설/설비를 갖출 것을 조건으로 허가
　　①종합유원시설업 : 5년 이내(일반유원시설업 : 3년 이내)
　　②1년을 넘지 않는 범위에서 기간 연장 가능

02. 일반유원시설업

(1)허가 기준
　　①안전성 검사 대상 기구 1종 이상
　　②안내소, 구급약 비치
(2)기타 사항 : 종합유원시설업과 동일

03. 기타유원시설업

(1)시설 및 설비 기준
　　①안전성 검사 비대상 기구 1종 이상
　　②구급약품, 대지 40㎡ 이상

(2)제출 서류

①영업시설 및 설비 개요서, 보험가입 증명 서류

②유기시설 또는 유기기구가 안전성 검사 대상이 아님을 증명하는 서류

(3)변경 신고 사항

①대표자 또는 상호의 변경, 유기시설/기구의 수의 변경

②영업장 면적 변경, 영업소 소재지 변경

③신고 기한 : 사유 발생일로부터 30일 이내

04. 안전성 검사

(1)허가 전 시군구청장으로부터 안전성 검사를 받아야 한다.

(실제로는 검사기관에 검사 위탁)

(2)안전성 검사 대상일 경우

①허가 받은 연도 다음 연도부터 연 1회 정기검사 받아야 한다.

②10년 이상 된 시설/기구 중 별도로 지정된 것만 반기 1회씩 받아야 한다.

③안전성 재검사

㉠부적합 판정을 받은 경우

㉡사고가 발생한 경우

㉢3개월 이상 정지한 경우

(3)안전성 검사 대상이 아닌 경우

①안전성 검사 대상이 아님을 확인하는 검사를 받아야 한다.

②최초 확인검사 이후 정기확인검사를 받아야 하는 시설/기구는 2년마다 정기검사를 받아야 한다.

(4)안전성 검사 결과 부적합으로 판정될 경우 처리

①운행중지 명령

②재검사 후 운행 권고

(5)적합판정을 받더라도 개선이 필요한 사항에는 개선 권고할 수 있다.

05. 물놀이형 유원시설업자의 안전/위생 기준

(1)어린이 이용 제한 조치, 음주자 이용 제한,물 1일 3회 이상 여과기 통과

(2)간호사나 간호조무사 또는 응급구조사 1인 이상 배치

(3)일정한 수질 유지, 관리요원 배치, 수심표시

(4)정원 또는 동시 수용가능 인원, 물의 순환 횟수, 수질검사 일자 및 결과 게시

(5)안전요원 배치 : 수심 100cm 이상은 660㎡당 최소 1인, 그 이하는 1000㎡당 1인

(6)안전관리계획, 안전요원 교육프로그램, 안전 모니터링 계획을 수립해야 한다.

06. 안전관리자 배치

(1)대상 업종 : 종합 및 일반유원시설업

(2)배치 기준

　①안전성검사대상 유기기구 1종 이상 ~ 10종 이하 : 1명 이상

　②안전성검사대상 유기기구 11종 이상 ~ 20종 이하 : 2명 이상

　③안전성검사대상 유기기구 21종 이상 : 3명 이상

(3)안전관리자의 의무

　①안전운행 표준 지침 작성, 안전관리계획 수립

　②매일 1회 이상 안전점검 실시, 결과 기록/비치, 안전점검표시판 게시

　③운행자, 유원시설 종사자에 대한 안전교육계획 수립 및 실시

　④장관이 실시하는 안전교육 받아야 한다.

　　㉠사업장 배치 후 6개월 이내 수료

　　㉡이후는 2년에 1회(8시간)

　　㉢교육 내용 : 안전사고의 원인과 대응요령, 안전관리법령, 안전관리실무

07. 유원시설업자 준수사항

(1)공통 사항

　①이용 요금표, 준수사항 및 주의 사항 게시

　②정신적, 신체적으로 부적합 이용자에 대해서는 이용을 제한

　③조명은 60럭스 이상 유지

　④매일 1회 이상 안전점검 실시,결과 기록/비치, 안전점검표시판 게시

　⑤안전점검일지 보관 의무 : 1년 이상

　⑥단기 영업 허가(6개월 미만) 받은 사업자는 영업종료 후 1개월 내 안전점검 기록부와 교육일지를 시군구청장에게 제출해야 한다.

(2)종합 및 일반유원시설업

　①안전관리자 배치

②안전교육계획 수립 및 주 1회 이상 안전교육 실시

③신규 채용 시 안전교육 4시간 이상 실시

④안전관리자가 안전교육 받도록 해야 한다.

(3)기타유원시설업

①사업자와 종사자는 안전행동요령을 숙지해야 한다.

②종사자에 대한 안전교육을 월 1회 이상 실시

③최초 확인검사 이후 정기확인검사를 받아야 하는 시설/기구를 운영하는 사업자는 2년마다 4시간의 안전교육을 받아야 한다.

④신규 채용 시 안전교육 2시간 이상 실시

08. 중대사고 발생 시 처리 절차

(1)중대사고

①사망사고, 중상 사고

②2주 이상 진단 부상자가 동시에 3명 이상

③1주 이상 진단 부상자가 동시에 5명 이상

④운행이 30분 이상 중단되어 인명구조가 필요한 경우

(2)사업자가 등록관청에 통보할 사항

①통보 방법 : 문서, 팩스 또는 전자우편로 3일 이내

②통보 사항

㉠사고가 발생한 영업소의 명칭, 소재지, 전화번호 및 대표자 성명

㉡사고 발생 경위(사고 일시·장소, 사고 발생 시설/ 기구의 명칭 포함)

㉢조치 내용, 사고 피해자 인적 사항(이름, 성별, 생년월일 및 연락처)

㉣사고 발생 유기시설 또는 유기기구의 안전성검사의 결과 또는 안전성검사 대상에 해당되지 아니함을 확인하는 검사의 결과

③등록관청의 조치 사항

㉠자료의 제출 요구(7일 이내 제출 10일 이내 연장 가능) 및 현장조사 실시

㉡사용중지, 개선/철거 명령(유원시설업자는 2개월 이내에 이의신청 가능)

01. 주제공원의 개념

(1)특정한 주제를 가지고 놀이, 공연, 전시 등 다양한 서비스를 제공하는 곳
(2)관광진흥법상 전문휴양업, 종합휴양업, 유원시설업에 해당한다.

02. 주제공원의 분류

(1)놀이 테마파크 : 롯데월드(1989년 개장), 서울랜드(1988년 개장)
(2)민속(전통) : 한국민속촌(1974년 개장)
(3)예술 : 서울종합촬영소
(4)동식물 : 아쿠아리움, 수목원, 동물원
(5)복합 : 에버랜드(1976년 자연농원으로 개장)

03. 주제공원의 특징

(1)테마성 : 독창적이고 창의적인 테마 설정
(2)종합성 : 놀이, 휴식, 전시, 음식 등 종합적인 성격
(3)통일성 : 건축물, 캐릭터, 음악 등 구성요소의 주제는 통일되어야 한다.
(4)비일상성(탈일상성) : 평소와 다른 경험 제공
(5)교육성

04. 사업의 특징

입지 제약, 지역경제에 미치는 영향 크다, 자본 집약적 산업, 인력집단의 전문화

제1절 국내 카지노업 현황

〈표 6-23〉 시·도별 카지노업체 현황

(단위: 명, 백만 원, ㎡)

시·도	업소명 (법인명)	허가일	운영형태 (등급)	종사원수	2017 매출액	2017 입장객	허가증 면적
서울	워커힐카지노 【(주)파라다이스】	'68.03.05	임대 (5성)	813	271,515	434,834	2,685.86
	세븐럭카지노 서울강남코엑스점 【그랜드코리아레저(주)】	'05.01.28	임대 (컨벤션)	837	198,891	404,908	2,151.36
	세븐럭카지노 서울강북힐튼점 【그랜드코리아레저(주)】	'05.01.28	임대 (5성)	513	207,210	601,854	1,728.42
부산	세븐럭카지노 부산롯데점 【그랜드코리아레저(주)】	'05.01.28	임대 (5성)	345	85,387	197,384	1,583.73
	파라다이스카지노 부산지점 【(주)파라다이스】	'78.10.29	임대 (5성)	393	72,391	143,297	1,483.66
인천	인천 카지노 【(주)파라다이스세가사미】	'67.08.10	직영 (5성)	698	175,864	191,844	8,726.80
강원	알펜시아카지노 【(주)지바스】	'80.12.09	임대 (5성)	32	50	729	632.69
대구	인터불고대구카지노 【(주)골든크라운】	'79.04.11	임대 (5성)	187	17,126	75,618	1,485.24
제주	라마다카지노 【길상창휘(유)】	'75.10.15	임대 (5성)	204	32,764	21,447	2,328.47
	파라다이스카지노 제주지점 【(주)파라다이스】	'90.09.01	임대 (5성)	216	33,647	59,427	2,756.76
	마제스타카지노 【(주)마제스타】	'91.07.31	임대 (5성)	113	11,197	7,971	2,886.89
	로얄팔레스카지노 【(주)건하】	'90.11.06	임대 (5성)	125	19,816	15,232	1,353.18
	파라다이스카지노 제주 롯데 【(주)두성】	'85.04.11	임대 (5성)	115	15,972	19,390	1,205.41
	제주썬카지노 【(주)지앤엘】	'90.09.01	직영 (5성)	148	8,136	19,081	2,802.09

	랜딩카지노 【람정엔터테인먼트코리아(주)】	'90.09.01	임대 (5성)	607	40,544	10,982	5,581.27
	메가럭카지노 【(주)메가럭】	'95.12.28	임대 (5성)	139	16,727	12,461	1,528.58
16개 업체(외국인 대상)			직영 : 2 임대 : 14	5,485	1,207,237	2,216,459	40,920.41
강원	강원랜드 카지노 【(주)강원랜드】	'00.10.12	직영 (5성)	1,548	1,523,102	3,114,948	12,792.95
17개 업체(내·외국인 대상)			직영:3 임대:14	7,033	2,730,339	5,331,407	53,713.36

제 2 절 게임 현황

01 룰렛(Roulette) : 작은 바퀴라는 뜻으로 Ball이 멈춘 숫자에 따라 승패

02 블랙잭(Blackjack) : 카드, 21에 가까우면 이긴다.

03 다이스(Dice, Craps) : 주사위 2개 이용

04 포커(Poker) : 카드

05 바카라(Baccarat) : 카드, 9에 가까우면 이긴다.

06 다이사이(Tai Sai) : 주사위 3개 이용

07 키노(Keno)

08 빅휠(Big Wheel)

09 빠이 까우(Pai Cow)

10 판탄(Fan Tan)

11 조커 세븐(Joker Seven)

12 라운드 크랩스(Round Craps) : 주사위 3개 이용

13 트란타 콰란타(Trent Et Quarante)

14 프렌치 볼(French Boule)

15 차카락(Chuck - A - Luck) : 주사위 3개 이용

16 빙고(Bingo)

17 마작(Mahjong)

18 카지노워(Casino War)

19 슬롯머신(Slot Machine)

20 비디오게임(Video Game)

제3절 관광진흥법상의 의무 규정

01. 허가 관련 사항

(1)허가 및 관리 주체 : 문화체육관광부 장관
(2)허가 요건
　①일반 요건
　　㉠사업계획서가 적정해야 하며 재정 능력 보유
　　㉡영업거래에 관한 내부통제 방안 수립
　②시설 및 위치
　　㉠관광호텔업 시설
　　㉡국제회의시설업의 부대 시설
　　㉢여객선일 경우 외국을 왕래하는 2만톤급 이상
　③영업 시설
　　㉠330㎡ 이상의 전용 영업장
　　㉡외국환 환전소 1곳 이상
　　㉢4종류 이상 영업 가능한 카지노기구
　　㉣카지노 전산 시설
(3)허가 제한
　①신규허가 이후 전국단위 외래관광객 60만명 이상 증가시 2개 이내 허가 가능
　　(고려 사항: 관광객 및 이용객 증가 추세,기존업자 수용 능력,외화획득 실적)
　②공공질서 및 카지노업의 건전한 발전 위해 허가 제한 가능

02. 카지노사업자의 준수 사항

(1)법령에 위배되는 카지노기구를 설치하거나 사용하는 행위
(2)카지노기구를 변조하거나 변조한 기구를 사용하는 행위
(3)허가 받은 전용영업장 외에서 영업하는 행위
(4)내국인을 입장시키는 것(해외이주자는 가능)
(5)지나친 광고나 선전을 하는 행위
(6)영업종류에 해당하지 아니하는 영업을 하거나 영업방법 및 배당금에 관한 신고를 하지 아니하고 영업하는 행위

03. 관광진흥개발기금 납부 의무

(1)납부액 범위 : 총매출액의 10% 이내에서 매출액 규모에 따른 차등 징수

(2)매출액별 납부액
　①10억 이하 : 매출액의 1%,
　②10억~100억 이하 : 1천만원 + (총매출-10억)x5%
　③100억 초과 : 4억 6천 + (총매출-100억)x10%

04. 카지노 용어

(1)"콤프"라 함은 카지노사업자가 고객 유치를 위해 카지노 고객에게 무료로 숙식, 교통서비스, 골프비용, 물품(기프트카드 포함), 기타 서비스 등을 제공하는 것

(2)"크레딧"이라 함은 카지노사업자가 고객에게 게임참여를 조건으로 칩스로 신용 대여하는 것

(3)"칩스"라 함은 카지노에서 베팅에 사용되는 도구를 말한다.

(4)"카운트룸"이라 함은 드롭박스의 내용물을 계산하는 계산실을 말한다.
(5)"고객관리대장"이라 함은 카지노영업장에 출입한 사실이 있는 고객에 한정하여 고객의 이름, 여권번호, 국적, 유효기간 등의 기록을 유지하여 입장을 원활하게 하기 위한 장부를 말한다.

(6)"뱅크롤"이라 함은 영업준비금을 말한다.

(7)"베팅금액한도표"라 함은 1회 베팅가능 최저액과 최고액을 표시한 표를 말한다.

(8)"드롭박스"라 함은 게임테이블에 부착된 현금함을 말한다.

(9)"드롭"이라 함은 드롭박스 내에 있는 현금, 수표, 유가증권 등의 내용물을 말한다.

(10)"전문모집인"이라 함은 카지노사업자와 일정한 계약을 맺고 카지노사업자의 판촉을 대행하여 게임의 결과에 따라 수익을 분배하는 등의 행위를 하는 자, 또는 법인 등을 말한다.

(11)"머신게임"이라 함은 슬롯머신(Slot Machine) 및 비디오게임(Video Game)을 말한다.

(12)" 뱅커"라 함은 블랙잭, 바카라와 같은 게임에서 진행하는 직원을 말한다.

Chapter 07
관광마케팅

제1절 마케팅의 개념

01 상품이나 서비스를 고객에게 유통시키는 모든 활동
02 피터 드러커 : 고객 창조와 유지
03 필립 코틀러 : 필요와 욕구를 충족시키려는 인간 활동
04 마케팅 발달의 원동력 : 20세기초 과잉생산으로 인한 시장경쟁 가열
05 제조업분야에서 시작되었고 관광분야는 후발 주자
06 관광마케팅 : 관광객의 욕구를 충족시키는 모든 활동

제2절 마케팅의 발전 과정

01 생산 지향 : 1900~1930, 생산만 하면 팔리던 시대(Seller's market)
02 제품 지향
03 판매 지향 : 1930~1950, 공급 초과로 인한 buyer 주도 시장
04 마케팅(고객) 지향 : 1950년대 이후, 소비자와 고객이 중심이 되고, 고객을 연구하는 시기, 고객만족 추구
05 사회 지향 : 1970년대 이후, 소비자의 욕구 충족이 사회의 장기적인 이익과도 연결되어야 함을 지각(지속가능, 환경 문제 등 고려)

제3절 마케팅의 Process

01. 시장조사

(1)수요예측
  ①정량적 예측방법(과거의 정보 기반,단기 미래 예측에 활용)

㉠회귀분석법 : K-Pop이 외래관광객의 한국 방문에 기여한 정도는?

　　　㉡시계열분석법 : 2019년 100만, 2020년 200만, 2021년 ?

　　　㉢중력모형, 개재기회모형

　　②정성적 예측방법(정보 부족, 장기 미래 예측에 활용)

　　　㉠역사적 예측방법

　　　㉡전문가패널

　　　㉢델파이 기법 : 전문가에 설문지 제공

　　　㉣시나리오 모델

(2)환경분석

　　①거시환경분석 : 정치, 경제, 사회, 자연 등 요인 분석

　　②산업분석 : 경쟁현황,신규진입자,구매자(공급자) 협상력,대체상품 위협,

　　③기업분석 : 기업의 장단점 분석

　　④SWOT분석 : 외부의 기회/위협요인, 내부의 장단점에 따른 전략 수립

02. STP(Segmentation,Targeting,Positioning)

(1)시장 세분화(Market Segmentation)

　　①하나의 시장을 여러 개의 하위시장으로 나누는 것

　　②시장 세분화의 기준

　　　㉠지리적 세분화 : 지역, 기후, 도시의 규모, 인구밀도

　　　㉡인구통계적 세분화 : 연령별, 성별, 소득별, 직업별, 종교별

　　　㉢심리형태별 세분화 : 개성, 라이프 스타일, 가치, 관심

　　　㉣행동형태별 세분화 : 제품에 대한 태도, 구매횟수, 사용량

　　　　(AIO분석 : 라이프스타일을 측정하는 기법)

　　③시장 세분화의 요건

　　　㉠측정가능성 : 시장별 규모,구매력,비용,이익 등이 측정될 수 있어야 한다.

　　　㉡접근 가능성 : 마케팅 노력이 세분시장에 도달하기 쉬워야 한다.

　　　㉢실질성 : 세분화된 시장이 규모가 있고 수익성을 확보할 수 있어야 한다.

　　　㉣집행력(실천 가능성) : 마케터가 세분된 시장에 마케팅 프로그램을 수립, 집행할 수 있는

　　　　능력이 있어야 됨

　　④시장 세분화의 장점

　　　㉠자원의 효과적인 배분이 가능하다.

　　　㉡강점이 있는 시장에 집중하여 성공 가능성을 높인다.

(2)표적시장 공략(Targeting)

　　①시장을 세분화 한 뒤 그 중에서 특정한 시장을 표적으로 삼아 공략하는 것

②표적시장 선정기준 시장매력도, 성장가능성, 기대 이익, 경쟁우위
③공략의 방법 : 마케팅 믹스를 적용하는 방법
  ㉠무차별 마케팅(Undifferentiated Marketing)
  ㉡차별화 마케팅(Differentiated Marketing) : 프리미엄 고객 우대
  ㉢집중화 마케팅(Concentrated Marketing) : 대한민국 2%

(3)포지셔닝(Positioning)
  ①고객의 인식 속에 어떻게 자리 잡느냐의 문제(어떠한 이미지로)
  ②가격, 기능, 품질, 이미지 등에서 적절한 소재 선택한다.

03. 마케팅 믹스

여러 수단을 결합하여 최적의 마케팅 계획을 수립하는 것으로 결국 어떠한 제품을 만들어, 얼마의 가격에, 어떤 경로로, 어떻게 선전을 할 것인가의 문제이다.

(1)존 하워드의 통제가능 요소와 통제 불능 요소
  ①통제 가능 요소 : 제품,가격,경로,광고,입지,인적판매
  ②통제 불가능 요소 : 수요,경쟁,법적규제,마케팅비용,유통구조

(2)매카시의 4P
  ①상품(Product) : 차별화된 상품으로 경쟁우위 점유 전략
  ②가격(Price) : 수익을 올리고, 시장점유율 높이는 가격 전략
  ③유통(Place) : 어떠한 경로로 고객에게 전달되도록 하는가
  ④촉진(Promotion, 선전) : 어떻게 고객에게 제품을 알릴 것인가
    ㉠광고(Advertising) : 유료로 언론매체를 통해 고객에게 알리는 것
      ⓐAIDCA or AIDMA : Attention,Interest,Desire,Confidence(Memory),Action
    ㉡홍보(Publicity) : 언론 매체에 상품이나 서비스에 관한 정보를 제공하여 알리게 하는 것
    ㉢PR : 대중을 상대로 직접 정보를 전달하는 방법

04. 실행

05. 결과분석

상품수명주기에 따른 마케팅 전략(Product Life Cycle, PLC)

01. 도입기

(1)상황 : 시장 기반구축 위해 광고, 홍보 활발
(2)전략 : 고가 정책(skimming policy), 저가 정책(penetration policy)

02. 성장기

(1)상황 : 판매 및 이익 증대, 경쟁자 진입 증가
(2)전략 : 가격 인하/서비스 추가/새로운 유통경로 이용

03. 성숙기

(1)상황 : 매출 성장세가 둔화
(2)전략 : 목표 시장 추가, 경쟁자 고객 유인, 제품 개선

04. 쇠퇴기

(1)상황 : 제품 수요 감소, 회생 가능성 없다
(2)전략 : 비용 지출 축소, 영업 중단, 매각 검토

※ 버틀러의 관광목적지 수명주기
　 탐험 - 개입단계 - 발전단계 - 강화단계 - 정체 단계 - 쇠퇴단계

제 5 절　**마케팅의 다양한 유형**

01. 관계마케팅(Relationship Marketing)

(1)고객과의 유대관계를 형성/지속하여 충성고객을 창조/유지하는 마케팅
(2)기존회원을 대상으로 생일 등 기념일에 다양한 이벤트를 제공하는 것

02. 내부마케팅(Vs 외부마케팅)

(1)내부직원을 대상으로 동기부여하기 위한 여러 활동
(2)직원을 고객으로 봄
(3)근무여건, 복리후생 등도 고려

03. 직접마케팅

(1)기업이 제품의 정보를 소비자에게 직접 전달하여 구매행동을 이끌어 내는 마케팅
(2)우편 및 이메일 발송

04. 바이럴마케팅

이메일이나 SNS 등 전파 가능한 매체를 통해 제품을 홍보하도록 유도하는 마케팅 기법

05. 구전 마케팅(버즈 마케팅)

입소문 마케팅이라고도 한다.

Chapter 08
국제회의업 (CONVENTION 산업)

01. 국제회의 의의
(1)국제적인 이해관계를 해결하기 위해 다수 국가의 대표자가 참석하여 개최하는 회의
(2)Convention : Con(together) + Vene(come)

02. 국제회의의 형태별 분류
(1)컨벤션, Congress,Conference : 일반적인 의미의 국제회의

(2)세미나,심포지엄,포럼,워크숍 : 연수회, 학습회
  ①세미나(Seminar) : 교육목적을 띤 회의, 정해진 주제 발표 및 토론
  ②심포지엄(Symposium) : 특정 주제에 대해 전문가들이 청중 앞에서 벌이는 공개토론으로 청
    중에게 제한된 질의 기회 부여
  ③포럼(Forum) : 동일분야 전문가들이 벌이는 공개토론회
  ④워크숍(Workshop) : 전문적인 기술/지식을 서로 교환하여 새로운 지식 창출
  ⑤패널토의 : 청중 앞에서 사회자와 연사가 공개토론 벌임
  ⑥클리닉(Clinic) : 특정한 주제를 가지고 소그룹으로 기술을 습득하는 모임

(3)전시회(Exhibition)
  ①주목적은 전시회이지만 부수적으로 회의를 동반한다.
  ②Expo, Fair, Show, Messe, Trade(show)로 불린다.
  ③Fair, Trade show는 전시장에서 전시상품을 판매한다.

03. 국제회의의 기준
(1)주최자, 회의 기간, 참가국 및 참가자 수, 외국인 참가자 수에 따라 결정

(2)국제협회연합(Union of Int'l Associations, UIA)의 기준

　①국제기구가 주최하거나 후원할 경우 또는 국제기구에 가입한 단체가 주최할 것

　②참가국 5개국 이상, 참가자수 300명 이상(외국인 40% 이상)

　③회의기간 3일 이상

(3)국제컨벤션협회(Int'l Congress & Convention Association, ICCA)

　참가자수 50명 이상이고 4개국 이상을 돌며 정기적으로 회의를 할 것

(4)국제회의산업 육성에 관한 법률(국제회의산업법)상의 기준

　①국제기구 또는 국제기구에 가입한 기관이 개최하는 회의의 경우

　　㉠5개국 이상의 외국인이 참가할 것

　　㉡전체 참가자가 300명 이상일 것

　　㉢외국인 100명 이상일 것

　　㉣3일 이상 진행할 것

　②국제기구에 가입하지 아니한 기관

　　외국인 150명 이상, 2일 이상 진행

04. 국제회의의 효과

(1)경제적 효과

　다수의 참가자가 숙박 등 소비행위(일반 관광객보다 소비액 높음)

(2)사회, 문화적 효과

　　①인적 교류, 정보교류 통한 국제 친선 도모

　　②개최국의 이미지와 인지도 개선

(3)정치적 효과

　국가 간의 협력 증진, 국가 홍보 기능, 국제 지위 향상

(4)관광진흥 효과

　관광비수기를 극복하기 위한 최적의 기회

05. 국제회의의 성격

복합성,경제성,공익성,전문성,국제성,파급효과

01. 국제회의산업의 의의

(1)국제회의의 유치와 개최에 필요한 시설 및 서비스 관련 산업
(2)국제회의시설업 및 기획업을 포함한 국제회의와 관련된 제반 사업의 총합

02. 우리나라 국제회의산업의 현황

(1)국제회의는 문체부에서, 전시회는 산업통상자원부에서 담당
(2)국제회의 전문시설의 공급 과잉
(3)지자체 간의 과도한 유치 경쟁

03. 국제회의 시설

(1)시설의 종류(국제회의산업법상의 분류)
　㉠ 전문회의시설
　㉡ 준회의시설
　㉢ 전시시설
　㉣ 부대시설(음식점, 주차, 휴식, 숙박, 판매/쇼핑 시설)

(2)시설 현황

지 역	센터명	개관일	규모	
			회의실 수(개)	전시장(㎡)
수도권	aT센터	2002.11	11	7,422
	SETEC	1999.05	–	7,948
	COEX	1988.09/2000.05	92	36,007
	KINTEX	2005.09	40	108,566
	송도 컨벤시아	2008.11	26	8,416
충청권	DCC	2008.04	20	2,520
호남권	KDJ Center	2005.09	31	12,027
	GSCO	2014.07	11	3,000
대경권	EXCO	2001.04	24	22,159
	GUMICO	2010	7	3,402
	HICO	2015.02	17	2,273
동남권	BEXCO	2001.09	52	46,380
	CECO	2005.09	12	7,827
제주권	ICC Jeju	2003.03	29	2,395

자료: 전시산업진흥회, 2017년 발간 국내전시산업통계 기준

(3)시설별 개최 현황

　①호텔/콘도 : 40%,

　②컨벤션센터, 전문전시장 : 30%,

　③대학교, 연구기관 : 15%

　④기타 : 15%

(4)KOREA 유니크베뉴

　①한국관광공사에서 국제회의 장소로 선정

　②선정 내역 : 20곳

　　㉠서울 : 국립중앙박물관, DDP, 한국의집, 삼청각, 새빛섬

　　㉡부산 : 더베이101, 영화의전당, 누리마루

　　㉢대구 : 대구텍스타일컴플렉스, 83그릴

　　㉣인천 : 현대크루즈　　　㉤광주 : 월봉서원, 문화원

　　㉥제주 : 생각하는 정원　　㉦강원 : 남이섬

　　㉧경기 : 한국민속촌　　　㉨경남 : 창원해양공원

　　㉩경주 : 황룡원, 한옥마을　㉪고양 : 중남미문화원

04. 국제회의 기획업

(1)행사의 시작부터 끝날 때까지의 모든 과정을 계획/준비 및 진행하는 업무 수행

(2)국제 회의를 유치한 주최자로부터 위탁받아 수행한다.

(3)PCO(Professional Congress Organizer)라고 불린다.

(4)현재 국내에는 200여개 넘는 기획업체가 영업중

(5)국가자격증으로 컨벤션기획사1,2급이 있다.

05. 정부 및 지방자치단체

(1)국제회의 전담기관을 지정하여 국제회의의 유치/개최 지원, 인력양성, 국외홍보 등 지원

(2)국제회의 전담기구를 CVB(Convention and Visitors Bureau)라고 부른다.

(3)문체부장관은 한국관광공사를 전담기관으로 지정하였으며 지방자치단체는 각 지자체별로 전
　담기구를 설립하여 운영하고 있음

06. MICE 산업

(1)MICE의 의미 : 대규모 관광객을 유치하는 행사

　①Meeting : 일반적인 회의

　②Incentive : 포상 관광(보상 관광)

　③Convention : 국제회의

　④Exhibition : 전시회(Event를 포함시키기도 한다)

(2)MICE의 각 행사들은 대규모 방문객이 유입되어 숙박, 교통, 쇼핑, 관광 등 연관산업에 파급효과가 크기 때문에 이런 행사를 유치하고 성공적으로 개최하는 데 국가적인 역량을 모으고 있다. 이러한 연관 산업을 통틀어서 MICE 산업이라고 한다.

※ Event의 분류
- Mega Event : 올림픽, 세계육상대회, 엑스포
- Hallmark Event : 지역색을 띄는 축제(리우 카니발, 지평선 축제)

(3)국제적인 관광박람회 : FITUR(스페인 마드리드), ITB(베를린), WTM(런던)

07. 국제회의도시 지정내역(11개 도시)

서울, 대구, 대전, 광주, 창원, 부산, 제주, 인천, 고양시, 경주시, 평창

제 3 절   국제회의 관련 국제기구

01. 국제협회연합 (Union of Int'l Associations, UIA)

(1)설립 : 1907, 벨기에 브뤼셀, 35개 국가
(2)국제회의 정보 수집, 자료 발간, 통계 작성

02. 세계국제회의전문협회 (Int'l Congress & Convention Association, ICCA)

(1)설립 : 1963, 네덜란드 암스테르담, 80개 국가
(2)국제회의 기획/진행 등에 관한 자문서비스 제공

03. 아시아컨벤션뷰로협회 (Asian Association of Convention and Visitors' Bureau, AACVB)

(1)설립 : 1983, 중국 마카오, 아시아 10개국
(2)회원국의 홍보 및 국제회의 운영 능력 지원

제 4 절   우리나라의 국제회의 개최 현황

2019년 : 1,113건(세계 2위) / 1위 싱가폴

1. 글릭스만에 의한 관광동기의 구분 중 견문,지식탐구는 어느 동기에 해당하는가?

① 신체적 동기   ② 정신적 동기

③ 경제적 동기   ④ 심리적

> **해설** 신체적 동기, 정신적 동기, 경제적 동기, 심리적 동기 중에서 정신적인 동기에 해당한다.
> **정답** ②

2. 1967년을 국제관광의 해로 지정하였고, Tourism is a passport to peace라고 주장한 국제기구는?

① UNWTO   ② ASTA

③ OECD   ④ UN

> **해설** UNWTO는 관광의 날을 지정하였다. 혼돈해서는 안 된다.
> **정답** ④

3. 다음 각 서적별로 등장하는 관광과 관련된 용어가 <u>잘못</u> 연결된 것은?

① 주역 - 관국지광   ② 계원필경 - 관광육년

③ 고려사절요 - 관광집   ④ 조선왕조실록 - 관광방

> **해설** 고려사절요에는 관광상국이라는 말이 등장한다. 관광집은 삼봉집에 등장한다.
> **정답** ③

4. 다음 이론을 주장한 학자는?

> 〈욕구 5단계 이론〉
> : 생리적 욕구 - 안전의 욕구 - 사회적 욕구 - 존경의 욕구 - 자아실현의 욕구

① 마리오티(A. Mariotti)   ② 맥그리거(D. McGregor)

③ 밀(R. C. Mill)   ④ 매슬로우(A. H. Maslow)

5. 매슬로우의 욕구 구조 중 관광욕구와 밀접한 연관성을 갖는 것은?

① 생리적 욕구　　　　　　　　　② 사회적 욕구
③ 자아실현 욕구　　　　　　　　④ 안전욕구

정답 ③

6. 다음 중 관광의 개념과 가장 관계가 먼 것은?

① 관광은 레저나 레크리에이션에 속한다고 할 수 있다.
② 이동의 목적은 고려할 필요 없다.
③ 반드시 다시 돌아올 것을 전제로 한다.
④ 서양에서는 Sporting Magazine에서 그 어원을 찾을 수 있다.

정답 ②

7. 귀환예정소비설을 주장한 오글리비가 주장한 내용과 다른 것은?

① 기간은 1년을 넘지 않아야 한다.　② 관광지에서 금전을 소비한다.
③ 금전은 관광지에서 취득한 것일 것　④ 원래 거주지로 돌아와야 한다.

해설 금전은 관광지에서 취득한 것이 아닐 것으로 고쳐야 한다.
정답 ③

8. 다음 중 UNWTO의 마닐라 선언의 내용과 다른 것은?

① 관광이 선진국과 개도국간의 경제격차를 줄인다.
② 관광은 전 인류의 평화와 자유를 향상시킨다.
③ 여행의 자유와 관광복지정책의 필요성을 주장했다.
④ '관광은 평화의 여권' 표어 채택

해설 '관광은 평화의 여권' 표어는 UN에서 채택했다.
정답 ④

9. 다음 중 UNWTO에 의하면 관광객으로 보기 어려운 자는?

① 당일 방문자
② 회의 참석 목적의 여행자
③ 국경통근자
④ 승무원

정답 ③

10. 다음 설명에 해당하는 것은?

> 전 국민이 일상 생활권을 벗어나 자력 또는 정책적 지원으로 국내·외를 여행하거나 체제하면서 관광하는 행위로, 그 목적은 국민의 삶의 질을 제고하는 데 있음

① 대안관광
② 국민관광
③ 보전관광
④ 국내관광

해설 국민관광의 개념에는 복지이념이 포함되어 있다.
정답 ②

11. 다음 중 관광의 긍정적인 효과와 거리가 먼 것은?

① 외화 유출
② 상호 이해 증진
③ 관광자원의 보전
④ 인구 이동 촉진

해설 외화유출은 부정적인 효과에 해당한다.
정답 ①

12. 아시아·태평양지역의 관광진흥 활동과 구미관광객 유치를 위한 마케팅 목적으로 설립된 국제기구는?

① APEC
② WTTC
③ ASTA
④ PATA

정답 ④

13. 관광구조의 구성요소가 가장 복합적으로 형성되어 있는 경우는?

① 도심지 상용호텔 　　　　　　② 자동차 여행
③ 크루즈 여행 　　　　　　　　④ 놀이공원

> **해설** 크루즈 관광은 크루즈선이 숙박시설이자 교통수단이며 또한 크루즈선 자체가 관광의 대상이 된다.
> **정답** ③

14. 관광의 유사 개념으로 옳지 <u>않은</u> 것은?

① 투어 　　　　　　　　　　　② 스포츠
③ 레크리에이션 　　　　　　　④ 레저

> **정답** ②

15. 16~18세기 유럽에서 유행했던 그랜드 투어 (Grand Tour)에 관한 설명으로 옳지 <u>않은</u> 것은?

① 여행 기간은 2~3년간의 장기간이었다.
② 참여동기는 산업시찰이었다.
③ 최종목적지는 이탈리아의 로마였다.
④ 영국의 상류계층의 젊은층이 주로 즐겼다.

> **해설** 교육적인 목적으로 실시한 관광이었다.
> **정답** ②

16. 관광 구성요소에 관한 설명으로 옳은 것은?

① 관광매체는 관광사업으로 호텔업, 여행업, 교통업 등이 있다.
② 관광주체는 관광대상으로 자연자원, 문화자원, 위락자원 등이 있다.
③ 관광객체는 관광을 행하는 관광객을 의미한다.
④ 관광매체는 관광목적지를 의미한다.

> **해설** ② 관광객체는 관광대상으로 자연자원, 문화자원, 위락자원 등이 있다.
> 　　　③ 관광주체는 관광을 행하는 관광객을 의미한다.
> 　　　④ 관광객체는 관광목적지를 의미한다.
> **정답** ①

17. 관광의 경제적 효과로 볼 수 없는 것은?

① 조세수입의 증대 효과가 있다.　② 외국의 문화를 인식하는 효과가 있다.
③ 지역사회 개발에 기여하는 효과가 있다.　④ 고용증대의 효과가 있다.

> **해설** 사회문화적 효과에 해당한다.
> **정답** ②

18. 관광동기의 성격 분류가 옳지 않은 것은?

① 나이트 라이프 - pull factor　② 소득 - pull factor
③ 스트레스 - push factor　④ 쾌적한 기후 - pull factor

> **해설** - Push 요인 : 관광객 자신의 내적인 요인
> 　　　 - Pull 요인 : 관광객체의 매력에 이끌려 관광하는 것(멋진 경관, 역사성, 예술성)
> **정답** ②

19. 1980년대 한국관광발전사의 주요 내용이 아닌 것은?

① 해외여행 완전 자유화　② 한국관광공사 설립
③ 세계관광기구(UNWTO) 가입　④ 서울 아시안게임

> **해설** ① 해외여행 완전 자유화 : 1989, ② 한국관광공사 설립 : 1982, ③ 세계관광기구(UNWTO) 가입 : 1975, ④
> 서울 아시안 게임 : 1986
> **정답** ③

20. 관광사업의 특성이 아닌 것은?

① 복합성　② 비민감성
③ 공익성　④ 서비스성

> **해설** 관광사업은 외부환경변화에 민감하게 반응한다.
> **정답** ②

21. 약어와 조직명이 잘못 연결된 것은?

① ATMA - 아시아관광마케팅협회　② APEC - 아시아태평양경제협력체
③ PATA - 아시아태평양관광협회　④ ASTA - 아시아여행업협회

> **해설** ASTA : 미주여행업협회
> **정답** ④

22. 다음 중 대안관광의 등장배경과 관계 <u>없는</u> 것은?

① 대량관광에 따른 환경오염 증가 　　② 과도한 개발에 따른 환경 파괴

③ 그랜드 투어의 등장 　　　　　　　④ 지역문화 상실

> **정답** ③

23. 다음 중 대안관광의 유형에 속하는 것이 <u>아닌</u> 것은?

① 지속가능한 관광 　　　　　　　　② 공정여행

③ 생태 관광 　　　　　　　　　　　④ 팸투어

> **정답** ④

24. 최초로 여행객을 모집하여 단체관광을 진행했던 사람은?

① 스타틀러 　　　　　　　　　　　② 토마스 쿡

③ 세자르 리츠 　　　　　　　　　　④ 힐튼

> **정답** ②

25. 승수효과는 관광의 어떤 효과와 관련된 용어인가?

① 사회적 효과 　　　　　　　　　　② 경제적 효과

③ 문화적 효과 　　　　　　　　　　④ 정치적 효과

> **해설** 관광에 있어 승수효과란 '관광객의 소비가 연쇄적인 생산유발효과를 발생시켜 최종적으로 관광객 소비액의 3~4배 만큼 소득이 증대되는 현상'이다. 즉 승수효과는 경제적인 측면의 효과와 관련된 용어이다.
>
> **정답** ②

26. 관광사업의 특성에 관한 설명으로 옳지 <u>않은</u> 것은?

① 사업주체와 내용이 복합적이다. 　　② 관광지의 입지의존성이 크다.

③ 무형의 서비스가 중요한 사업요소이다. 　④ 서비스업 비중이 낮다.

> **정답** ④

27. 고대 로마시대에 관광이 활성화되었던 이유로 옳지 <u>않은</u> 것은?

① 군사용 도로의 정비　　　　　② 물물경제의 도입
③ 다양한 숙박시설의 등장　　　④ 안정된 치안 유지

> **해설**　화폐경제가 발달하였다.
> **정답**　②

28. 관광매체 중 공간적 매체에 해당되지 <u>않는</u> 것은?

① 철도　　　　　　　　　　② 항공
③ 호텔　　　　　　　　　　④ 선박

> **해설**　호텔은 시간적인 매체에 해당한다.
> **정답**　③

29. 다음에서 설명하는 관광의 개념은?

> 사회적 약자, 소외계층들에게 관광체험의 기회를 부여하여 개인의 자아실현이나 삶의 질 향상을 실현하는 사회복지 차원의 관광

① 다크투어리즘(Dark Tourism)　　② 그랜드 투어(Grand Tour)
③ 녹색관광(Green Tourism)　　　 ④ 소셜투어리즘(Social Tourism)

> **정답**　④

30. Alternative Tourism(대안관광)의 유사 개념으로 옳지 <u>않은</u> 것은?

① Soft Tourism(연성관광)
② High Impact Tourism(하이 임펙트 투어리즘)
③ Appropriate Tourism(적정관광)
④ Green Tourism(녹색관광)

> **정답**　②

31. 관광의 구성요소 중 관광객체의 내용으로 옳지 <u>않은</u> 것은?

① 관광대상을 의미한다.　　② 관광욕구를 충족시키는 역할을 한다.

③ 관광정보를 포함한다.　　④ 관광자원과 관광시설을 포함한다.

해설 관광정보는 관광의 매체 중 기능적 매체에 해당한다.

정답 ③

32. 관광의 긍정적 효과가 <u>아닌</u> 것은?

① 국제수지 개선　　② 도시화로 인한 인구집중

③ 환경보호의식 제고　　④ 문화교류 증진

정답 ②

33. 관광의 구성요소 중 관광의 매체에 해당되지 <u>않는</u> 것은?

① 관광교통　　② 숙박시설

③ 관광객　　④ 여행사

해설 관광객은 관광의 주체에 해당한다.

정답 ③

34. 관광사업의 특성이 <u>아닌</u> 것은?

① 복합성　　② 입지의존성

③ 공익성　　④ 고정성

정답 ④

35. 관광의 문화적 효과 중 부정적인 효과가 <u>아닌</u> 것은?

① 지역 고유 언어의 변질　　② 국제교류 증진

③ 문화재 파괴　　④ 지역문화의 고유성 상실

정답 ②

36. 경제적 측면에서 관광의 긍정적인 효과가 <u>아닌</u> 것은?

① 조세 수입 증가   ② 고용 증가

③ 지역경제 진흥   ④ 외화 유출 증가

정답 ④

37. 외국인 관광객 유치를 위한 노력이 <u>아닌</u> 것은?

① 한국방문의 해 사업   ② 관광특구 조성

③ 비자발급 기준 강화   ④ 국제관광 협력 증진

정답 ③

38. 국민관광 진흥을 위한 노력이 <u>아닌</u> 것은?

① 복지관광 지원   ② 노동시간 확대

③ 관광전문인력 양성   ④ 국내관광 수용태세 개선

정답 ②

39. 우리나라 국민에 대한 해외여행의 연령제한이 전면적으로 폐지된 해는?

① 1986년   ② 1988년

③ 1989년   ④ 2002년

정답 ③

40. 대안관광의 형태로 옳지 <u>않은</u> 것은?

① 책임관광   ② 대중관광

③ 연성관광   ④ Ethnic Tourism

정답 ②

41. 기능적 관광매체가 <u>아닌</u> 것은?

① 관광선전   ② 관광통역안내업

③ 관광지   ④ 관광정보

해설 관광지는 관광객체에 해당한다.

정답 ③

42. 소셜 투어리즘(Social Tourism)의 이념이 <u>아닌</u> 것은?

① 형평성   ② 비민주성

③ 공익성   ④ 문화성

정답 ②

43. 공정관광(Fair Tourism)에 관한 설명으로 옳지 <u>않은</u> 것은?

① 책임관광, 녹색관광, 생태관광과 함께 대안관광의 한 유형이다.

② 여행자와 여행 대상국의 국민이 평등한 관계를 맺는 여행이다.

③ 우리나라는 2007년 사회적 기업 육성법 제정으로 활성화되었다.

④ 55세 이상의 중장년층을 중심으로 하는 특별흥미여행이다.

정답 ④

44. 다음 설명에서 제시된 관광객 행동에 영향을 미치는 요인은 무엇인가?

> 어떤 개인의 행동, 목표를 설정함에 있어 그에게 개인적 가치의 표준이나 규범을 제공하는
> 요소, 즉, 학교나 직장 동료, 스포츠 동호회원 등을 말한다.

① 사회계층   ② 준거집단

③ 오피니언 리더   ④ 촉매자

정답 ②

45. 관광의 구조가 바르게 연결된 것은?

① 관광주체 - 교통기관
② 관광객체 - 관광행정조직
③ 관광매체 - 자연자원
④ 관광주체 - 관광자

정답 ④

46. 다음 중 여행상품의 특징이 <u>아닌</u> 것은?

① 무형의 상품으로 재고 보유 불가능하다.
② 수요 변동이 심하다.
③ 모방이 어려워 차별화가 가능하다.
④ 배달이 용이하다.

해설 모방이 쉽고 차별화가 어렵다.
정답 ③

47. 다음 중 포상관광에 해당되는 것은?

① Series Tour
② Incentive Tour
③ Special Interest Tour
④ Dark Tour

정답 ②

48. 다음 중 토마스 쿡이 여행업을 시작하면서 고려했던 사항이 <u>아닌</u> 것은?

① 요금을 낮추면 관광수요는 증대한다.
② 철도운송업은 변동비의 비중이 높기 때문에 인당 탑승비를 낮출 수 없다.
③ 숙박시설은 고정비의 비율이 높기 때문에 이용자를 늘리면 요금을 낮출 수 있다.
④ 단체에 대해 할인요금을 적용하면 모두가 이득을 본다.

해설 철도운송업도 고정비의 비중이 높아 이용자를 늘리면 요금을 낮출 수 있다.
정답 ②

49. 우리나라에서 통역안내원의 자격시험이 시작된 해는?

① 1955년
② 1962년
③ 1963년
④ 1965년

정답 ②

50. 다음 중 팸 투어(Fam Tour)에 대한 설명으로 맞는 것은?

① 여행안내원 없이 개인적으로 여행하는 자유여행
② 필요에 따라 선택하여 하는 관광
③ 홍보를 목적으로 여행업자나 언론 관계자를 초청하는 사전 답사여행
④ 농촌의 문화와 전통을 체험하는 관광

해설 ① 여행안내원 없이 개인적으로 여행하는 자유여행 : FIT
② 필요에 따라 선택하여 하는 관광 : Option Tour
④ 농촌의 문화와 전통을 체험하는 관광 : Rural Turism
정답 ③

51. Charter Tour란 무엇인가?

① 개인적으로 여행하는 자유여행
② 필요에 따라 선택하여 하는 관광
③ 저렴한 관광
④ 전세 여행

정답 ④

52. 다음 중 Inbound(인바운드) 관광진흥과 관련된 정책이 <u>아닌</u> 것은?

① 국외여행인솔자 자질 강화
② 한류 관광 활성화 사업
③ 크루즈관광 활성화 사업
④ 의료관광 활성화 사업

해설 국외여행인솔자(Tour Conductor)는 아웃바운드 분야에서 근무하는 자이다.
정답 ①

53. 다음 중 여행시장의 변화에 대해 <u>잘못</u> 설명한 것은?

① 인터넷 여행시장의 급성장
② 개별 여행시장의 확대
③ 소비자 욕구의 다양화
④ 단체관광객 비중의 증가

해설 개별 여행시장이 확대되는 반면 단체관광객의 비중은 감소하고 있다.
정답 ④

54. 여행객의 출국 절차는?

① QCI   ② QIC
③ CIQ   ④ CQI

해설 출국 절차 : CIQ, 입국 절차 : QIC
정답 ③

55. 기존의 대량관광의 부정적인 측면에 대한 반성 차원에서 대두된 관광의 경향은?

① 그랜드 투어   ② 대안 관광
③ 기획 여행   ④ Option Tour

정답 ②

56. 여행업이나 여행상품의 특징이라고 할 수 <u>없는</u> 것은?

① 저장이 불가능하다.   ② 고정자산의 비중이 높다.
③ 상품이 이질적이다.   ④ 효용이 주관적이다.

정답 ②

57. 다음 중 지상수배업자가 수행하는 업무가 <u>아닌</u> 것은?

① 여행상품 판매   ② 현지정보 제공
③ 현지 수배 기능   ④ 안전대책 기능

해설 지상수배업자는 관광목적지 현지에서 호텔,관광지 등의 예약을 담당하는 자이다.
정답 ①

58. 여행업자가 여행자와 여행계약을 체결한 이후 의무적으로 해야 할 일이 <u>아닌</u> 것은?

① 인터넷 등록제도 안내   ② 여행목적지의 여행경보단계 제공
③ 여행계약서 교부   ④ 보험가입 등 가입

해설 보험 등 가입은 업무를 개시하기 전에 완료해야 한다.
정답 ④

59. Checked Baggage 란 무엇인가?

① 휴대 수화물
② 위탁 수하물
③ 동반수하물
④ 검사 완료된 수하물

해설 휴대 수화물은 Carry-on baggage 라고 한다.
정답 ②

60. 여행의 형태 중에서 여행업이 개입할 여지가 가장 많은 형태는?

① 안전핀형
② 스푼형
③ 텀블린형
④ 피스톤형

정답 ③

61. Inbound 부서의 업무내용이 <u>아닌</u> 것은?

① 수배
② 항공권 발권
③ 상담
④ 판매

해설 Inbound는 손님이 공항에 도착한 이후부터 업무가 시작된다. 즉 항공권과 관련된 업무는 개입되지 않는다.
정답 ②

62. 다음 중 여행경비에 포함되지 <u>않는</u> 비용은?

① 예방 주사대
② 여행보험료
③ 출국납부금
④ 가방 Tag 비용

정답 ①

63. 다음 중 1인당 면세 한도가 <u>틀린</u> 것은?

① 양주 1리터/400불 이하
② 향수 60㎖
③ 궐련 200개비
④ 전자담배 니코틴 40㎖

해설 전자담배 니코틴은 20㎖까지 면세다.
정답 ④

64. 여행 출발시 안내원을 동반하지 않고 목적지에서 현지 가이드의 안내를 받는 방식으로 local guide system 이라고도 불리는 여행은?

① I.C.T(inclusive conducted tour)
② FIT(Foreign Independent Tour)
③ I.I.T(inclusive independent tour)
④ SIT(Special Interest Tour)

정답 ③

65. 여행업의 변화 경향에 대한 설명으로 <u>틀린</u> 것은?

① 아웃바운드 시장의 점진적인 축소
② FIT 의 증가
③ 인터넷 여행시장의 성장
④ 소비자 욕구의 전문화

정답 ①

66. 다음 중 여권을 분실할 경우 현지 대사관이나 영사관에서 발급받아 여행을 계속할 수 있는 것은 무엇인가?

① 여행증명서
② 임시여권
③ 단수여권
④ 신분증명서

정답 ①

67. 단체여행객에 대해 고객별로 수하물을 처리하지 않고 단체여객의 총허용량을 기준으로 수하물을 처리하는 방식을 무엇이라고 하는가?

① Piece System
② Baggage Polling
③ Weight System
④ Baggage Holding

정답 ②

68. 유럽 내 국가 간 자유이동에 관한 협약인 쉥겐협약에 의하면 우리나라 국민은 며칠간 체류할 수 있는가?(예외적인 국가 제외)

① 120일간 60일
② 180일간 60일
③ 180일간 90일
④ 160일간 80일

정답 ③

69. 다음 중 기내 휴대가 가능한 물품은?

① 호신용 스프레이   ② 등산용스틱

③ 전동휠체어   ④ 딱성냥

> **해설** ① 호신용 스프레이 : 위탁운송 가능(1인당 1개, 100㎖ 이하)
> ③ 전동휠체어 : 위탁운송 가능
> ④ 딱성냥 : 운송 불가
>
> **정답** ②

70. 여행사 Outbound 부서의 업무내용이 <u>아닌</u> 것은?

① 현지수배   ② 항공권 발권

③ 상담   ④ 국내여행상품 개발

> **해설** 인바운드 또는 Domestic 부서의 업무에 해당한다.
>
> **정답** ④

71. 여행업에 관한 내용으로 옳지 <u>않은</u> 것은?

① 시설이용의 알선   ② 계약체결의 대리

③ 여행경보단계 발령   ④ 여행편의 제공

> **해설** 여행경보제도는 외교부에서 발령한다.
>
> **정답** ③

72. 관광상품의 특성으로 옳지 <u>않은</u> 것은?

① 비소멸성   ② 생산과 소비의 동시성

③ 상호보완성   ④ 무형성

> **해설** 소멸성으로 고쳐야 한다.
>
> **정답** ①

73. 인바운드관광의 활성화 방안으로 옳지 <u>않은</u> 것은?

① 외래관광객 유치를 위한 홍보 강화
② 출입국 수속 절차의 복잡화
③ 관광상품의 개발
④ 관광수용태세 개선

해설 출입국 수속절차의 간소화로 고쳐야 한다.
정답 ②

74. 여행사의 업무가 <u>아닌</u> 것은?

① 상담업무
② 판매업무
③ 예약 및 수배업무
④ 국외여행인솔자 자격 등록

해설 업종별 관광협회의 업무에 해당한다.
정답 ④

75. 전형적인 주최여행으로 숙박, 교통, 음식 등의 여행소재를 포괄한 상품을 제공하여 주요 관광지를 방문하는 여행은?

① Special Interest Tour
② Interline Tour
③ Incentive Tour
④ Package Tour

해설 관광진흥법상에는 기획여행에 해당한다.
정답 ④

76. 여행업의 주요 업무가 <u>아닌</u> 것은?

① 숙박 및 교통편 수배 업무
② 여행상품 기획 및 판매 업무
③ 전자여권 발급 대행 업무
④ 고객상담 업무

해설 전자여권의 발급은 본인이 직접 해야 한다.
정답 ③

77. 국내외여행업은 누구를 대상으로 하는가?

① 국내를 여행하는 내국인
② 국내외를 여행하는 내국인
③ 국외를 여행하는 외국인
④ 국내외를 여행하는 내·외국인

정답 ②

78. 여행증명서에 관한 내용으로 옳지 <u>않은</u> 것은?

① 6개월 이내의 유효기간
② 출국하는 무국적자에게 발행
③ 해외입양자에게 발행
④ 여권을 분실한 국외여행자로 여권 발급을 기다릴 시간적 여유 없이 긴급히 귀국해야 할
   필요가 있는 자에게 발행

> **해설** 유효기간은 1년이다.
> **정답** ①

79. 국제공항의 C.I.Q 업무에 해당하지 <u>않는</u> 것은?

① 보안검사   ② 출입국 수속 업무
③ 검역 업무   ④ 세관 업무

> **정답** ①

80. 관광상품의 소멸성적 특성을 극복하기 위한 방안으로 옳지 <u>않은</u> 것은?

① 서비스 가격의 차별화   ② 비수기 수요 개발
③ 예약 시스템 도입   ④ 고(高)가격 정책의 유지

> **해설** 성수기 가격과 비수기의 가격은 달라져야 한다. 비수기에 높은 가격을 유지할 경우 고객을 확보하기 쉽지 않을
> 것이며 그 결과 제 때에 판매되지 못한 상품은 소멸될 것이다. 관광상품은 재고로 보유할 수 없는 소멸성적인 특
> 성을 가지고 있기 때문이다.
> **정답** ④

81. Intrabound 란 무엇인가?

① 외국인의 국내여행   ② 내국인과 국내거주 외국인의 국내여행
③ 내국인과 외국인의 국내여행   ④ 내국인의 국내여행

> **정답** ②

82. 우리나라의 관세규정에 관한 설명으로 옳지 <u>않은</u> 것은?

① 출국 시 내국인의 구매한도는 무제한이다.
② 내국인의 반입물품 면세한도는 600달러 이하이다.
③ 외국인에게는 600달러의 반입물품 면세한도가 적용되지 않는다.
④ 내국인의 주류 면세한도는 1인당 1병으로 제한된다.

정답 ③

83. 행정기관과 관광 관련 주요 기능의 연결이 옳지 <u>않은</u> 것은?

① 법무부 - 여행자의 출입국 관리   ② 외교부 - 비자면제 협정체결
③ 관세청 - 여행자의 휴대품 통관업무   ④ 문화체육관광부 - 외국과 항공협정 체결

정답 ④

84. 재난 현장이나 비극적 참사의 현장을 방문하는 관광을 의미하는 것은?

① Eco Tourism   ② Dark Tourism
③ Soft Tourism   ④ Low Impact Toursim

정답 ②

85. 2022년 5월 현재 출국하는 내국인이 면세점에서 구매할 수 있는 한도액은?

① 미화 5,000달러   ② 미화 10,000달러
③ 미화 20,000달러   ④ 무제한

정답 ④

86. 국민관광에 관한 설명으로 옳은 것을 모두 고른 것은?

> ㄱ. 국민관광 활성화 일환으로 1977년 전국 36개소의 국민관광지가 지정되었다.
> ㄴ. 국민관광은 관광에 대한 국제협력 증진을 목표로 한다.
> ㄷ. 국민관광은 출입국제도 간소화 정책을 실시하고 있다.
> ㄹ. 국민관광은 장애인, 노약자 등 관광 취약계층을 지원한다.

① ㄱ, ㄴ   ② ㄱ, ㄹ
③ ㄴ, ㄷ   ④ ㄷ, ㄹ

정답 ②

87. 다음 설명에서 A의 관점에서 B의 관광을 어떻게 평가할 수 있을까?

> 한국에 거주하고 있는 A는 미국에 거주하고 있는 B로부터 중국 여행을 마치고 뉴욕 공항에 잘 도착했다고 연락을 받았다.

① Outbound Tourism　　② Overseas Tourism
③ Inbound Tourism　　④ Domestic Tourism

정답　②

88. 한국 국적과 국경을 기준으로 국제관광의 분류가 옳은 것은?

① 자국민이 자국 내에서 관광 - Inbound Tourism
② 자국민이 타국에서 관광 - Outbound Tourism
③ 외국인이 자국 내에서 관광 - Outbound Tourism
④ 외국인이 외국에서 관광 - Inbound Tourism

정답　②

89. House Use Room 이란?

① 호텔에서 직원용으로 사용 중인 방　　② 예약된 방
③ 장기 투숙 중인 방　　④ 수화물을 보관할 수 있는 방

해설　② 예약된 방 : Blocking room
　　　④ 수화물을 보관할 수 있는 방 : Trunk room
정답　①

90. 객실 요금과 식사 요금이 별도인 지불 방식은?

① American plan　　② Continental plan
③ European plan　　④ Dual plan

해설　① American plan : 객실료 + 3끼 식사
　　　② Continental plan : 객실료 + 1끼 식사
　　　④ Dual plan : 미국식과 유럽식 중에서 선택할 수 있는 방식
정답　③

91. 호텔객실의 정비, 미니바 관리, turn down service를 담당하는 부서의 명칭은?

① 프론트 오피스
② 컨시어즈
③ 하우스키핑
④ 룸서비스

정답 ③

92. 관광진흥법상 관광숙박업 분류 중 호텔업의 종류가 <u>아닌</u> 것은?

① 수상관광호텔업
② 한국전통호텔업
③ 휴양콘도미니엄업
④ 호스텔업

정답 ③

93. 호텔 현관에 있어서 Uniformed Service 와 관련 <u>없는</u> 종사원은?

① Bus boy
② Bell boy
③ Paging boy
④ Porter

해설 Bus boy는 식당에서 웨이터를 돕는 접객보조원이다.
정답 ①

94. 식욕 촉진을 위해 식사 전에 가볍게 먹는 요리는?

① 스프(Soup)
② 전채요리(Appetizer)
③ 샐러드(Salad)
④ 생선요리(Fish)

정답 ②

95. 경영기술을 보유한 특허권자(franchiser)가 가맹점(franchisee)에게 브랜드사용권이나 경영노하우를 제공하고 가맹점은 수수료를 지불하는 형식의 운영방식을 무엇이라 하나?

① 프랜차이즈 방식 ② 위탁경영방식
③ 리퍼럴 방식 ④ 업무제휴 방식

해설 특허권자(franchiser), 가맹점(franchisee), 브랜드사용권과 같은 용어가 등장하면 프랜차이즈 방식임을 바로 알 수 있어야 한다.

정답 ①

96. Decanting이 필요한 주류의 종류는?

① 브랜디 ② short drink
③ Aperitif ④ 포도주

해설 Decanting이란 포도주의 찌꺼기를 제거하기 위해 다른 병에 따르는 것을 말한다.

정답 ④

97. 다음에서 설명하는 호텔은 무엇인가?

> • 독창적인 경영기법을 개발할 수 있다.
> • 경영의 자율권이 보장된다.
> • 브랜드 사용료, 수수료, 임차료 등을 지불하지 않는다.

① 체인호텔 ② 임차호텔
③ 제휴호텔 ④ 독립호텔

정답 ④

98. 호텔업의 문제점과 그에 대한 해결방안이 잘못 짝지어진 것은?

① 소멸성 : 인력 고급화 ② 비저장성 : 초과 예약
③ 계절성 : 성수기 가격 할인 ④ 시설의 노후화 : 시설 개선

해설 비수기에는 손님을 유인하기 위해 할인 행사를 실시한다.

정답 ③

99. 관광의 매체 중에서 기능적인 매체에 해당하는 것은?

① 숙박시설   ② 관광기념품 판매업

③ 교통기관   ④ 휴게시설

정답 ②

100. 호텔에 투숙한 고객이 거실과 침실이 분리된 방을 원할 경우 제공해야 할 방은?

① Twin room   ② Suite room

③ Triple room   ④ Connecting room

정답 ②

101. 초과 예약으로 인해 객실이 부족한 경우 예약 손님을 다른 호텔로 안내하는 것은?

① Turn away service   ② No show guest

③ Walk in guest   ④ Go show

정답 ①

102. 다음 중 객실부분에 속하는 서비스가 <u>아닌</u> 것은?

① 프론트 데스크   ② 유니폼서비스

③ House Keeping   ④ Room service

해설 Room service는 식음료부의 업무이다.

정답 ④

103. 객실 요금에 조식 요금이 포함된 지불 방식은?

① American plan   ② Continental plan

③ European plan   ④ Dual plan

정답 ②

104. 다음에서 설명하는 서비스는?

> • 고객의 편안한 잠자리를 위한 서비스이다.
> • 베드 커버(Bed Cover)를 맵시 있게 접는다.
> • 조명을 조절한다.

① Turn Away Service　　　　② Turn Down Service
③ Laundry Service　　　　　④ Valet Service

정답 ②

105. 호텔 객실 중 객실과 객실 사이가 문으로 연결되어 있는 객실은?

① 커넥팅룸(Connecting Room)　　② 인사이드룸(Inside Room)
③ 아웃사이드룸(Outside Room)　　④ 어드조이닝룸(Adjoining Room)

정답 ①

106. 정식의 메인코스(주요리)는 무엇인가?

① Roast　　　　　　　② Fish
③ Entrée　　　　　　　④ Hors D'oeuvre

해설 ④ Hors D'oeuvre(오드볼) : 에프타이져(전채 요리)
정답 ③

107. 19세기에 대두된 관광 관련 현상이 아닌 것은?

① 호화호텔(Grand Hotel)의 등장　　② 여행업의 등장
③ 여객기의 등장　　　　　　　　　　④ 여행자수표의 등장

해설 여객기는 20세기에 들어와서 영업을 시작했다.
정답 ③

108. Plate Service로도 불리며, 주방에서 조리된 음식을 접시에 담아 나가는 서비스는?

① American Service
② Russian Service
③ French Service
④ Counter Service

> **해설** ③ French service(Gueridon 서비스) : 주방에서 고객이 요구하는 종류의 음식과 그 재료를 카트에 싣고 고객의 테이블까지 와서 고객이 보는 앞에서 직접 조리를 하여 제공한다.
>
> **정답** ①

109. 이웃한 객실을 부르는 용어는?

① studio room
② adjoining room
③ suite room
④ connecting room

> **정답** ②

110. 다음에서 설명하고 있는 서비스 제공 방식은?

> • 고객이 직접 조리과정을 보면서 식사를 할 수 있는 형태
> • 주로 바, 라운지, 스낵바 등에서 볼 수 있음
> • 조리사가 요리를 직접 제공함

① 카운터 서비스(counter service)
② 러시안 서비스(Russian service)
③ 뷔페 서비스(buffet service)
④ 플레이트 서비스(plate service)

> **정답** ①

111. 호텔정보시스템 중 다음의 업무를 처리하는 것은?

> • 인사/급여관리　　　　　• 구매/자재관리
> • 원가관리　　　　　　　• 시설관리

① 프론트 오피스 시스템(front office system)
② 백 오피스 시스템(back office system)
③ 인터페이스 시스템(interface system)
④ 포스 시스템(POS system)

문제의 보기에 나온 업무는 관리 및 지원업무에 속한다. 일반적으로 기업체의 업무를 분류할 때 영업부서와 같이 고객과 접하는 부서를 Front Office라고 하며, 고객을 접하는 부서를 지원하는 총무, 재무, 인사 등과 같은 부서를 Back Office라고 한다. 호텔을 예로 들면 프론트 데스크, 식당 등이 Front Office이며 인사, 총무 등의 관리부서와 주방이 Back Office에 해당한다.

정답 ②

112. 다음 중 호텔이 비수기에 해야 할 사항과 거리가 <u>먼</u> 것은?

① 판촉 강화
② 할인 행사
③ 패키지 상품 출시
④ 고가 상품 출시

정답 ④

113. 레지덴셜 호텔(Residential Hotel)의 설명으로 옳은 것은?

① 장기체류 호텔
② 단기체류 호텔
③ 국제회의 호텔
④ 공항 호텔

정답 ①

114. 호텔의 경영형태에 관한 설명으로 옳지 <u>않은</u> 것은?

① 조인트 벤처(joint venture) : 자본제휴를 통해 호텔을 운영
② 리퍼럴 그룹(referral group) : 독립 호텔들이 상호 연합하여 운영하는 공동경영방식
③ 위탁경영호텔(management contract hotel) : 경영 노하우를 가진 호텔이 계약을 통해 다른 호텔을 경영하는 방식
④ 프랜차이즈 호텔(franchise hotel) : 경영 노하우를 소유한 가맹호텔(franchisee)들이 본부(franchisor)를 형성하여 운영하는 형태

해설 프랜차이즈 호텔(franchise hotel) : 경영 노하우를 소유한 본부(franchisor)가 가맹호텔(franchisee)에게 브랜드사용권과 경영노하우를 제공하고 가맹호텔은 수수료를 제공하는 형태이다.

정답 ④

115. 안심 스테이크(Tenderloin Steak)의 종류가 <u>아닌</u> 것은?

① 샤또브리앙(Chateaubriand)
② 미넛 스테이크(Minute Steak)
③ 필렛미뇽(Fillet Mignon)
④ 튀르네도(Tournedos)

정답 ②

116. 양조주에 해당하는 것을 모두 고른 것은?

ㄱ. 럼(Rum)	ㄴ. 맥주(Beer)
ㄷ. 와인(Wine)	ㄹ. 데킬라(Tequila)

① ㄱ, ㄹ
② ㄴ, ㄷ
③ ㄱ, ㄴ, ㄹ
④ ㄱ, ㄷ, ㄹ

정답 ②

117. 소고기의 부위별 스테이크 명칭이 아닌 것은?

① 라운드 스테이크(Round Steak)
② 뉴욕 컷 스테이크(New York Cut Steak)
③ 서로인 스테이크(Sirloin Steak)
④ 폭 찹(Pork Chop)

해설 돼지갈비를 뜻한다.
정답 ④

118. 호텔업의 사업적 특성으로 옳지 않은 것은?

① 고정비의 지출이 많다.
② 높은 초기투자 비율
③ 객실상품의 비저장성
④ 수요에 따른 객실 공급이 탄력적이다.

해설 객실의 수를 단기간에 조절할 수는 없다.
정답 ④

119. 다음에서 설명하는 호텔서비스는?

예약을 받아 놓고 당일 객실의 여유가 없어 객실을 제공하지 못한 고객에게 동급 수준 이상의 다른 호텔로 안내하여 객실요금지불과 교통편을 제공하는 서비스를 말한다.

① 턴다운 서비스(Turn down Service)
② 페이드 아웃 서비스(Paid out Service)
③ 턴어웨이 서비스(Turn away Service)
④ 페이징 서비스(Paging Service)

정답 ③

120. 부서와 업무가 잘못 연결된 것은?

① 비즈니스 센터(Business Center) : 객실예약 서비스
② 하우스키핑(Housekeeping) : Lost & Found 서비스
③ 벨 데스크(Bell Desk) : 투숙객의 수하물을 운반하거나 보관
④ 프런트 데스크(Front Desk) : 외화 환전 서비스

해설 객실예약서비스는 프런트 데스크에서 수행한다. 비즈니스 센터(Business Center)는 사무공간, 전화/팩스, 비서업무 등을 제공한다.
정답 ①

121. 사전예약 없이 당일에 도착한 고객은?

① 노 쇼우 게스트(No Show Guest)　　② 워크 인 게스트(Walk-in Guest)
③ 워크 아웃 게스트(Walk-out Guest)　④ 스키퍼(Skipper)

해설 Skipper는 숙박료를 정산하지 않고 도망가는 자를 말한다.
정답 ②

122. 다음에서 설명하는 것은?

> • 고객이 객실에 짐을 두고 타 지역에서 잠을 자면서 그 방을 사용하지 않았더라도 예정대로 징수하는 객실요금

① 홀드 룸 차지(Hold Room Charge)　② 상용 요금(Commercial Rate)
③ 취소 요금(Cancellation Charge)　　④ 초과 요금(Over Charge)

해설 Hold room charge란 고객이 수하물(手荷物)을 객실에 그냥 두고 가는 경우나 고객이 객실을 예약하고 호텔에 도착하지 않았을 때 부과하는 객실요금을 부르는 용어이다.
정답 ①

123. 일품 요리 메뉴의 특징이 아닌 것은?

① 기호에 따라 자유롭게 선택이 가능하다.
② 선택한 요리에 대해서만 요금을 지불한다.
③ 품목이 다양한 경우에는 식자재의 관리가 어렵다.
④ 기본적으로 코스 요리로 제공된다.

해설 코스 요리로 제공되는 형식은 Table D'hote(Full Course) 라고 한다.
정답 ④

124. 호텔서비스의 특징이 <u>아닌</u> 것은?

① 무형성   ② 동질성
③ 소멸성   ④ 비분리성

해설 서비스품질은 인력과 시설의 상황에 따라 달라질 수 있다.
정답 ②

125. 와인 관리 방법으로 옳지 <u>않은</u> 것은?

① 보관 장소의 온도변화가 작아야 한다.
② 코르크마개 와인은 세워서 보관하는 것이 좋다.
③ 빛이 들어오지 않는 어두운 장소가 좋다.
④ 진동과 냄새의 영향을 받지 않아야 한다.

해설 와인을 세워서 보관하게 되면 코르크 마개가 마르게 되어 공기가 유입되고 와인이 산화될 수 있기 때문에 와인을 눕혀서 보관해야 한다.
정답 ②

126. 커피의 3대 원종이 <u>아닌</u> 것은?

① Coffea Arabica   ② Coffea Typica
③ Coffea Canephora(Robusta)   ④ Coffea Liberica

해설 티피카는 아라비카 품종에 속한다.
정답 ②

127. 플레이트 서비스(Plate Service)에 관한 설명으로 옳지 <u>않은</u> 것은?

① 신속한 서비스를 할 수 있다.
② 음식의 온도가 비교적 오래 유지된다.
③ 고객 회전이 빠른 레스토랑에 적합하다.
④ 일반적으로 아메리칸 서비스(American Service)라고 한다.

해설 접시로 제공되는 음식은 비교적 빨리 식는다.
정답 ②

128. 다음 설명에 해당하는 객실 가격 산출 방법은?

> 연간 총경비, 객실 수, 객실 점유율 등에 의해 연간 목표이익을 계산하여 이를 충분히 보전할 수 있는 가격으로 호텔 객실 가격을 결정한다.

① 하워드방법
② 휴버트방법
③ 경쟁가격결정방법
④ 수용률가격계산방법

해설 수용률가격계산방법이란 1년간 객실비용과 수용률로 평균 객실요금을 계산하는 방법이다.
정답 ②

129. 행정기관에 신고하고 객실요금표에 명시되어 있는 정상요금은?

① 공표요금(Rack Rate)
② 계약요금(Commercial Rate)
③ 단체요금(Group Rate)
④ 패키지요금(Package Rate)

정답 ①

130. 다음에서 설명하는 것은?

> • 객실 내 소형냉장고에 음료와 맥주 비치 • 주류, 스낵 및 기타 편의용품 비치
> • 셀프서비스 형태로 이용 • 호텔 매출에 기여

① 세이프티 박스(Safety Box)
② 도어 놉(Door Knob)
③ 미니바(Mini Bar)
④ 어메니티(Amenity)

해설 도어 놉(Door Knob)이란 문손잡이를 뜻한다.
정답 ③

131. 일반적으로 육류 요리에 잘 어울리는 와인은?

① 샴페인(Champagne)
② 셰리 와인(Sherry Wine)
③ 화이트 와인(White Wine)
④ 레드 와인(Red Wine)

정답 ④

132. 우리나라 최초의 호텔은?

① 반도호텔　　　　　　　　② 조선경성철도호텔
③ 손탁호텔　　　　　　　　④ 대불호텔

해설 조선경성철도호텔은 오늘날의 웨스틴조선호텔이다.
정답 ④

133. 요리 종류와 순서가 정해진 정식메뉴에 대한 명칭은?

① Table D'hote Menu　　　　② A la Carte Menu
③ Combination Menu　　　　④ Cycle Menu

해설 A la Carte Menu는 일품요리에 해당한다. Cycle Menu는 작성해 놓은 메뉴를 일정한 기간을 단위로 주기적으로 반복하는 형태이다.
정답 ①

134. 미국식 조식(American Breakfast) 과 유럽식 조식(Continental Breakfast) 메뉴의 가장 중요한 차이는?

① 주스류의 제공 유무　　　② 커피 또는 차 종류 제공 유무
③ 빵 제공 유무　　　　　　④ 달걀요리 제공 유무

정답 ④

135. 호텔연회 운영의 특징에 관한 설명으로 옳지 <u>않은</u> 것은?

① 호텔 비수기 타개책으로 활용한다.
② 인력을 탄력적으로 운용할 수 있다.
③ 상품가격을 다양화할 수 있다.
④ 호텔 연회장 내에서만 할 수 있다.

정답 ④

136. 컨시어지(Concierge)에 대한 설명으로 <u>틀린</u> 것은?

① 사전적 의미로 문지기라고도 한다.
② 중세 촛불관리자에서 유래했으며 호텔에서 Room Service를 전담한다.
③ 열쇠를 지키는 사람이라는 의미로도 사용되었다.
④ 세계컨시어지협회에서 정회원에게 골든키를 수여한다.

해설 Room Service는 식음료부에서 담당한다.
정답 ②

137. 식음료서비스의 기본수칙으로 옳지 <u>않은</u> 것은?

① 빵은 고객의 우측에 배치한다.
② 디저트용 스푼은 접시 앞쪽에 배치한다.
③ 각종 음료는 고객의 우측에 배치한다.
④ 포크는 고객의 좌측에 배치한다.

해설 빵류는 고객의 좌측에 배치한다.
정답 ①

138. Bowl이나 Platter에 담아서 식탁 중앙에 놓고 각자가 덜어서 먹는 방식은?

① American Service
② Russian Service
③ English Service
④ Counter Service

정답 ③

139. 석식이 포함된 호텔 요금제도를 모두 고른 것은?

ㄱ. European Plan	ㄴ. Full American Plan
ㄷ. Modified American Plan	ㄹ. Continental Plan

① ㄱ, ㄴ
② ㄴ, ㄷ
③ ㄱ, ㄹ
④ ㄷ, ㄹ

정답 ②

140. 다음에서 설명하는 서비스로 옳은 것은?

> 고속성, 안전성, 정시성, 경제성, 쾌적성을 특성으로 하는 서비스를 말한다.

① 항공서비스　　　　　　　　② 호텔서비스
③ 카지노서비스　　　　　　　④ 외식서비스

정답 ①

141. 다음 중 항공사 제휴 그룹의 종류가 <u>아닌</u> 것은?

① Sky Team　　　　　　　　② U-FLY Alliance
③ One World　　　　　　　　④ World Span

해설 ①②③ 이외에도 Star Alliance가 있다.
정답 ④

142. 저비용 항공사(LCC)의 기본적인 특징이 <u>아닌</u> 것은?

① 서비스 최소화　　　　　　② 가격 경쟁력
③ 시스템 효율화　　　　　　④ 고급화 추구

해설 저비용 항공사(LCC)의 중요한 특징이 원가 절감 통한 가격 경쟁력이다.
정답 ④

143. 다음 중 우리나라의 저가 항공사가 <u>아닌</u> 것은?

① 이스타 항공　　　　　　　② 에어부산
③ 럭키에어　　　　　　　　　④ 티웨이

해설 럭키에어는 중국의 항공사이다.
정답 ③

144. 도시 코드와 항공사 코드의 연결이 옳지 않은 것은?

① 마닐라 - MNL   필리핀항공 - PR
② 로스엔젤레스 - LAS   아메리칸항공 - AL
③ 부산 - PUS   제주항공 - 7C
④ 방콕 - BKK   캐세이퍼시픽항공 - CX

> **해설** 로스엔젤레스 - LAX, 아메리칸항공 - AA
> **정답** ②

145. 항공사의 Time Table에서 항공기의 도착예정시간을 의미하는 것은?

① ETD   ② ETA
③ ATD   ④ ATA

> **해설** ① ETD : 출발예정시간
> **정답** ②

146. 항공운송사업의 특성이 아닌 것은?

① 정시성   ② 고속성
③ 자본집약성   ④ 진입장벽이 낮다

> **해설** 고도의 자본이 필요하기 때문에 진입장벽이 높다고 할 수 있다.
> **정답** ④

147. 항공사의 손익을 알 수 있는 지표는?

① Boarding Pass   ② Load Factor
③ BSP   ④ Minimun Connecting Time

> **해설** Load Factor : 탑승율
> **정답** ②

148. Over-booking에 관한 내용으로 틀린 것은?

① 과거의 통계를 고려한다.   ② 예약취소에 대비하는 것이다.
③ 계약취소를 막기 위해서 실시한다.   ④ Turn away service가 필요할 수 있다.

해설 계약취소 및 No show에 대비하는 것이다.
정답 ③

149. 국제민간항공기구는?

① UNWTO
② IATA
③ ICAO
④ ASTA

정답 ③

150. 국제민간항공기구에 대한 설명으로 <u>틀린</u> 것은?

① 세계 민간항공의 평화적, 건전한 발전을 목적으로 한다.
② UN 산하 전문기관으로 본부는 캐나다 몬트리올에 있다.
③ 각국의 정부가 회원이며 항공운임을 결정한다.
④ 시카고협약에 의거하여 1947년에 설립되었다.

해설 항공운임을 결정하는 기구는 국제항공운송협회(IATA) 이다.
정답 ③

151. 항공기 탑승 시 타고 왔던 비행기가 아닌 다른 비행기로 갈아타는 환승을 뜻하는 용어는?

① transit
② transfer
③ stop-over
④ code share

해설 우리말로 환승이라고 하지만 영어로는 transit 과 transfer로 구분되어 진다. 같은 비행기에 탑승할 경우에는 transit 이라고 한다.
정답 ②

152. 다음 중 IATA에 대한 설명으로 <u>틀린</u> 것은?

① 1945년에 쿠바 하바나에서 설립되었다.
② 항공사 코드를 부여한다.
③ 항공운임을 결정하며 구속력이 있다.
④ 민간 항공사업자가 회원이며 본부는 프랑스 파리에 있다

해설 본부는 캐나다 몬트리올에 있다.
정답 ④

153. MCT와 관계 없는 것은?

① 공항에서 환승할 경우에 참고해야 한다.

② 비행기를 갈아탈 경우 걸리는 최소 시간을 말한다.

③ OAG에 나타나 있다.

④ 일반적으로 국내선보다 국제선에서 시간이 단축된다.

> **해설** 일반적으로 국내선보다 국제선에서 시간이 더 걸린다.
> **정답** ④

154. 도시코드가 틀리게 연결된 것은?

① 라스베이거스 : LAB   ② 토론토 : YYZ

③ 비엔나 : VIE   ④ L.A. : LAX

> **해설** 라스베이거스 : LAS
> **정답** ①

155. 항공사와 그 코드가 바르게 연결된 것은?

① 에어서울 : LJ   ② 에어부산 : BS

③ 이스타항공 : 7C   ④ 티웨이 : TW

> **해설** ① 에어서울 : RS ② 에어부산 : BX ③ 이스타항공 : ZE
> **정답** ④

156. IATA 기준 우리나라 항공사 코드가 아닌 것은?

① OZ   ② ZE

③ 7C   ④ JL

> **해설** JL은 일본항공이다.
> **정답** ④

157. 항공사 간의 제휴로 인한 효과에 해당하지 않는 것은?

① 마케팅비용을 절감할 수 있다.   ② 승객은 항공편 선택의 폭이 넓어진다.

③ Code share가 가능하다.   ④ 마일리지는 누적되지 않는다.

> **정답** ④

158. LCC란 무엇인가?

① 저가 여행 상품
② 예약전산시스템
③ 저비용항공사
④ 국제항공운송협회

정답 ③

159. PNR(Passenger Name Record) 은 무엇인가?

① 후불제 항공권
② 여객단위로 정보 관리하는 것
③ 선불 항공권
④ 단체승객명단

해설 CRS 를 이용한 항공예약은 PNR(Passenger Name Record)을 중심으로 이루어 진다. 이는 여객단위로 예약 정보를 관리하는 것을 말한다.

정답 ②

160. 항공 기내특별식 용어와 그 내용의 연결이 <u>잘못된</u> 것은?

① IFML - 유아용 음식
② MOML - 이슬람 음식
③ KSML - 유대교 음식
④ VGML - 최고 음식

해설 VGML - 야채식
정답 ④

161. 아시아나 항공이 가입하고 있는 1997년 설립된 항공 동맹체는?

① 원 월드(One World)
② 스타 얼라이언스(Star Alliance)
③ 스카이 팀(Sky Team)
④ 유플라이 얼라이언스(U-Fly Alliance)

정답 ②

162. 해외 주요 도시 공항코드의 연결이 <u>틀린</u> 것은?

① 두바이(Dubai Int`l) - DXB
② 로스앤젤레스(Los Angeles Int`l) - LAX
③ 홍콩(Hong Kong Int`l) - HKG
④ 시드니(Sydney Kingsford) - SDY

해설 시드니(Sydney Kingsford) - SYD
정답 ④

163. Beyond Right란 무엇인가?

① 자국에서 타국으로 운송　　② 타국내 구간 운송

③ 타국에서 자국으로 운송　　④ 타국에서 제3국으로 운송

정답 ④

164. 저가항공사의 일반적 특성이 <u>아닌</u> 것은?

① point to point 운영　　② hub 공항 이용

③ online sale 활용　　④ 좌석등급의 단순화

해설 저가항공사는 중소공항을 연결하는 운항을 하는 반면 FSC는 Hub 공항을 이용하며 Hub & Spoke 방식으로 운영한다.

정답 ②

165. 대한민국 국적 항공사의 코드가 <u>아닌</u> 것은?

① 8C　　② OZ

③ RS　　④ KE

해설 제주항공이 7C이다.

정답 ①

166. IATA 항공사 코드와 항공사의 연결로 옳지 <u>않은</u> 것은?

① BX - 에어부산　　② AK - 에어아시아

③ LJ - 제주항공　　④ TW - 티웨이항공

해설 LJ 진에어

정답 ③

167. 에어포트 래프리젠터티브(Airport Representative) 서비스가 <u>아닌</u> 것은?

① 공항에서 고객을 호텔로 안내하는 일을 한다.

② 고객의 항공권 발권 업무를 담당한다.

③ VIP 영접, 환송 서비스 등을 담당한다.

④ 고객 픽업과 분실물 처리를 위해 호텔과 협조한다.

정답 ②

168. A항공사가 B항공사의 특정한 운영 노선의 좌석을 공동으로 판매하는 것을 무엇이라고 하는가?

① Code Sales

② Code buying

③ Code Sharing

④ Code Renting

해설 Code Sharing(Share)란 A항공사가 B항공사의 특정 운영 노선의 좌석을 임대하여 판매하는 것으로 자사 운항편처럼 자사코드 및 비행편수를 부여한다.

정답 ③

169. 항공 탑승권에 기재되어 있는 정보가 <u>아닌</u> 것은?

① 승객의 도착지

② 승객의 자택주소

③ 승객의 좌석번호

④ 승객의 성명

정답 ②

170. 우리나라 저비용 항공사의 IATA와 ICAO 기준 코드로 옳은 것은?

	IATA	ICAO
① 에어부산 :	BR	ABL
② 제주항공 :	LJ	JNA
③ 진에어 :	JL	JJA
④ 이스타 :	ZE	ESR

해설 에어부산 : BX/ABL, 제주항공 : 7C/JJA, 진에어 : LJ/JNA

정답 ④

171. IATA(국제항공운송협회)가 부여한 항공사와 코드의 연결이 옳지 <u>않은</u> 것은?

① KOREAN AIR - KE
② ASIANA AIRLINES - OZ
③ JIN AIR - BX
④ JEJU AIR - 7C

정답 ③

172. 항공사와 코드의 연결이 옳지 <u>않은</u> 것은?

① JEJU AIR - 7C
② BRITISH AIRWAYS - BR
③ THAI AIRWAYS - TG
④ JIN AIR - LJ

해설 BRITISH AIRWAYS - BA
정답 ②

173. 항공권 예약 담당자의 비행편 스케줄 확인 방법으로 옳지 <u>않은</u> 것은?

① 항공사별 비행 시간표(Time Table)
② OAG(Official Airlines Guide)
③ BSP(Bank Settlement Plan) 이용
④ CRS(Computer Reservation System)

해설 BSP(Bank Settlement Plan)는 항공사와 대리점간에 은행을 통해 정산하는 방식으로 항공일정관련 정보는 다루지 않는다.
정답 ③

174. 항공사와 여행사가 은행을 통하여 항공권 판매대금 및 정산업무 등을 간소화 하는 제도는?

① PNR
② CMS
③ PTA
④ BSP

정답 ④

175. 테마파크의 본질적 특성으로 옳지 <u>않은</u> 것은?

① 주제성
② 이미지 통일성
③ 일상성
④ 배타성

해설 테마파크는 탈일상성(비일상성)을 특성으로 한다.
정답 ③

176. 다음 중 우리나라를 찾는 크루즈관광객에 대한 설명 중 관계가 먼 것은?

① 대규모의 관광객을 몰고 온다.

② 주로 당일관광을 한다.

③ 제주, 부산, 인천만 입항할 수 있다.

④ 실버연령층이 주 관광객이다.

정답 ③

177. 국내 크루즈업에 관한 설명으로 옳은 것은?

① 법령상 관광객 유원시설업에 속한다

② 1970년대부터 정기 취항을 시작하였다.

③ 크루즈가 정박하여 관광객이 하선하는 부두를 기항지라고 한다.

④ 2020년 이후 입항 외래 관광객이 꾸준한 증가세를 보이고 있다.

정답 ③

178. 테마파크의 특성으로 옳은 것은?

① 테마성, 일상성   ② 역동성, 비통일성

③ 테마성, 통일성   ④ 역동성, 일상성

정답 ③

179. 다음 중 우리나라의 놀이시설의 특징으로 볼 수 없는 것은?

① 독창적이다.   ② 고객 대기 시간이 길다.

③ 온 가족이 참여할 수 있다.   ④ 대규모 투자가 필요하다.

정답 ①

180. 관광쇼핑상품의 기본적인 성격이 <u>아닌</u> 것은?

① 주원료는 특정지역이나 국가에 한정되어 있다.

② 관광활동의 증거물이 된다.

③ 고유성과 지역성이 반영된다.

④ 휴대하기 간편해야 하며 가격이 비싸야 한다.

> **해설** 가격이 비싸야 하는 것은 아니다.
> **정답** ④

181. 다음 관광사업별 행정절차가 바르게 연결된 것은?

① 카지노업 – 등록 ② 야영장업 – 허가

③ 외국인관광 도시민박업 – 지정 ④ 관광공연장업 – 등록

> **해설** ① 카지노업 : 허가 ② 야영장업 : 등록 ③ 외국인관광 도시민박업 : 등록
> **정답** ④

182. 다음 중 신고 대상인 업종은?

① 기타유원시설업 ② 관광식당업

③ 관광궤도업 ④ 관광면세업

> **정답** ①

183. 한국관광공사에서 진행하는 한국관광 품질인증 대상 사업이 <u>아닌</u> 것은?

① 관광식당업 ② 관광공연장업

③ 한옥체험업 ④ 공중위생관리법에 따른 숙박업

> **해설** 한국관광 품질인증 대상 사업에는 야영장업, 외국인관광 도시민박업, 관광식당업, 한옥체험업, 관광면세업, 공중위생관리법에 따른 숙박업, 외국인관광객면세판매장이 있다.
> **정답** ②

184. 외국인관광 도시민박업으로 등록하기 위한 기준에 해당되지 않는 것은?

① 한 종류 이상의 전통문화 체험에 적합한 시설을 갖추고 있을 것
② 객실마다 단독경보형 감지기를 설치
③ 건물의 연면적이 230제곱미터 미만일 것
④ 소화기를 1개 이상 구비할 것

해설 ②③④ 이외에도 외국어 안내서비스가 가능한 체제를 갖출 것이 있다.
정답 ①

185. 다음 중 유원시설업에 관한 설명 중 틀린 것은?

① 종합 및 일반유원시설업은 시군구청장의 허가 사항이다.
② 일반유원시설업은 안전성 검사 대상 유기기구가 1종 이상이다.
③ 종합유원시설업은 대지 1만제곱미터 이상이다.
④ 일반유원시설업은 의무시설을 갖추어야 한다.

해설 일반유원시설업은 의무시설이 아니라 구급약을 비치하면 된다.
정답 ④

186. 리조트와 관광지에 대한 설명으로 잘못된 것은?

① 리조트는 체류형이며 관광지는 주유형에 가깝다.
② 주로 관광단지의 개발을 통해 리조트가 만들어진다.
③ 관광지는 숙박시설이 선택사항이나 리조트는 필수사항이다.
④ 리조트는 단기 체류형이고 관광지는 장기체류형이다.

해설 리조트는 장기체류형이고 관광지는 단기 체류형이다.
정답 ④

187. 다음 중 허가 대상인 업종은?

① 종합휴양업   ② 야영장업
③ 일반유원시설업   ④ 관광면세업

정답 ③

188. 중대사고 발생시 유원시설업자가 시군구청장에게 통보해야 할 사항에 포함되지 <u>않는</u> 것은?

① 조치 내용 ② 사고 원인 분석 결과

③ 사고 발생 경위 ④ 사고 피해자의 인적 사항

정답 ②

189. 크루즈 유형의 분류기준이 <u>다른</u> 것은?

① 해양크루즈 ② 연안크루즈

③ 하천크루즈 ④ 국제크루즈

해설 해양크루즈, 연안크루즈, 하천크루즈는 크루즈가 활동하는 지역을 구분한 것이며 국제크루즈는 여러 나라를 기항한다는 의미이다.

정답 ④

190. 휴양 콘도미니엄 소유형태에 관한 설명으로 옳지 <u>않은</u> 것은?

① 소유권은 양도가 가능하다. ② 공유제는 평생소유가 가능하다.

③ 회원제와 공유제 모두 취득세 대상이다. ④ 시설 이용권은 양수가 불가능하다.

정답 ④

191. 세계 카지노산업의 동향으로 옳지 <u>않은</u> 것은?

① 카지노의 합법화와 확산추세

② 카지노의 대형화와 복합 단지화 추세

③ 카지노의 레저산업화

④ 카지노의 경쟁약화에 따른 수익성 증가

해설 카지노업계는 경쟁이 심화되고 있어 개별 업체는 수익성이 나빠지고 있다.

정답 ④

192. 우리나라 카지노 산업의 현황으로 옳지 <u>않은</u> 것은?

① 시도별로 1개업체 이상 영업 중이다.
② 제주도에 가장 많은 수의 카지노가 영업 중이다.
③ 내국인의 출입이 가능한 카지노는 1군데이다.
④ 매출액의 일정액을 관광진흥개발기금으로 내야 한다.

해설 카지노가 있는 시도는 서울, 부산, 인천, 대구, 강원도, 제주도이다.
정답 ①

193. 외국인 전용 카지노가 <u>없는</u> 지역은?

① 대구
② 강원도
③ 경기도
④ 부산

정답 ③

194. 주사위 3개를 던져 나오는 숫자의 합 또는 조합을 맞히는 게임은?

① 다이사이
② 블랙잭
③ 바카라
④ 룰렛

해설 블랙잭(Blackjack) : 카드 게임, 21에 가까우면 이긴다.
바카라(Baccarat) : 카드 게임, 9에 가까우면 이긴다.
정답 ①

195. 다음 중 카드게임으로만 묶인 것은?

① 룰렛, 포커
② 다이스, 바카라
③ 블랙잭, 다이사이
④ 바카라, 블랙잭

해설 카드 게임 : 바카라, 블랙잭포커
주사위 게임 : 다이스, 다이사이
정답 ④

196. Banker와 Player 중 카드 합이 9에 가까운 쪽이 승리하는 카지노 게임은?

① 바카라
② 블랙잭
③ 다이사이
④ 빅휠

정답 ①

197. Banker와 Player 중 카드 합이 21에 가까운 쪽이 승리하는 카지노 게임은?

① 바카라
② 블랙잭
③ 다이사이
④ 빅휠

정답 ②

198. 우리나라 카지노 산업의 현황으로 옳지 <u>않은</u> 것은?

① 서울에는 외국인 전용 카지노가 3개 있다.
② 1967년 인천 올림포스호텔에 카지노가 최초로 개장되었다.
③ 외국인 출입이 가능한 카지노는 총16개이다.
④ 강원랜드는 복합 카지노 리조트이다.

해설 외국인 출입이 가능한 카지노는 강원랜드를 포함해서 총17개이다.
정답 ③

199. 다음 관광자가 즐기는 카지노 게임은?

> 내가 선택한 플레이어 카드 두 장의 합이 9이고, 딜러의 뱅커 카드 두 장의 합이 8이어서 내가 배팅한 금액의 당첨금을 받았다.

① 바카라
② 키노
③ 다이사이
④ 다이스

해설 9에 가까우면 이기는 게임은 바카라다.
정답 ①

200. 카지노산업의 긍정적 효과가 <u>아닌</u> 것은?

① 사행성 심리 완화　　　　　　② 조세수입 확대

③ 외국인 관광객 유치　　　　　④ 지역경제 활성화

정답 ①

201. 우리나라에서 카지노업이 허가될 수 있는 곳은?

① 관광특구 내 최상등급의 호텔업 시설　② 1만톤급 이상 국내 여객선

③ 대규모 유원시설　　　　　　④ 대규모 관광공연장

해설 카지노업으로 허가를 받을 수 있는 시설 및 위치는 아래와 같다.

호텔업 시설일 경우	• 국제공항·국제여객터미널이 있는 시도에 위치 또는 관광특구 내에 위치 • 등급이 최상등급(없으면 차등급 호텔) • 외래관광객 유치 실적이 장관 공고 기준에 부합
국제회의시설업의 시설	
여객선일 경우	• 외국을 왕래하는 2만 톤급 이상으로 외국인 수송 실적이 장관의 공고 기준에 부합

정답 ①

202. 휠(wheel)안에 볼(ball)이 회전하다 포켓(pocket) 안에 들어간 번호가 위닝넘버 (winning number)가 되는 게임은?

① 빅휠　　　　　　　　　　② 바카라

③ 다이사이　　　　　　　　④ 룰렛

정답 ④

203. 숫자 적힌 판을 돌려 걸리는 숫자에 따라 승패가 결정되는 게임은?

① 빅휠　　　　　　　　　　② 바카라

③ 다이사이　　　　　　　　④ 룰렛

정답 ①

204. 마케팅 개념의 변천과정 중 고객을 연구하며 고객만족을 추구하는 방향으로 전개된 시기는?

① 사회지향 단계 ② 고객지향 단계
③ 생산지향 단계 ④ 판매지향단계

정답 ②

205. 시장 세분화의 기준이 <u>아닌</u> 것은?

① 행동형태별 세분화 ② 심리형태별 세분화
③ 인구통계적 세분화 ④ 지역적 세분화

해설 지리적 세분화로 고쳐야 한다.
정답 ④

206. 시장 세분화의 기준 중 행동분석적 변수가 <u>아닌</u> 것은?

① 구매횟수 ② 라이프스타일
③ 사용량 ④ 제품에 대한 태도

해설 라이프스타일은 심리형태별 세분화에 해당한다.
정답 ②

207. 상품수명주기에 따른 마케팅 전략 중 다음과 같은 전략을 구사해야 하는 단계는?

> 매출액의 성장이 둔화되기 때문에 목표 시장 추가하고 경쟁자의 고객을 유인해야 한다.

① 쇠퇴기 ② 도입기
③ 성장기 ④ 성숙기

정답 ④

208. 다음 중 마케팅에 대한 올바른 설명은?

① 영업과 같은 개념이다.
② 마케팅의 최종 목표는 생산확대이다.
③ 관광마케팅 이론은 19세기부터 정립되었다.
④ 핵심개념은 고객창조와 유지라고 할 수 있다.

> **해설** ② 마케팅의 최종 목표는 고객창조와 유지라고 할 수 있다.
> ③ 관광마케팅 이론은 20세기 후반부터 이론정립이 시작되었다.
>
> **정답** ④

209. 다음 중 커피의 대체상품이라고 볼 수 있는 것은?

① 설탕   ② 소주
③ 홍차   ④ 국수

> **해설** 대체재는 경쟁관계이고 보완재는 보완관계이다. 커피와 홍차는 대체관계이고 홍차는 커피의 대체재라고 한다.
> 반면 커피와 설탕은 보완관계이고 설탕은 커피의 보완재라고 한다.
>
> **정답** ③

210. 술의 판매량이 늘면 안주의 판매량도 늘어난다. 이와 같은 관계를 무엇이라고 하는가?

① 보완관계   ② 경쟁관계
③ 대체관계   ④ 매개관계

> **정답** ①

211. 마케팅에서 자기 회사의 제품을 경쟁사 제품 대비 차별적으로 인식시키는 것을 무엇인가?

① 포지셔닝(Positioning)   ② PR
③ 홍보   ④ 타켓팅

> **해설** 포지셔닝(Positioning)은 인식의 문제로 귀결된다.
>
> **정답** ①

212. 다음은 마케팅믹스 중에서 어디에 중점을 둔 전략인가?

> 60세 은퇴자들은 온천여행을 선호한다. 겨울에 온천을 즐기는 것으로 여행상품을 구성한 결과 인기상품이 되었다.

① Price ② Promotion
③ Place ④ Product

해설 마케팅믹스 중에서 제품을 어떻게 구성할 것인가의 문제이다.
정답 ④

213. 직접판매여행사와 간접판매여행사의 가장 큰 차이는 어디에 있는가?

① 광고의 방법 ② 가격 정책
③ 상품의 유통 방법 ④ 상품의 제작 방법

해설 마케팅믹스 중에서 상품의 유통과정의 문제이다. 즉 Place 의 문제이다.
정답 ③

214. TV나 영화속에서 특정상품을 노출시키는 광고를 무엇이라고 하는가?

① PPT ② PLT
③ PPL ④ PLL

해설 PPL(Product Placement) 이라고 하며 간접광고라고도 한다.
정답 ③

215. 시장을 세분화 할 경우의 장점이 <u>아닌</u> 것은?

① 판매 저항을 최소화한다. ② 자원을 효율적으로 배분할 수 있다.
③ 마케팅 활동이 필요 없다. ④ 예산을 효율적으로 배분할 수 있다.

해설 마케팅 활동을 효율적으로 할 수 있지 아예 필요 없는 것은 아니다.
정답 ③

216. 다음 시장세분화의 기준 중에서 성격이 <u>다른</u> 하나는?

① 지역 ② 성별
③ 연령 ④ 직업

해설 ②③④ 는 인구통계적 세분화이고 ①은 지리적 세분화이다.
정답 ①

217. 상품수명주기에 따른 마케팅 전략 중 다음과 같은 전략을 구사해야 하는 단계는?

> 매출액이 증대되고 수익이 개선된다. 경쟁자의 진입이 많아진다.

① 쇠퇴기   ② 도입기
③ 성장기   ④ 성수기

정답 ③

218. 관광마케팅 기본 개념의 시대별 변천 순서를 올바르게 나열한 것은?

> ㄱ. 제품지향 개념   ㄴ. 사회적 마케팅지향 개념
> ㄷ. 판매지향 개념   ㄹ. 생산지향 개념
> ㅁ. 마케팅지향 개념

① ㄱ - ㄷ - ㄹ - ㅁ - ㄴ   ② ㄱ - ㄹ - ㄷ - ㄴ - ㅁ
③ ㄹ - ㄷ - ㄱ - ㄴ - ㅁ   ④ ㄹ - ㄱ - ㄷ - ㅁ - ㄴ

정답 ④

219. 다음의 표적시장 선정 전략은?

> A여행사는 남성 관광객에게는 스키투어, 여성 관광객에게는 쇼핑투어를 옵션관광상품으로 개발하려는 전략을 수립하였다.

① 고도화   ② 차별화
③ 집중화   ④ 단순화

정답 ②

220. 고객에게 직접 서비스를 제공하는 직원을 대상으로 하는 마케팅 용어는?

① 포지셔닝 전략(positioning strategy) ② 관계 마케팅(relationship marketing)
③ 내부 마케팅(internal marketing) ④ 직접 마케팅(direct marketing)

> **해설** ② 관계 마케팅(relationship marketing) : 고객과의 유대관계를 형성/지속하여 충성고객을 창조,유지하는 마케팅, 기존회원을 대상으로 생일 등 기념일에 다양한 이벤트를 제공하는 것 ④ 직접 마케팅(direct marketing) : 기업이 제품의 정보를 소비자에게 직접 전달하여 구매행동을 이끌어 내는 마케팅, 우편 및 이메일 발송
> **정답** ③

221. 새로운 고객을 창조하는 것보다 기존의 고객을 유지하고 충성도를 높이는 쪽에 치중하는 마케팅을 무엇이라고 하는가?

① 바이럴 마케팅 ② 관계 마케팅
③ 내부 마케팅 ④ 직접 마케팅

> **정답** ②

222. 관광분야에서의 마케팅의 특징으로 거리가 먼 것은?

① 제품의 수명주기가 짧다. ② 공급자간의 경쟁이 심하다.
③ 제품품질의 균일성을 확보하기 쉽다. ④ 고객에 따라 효용이 달라진다.

> **해설** 제품품질의 균일성을 확보하기 어렵다. 이를 이질성이라고 한다.
> **정답** ③

223. 외적인 환경과 내적인 경쟁력을 분석하여 전략을 수립하는 방식을 무엇이라고 하는가?

① AIO 분석 ② 거시환경분석
③ SWOT분석 ④ CRM

> **정답** ③

224. AIO 분석에서 해당사항이 없는 것은?

① Attention ② Interest
③ Opinion ④ Activity

> **해설** AIO분석은 라이프스타일을 측정하는 기법이다.
> **정답** ①

225. 다음 중 시장환경분석에 해당하지 <u>않는</u> 것은?

① 기업자원 분석　　　　　　② 대체상품 위협요인 분석
③ 경쟁현황 분석　　　　　　④ 구매자의 협상력 분석

해설 시장환경분석에는 경쟁현황, 신규진입자, 구매자(공급자) 협상력, 대체상품 위협 등이 있다.
정답 ①

226. 관광마케팅의 STP전략에 관한 설명으로 옳은 것은?

① S는 Smart를 의미한다.
② S는 Segmentation을 의미한다.
③ P는 Purchasing을 의미한다.
④ P는 Pricing을 의미한다.

정답 ②

227. 관광수요의 정성적 수요예측방법이 <u>아닌</u> 것은?

① 시계열법　　　　　　　　② 델파이법
③ 전문가 패널　　　　　　　④ 시나리오 설정법

정답 ①

228. 관광마케팅믹스 중 전통적 마케팅믹스(4Ps)가 <u>아닌</u> 것으로만 짝지어진 것은?

① Product, People　　　　② Place, Process
③ People, Physical Evidence　④ Price, Promotion

정답 ③

229. 마케팅전략 개발에 유용하게 이용될 수 있는 AIO분석에 관한 설명으로 옳지 <u>않은</u> 것은?

① 소비자의 관찰가능한 일상의 제반 행동이 측정 대상이다.

② 특정 대상, 사건, 상황에 대한 관심 정도가 측정 대상이다.

③ 소비자에게 강점과 약점으로 인식되는 요소를 찾아내는 것이다.

④ 소비자의 특정 사물이나 사건에 대한 의견을 파악한다.

정답 ③

230. 국제회의의 성격이 <u>아닌</u> 것은?

① 복합성   ② 국내성

③ 경제성   ④ 전문성

해설 국제성이라고 고쳐야 한다.

정답 ②

231. 국제회의산업의 파급효과 중 사회문화적 효과로 옳지 <u>않은</u> 것은?

① 국제수지 개선   ② 국제친선 도모

③ 지역문화 발전   ④ 상호이해 증진

해설 국제수지 개선은 경제적인 효과로 봐야 한다.

정답 ①

232. 국제회의산업법에 의하면 국제기구에 가입하지 않은 기관이 주최하는 국제회의의 요건은?

① 참가자 중 외국인 100명 이상, 3일 이상

② 참가자 중 외국인 150명 이상, 3일 이상

③ 참가자 중 외국인 100명 이상, 2일 이상

④ 참가자 중 외국인 150명 이상, 2일 이상

정답 ④

233. 국제회의 분야에서 가장 일반적인 용어로서 사전에 결정된 일정에 의해 진행되는 공식적인 회의,전시,이벤트 등을 수반하는 국제회의 형태는?

① Convention
② Seminar
③ Meeting
④ Workshop

정답 ①

234. 제시된 안건에 대해 전문가들이 청중 앞에서 벌이는 공개토론 형식으로 청중들도 질의에 참여할 수 있는 회의 형태는?

① 심포지움
② 세미나
③ 패널토론
④ 워크샾

해설 심포지움의 핵심 요소는 '공개토론' 이다.
정답 ①

235. 국제회의기획업의 자본금 요건은?

① 5천만원 이상
② 1억원 이상
③ 6천만원 이상
④ 3천만원 이상

정답 ①

236. 다음 설명에 해당하는 것은?

> 컨벤션산업 진흥을 위해 관련단체들이 참여하여 마케팅 및 각종 지원 사업을 수행하는 전담 기구

① CVB
② MICE
③ 국제회의도시
④ CRS

정답 ①

237. 다음에서 설명하는 회의는?

> 대개 30명 이하의 규모이며, 주로 교육목적을 띤 회의로서 전문가의 주도하에 특정 분야에 대한 각자의 지식이나 경험을 발표·토의한다. 발표자가 우월한 위치에서 지식의 전달자로서 역할.

① 포럼(forum)
② 세미나(seminar)
③ 패널토의(panel discussion)
④ 컨퍼런스(conference)

해설 세미나의 핵심요소는 '교육목적', '발표', '지식의 전달자' 등이다.
정답 ②

238. 특정한 주제를 가지고 토론하거나 전문적인 기술,지식을 서로 교환하여 새로운 지식을 창출하는 형태의 회의는?

① Convention
② Seminar
③ Meeting
④ Workshop

해설 워크숍의 핵심요소는 '전문적인 기술,지식 교환', '새로운 지식 창출' 등이다.
정답 ④

239. 특정한 주제를 두고 상반된 견해를 가진 동일분야 전문가들이 벌이는 회의는?

① Forum
② Seminar
③ 페널토의
④ Congress

해설 포럼의 핵심요소는 '상반된 견해', '동일분야 전문가' 이다.
정답 ①

240. 전시회를 뜻하는 것이 <u>아닌</u> 것은?

① Fair
② Messe
③ PCO
④ Show

해설 Fair와 Trade Show는 현장에서 상품을 판매한다는 것이 특징이다.
정답 ③

241. 국제회의를 유치하는 당사자는?

① 주최자   ② 개최시설

③ CVB   ④ PCO

해설 주로 기관이나 단체가 국제회의를 유치하여 주최자가 된다.

정답 ①

242. 국제회의를 전문적으로 기획하고 진행하는 업체를 무엇이라고 부르나?

① PCO   ② MICE

③ CVB   ④ ICCA

정답 ①

243. 국제회의 시설과 그 시설의 소재 도시가 틀리게 연결된 것은??

① GSCO : 군산   ② 송도 컨벤시아 : 인천

③ EXCO : 대전   ④ CECO : 창원

해설 EXCO는 대구에 있다.

정답 ③

244. 우리나라에서 두 번째로 넓은 전시장을 보유한 시설의 이름은?

① BEXCO   ② COEX

③ KINTEX   ④ ICC 제주

해설 KINTEX, BEXCO, COEX 순으로 넓은 전시면적을 보유하고 있다.

정답 ①

245. 다음 중 국제회의와 관련된 국제기구가 <u>아닌</u> 것은?

① ICCA   ② ASTA

③ UIA   ④ AACVB

해설 ASTA는 미주여행업협회로서 국제회의와는 관련이 없다.

정답 ②

246. 국제회의시설이 <u>아닌</u> 것은?

① GUMICO   ② SETEC
③ LCC   ④ DCC

정답 ③

247. 국제회의의 형태별 분류 중 다음 설명에 해당하는 것은?

> 문제해결능력의 일환으로서 참여를 강조하고 소집단(30~35명) 정도의 인원이 특정 문제나 과제에 관해 새로운 지식·기술·아이디어 등을 교환하는 회의로서 강력한 교육적 프로그램

① 세미나(seminar)   ② 컨퍼런스(conference)
③ 포럼(forum)   ④ 워크숍(workshop)

해설 워크숍(workshop)의 핵심요소는 '문제해결', '참여를 강조', '새로운 지식·기술·아이디어 등을 교환'이다.
세미나(seminar)를 답으로 택해서 틀린 경우가 많다.
정답 ④

248. 이벤트의 분류상 홀마크 이벤트(hallmark event)가 <u>아닌</u> 것은?

① 세계육상선수권대회   ② 브라질 리우축제
③ 뮌헨 옥토버페스트   ④ 청도 소싸움축제

해설 홀마크 이벤트(hallmark event)의 특징은 지역색이 뚜렷하다는 점이다.
올림픽, 월드컵, 세계육상선수권대회 등과 같이 세계적인 대회는 메가 이벤트라고 한다.
정답 ①

249. 다음에서 설명하는 용어는?

> 국제회의 개최와 관련한 다양한 업무를 주최 측으로부터 위임 받아 부분적 또는 전체적으로 대행해 주는 영리업체

① CVB   ② NTO
③ TIC   ④ PCO

정답 ④

250. 다음 중 국제회의시설업의 등록기준에 속하는 시설이 <u>아닌</u> 것은?

① 전문회의시설   ② 부대시설

③ 준회의시설   ④ 준전시시설

해설 국제회의시설업의 등록기준에 속하는 시설은 전문회의시설, 준회의시설, 전시시설 및 부대시설이 있다.
정답 ④

251. 국제회의 전담조직의 업무가 <u>아닌</u> 것은?

① 국제회의의 유치 및 개최 지원   ② 국제회의산업의 국외 홍보

③ 국제회의시설의 건립   ④ 국제회의 관련 정보의 수집 및 배포

정답 ③

252. 국제회의도시로 지정할 경우의 지정기준이 <u>아닌</u> 것은?

① 국제회의시설을 보유한 특별시,광역시,시 ② 편의시설을 보유할 것

③ 도시나 주변에 풍부한 관광자원이 있을 것   ④ 외래관광객 10만명 이상일 것

해설 외래관광객 수에 대한 기준은 없다.
정답 ④

253. 다음 중 국제회의도시로 지정된 곳이 <u>아닌</u> 것은?

① 창원시   ② 평창군

③ 경주시   ④ 속초시

해설 국제회의도시(11) : 서울, 대구, 대전, 광주, 창원, 부산, 제주, 인천, 고양시, 경주시, 평창
정답 ④

254. A는 국제회의업 중 국제회의기획업을 경영하려고 한다. 국제회의기획업의 등록 기준으로 옳은 것을 모두 고른 것은?

> ㄱ. 2천명 이상의 인원을 수용할 수 있는 대회의실이 있을 것
> ㄴ. 자본금이 5천만 원 이상일 것
> ㄷ. 사무실에 대한 소유권이나 사용권이 있을 것
> ㄹ. 옥내와 옥외의 전시면적을 합쳐서 2천제곱미터 이상 확보하고 있을 것

① ㄱ, ㄴ　　　　　　　　② ㄱ, ㄹ
③ ㄴ, ㄷ　　　　　　　　④ ㄷ, ㄹ

정답 ③

255. 국내 컨벤션센터와 지역 연결이 옳지 <u>않은</u> 것은?

① DCC - 대구　　　　　② CECO - 창원
③ SETEC - 서울　　　　④ GSCO - 군산

해설 DCC는 대전에 있다.
정답 ①

256. 다음 중 MICE의 의미를 <u>잘못</u> 파악한 것은?

① M : Meeting　　　　　② E : Exhibition
③ I : Inclusive　　　　　④ C : Convention

해설 I : Incentive
정답 ③

257. 우리나라에서 MICE산업을 종합적으로 지원하는 기관은?

① KTO　　　　　　　　② KATA
③ KTA　　　　　　　　④ PCO

해설 KTO(한국관광공사)가 MICE산업을 지원하는 전담기구로 지정되어 있다.
정답 ①

258. 2018년 한국관광공사 선정 KOREA 유니크베뉴가 <u>아닌</u> 장소는?

① 서울국립중앙박물관　　　② 부산 영화의 전당
③ 광주 월봉서원　　　　　　④ 전주 한옥마을

정답 ④

259. 국제회의 종류 중 특별한 기술을 교육하고 습득하기 위한 목적으로 소규모 집단이 참여하는 회의는?

① 클리닉(Clinic)　　　　　② 컨벤션(Convention)
③ 포럼(Forum)　　　　　　④ 심포지엄(Symposium)

정답 ①

1. 관광숙박업을 등록하고자 하는 홍길동이 다음 조건의 시설을 갖추고 있을 경우 등록할 수 있는 숙박업은?

> • 욕실이나 샤워시설을 갖춘 객실이 29실이며, 부대시설의 면적 합계가 건축 연면적의 50 % 이하이다.
> • 홍길동은 임대차 계약을 통해 사용권을 확보하고 있으며, 영어를 잘하는 동생이 매니저로 일할 수 있다.
> • 조식을 제공하고 두 종류 이상의 부대시설을 갖추고 있다.

① 가족호텔업
② 관광호텔업
③ 수상관광호텔업
④ 소형호텔업

정답 ④

2. 관광사업의 공익적 특성 중 사회·문화적 측면에서의 효과가 아닌 것은?

① 국제문화의 교류
② 국민보건의 향상
③ 근로의욕의 증진
④ 외화획득과 소득효과

정답 ④

3. 아래 게임의 종류는 무엇이며 누구의 승리인가?

> 홍길동이 카지노에서 게임을 벌이던 중 홍길동이 낸 카드 두 장의 합이 8이고 뱅커가 낸 카드 두 장의 합이 7이다.

① 바카라, 홍길동의 승리
② 바카라, 뱅커의 승리
③ 블랙잭, 홍길동의 승리
④ 블랙잭, 뱅커의 승리

정답 ①

4. 2019년 9월 7일 현재, 출국 시 내국인의 면세물품 총 구매한도액은?

① 미화 4,000달러   ② 미화 5,000달러

③ 미화 6,000달러   ④ 미화 7,000달러

정답 ②

5. 국제회의기준을 정한 공인 단체명과 이에 해당하는 용어의 연결이 옳은 것은?

① AACVA - 아시아 콩그레스 VIP 연합회   ② ICAO - 국제 컨벤션 연합 조직

③ ICCA - 국제 커뮤니티 컨퍼런스 연합   ④ UIA - 국제회의 연합

정답 ④

6. 특정 국가의 출입국 절차를 위해 승객의 관련 정보를 사전에 통보하는 입국심사 제도는?

① APIS   ② ARNK

③ ETAS   ④ WATA

정답 ①

7. 저비용 항공사의 운영형태나 특징에 관한 설명으로 옳은 것은?

① 주로 장거리 노선을 운항하고 제1공항이나 국제공항을 이용한다.

② 중심공항(Hub)과 주변의 중·소도시를 연결(Spoke)하는 방식으로 운영한다.

③ 항공권 판매의 주요 통로는 인터넷이며 항공기 가동률이 매우 높다.

④ 여러 형태의 항공기 기종으로 차별화된 다양한 서비스를 제공한다.

정답 ③

8. 우리나라의 의료관광에 관한 설명으로 옳은 것은?

① 웰빙과 건강추구형 라이프스타일 변화에 따라 융·복합 관광분야인 웰니스관광으로 확대되고 있다.

② 최첨단 의료시설과 기술로 외국인을 유치하며 시술이나 치료 등의 의료에만 집중하고 있다.

③ 휴양, 레저, 문화활동은 의료관광의 영역과 관련이 없다.

④ 서비스 이용가격이 일반서비스에 비해 저렴한 편이며, 체류 일수가 짧은 편이다.

정답 ①

9. 국내 크루즈 산업의 발전방안으로 옳은 것은?

① 크루즈 여행일수를 줄이고 특정 계층만이 이용할 수 있도록 한다.
② 계절적 수요에 상관없이 정기적인 운영이 필요하다.
③ 특별한 목적이나 경쟁력 있는 주제별 선상프로그램의 개발을 통해 체험형 오락거리가 풍부한 여행상품으로 개발해야 한다.
④ 까다로운 입·출항 수속절차를 적용해 질 좋은 관광상품이라는 인식을 심어준다.

정답 ③

10. 여행상품 가격결정요소 중 상품가격에 직접적인 영향을 미치지 <u>않는</u> 것은?

① 출발인원 수
② 광고·선전비
③ 교통수단 및 등급
④ 식사내용과 횟수

정답 ②

11. 관광진흥법상 관광숙박업 분류 중 호텔업의 종류가 <u>아닌</u> 것은?

① 수상관광호텔업
② 한국전통호텔업
③ 휴양콘도미니엄업
④ 호스텔업

정답 ③

12. 다음 설명에 해당하는 여행업의 산업적 특성으로 옳은 것은?

> 여행업은 금융위기나 전쟁, 허리케인, 관광목적지의 보건·위생 등에 크게 영향을 받는다.

① 계절성 산업
② 환경민감성 산업
③ 종합산업
④ 노동집약적 산업

정답 ②

13. A는 국제회의업 중 국제회의기획업을 경영하려고 한다. 국제회의기획업의 등록 기준으로 옳은 것을 모두 고른 것은?

> ㄱ. 2천명 이상의 인원을 수용할 수 있는 대회의실이 있을 것
> ㄴ. 자본금이 5천만 원 이상일 것
> ㄷ. 사무실에 대한 소유권이나 사용권이 있을 것
> ㄹ. 옥내와 옥외의 전시면적을 합쳐서 2천제곱미터 이상 확보하고 있을 것

① ㄱ, ㄴ   ② ㄱ, ㄹ
③ ㄴ, ㄷ   ④ ㄷ, ㄹ

정답 ③

14. 한국 국적과 국경을 기준으로 국제관광의 분류가 옳은 것은?

① 자국민이 자국 내에서 관광 - Inbound Tourism
② 자국민이 타국에서 관광 - Outbound Tourism
③ 외국인이 자국 내에서 관광 - Outbound Tourism
④ 외국인이 외국에서 관광 - Inbound Tourism

정답 ②

15. 1960년대 관광에 관한 설명으로 옳지 <u>않은</u> 것은?

① 관광기본법 제정   ② 국제관광공사 설립
③ 관광통역안내원 시험제도 실시   ④ 국내 최초 국립공원으로 지리산 지정

정답 ①

16. 연대별 관광정책으로 옳은 것은?

① 1970년대 - 국제관광공사법 제정
② 1980년대 - 관광진흥개발기금법 제정
③ 1990년대 - 관광경찰제도 도입
④ 2000년대 - 제2차 관광진흥 5개년 계획 시행

정답 ④

17. 국제관광의 의의로 옳은 것을 모두 고른 것은?

ㄱ. 세계평화 기여	ㄴ. 문화교류 와해
ㄷ. 외화가득률 축소	ㄹ. 지식확대 기여

① ㄱ, ㄷ   ② ㄱ, ㄹ

③ ㄴ, ㄷ   ④ ㄴ, ㄹ

정답 ②

18. 세계관광기구(UNWTO)에 관한 설명으로 옳지 <u>않은</u> 것은?

① 1975년 정부 간 협력기구로 설립   ② 문화적 우호관계 증진

③ 2003년 UNWTO로 개칭   ④ 경제적 비우호관계 증진

정답 ④

19. 근접국가군 상호 간 관광진흥 개발을 위한 국제관광기구로 옳은 것은?

① ASTA   ② ATMA

③ IATA   ④ ISTA

정답 ②

20. 마케팅 시장세분화의 기준 중 인구통계적 세부 변수에 해당하지 <u>않는</u> 것은?

① 성별   ② 종교

③ 라이프스타일   ④ 가족생활주기

정답 ③

21. 관광매체 중 공간적 매체로서의 역할을 하는 것은?

① 교통시설   ② 관광객이용시설

③ 숙박시설   ④ 관광기념품 판매업자

정답 ①

22. 관광의 사회적 측면에서 긍정적인 효과가 <u>아닌</u> 것은?

① 국제친선 효과   ② 직업구조의 다양화

③ 전시 효과   ④ 국민후생복지 효과

정답 ③

23. 관광의사결정에 영향을 미치는 개인적 요인으로 옳은 것은?

① 가족   ② 학습

③ 문화   ④ 사회계층

정답 ②

24. 2018년에 UNESCO 세계유산에 등재된 한국의 산사에 해당하지 <u>않는</u> 것은?

① 통도사   ② 부석사

③ 법주사   ④ 청량사

정답 ④

25. 국내 전시·컨벤션센터와 지역의 연결이 옳지 <u>않은</u> 것은?

① 대구 - DXCO   ② 부산 - BEXCO

③ 창원 - CECO   ④ 고양 - KINTE

정답 ①

1. **여행업의 특성이 아닌 것은?**

   ① 고정자본의 투자가 크다.　　　② 계절성이 강하다.

   ③ 정치, 경제 등의 변화에 민감하다.　　　④ 노동집약적이다.

   정답 ①

2. **다음 설명에 해당하는 것은?**

   > • 1945년 쿠바의 하바나에서 결성된 국제항공기구
   > • 각국의 항공사 대표들로 구성된 비정부조직

   ① IATA　　　② ASTA

   ③ ICAO　　　④ PATA

   정답 ①

3. **관광진흥법상 관광사업이 아닌 것은?**

   ① 유원시설업　　　② 관광 체육시설업

   ③ 관광객 이용시설업　　　④ 관광 편의시설업

   정답 ②

4. **여행업의 주요업무가 아닌 것은?**

   ① 수배업무　　　② 정산업무

   ③ 여정관리업무　　　④ 환전업무

   정답 ④

5. 저비용항공사(LCC)의 일반적인 특징이 <u>아닌</u> 것은?

① 좌석클래스의 단일화   ② 조직의 단순화
③ 지점 간 노선(point to point)의 운항   ④ 대형여객기 중심의 운항

정답 ④

6. 아시아나 항공이 가입하고 있는 1997년 설립된 항공 동맹체는?

① 원 월드(One World)   ② 스카이 팀(Sky Team)
③ 스타 얼라이언스(Star Alliance)   ④ 유플라이 얼라이언스(U-Fly Alliance)

정답 ③

7. IATA 기준 항공사와 코드의 연결이 옳지 <u>않은</u> 것은?

① AIR BUSAN - BX   ② JIN AIR - LJ
③ TWAY AIR - TW   ④ JEJU AIR - JL

정답 ④

8. 석식이 포함된 호텔 요금제도를 모두 고른 것은?

> ㄱ. European Plan   ㄴ. Full American Plan
> ㄷ. Modified American Plan   ㄹ. Continental Plan

① ㄱ, ㄴ   ② ㄱ, ㄹ
③ ㄴ, ㄷ   ④ ㄷ, ㄹ

정답 ③

9. 다음 설명에 해당하는 카지노 게임은?

> 휠(wheel)안에 볼(ball)이 회전하다 포켓(pocket) 안에 들어간 번호가 위닝넘버(winning number)가 되는 게임

① 빅휠   ② 바카라
③ 다이사이   ④ 룰렛

정답 ④

10. 다음에서 설명하는 회의는?

> 청중이 모인 가운데 2 ~ 8명의 연사가 사회자의 주도하에 서로 다른 분야에서의 전문가적 견해를 발표하는 공개 토론회로 청중도 자신의 의견을 발표할수 있다.

① 포럼
② 워크숍
③ 패널토의
④ 세미나

정답 ③

11. 관광진흥법령상 2020년 현재 호텔업의 등급 체계는?

① 무궁화 등급
② 별 등급
③ 다이아몬드 등급
④ ABC등급

정답 ②

12. 휴양 콘도미니엄 소유형태에 관한 설명으로 옳지 않은 것은?

① 소유권은 양도가 가능하다.
② 공유제는 평생소유가 가능하다.
③ 회원제와 공유제 모두 취득세 대상이다.
④ 시설 이용권은 양수가 불가능하다.

정답 ④

13. 국제슬로시티연맹에 가입된 한국의 슬로시티가 아닌 곳은?

① 담양군 창평면
② 완도군 청산도
③ 제주도 성산일출봉
④ 전주시 한옥마을

정답 ③

14. 다음에서 설명하는 국제관광기구는?

> 1951년에 설립한 관민(官民) 합동기구로 관광진흥활동, 지역발전 도모 등을 목적으로 하는 국제관광기구이며, 우리나라는 1963년에 가입하여 활동하고 있다.

① APEC
② PATA
③ EATA
④ OECD

정답 ②

15. 다음의 사업을 모두 수행하는 조직은?

> • 외국인의 관광객 유치를 위한 국제관광 진흥사업
> • 취약계층의 관광지원을 위한 국민관광 진흥사업

① 한국관광협회중앙회   ② 한국문화관광연구원
③ 한국관광공사   ④ 유네스코 문화유산기구

정답 ③

16. 우리나라와 시차가 가장 많이 나는 곳은?

① 영국 – 런던   ② 미국 - 로스앤젤레스
③ 호주 – 시드니   ④ 태국 – 방콕

정답 ②

17. 관광의 구조 중 관광매체에 관한 설명으로 옳지 <u>않은</u> 것은?

① 관광객과 관광욕구를 충족시켜 주는 관광대상을 결합시키는 역할을 한다.
② 철도, 비행기와 같은 교통수단, 도로, 수송시설은 공간적 매체에 해당한다.
③ 기능적 매체로 관광호텔과 같은 숙박, 휴게시설, 유흥·오락시설, 쇼핑시설이 있다.
④ 관광대상을 개발하고 관리하는 정부와 같은 공적기관의 역할 또한 관광매체에 포함한다.

정답 ③

18. 한국 관광역사에 관한 설명으로 옳은 것은?

① 고려시대에는 역(驛), 여사(旅舍), 원(院) 등이 설치되어 지역 간 원활한 교류가 이루어졌다.
② 우리나라 최초의 호텔은 서울의 근대식 호텔로 지어진 대불호텔이다.
③ 서울 영업소를 차리고 영업을 개시한 우리나라 최초의 민간항공사는 일본 항공사이다.
④ 1962년 국제관광공사가 설립되어 해외 선전과 외래 관광객 유치를 수행하였다.

정답 ④

19. 관광관련 행정조직과 관련 업무 연결로 옳지 <u>않은</u> 것은?

① 문화체육관광부 - 여권발급   ② 외교부 - 사증(visa) 면제협정의 체결

③ 보건복지부 - 관광업소의 위생관리   ④ 환경부 - 국립공원의 지정

> **정답** ①

20. 세계관광기구(UNWTO)에서 국제관광객 통계를 위해 관광자로 분류되는 자는?

① 외교관   ② 군인

③ 영구적 이주자   ④ 항공사 승무원

> **정답** ④

21. 관광의 사회적 효과로 옳은 것을 모두 고른 것은?

ㄱ. 지역 경제개발의 촉진	ㄴ. 교육적 효과
ㄷ. 국민의식 수준 제고	ㄹ. 국제수지 개선

① ㄱ, ㄴ   ② ㄴ, ㄷ

③ ㄴ, ㄹ   ④ ㄷ, ㄹ

> **정답** ②

22. 국립공원으로만 묶은 것은?

① 다도해해상 - 두륜산   ② 경주 - 한려해상

③ 설악산 - 경포   ④ 태안해안 - 칠갑산

> **정답** ②

23. 관광특구에 관한 설명으로 옳지 <u>않은</u> 것은?

① 관광특구는 시·도지사가 신청하고, 문화체육관광부장관이 지정한다.

② 관광특구는 외국인 관광객의 유치 촉진을 위하여 지정한다.

③ 관광특구는 야간 영업시간 제한을 배제하여 운영할 수 있게 한다.

④ 관광특구로 처음으로 지정된 곳은 제주도, 경주시, 설악산, 유성, 해운대 5곳이다.

> **정답** ①

24. 관광마케팅 믹스의 구성요소와 그 내용의 연결이 옳은 것은?

① 촉진(promotion) - 관광종사원
② 유통(place) - 호텔시설
③ 상품(product) - 항공비용
④ 사람(people) - 관광업체 경영자

정답 ④

25. 다음 설명이 의미하는 것은?

전쟁과 학살 등 비극적 역사의 현장이나 엄청난 재난이 일어난 곳을 돌아보며 교훈을 얻기 위하여 떠나는 여행

① Green Tourism
② Mass Tourism
③ Eco Tourism
④ Dark Tourism

정답 ④

1. 관광의 경제적 효과가 <u>아닌</u> 것은?

　① 국제무역수지 개선 　　　　　② 국제친선 및 평화 증진
　③ 고용창출 효과 　　　　　　　④ 조세수입 증가

　정답 ②

2. 관광의 일반적 특성이 <u>아닌</u> 것은?

　① 관광 후 주거지로 복귀 　　　② 관광지에서 여가활동
　③ 일상 생활권의 탈출 　　　　　④ 구직을 목적으로 방문

　정답 ④

3. 관광의사결정에 영향을 미치는 개인적 요인이 <u>아닌</u> 것은?

　① 동기 　　　　　　　　　　　② 학습
　③ 지각 　　　　　　　　　　　④ 준거집단

　정답 ④

4. 서양 중세시대 관광에 관한 설명으로 옳지 <u>않은</u> 것은?

　① 십자군 전쟁에 의한 동·서양 교류가 확대되었다.
　② 순례자의 종교관광이 주를 이루었으며 숙박시설은 주로 수도원이었다.
　③ 동방의 비잔틴문화와 회교문화가 유럽인의 견문에 자극을 주었다.
　④ 포도주를 마시며 식사를 즐기는 식도락가인 가스트로노미아(Gastronomia) 출현

　정답 ④

5. 연대별 관광정책으로 옳은 것을 모두 고른 것은?

> ㄱ. 1960년대 - 현 한국관광공사의 전신인 국제관광공사 설립
> ㄴ. 1970년대 - 관광사업진흥법 제정
> ㄷ. 1980년대 - 관광진흥개발기금법 제정
> ㄹ. 1990년대 - 관광업무 담당부처가 교통부에서 문화체육부로 이관

① ㄱ, ㄴ   ② ㄱ, ㄹ
③ ㄴ, ㄷ   ④ ㄷ, ㄹ

정답 ②

6. 중앙정부 행정부처와 관련 업무의 연결로 옳은 것을 모두 고른 것은?

> ㄱ. 문화체육관광부 - 여권발급   ㄴ. 외교부 - 사증(Visa) 면제협정의 체결
> ㄷ. 법무부 - 여행자의 출입국관리   ㄹ. 농림축산식품부 - 국립공원의 지정

① ㄱ, ㄴ   ② ㄱ, ㄹ
③ ㄴ, ㄷ   ④ ㄷ, ㄹ

정답 ③

7. 국민관광에 관한 설명으로 옳지 <u>않은</u> 것은?

① 의료관광 활성화가 주요 목표   ② 1977년에 전국 36개소 국민관광지를 지정
③ 노약자와 장애인 등 취약계층을 지원   ④ 내국인의 국내·외 관광을 의미한다.

정답 ①

8. 관광관련 국제기구의 연결로 옳은 것은?

① WTTC - 세계여행관광협의회   ② ASTA - 아시아여행업협회
③ PATA - 미주여행업협회   ④ ICAO - 태평양아시아관광협회

정답 ①

9. 우리나라 인바운드(Inbound) 관광수요에 부정적 영향을 미치는 요인이 <u>아닌</u> 것은?

① 전쟁 및 테러   ② 신종 전염병
③ 주변 국가와의 외교적 갈등 고조   ④ 미국 달러가치 상승

정답 ④

10. 세계관광기구(UNWTO)의 분류상 국제관광객에 포함되지 <u>않는</u> 자는?

① 승무원   ② 주둔 군인
③ 해외 교포   ④ 스포츠 참가자

정답 ②

11. 다음 (   )에 들어갈 내용은?

> '관광특구'는 특별자치도를 제외한 시장, 군수, 구청장의 신청으로 (ㄱ)이(가) 지정하고, 관광특구 전체 면적 중 관광활동과 직접적인 관련성이 없는 토지가차지하는 비율이 (ㄴ)일 것을 조건으로 하고 있다.

① ㄱ: 시·도지사, ㄴ: 10퍼센트   ② ㄱ: 문화체육관광부장관, ㄴ: 10퍼센트
③ ㄱ: 시·도지사, ㄴ: 20퍼센트   ④ ㄱ: 문화체육관광부장관, ㄴ: 20퍼센트

정답 ①

12. 매슬로우(A. H. Maslow)의 욕구계층 이론의 단계로 옳은 것은?

> ㄱ. 생리적 욕구   ㄴ. 사회적 욕구
> ㄷ. 안전의 욕구   ㄹ. 존경의 욕구
> ㅁ. 자아실현의 욕구

① ㄱ → ㄴ → ㄹ → ㄷ → ㅁ   ② ㄱ → ㄷ → ㄴ → ㄹ → ㅁ
③ ㄴ → ㄷ → ㄹ → ㅁ → ㄱ   ④ ㄷ → ㄱ → ㄴ → ㅁ → ㄹ

정답 ②

13. 2021년 9월 현재, 출국 시 내국인의 면세물품 총 구매한도액은?

① 미화 3,000달러   ② 미화 4,000달러

③ 미화 5,000달러   ④ 미화 6,000달러

정답 ③

14. 우리나라 최초의 외국인전용 카지노는?

① 호텔인터불고대구 카지노   ② 인천 올림포스호텔 카지노

③ 파라다이스롯데제주 카지노   ④ 알펜시아 카지노

정답 ②

15. 아시아 최초로 국제 슬로시티에 가입된 지역이 <u>아닌</u> 곳은?

① 신안 증도면   ② 완도 청산면

③ 하동 악양면   ④ 담양 창평면

정답 ③

16. 외교부에서 해외여행을 하는 자국민에게 제시하는 여행경보제도의 단계별 내용으로 옳은 것은?

① 남색 – 여행자제   ② 황색 – 여행주의

③ 적색 – 철수명령   ④ 흑색 – 여행금지

정답 ④

17. 다음의 국제회의 기준을 제시한 국제회의기구는?

> 국제단체 또는 국제기구의 국내지부가 주최하는 회의로서, 참가국 5개국 이상, 참가자수 300명 이상(외국인 40% 이상), 회의 기간 3일 이상의 조건을 만족하는 회의이다.

① UIA   ② AACVB

③ ICCA   ④ KTO

정답 ①

18. 다음이 설명하는 요금 지불 방식은?

> • 객실요금에 아침, 점심, 저녁 1일 3식 포함　　• Full Pension이라고도 함

① European Plan　　　　　　　② Continental Plan
③ American Plan　　　　　　　④ Modified American Plan

정답 ③

19. 국제회의 시설과 지역의 연결이 옳은 것은?

① KINTEX - 대구　　　　　　② EXCO - 고양
③ BEXCO - 부산　　　　　　④ DCC - 창원

정답 ③

20. 우리나라 면세점에 관한 설명으로 옳지 <u>않은</u> 것은?

① 문체부장관의 특허성 사업이다.
② 외국인의 면세물품 구매한도액은 제한이 없다.
③ 면세물품의 반입·반출에대한 통제
④ 입국 내·외국인의 면세범위는 600달러이다.

정답 ①

21. 다음이 설명하는 회의는?

> 한 가지 주제에 대하여 상반된 동일 분야의 전문가들이 청중 앞에서 공개토론

① Seminar　　　　　　　　② Forum
③ Panel　　　　　　　　　④ Congress

정답 ②

22. IATA(국제항공운송협회)가 부여한 항공사와 코드의 연결이 옳지 <u>않은</u> 것은?

① KOREAN AIR - KE　　　　② ASIANA AIRLINES - OZ
③ JEJU AIR - 7C　　　　　　④ JIN AIR - BX

정답 ④

23. 다음이 설명하는 것은?

• 내국인의 국내여행	• 국내거주 외국인의 국내여행

① Intrabound　　　　　　② Internal Tourism
③ National Tourism　　　④ Interline Tour

정답 ①

24. 다음의 연결이 옳지 <u>않은</u> 것은?

① Twin Room - 싱글 베드 2개　　② Double Room - 2인용 베드 1개
③ Connecting Room - 정비가 필요한 방　④ Blocking Room - 예약된 방

정답 ③

25. 관광마케팅 믹스의 구성요소와 그 내용의 연결이 옳지 <u>않은</u> 것은?

① 상품(Product) - 항공 기내좌석 및 승무원서비스
② 가격(Price) - 항공료
③ 유통(Place) - 항공 기내식
④ 촉진(Promotion) - TV 또는 SNS광고

정답 ③

관광통역안내사 필기 한권으로 끝내기

편 저 자 이한용, 한영 편저
제작유통 메인에듀(주)
초판발행 2022년 9월 15일
2쇄발행 2024년 11월 15일
마 케 팅 메인에듀(주)
주   소 서울시 강동구 성안로 115, 3층
전   화 1544-8513
정   가 36,000원

I S B N   979-11-89357-78-8